北京市电力公司年鉴

2011年

《北京市电力公司年鉴》编委会

中国电力出版社
CHINA ELECTRIC POWER PRESS

图书在版编目（CIP）数据

北京市电力公司年鉴. 2011年 /《北京市电力公司年鉴》编委会编. —北京：中国电力出版社，2011.9
ISBN 978-7-5123-2147-2

Ⅰ. ①北… Ⅱ. ①北… Ⅲ. ①电力工业-工业企业-北京市-2011-年鉴 Ⅳ. ①F426.61-54

中国版本图书馆CIP数据核字（2011）第196765号

中国电力出版社出版、发行
（北京市东城区北京站西街19号 100005 http://www.cepp.sgcc.com.cn）
北京盛通印刷股份有限公司印刷
*
2011年12月第一版 2011年12月北京第一次印刷
889毫米×1194毫米 16开本 19.25印张 551千字
印数 0001—2000册 定价 **158.00** 元

编辑说明

1 《北京市电力公司年鉴》是北京市电力公司的企业年鉴，是一部集史实性和资料性为一体的综合性工具书。本《年鉴》每年一期，按年度记载公司的重大事项。本期是第七期，记载年度为2010年度。

2 本《年鉴》以马列主义、毛泽东思想、邓小平理论和“三个代表”重要思想为指导，遵循中国共产党十一届三中全会以来的路线、方针和政策，坚持“四项基本原则”，坚持以经济建设为中心，坚持贯彻科学发展观，全面、客观地反映公司情况。

3 本《年鉴》的主要服务对象为北京市电力公司全体员工及其他从事电力生产、建设、经营管理、科研技术的有关人员，以及与电力相关的政府和企事业单位的有关人员。

4 本《年鉴》的编纂宗旨是：全面、系统、真实地反映北京市电力公司在北京地区电网规划与建设中取得的成绩，总结公司生产经营工作的经验，弘扬公司干部职工的奉献精神，展示公司服务首都经济社会发展的企业风采。

5 本《年鉴》采用文章和条目两种体裁，以条目体为主，用规范的记述文体，直陈其事，文字力求言简意赅。

6 本《年鉴》的框架结构由篇目、栏目、条目3个层次组成。设有20个篇目：特载，大事记，公司概况，电网发展，经营管理，安全监督，生产管理，电网运行，电力市场，农电工作，科技与信息化，人力资源，党群工作，后勤和保卫，协、学会工作，供电公司，其他单位，人物及先进集体，重要讲话和重要文件，统计资料。

7 本《年鉴》的编纂工作是在《北京市电力公司年鉴》编辑委员会的领导下进行的。稿件由北京市电力公司各部门、各单位确定专人负责撰写，经部门和单位领导审核后由年鉴编辑部编辑和校对，最后由年鉴编辑委员会审定。本年鉴的编辑工作，得到了公司各部门、各单位的高度重视和大力支持，在此谨致谢意，并欢迎提出意见。

篇　　目

目　录

安全监督

生产管理

电网运行

电力市场

农电工作

供电公司

其他单位

人物及先进集体

重要讲话和重要文件

统计资料

特　　载

TE ZAI

刘淇、郭金龙考察全国“两会”供电准备工作

■ 3月1日，中央政治局委员、北京市委书记刘淇，市长郭金龙一行到前门110kV变电站考察全国“两会”供电保障工作。（王磊 摄）

3月1日下午，中央政治局委员、北京市委书记刘淇，市长郭金龙一行，来到前门110kV变电站，考察全国“两会”供电保障工作。

刘淇、郭金龙一行先后到前门110kV变电站主控室和10kV开关室，听取全国“两会”供电保障准备工作情况的汇报，对保电准备工作表示满意。考察过程中，刘淇、郭金龙一行还询问了智能电网建设和特高压电网发展情况，对于智能电网建设服务首都新能源发展需要、服务北京世界城市建设的重要作用给予充分肯定。

王勇、刘振亚考察公司国庆供电保障工作并慰问一线员工

10月1日上午，国务院国资委主任、党委书记王勇，在国家电网公司总经理、党组书记刘振亚陪同下来到北京市电力公司调度中心和应急指挥中心考察国庆供电保障工作，并向一线干部员工致以亲切问候。

在公司调度中心和应急指挥中心，王勇和刘振亚向一线值班人员表达节日问候。在详细了解北京电网基本运行情况及北京地区的负荷情况后，刘振亚就国家电网公司国庆期间供电保障工作向王勇进行汇报。王勇对国家电网公司、北京市电力公司的工作给予高度评价。王勇强调了电力企业保安全保质量的重要意义，并对国家电网公司系统广大干部员工提出希望和要求。

■ 10月1日，国务院国资委主任、党委书记王勇在国家电网公司总经理、党组书记刘振亚陪同下，到公司调度中心和应急指挥中心考察国庆保电工作。（新宣 摄）

刘振亚考察公司春节保电工作并慰问一线员工

2月11日上午，国家电网公司总经理、党组书记刘振亚和副总经理栾军在总经理助理时家林，总工程师张丽英的陪同下，来到北京市电力公司调度大厅和95598客户服务大厅考察春节保电工作并慰问一线员工。刘振亚认真听取了春节期间北京电网运行情况和供电服务保障措施安排，以及全国“两会”供电保障准备情况，对员工饱满的工作热情表示肯定。同时希望公司系统广大员工再接再厉，在新的一年里为公司又好又快发展再立新功。

2月11日，国家电网公司总经理、党组书记刘振亚一行到95598客户服务大厅慰问值班人员。（彭志军　摄）

深入开展创先争优活动

2010年，公司党委认真贯彻北京市国资委党委《关于在国有企业深入开展创先争优活动暨“四强四优”活动的实施方案》精神，高度重视、统筹规划，加强领导、精心组织，确保创先争优活动扎实有效深入进行。

一、重点抓好组织机制、宣传动员、明确标准，为创先争优活动扎实深入开展打好坚实基础

（1）抓好创先争优活动的组织机制到位，为活动提供坚强的组织保障。为了确保活动深入开展，公司党委按照北京市国资委党委的工作要求，制定印发《深入开展创先争优活动实施方案》和《关于深入开展“争创‘四强’党组织争做‘四优’共产党员”主题活动的意见》，成立以公司党委书记、总经理为组长，相关部门负责人为成员的公司创先争优活动领导小组，对创先争优活动的总体目标、主要内容、时间进度作出具体要求；明确了活动以“深入学习实践科学发展观、加快推进公司发展方式和电网发展方式转变”为主题；以巩固和扩大深入学习实践科学发展观活动成果，深化推动争创“四强四优”活动为重要举措；确立了活动的总体目标为：推动科学发展、促进社会和谐、服务人民群众、加强基层组织。同时，公司党委要求所属各基层党委紧密结合实际工作，制定本单位创先争优活动方案，落实领导，明确职责，精心组织、扎实推进，确保活动的组织领导到位。

（2）抓好创先争优活动的宣传动员到位，为活动提供有力的思想保障。在活动的开始阶段，公司党委高度重视对活动的宣传和动员工作，做到党组织和党员全覆盖。公司所属各单位党组织利用“三会一课”、专题党课、演讲交流、工作座谈和编发活动简报等形式，认真组织学习宣传党中央、北京市委、北京市国资委党委和国家电网公司党组关于深入开展创先争优活动的指示精神和工作部署，使各级党组织和广大党员充分认识开展创先争优活动的重要性与必要性，深刻领会先进基层党组织“五个好”、优秀共产党员“五带头”的基本要求。创先争优活动“推动科学发展、促进社会和谐、服务人民群众、加强基层组织”的总体目标深入公司党员心中。同时，公司党委结合北京市国资委党委“群众心目中的好党员”评选活动、国家电网公司“电网先锋党支部”表彰活动和公司党委庆祝“七一”建党89周年等活动，积极树立典型，表彰先进，充分利用公司《北京电力报》、《北京电力政工动态》及网络政工等公司系统刊物、网站等载体，对各单位创先争优活动开展情况、先进模范事迹进行大力宣传，为活动开展营造良好氛围。

（3）抓好创先争优活动的“规定动作”到位，确保活动扎实有序推进。公司党委按照北京市国资委党委确定的创先争优活动整体工作部署，严格把握宣传发动、全面争创、总结提升的活动进度安排，做到规定动作有保障，重点工作有落实。

在公开承诺工作中，公司党委按照北京市国资委党委和国家电网公司党组的工作部署，提出了明确目标、措施、责任人和完成时间的“四个明确”的标准。公司党委制定了2010年公开承诺并予公布，公司所属各单位党组织共制定2010年完成的承诺190项和501项具体落实措施。公司党委对所属各单位承诺内容进行了认真审核。公司全部222个党支部和5104名党员均按照活动要求，结合实际工作，作出了公开承诺。

二、努力做到将创先争优活动与公司实际工作相结合，确保创先争优活动深入开展务求实效

在深入开展创先争优活动中，公司党委确保活动务求实效。

（1）将创先争优活动与推动公司发展相结合，有效促进公司中心工作。公司党委在创先争优活动中，始终注重将党的思想政治工作优势、组织优势和群众工作优势转化为企业创新、竞争、发展的优势，注重将企业发展中的热点、难点作为创先争优活动的切入点与落脚点，使活动真正融入和促进公司中心工作，服务企业发展大局。2010年，在公司党委领导下，公司各级党组织积极开展党员突击队、党员先锋队和党员先锋岗活动，攻坚克难，为首都电网建设和公司优质服务中心工作贡献力量。在首都电网建设中，公司全年投产17项输变电工程，新增35kV及以上变电容量193.15万kVA，新建35kV及以上线路97.77km，有效解决了局部供电间隔不够、能力不足问题，使首都城市供电布局更加完善。在优质服务工作中，公司全面启动了“塑文化、强队伍、铸品质”供电服务提升工程，深入开展了“优质服务是电网企业生命线”大讨论活动，开展了“绿色电力、品质生活”主题宣传活动，认真开展客户反映集中的“指定设计、指定施工和设备材料供应单位”的“三指定”专项治理工作，营造良好的优质服务氛围。公司连续两年实现“零责任投诉”，在北京市政风行风民意测评中名列第一。

（2）将创先争优活动与加强基层党组织建设相结合，提升党组织的创造力、凝聚力和战斗力。2010年，公司党委制定印发了《加强党的建设三年（2010～2012）规划》，按照“四好”、“四强”和“四优”的要求，将基层党组织建设、党员干部队伍建设和人才队伍建设等重点工作内容进行指标量化管理，规定了“三年内基层党支部考核率达到80%以上、党支部书记人均脱产培训不少于10天、党员集中培训每年不少于24学时以及10人以上生产班组班班有党员、非党员班组长保持在35%以下”等一系列贴合实际工作的具体量化指标，明确了工作重点，增强了基层党组织建设的主动性。

2010年，公司党委积极推进学习型党组织建设，组织开展《特色党课1小时电教片》评选活动，以走出去、请进来的方式，在公司各级党组织中深入推动学习，营造了良好的学习氛围。严格按照《党章》规定，组织开展公司党支部换届选举工作，党员权利得到充分保障，党组织凝聚力、战斗力进一步增强。同时，大力开展基层党支部创新实践活动，公司党委连续第七年组织开展了党支部创新实践成果评选活动，广大基层党支部围绕基层组织建设、党员教育和生产经营中的难点、热点问题创新实践，涌现出33项优秀成果，有效加强了基层党组织建设。

公司党委按照优秀党员“五带头”的要求，大力开展对党员教育工作。2010年公司党委分别举办了政工干部培训班、党支部书记培训班和入党积极分子培训班，参加教育培训的党员、入党积极分子达到600余人。同时，所属各基层党委按照公司党委工作部署，积极组织开展党员培训、党支部书记（委员）培训、党员学习交流、观看影片《第一书记》等活动，学习理论、提高认识、丰富知识，使公司广大党员的思想意识、理论水平明显提升，先锋模范作用明显增强。

（3）将创先争优活动与服务人民群众相结合，积

■ 6月28日，在公司本部召开的“北京市电力公司党委庆祝建党89周年暨表彰大会”会议现场。（王磊　摄）

极履行城市保障职责。在创先争优活动中，公司党委充分认识到公司作为城市运行保障企业的重要职责，将服务人民群众作为活动重要目标。2010年在服务首都人民群众工作中，公司圆满完成城区配套“煤改电”工程，累计惠及城市中心区平房历史文化保护区17.3万户居民，每年可减少标准煤燃量10万t。按照老旧小区三年改造计划，2010年全面启动了48个改造工程。加强农村电网建设，完成8个农村电气化区县、90个电气化乡镇、1380个电气化村的创建工作。

2010年夏季，首都电网负荷7次突破历史最大值，最高达1666万kW，同比增长16.95%，公司以党员干部为骨干的万余名员工坚守岗位，拼搏奉献，确保了首都电网在多次大负荷冲击下依然安全稳定运行；在政治供电工作中，公司2010年完成全国“两会”、抗日战争胜利65周年纪念活动、十七届五中全会等政治保电任务109项，保电天数达到265天，保持了首都政治供电保障的“零事故”。

公司深化优质服务工作，开展电力服务热线流程再造工作，按照“一口对外”的原则，将原先分散在各基层单位的客户服务报修电话号码收回，统一由公司“95598”电力服务热线进行客户服务报修电话的接听、工作任务派发和客户服务回访工作，实现了服务过程的闭环管理，有效提升了公司服务质量。2010年，公司客户故障平均恢复时间为41.32min，同比减少15.6%。

（4）将创先争优活动与促进社会和谐相结合，服务首都首善之区建设。公司党委以创先争优活动为契机，加强党的先进性建设，积极履行企业社会责任，为促进首都和谐社会首善之区建设贡献力量。

2010年的创先争优活动中，公司党委以窗口单位为重点，开展共产党员服务队建设工作，着力打造党建品牌。截至年底，公司共有21个单位组建了23支共产党员服务队，服务范围涉及社区居民、社会弱势群体、农村及厂矿企业等多个领域。其中城区供电公司的“首都电力巾帼服务队”，以辖区内的孤寡老人、残疾人和打工子弟小学为重点服务对象，开展了义务上门进行一户一表报装、代购电卡、宣传安全用电常识等活动；朝阳供电公司的“党员先锋服务队”义务为辖区内由于历史原因没有物业管理的老旧小区居民开展电器及线路检查维护工作，受到了社区居民的热烈欢迎，为首都社会和谐稳定贡献了力量。

大 事 记

DA SHI JI

1月

12 日　17 时 48 分，北京地区最大负荷 1350.8 万 kW，创冬季历史新高，同比增长 17.25%。

14 日　公司党委召开 2009 年度精神文明建设创新成果表彰暨发布会。会议全面总结公司 2009 年精神文明建设和创新工作所取得的成绩，对评选出的 63 项 2009 年度精神文明建设创新获奖成果和 6 个优秀组织单位予以表彰。

21～22 日　公司一届六次职工代表大会暨 2010 年工作会、政工会在怀柔大雁楼培训中心召开。会议听取并审议通过《公司 2010 年工作报告》和《职代会工作报告》等 5 项决议，并对公司 2009 年先进单位、先进集体和先进个人进行表彰。会议确立"大局、可靠、法治、两效"为公司 2010 年的工作方针。

■ 1 月 21 ~ 22 日，公司一届六次职工代表大会暨 2010 年工作会、政工会在怀柔大雁楼培训中心召开。

2月

3 日　公司下发《关于成立新能源办公室的通知》（京电人〔2010〕3 号），成立新能源办公室。该机构作为公司本部临时机构挂靠营销部，负责新能源应用项目建设的相关前期工作、协调工作、日常管理以及新能源市场开发工作。

8 日　公司下发《关于试验研究院主变检修业务调整到变电公司的通知》（京电人〔2010〕4 号），将试验研究院负责的主变压器检修业务调整到变电公司，以加强变电检修专业化、集约化管理。

3月

1 日　中共中央政治局委员、北京市委书记刘淇，北京市委副书记、市长郭金龙，市委副书记、市政法委书记王安顺，市委常委、常务副市长吉林，市委秘书长李士祥，副市长苟仲文、程红，市政府秘书长孙康林一行，来公司考察全国"两会"供电保障工作。刘淇、郭金龙一行先后到 110kV 前门变电站主控室和 10kV 开关室，听取值班人员关于变电站运行情况，以及全国"两会"供电保障准备工作情况的汇报，详细询问电源保障和站内设备负荷情况。国家电网公司总经理助理时家林，公司总经理朱长林、党委书记郭要斌等迎接检查。

2 日　由公司总经理朱长林带队，公司监察部、营销部、生产技术部、客户服务中心和路灯管理中心等部门及单位相关负责人，来到北京市政府首都之窗网站，参加北京市政风行风热线"走进直播间"栏目，与广大网友进行在线交流，介绍首都电力发展状况，解答网民的热点、难点问题。

4 日　十一届全国人大代表杨建忠、孙丕恕、左延安组成考察团，参观顺义华中园小区公司智能电网示范工程展示项目。

18 日　在汶川地震灾区甘肃文县，北京电力横丹爱心学校竣工暨交接仪式正式举行，标志着由公司

■ 3 月 4 日，公司总经理朱长林为 3 位人大代表介绍智能电网示范项目。（王磊　摄）

万名职工捐款450余万元、公司爱心基金拨款200万元援建的横丹爱心学校主体工程全部竣工。援建工程于2009年4月18日动工，历时11个月。该学校可满足500多名学生学习、住宿需求。

31日 公司召开“法治电网”依法治企专项活动动员大会。会议发布了“法治电网”依法治企专项活动方案。

4月

28日 14日，青海省玉树县发生7.1级强烈地震。公司员工积极为地震灾区捐款，截至4月28日，公司共为青海玉树灾区捐款404.6739万元。其中，公司爱心基金拨款200万元，公司职工自愿捐款204.6739万元。

30日 公司下发《关于成立北京市电力公司政治供电领导小组和办公室的通知》（京电人〔2010〕14号），成立政治供电办公室。

同日 公司下发《关于成立重要客户服务中心的通知》（京电人〔2010〕15号），成立重要客户服务中心。

同日 公司召开劳动模范表彰大会暨先进事迹报告会。获得“全国劳动模范”称号的肖永立，获得“北京市劳动模范”称号的李向昕、吴江、薛强、贾希阁和李建成5位同志，以及荣获“北京市模范集体”称号的公司客户服务中心95598服务工区受到表彰。

5月

6日 公司召开2010年综合产业工作会议，贯彻落实国家电网公司和公司第二季度工作会议精神，部署2010年综合产业重点工作。

13日 公司组织首次供应商接待日活动，50余位供应商代表参加了此次活动。

25日 公司首次开展应急物资保障演练。公司120余名职工参与演练。

■ 5月25日，公司开展应急物资保障演练，图为公司副总经理李百顺在应急指挥现场。华北电网有限公司、上海市电力公司、天津市电力公司、重庆市电力公司物资部门领导现场观摩。

■ 4月30日，公司召开劳动模范表彰大会暨先进事迹报告会。

28日 在国家电监会组织的2009年度电力可靠性指标发布会上，公司被评为“全国供电可靠性A级金牌企业”。

6月

25日 公司举行北京电网2010年迎峰度夏应急演习。

28日 公司党委召开庆祝建党89周年暨表彰大会。会上宣读了公司党委的表彰决定。

7 月

5 日　北京市委常委、常务副市长吉林到公司检查迎峰度夏供电保障工作并慰问一线员工。国家电网公司安全总监李庆林、北京市发展改革委副主任王英建、北京市发展改革委电力处处长陈铁成、公司总经理朱长林陪同检查。

■ 7 月 5 日，北京市委常委、常务副市长吉林到公司检查迎峰度夏供电保障工作。

22 日　公司召开 2010 年年中工作会议。会议明确了公司下半年工作的总体要求，即：认真落实国家电网公司 2010 年年中工作会议精神，深入贯彻“八字方针”，坚持公司年初确立的工作思路，突出质量和效益的核心地位，强化安全生产，提高运营水平，严格依法治企，加强“三个建设”，全面深化“两个转变”，不断提高电网和公司发展层次，圆满实现“国内一流”，加快迈向“国际水准”。公司总经理朱长林作大会工作报告，党委书记郭要斌主持会议。

29 日　11 时 24 分，2010 年夏季北京电网最大负荷 1666 万 kW。

■ 7 月 29 日，公司召开本部机构改革总结会。（王磊　摄）

同日　公司召开本部机构改革总结会。会议全面总结本部机构改革工作，进一步认清公司本部面临的形势和肩负的使命，明确了本部建设的目标和任务。300 余名干部和员工参加了会议。

8 月

20 日　在中国航天科工集团总部，公司与航天科工集团举行高层峰会，双方围绕军工科技产品在电力企业应用等问题开展了深层次研讨。

■ 8 月 20 日，公司与航天科工集团举行高层峰会。（曹瑾　摄）

9 月

28 日　“电靓京城　温暖民心”北京电力服务民生工程新闻发布会在北京电力展示厅召开。公司新闻发言人向媒体通报了“电靓京城　温暖民心”北京电力服务民生工程的主要内容和举办新闻发布会的主旨。公司专业新闻发言人向与会媒体记者介绍了轨道交通电力配套工程、老旧小区配电设施改造工程、“煤改电”工程和架空线入地工程的背景与进展情况。

10 月

1 日　国务院国资委主任、党委书记王勇在国家电网公司总经理、党组书记刘振亚陪同下，到公司调度中心和应急指挥中心考察国庆供电保障工作，并向一线干部员工致以亲切问候。国务院国资委副秘书长杜渊泉，研究局局长彭华岗，办公厅副主任王选文，国家电网公司副总经理、党组成员栾军陪同慰问。

11 月

15 日　在北京市委宣传部主办的“百姓爱心故事”评选活动中，公司报送的《95598 电力服务热线：用青春编织光明热线》荣获北京市“百姓爱心故事奖”。

25 日　中国电力企业联合会信用评价专家组一行 9 人，在中电联诚信办主任江宇峰的带领下，对公司信用体系建设情况进行全面考评。专家组对公司坚持“八字方针”，自觉履行政治责任、社会责任、经济责任、企业责任等方面所做的工作和取得的成绩给予充分肯定。

26 日　公司党委在培训中心召开 2010 年党支部创新实践成果评审发布会，公司所属各单位 33 项获奖成果参加了发布会。本年度公司所属各单位共申报创新实践成果 50 项，共评选出一等奖 2 个、二等奖 5 个、三等奖 9 个、优秀奖 17 个。

27 日　北京市委常委赵凤桐带领市交通管理局、市发展改革委、市科委等单位领导到延庆县调研公司电动汽车充电站建设项目。公司副总经理郭炬、延庆县县委书记孙文楷迎接调研。郭炬向赵凤桐一行汇报了公司电动汽车充电站建设工作的情况。赵凤桐表示电动汽车充电项目应该作为基础设施来建设，并对公司从设备、技术上积极推行电动汽车的应用工作给予了肯定。

30 日　公司党委召开 2010 年度精神文明建设创新成果评审会。本年度公司所属各党委共申报精神文明建设创新成果 87 项，共评选出一等奖 3 个、二等奖 6 个、三等奖 9 个、优秀奖 14 个。

12 月

13 日　公司召开干部任免宣布大会。公司总经理朱长林宣读国家电网公司党组的任免决定。根据工作需要，经国家电网公司党组研究并征得北京市国资委同意，决定：安建强任公司副总经理、中共北京市电力公司委员会委员、常委；免去郭炬公司副总经理、中共北京市电力公司委员会常委、委员职务。

17 日　公司财务集约化体系建设通过国家电网公司验收。

公司概况

GONG SI GAI KUANG

【公司简介】 北京市电力公司（简称公司）是国家电网公司所属的省级电力公司，负责北京地区 1.64 万 km^2 范围内的电网规划、建设、运行管理和 650 余万用电客户的供电服务工作，肩负着为国家党政军机关、重大政治活动和城市运行安全供电的光荣使命。截至 2010 年底，公司本部设置 20 个职能部门、公司工会及 5 个具有一定管理职能的二级机构，下设 16 个供电公司、9 个专业化公司、9 个其他单位，共有全民制在职职工 8955 人。

截至 2010 年底，公司资产总额达到 677.74 亿元。拥有 110 kV 及以上变电站 390 座，变压器 950 台。110 kV 及以上电压等级的变电容量 8383 万 kVA，其中，500kV 变电容量 2521 万 kVA，220kV 变电容量 2787 万 kVA，110kV 变电容量 3075 万 kVA；线路长度 6225km；电缆长度 1197km。

2010 年，公司坚决贯彻国家电网公司各项决策部署，以科学发展观为指导，坚持“大局、可靠、法治、两效”工作方针，推进“国内一流、国际水准”现代企业建设进程，实现各项年度发展目标。全年最大负荷 1666 万 kW，完成售电量 715.84 亿 kWh；完成固定资产投资 66.25 亿元；220kV 及以下线损率完成 6.66%，同比下降 0.1 个百分点；当年电费回收率 100%。

【公司 2010 年工作方针】 公司工作基本方针是“大局、可靠、法治、两效（效益与效率）”（简称“八字方针”）。“大局”是公司的工作的重要前提，就是要牢记首都供电企业的政治责任，在事关党和政府全局利益、事关国家电网公司整体利益的重大任务面前，坚决听从指挥，敢于勇挑重担，践行最高标准，确保万无一失。“可靠”是公司工作的重要基础，就是要主动适应首都经济社会发展的全方位需求，以负责任的态度做到供电安全可靠，以追求完美的精神做到工作精益求精，以讲诚信的品质做到办事稳妥牢靠，充分体现公司发展对社会的价值。“法治”是公司保持稳定、有序、和谐发展的重要保障，就是要强化企业运营管理，通过严格制度管控、完善监督机制和强化文化引导，规范干部职工工作行为和公司经营行为，规避经济和法律风险，确保企业健康运行。“两效”是衡量公司运营管理水平的重要标尺，是企业追求的最终目标，就是要以效益为中心，优化管理体制机制，提高办事效率、设备运行效率、企业运转效率；努力增收节支、降本增效，积极拓展市场，在竞争中把握先机，通过不断创新发展提升效益，将企业做强做大。“八字方针”中，“大局”与“可靠”既是公司对外履行政治责任与社会责任的要求，也是企业营造良好外部环境的需要，事关企业的长远发展；“法治”与“两效”主要着眼于企业内部的经营管理，但同时也是公司服务大局、实现可靠的重要条件；四者之间相互联系、相辅相成，对公司的整个战略发展进程发挥重要的指导作用。

【公司 2010 年工作思路】 公司 2010 年的工作思路是“一个突出，四个着力”，即：突出“大局、可靠、法治、两效”工作方针，着力夯实安全基础，打造高可靠首都电网；着力抓好客户服务，践行高品质工作标准；着力提升效率效益，打造高效能运营体系；着力推进“三个建设”，锤炼高素质和谐团队，不断深化“两个转变”，确保企业规范有序稳定发展，努力实现“国内一流”，加快迈向“国际水准”。

【公司领导班子】

总经理、党委副书记	朱长林
党委书记、副总经理	郭要斌
副总经理、总会计师、党委委员、常委	常世平
副总经理、党委委员、常委	郑林
副总经理、党委委员、常委	李百顺
副总经理、党委委员、常委	刘润生
副总经理、党委委员、常委	安建强（2010年11月任）
工会主席、党委委员、常委	李国华
纪委书记、党委委员、常委	柏磊
副总经理、党委委员、常委	郭炬（2010年11月离任）
正局级调研员	张嗣兴（2010年11月离任）

【电网发展】 结合首都世界城市建设和新能源、智能电网发展方向，完成“十二五”电网规划编制工作。全年完成112条重要道路架空线入地的可研和初设，取得8项220kV输变电工程规划意见书，24项110kV及以上输变电工程获得核准批复。推动政企共建投资模式，全年争取政府共建资金10.58亿元、垫资1.31亿元。

投产输变电工程26项，新建110kV及以上变电容量285.15万kVA，新建110kV及以上线路202.91km。完成220kV八达岭扩建等11项度夏工程，市重点工程配套的220kV康宁、东坝东输变电工程按期投产。完成电力设施迁改工程58项。完成1.17万户居民“煤改电”工作。大屯、呼家楼、岳家楼、延庆充电站投产，附属设施建设全力推进，工程设计评审中心建设如期完成。500kV海淀送电工程、220kV菜市口变电站工程取得突破性进展，完成环境影响评价工作。

全年累计现场检查工程70项，共269次。地安门等4项220kV工程顺利通过国家电网公司优质工程评审，玉泉营220kV输变电工程等13项工程获得北京市建筑（竣工）长城杯奖项。220kV菜市口变电站工程创新设计模式，采取了地下变电站与地上科技馆结合的全国首例消防设计。开展通用设计推广应用工作，500kV城南变电站等3项工程获得国家电网公司优秀设计奖称号。技经工作“三步走”体系入选国家电网公司2010年典型经验库。工程建设质量稳步提高，国家电网公司优质工程创优率达到100%。获得国家电网公司2010年度基建综合管理、质量管理、技术管理、造价管理四项先进，取得国家电网公司电网建设专业同业对标第六名的历史最好成绩。

【安全生产】 建立多部门联合风险管控体系和风险会商发布机制，严格控制电网、人员、设备、环境和用户风险，成功分析控制三级及以上风险477项，建立重要用户外电源安全管理常态机制。推行安全监督审计，开展隐患排查治理，提高作业过程的安全管控能力。初步建成状态检修工作体系，输变电设备的运行状况明显改善。推进调控一体化工作，50座220kV及以上变电站接入监控，15个地区电网调控中心组建投运。配网管理水平不断提升，10kV配网永久性故障次数同比下降4.03%，用户平均故障停电时间同比下降19.76%。整合运行指挥资源，建立高效顺畅的信息传递和应急处置机制，应急值班工作获得国家电网公司肯定。电网成功经受住了夏季1666万kW历史最大负荷的考验。完成政治供电任务179项，累计保电天数295天。

公司主要经营指标

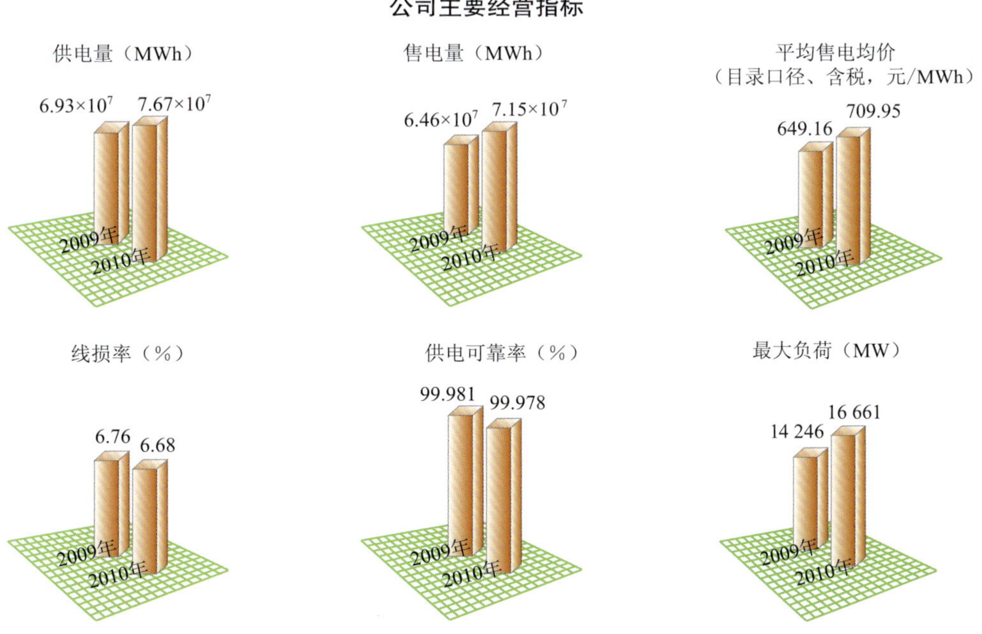

注：图中供电量、售电量、线损率为500kV及以下的统计数据。

【经营管理】 加大增供扩销力度，超额完成700亿kWh售电量目标。开拓新能源市场，电动汽车充电站建设取得良好开局。成立政治供电办公室和重要客户服务中心，重要客户差异化服务工作深入推进。建成“六统一、五集中”的财务集约化管理框架体系，通过国家电网公司验收，实现会计集中核算和银行一级账户管理。加大资金归集与运作力度，资金归集率近100%。落实地区独立购电权，直接购电量由14亿kWh增至229亿kWh。促成新的购网电价机制，增强企业扩大再生产能力。启动公司财产保险业务，初步构建公司财产保险组织体系。

开展“本部建设年”活动，以基础建设、能力建设、作风建设为主线，分7期开展本部全员培训。开展建章立制工作，修订《规章制度编制管理办法》，梳理规章制度500项。开展政策研究工作，完成重大研究课题、重点工作课题117项。实施本部全员绩效考核，提升员工队伍素质，强化本部“四个中心”职能。

实施年度依法治企专项活动，深化“五五”普法工作，通过国家电网公司检查验收；严把经济合同关口，全年对外签订经济合同12 689份。规范开展招投标工作，全年累计完成集中规模招标38.94亿元；处理完成案件43起。完善新闻宣传和品牌传播体制机制，组织开展以“电靓京城，温暖民心”为主题的品牌传播活动，围绕迎峰度夏、智能电网建设等重大新闻题材，全年向社会召开新闻发布会13次，累计在各类媒体发稿3462篇，中央媒体1464篇。

贯彻落实国家电网公司规范集体企业管理和深入开展主多分开工作的意见，加强多经企业管控和规范整合工作，成立主多分开领导小组和5个专业工作组，指导基层单位制定切实可行的工作方案并组织实施。成立集体资产监督管理委员会并设立产业管理部作为职能管理机构，组建北京华商电力管道有限公司等10家公司层面集体企业；建立健全产业管理制度体系，启动涵盖企业人、财、物等方面39项内控制度的建设。

【人力资源】 加大领导干部岗位交流力度，完善“四好”班子创建考评，采取与党风廉政建设联合考核的模式，规范考核程序，实现信息共享。开展全员培训，完成装表接电、配电线路、输电电缆和电气试验4个专业题库的开发和轮训考核工作；技能竞赛调考成绩位列国家电网公司系统第八名；9人获得国家电网公司级专家称号。

完成本部机构改革和岗位竞聘工作，完成供电公司职能处室设置及管理岗位编制调整工作。整合公司检修专业资源，将试验研究院主变压器检修等业务调整到变电公司。成立信息中心、重要客户服务中心等单位，优化专业工作流程。成立北京华商电动车动力科技公司、北京华商能源管理公司，拓展新能源服务市场。

截至2010年底，公司共有全民制在职职工8955人，平均年龄42.7岁。具有大学专科及以上人员6231人，占总数的69.58%；副高及以上专业技术资格人员648人，占总数的7.2%，中级专业技术资格人员1379人，占总数的15.4%，高级工及以上人员6315人，占总数的70.52%。公司党委管理的领导干部389人。国家电网级专家28名，华北电力技术院专家37人。人才当量密度95.63%，位列国家电网公司系统第二名，在国家电网公司系统人力资源同业对标专业排名第三。

【同业对标】 在国家电网公司发布的2010年创一流同业对标评价报告中，公司营销服务、人力资源专业被评为2010年国家电网公司创一流同业对标专业管理标杆，人力资源专业被评为华北区域标杆。《基建技经管理三步走体系建设》典型经验入选2010年国家电网公司典型经验库，《基建财务管理》、《电力展示厅的建设与运营》、《基于现场作业音像采集为切入点的标准化作业管控》、《PMS生产管理系统在生产实际应用》、《城市电网重要客户外电源安全分析与运行管理》5项典型经验入围2010年国家电网公司典型经验。

【营销工作】 加大市场开拓力度，开展“保热点、压结存”专项工作，累计消化热点用电需求102万kVA。继续推广电能替代项目，全年建成蓄冷空调、地源热泵项目114项，累计增加电量约3.67亿kWh；实施居民“煤改电”1.17万户，采暖季增加电量约0.45亿kWh；推广应用8.7万具智能电能表。持续推广银电联网代售业务，归集到公司一级账户资金由2009年底的9%提高到40%，预付电费比重达到30%。运用法律手段，回收欠费187.8万元。全面开展电价稽查工作，实施“反窃电、促降损、强管理”专项行动，全年累计查处违约用电、窃电1504起，追补电量1031万kWh。

完成国家电网公司7项智能电网试点项目，完成顺义华中园电气智能小区示范项目和左安门智能公寓建设，建成国内首个智能微网控制系统，并申报5项实用新型专利。全面启动电动汽车充电设施建设工作，全年开工建设集中式换电站3座，分布式充电站16座；延庆城南电动出租车充电站投入商业运行，航天桥大型电动环卫车换电站基本建成，配套完成RGV穿梭机、助力手加堆垛机方式充换电设备的自助研发工作。选取6700户开展电力光纤入户试点，并配套开展智能小区和电力光纤入户商业运行模式的课题攻关。

完成国家电网公司 SG186 营销业务应用系统整体切割上线运行，系统日处理工单 1.6 万个，实现对所有客户的用电信息动态管理。编制用电信息采集建设 5 年（2010 ～ 2014 年）规划，同时编制配套的现场作业指导书，修订和完善 11 项技术标准。

【农电工作】 创建新农村电气化区（县）2 个，创建新农村电气化乡（镇）16 个，创建新农村电气化村 164 个。继续开展标准化供电所建设，制定《北京市电力公司标准化供电所考核标准》、《北京市电力公司标准化供电所建设工作管理办法》，统一制定 128 种标准化供电所基础资料。建成标准化供电所 50 个，累计建成 94 个，供电所标准化建设率达到 67%。深入开展县供电企业农电管理突出矛盾和问题集中排查整治活动。推进“新农村、新电力、新服务”农电发展战略的实施，因地制宜理顺农电管理关系。重点解决农电人员混岗问题，规范供电所的各类用工管理。8 名农村供电所职工被评选为国家电网公司农电工优秀人才。

【科技环保与信息化】 编制完成公司“十二五”科技发展规划和新技术推广应用规划。开展技术创新活动，全年下达公司科技项目 40 项，群众性技术创新项目 36 项。获得国家电网公司科学技术进步二等奖和三等奖各 2 项。全年申请国家专利 68 项，其中发明专利 22 项，授权专利 52 项。完成“提高主变压器利用率策略的研究”等 6 项专题研究。开展国家电网公司电力科技馆展陈设计工作。

开展以 SG-ERP 为架构的“十二五”信息化发展规划编制工作。全年完成信息化建设项目 24 个、系统维护项目 42 个，完成国家电网公司下达建设任务 55 项。开展 ERP、PMS、基建管控等 20 个系统的深化应用工作，支撑公司人财物集约化管理。落实信息安全督查工作，信息网络与信息系统总体运行状况平稳，信息安全防护情况良好。广域网网络系统的平均可用率为 100%，本地网络系统平均可用率为 99.991%，服务器平均可用率为 99.998%，业务应用平均可用率为 100 %，信息安全事件数为 0，外网攻击阻断率 100%，病毒清除率 100%。

【党的建设和精神文明建设】 落实公司党委加强党的建设 3 年（2010 ～ 2012）规划，深入开展创先争优活动，实施“争创‘四强’党组织、争做‘四优’共产党员”主题活动。加强学习型党组织建设，开办大讲堂及开展《特色党课一小时电教片》征集评选活动。加强基层党组织建设和党员教育管理，开展“电网先锋党支部”创建和党支部工作创新活动，5 个党支部获国家电网公司“电网先锋党支部”称号，评选出优秀党支部创新实践成果 33 个。不断加大廉政监督力度，开展“学制度、促廉洁、保发展”主题教育活动，工程建设领域突出问题和“小金库”专项治理工作取得阶段性成果。加强惩防体系建设，建立健全系统宣教、责任落实、内控监督和协同预防机制，实施纪委书记月报告制度，强化各单位经营风险管控。

落实公司党委加强企业文化和队伍建设 3 年（2010 ～ 2012）规划，开展“忠诚企业、服务首都”主题教育活动和精神文明创建活动，推出精神文明创建优秀创新实践成果 50 项。继续开展北京公司十大首都电力之星、十大优秀团队评选活动。开展职工创新工作室创建活动，确定 10 个公司级示范工作室，产生成果 111 项，3 项成果分别获得全国和北京市级科技成果奖。推进班组标准化建设，2 个优秀班组获得中央企业红旗班组荣誉称号。实施企业文化重点产品建设，征集企业故事 200 余篇，参加国家电网公司《企业文化手册（2010 年版）》优秀故事征集活动，并成功入选 2 篇。95598 服务热线荣获北京市“百姓爱心故事奖”。公司团委举办第四届“五四青年文化节”，加强青年文明号、青年诚信服务岗的建设管理，评选出优秀团建创新成果 29 项。全年荣获“全国劳动模范”称号 1 人，“北京市劳动模范”称号 5 人。

（段鹏飞）

【组织机构】

北京市电力公司2010年组织机构图

北京市电力公司

总经理1人，党委书记1人，副总经理5人，工会主席1人，纪委书记1人

本部职能部门

- 办公室
- 发展策划部
- 人力资源部
- 财务资产部
- 安全监察部
- 生产技术部（政治供电办公室）
- 基建部
- 营销部
- 科技信息部
- 物资部（招投标管理中心）
- 审计部
- 监察部

本部职能部门

- 思想政治工作部（公司团委）
- 离退休工作部
- 北京电力调度通信中心
- 北京电网电力交易中心
- 政策研究及法律事务部
- 对外联络部
- 机关工作部（机关党委）
- 电力公安保卫部
- 公司工会
- 产业管理部

二级机构

- 人才交流服务中心（社会保险中心）
- 超高压工程建设管理中心（定额站）
- 新闻中心（报社）
- 行政管理中心
- 电费管理中心

电力供应

- 城区供电公司
- 朝阳供电公司
- 海淀供电公司
- 丰台供电公司
- 石景山供电公司
- 亦庄供电公司
- 通州供电公司
- 昌平供电公司
- 门头沟供电公司
- 房山供电公司
- 大兴供电公司
- 平谷供电公司
- 怀柔供电公司
- 密云供电公司
- 顺义供电公司
- 延庆供电公司

专业化公司

- 输电公司
- 变电公司
- 通信自动化公司
- 电缆公司
- 计量中心
- 客户服务中心
- 重要客户服务中心
- 北京电力工程公司
- 信息中心

其他公司

- 试验研究院
- 北京电力经济技术研究院
- 培训中心
- 物流服务中心
- 物业管理中心
- 北京电力实业开发总公司
- 北京市路灯管理中心
- 国网企协北京分会
- 北京华商电动车动力科技有限公司

电网发展

DIAN WANG FA ZHAN

规划与发展

【北京电网“十二五”发展规划】 北京市第十三届人民代表大会于2011年1月21日审议通过《北京市国民经济和社会发展第十二个五年规划纲要》。公司结合首都世界城市发展规划，同步完成北京电网“十二五”发展规划。制订规划过程中充分听取各方意见，与北京市“十二五”经济社会发展规划和能源规划全面对接，与市、区两级政府进行充分的交流和沟通。

规划编制原则和主要内容。北京电网“十二五”发展规划紧密结合首都世界城市发展战略，以“安全、全面、经济、主动和可实施”为指导原则，重点满足北京市“两城两带、六高四新”的创新和产业发展需求，兼顾主网、配网、农网协调发展，着力提升电网供电能力和供电可靠性。规划主要内容包括“十一五”电网发展评估、“十二五”电力需求预测、城市电源布局、电力平衡分析、规划网架结构与主要接线形式、规划变电站规模及选址、规划输电走廊及电缆隧道等。

规划预期目标。通过“十二五”建设，北京电网将初步具备世界城市阶段性发展特征，能力更加充足，主网更加稳定，配网更加可靠，农网满足需要，电网逐步智能。500kV外受电能力超过2500万kW，220kV形成9大分区互相支援的供电格局，110kV变电站全部实现双主变压器、双电源，中心城五环以内地区变电站双方向电源比例由50%提高到80%，10kV配网形成以环网为主、放射网为辅的网架结构。北京地区人均负荷达到1.174kW（按照“十二五”末人口2300万测算），由世界城市平均水平的58%提高到73%；人均用电量达到5652kWh，由世界城市平均水平的60%提高到76%；户均停电时间由1.9h降低到60min，由世界城市平均水平的27倍降低到6倍，全面满足世界城市建设的阶段性需求。

【规划前期工作】 加强重点区域配套规划。北京市“全区域、多热点、大体量”的开发建设特点日益鲜明，通州、11个新城、42个重点镇等重点发展区域合计面积达到5641km^2，规划用地面积2739km^2。依托城市发展热点，区域性的配网规划不断深入，针对重点镇建设和城中村改造，增强农网规划和投资的力度，先后完成通州运河中心区、未来科技城、首钢搬迁等项目咨询67项，完成基建工程项目和附属设施可行性研究39项，结合道路和轨道交通规划电力隧道9条。

以“四大热电中心”为代表的电源接入工作有序推进。按照强化引导、有序接入的原则，首次独立参与电源接入的选址和接入系统研究工作，先后完成华能扩建、草桥二期等4个电源项目审查。初步明确平谷、延庆新能源综合示范基地工程的概念和方案。

充分利用内外部资源，服务北京市重点工程建设。配套北京市轨道交通规划建设变电站6座，完成线路迁改移31条，确保5条新城线如期投运；配套“煤改电”工程新建110kV变电站2座，10kV开闭站2座，改造和新建电源线路19条，1万余户居民具备电采暖条件。促进公司电动汽车充电站建设等9个重点工程项目纳入市政府“绿色通道”，保障3个集中式充电站和16个分布式充电桩年底竣工；112条重要道路架空线入地的可研和初设全部完成，8项220kV输变电工程取得规划意见书，24项110kV及以上输变电工程取得核准批复。

8月19日，公司总经理朱长林、党委书记郭要斌、副总经理李百顺、副总工程师贺建平与通州区委区政府领导就通州国际新城电网规划和建设工作进行座谈。

【开展“加快两个转变、实现国际水准”战略研究】 年初，北京市明确了全面建设现代化国际大都市的目标，着眼于建设世界城市，提高北京的现代化、国际化水平，提出了在新的起点上全面推进“人文北京、科技北京、绿色北京”建设的要求。为此，公司选择纽约、伦敦、东京和巴黎作为对标研究城市，开展“加快两个转变、实现国际水准”战略研究，建立包含36项指标的世界城市指标体系，分析公司在发展阶段及资源整合效率方面与国际水准的差距，研究电网和公司发展不断满足世界城市建设需要的举措。在36项指标中，公司有11项处于落后位置，包括终端能源市场比重、资产收益率、单位资产输配电总成本、配网结构合理水平、客户报装平均办理时间等。与对标城市的电力公司相比，公司除了在单位售电量输配电成本占优外，在电网质量、供电可靠性、资产效率和客户服务品质等方面都存在不小的差距。

借鉴国际电力对标组织和机构的成果，利用国际电力公司对标数据库衡量公司同国际水准的差距，并根据公司的具体情况，科学设定未来的发展目标。课题建议公司在“十二五”期间“内控成本，外借资源”，一方面充分借助国家在新能源和节能减排等方面的政策，积极拓展经营和业务空间；另一方面转变经营和服务理念，提升资产效率、保持能量效率，提升公司的经营效益。最终提升公司的国际化水平，确保公司的主要指标在“十二五”末基本达到国际平均水准。初步完成建设“国内一流、国际水准”现代电力企业的战略目标。

（娄奇鹤）

工程建设与管理

【综述】 2010年是“十一五”收官之年，基建各项工作的高效推进，确保了“十一五”基建任务的圆满完成。全年公司共完成220kV八达岭扩建等11项度夏工程，轨道交通配套的110kV马泉营、义和庄等输变电工程及市重点工程配套的220kV康宁、东坝东输变电工程，京沪高铁配套外电源工程进展顺利。完成电力设施迁改工程58项，完成11 723户居民“煤改电”工作，大屯、呼家楼、岳家楼、延庆充电站投产，工程设计评审中心建设如期完成。500kV海淀送电工程、220kV菜市口变电站工程完成环境影响评价工作。

公司基建安全管理态势继续保持平稳，全年未发生安全、质量事故。工程建设质量稳步提高，国家电网优质工程创优率取得100%。同业对标工作获得国家电网公司基建专业第六名。公司获得国家电网公司2010年度基建综合管理、质量管理、技术管理、造价管理四项先进。

【基建工程完成情况】 全年，公司共投产26项输变电工程，新建110kV及以上变电容量285.15万kVA，新建110kV及以上线路202.91km，2010年竣工投产工程统计表见下表。

2010年竣工投产工程统计表

建设单位	工程名称	新增主变压器（万kVA）	新增线路（km）	投产日期
基建部	220kV南站输变电工程*	36	6.48	1月26日
	220kV军都输变电工程*	36	2	5月26日
	220kV八达岭扩建工程*	18		8月4日
	220kV康宁输变电工程	72	21	12月18日
	220kV玉泉营输变电工程*		12.5	5月18日
	220kV朝阳门扩建工程*		5.5	6月27日
	220kV望京输变电工程		6	11月18日
朝阳供电公司	110kV通盈输变电工程*	15	4.43	6月22日
	110kV崔各庄输变电工程	10	4.56	8月27日
	110kV朝阳公园扩建工程	10		11月30日

续表

建设单位	工程名称	新增主变压器（万kVA）	新增线路（km）	投产日期
海淀供电公司	110kV 软件园扩建工程*	10		4 月 26 日
	110kV 苏州街扩建工程*	10		5 月 27 日
	110kV 东升—中关村送电工程		2.4	8 月 30 日
	110kV 西平庄永久外电源工程		8.2	11 月 30 日
丰台供电公司	110kV 东管头扩建工程*	10		1 月 30 日
	110kV 五里店输变电工程		3.6	9 月 20 日
	220kV 玉泉营切改工程		17.54	12 月 30 日
亦庄供电公司	110kV 文化园输变电工程	10	1.6	10 月 30 日
通州供电公司	110kV 胡各庄变电站扩建工程	10		6 月 30 日
昌平供电公司	110kV 桃洼输变电工程*	3.15	7.2	5 月 24 日
	110kV 流村输变电工程*		22	5 月 24 日
	220kV 军都切改工程		15	12 月 20 日
	110kV 白坊扩建工程	15		10 月 30 日
大兴供电公司	110kV 义和庄输变电工程	10	15.1	11 月 30 日
	110kV 西梨园外电源工程		36	12 月 30 日
怀柔供电公司	110kV 东庄输变电工程*	10	11.8	6 月 30 日
合计	26	285.15	202.91	

标*的工程为度夏工程。

【重点工程建设】

1. 菜市口 220kV 输变电及附属设施（国网科技馆）工程

220kV 菜市口变电站是北京市“煤改电”重点工程，同时也是国家电网公司智能变电站试点工程。位于西城区菜市口大街东侧、南横东街南侧。工程占地面积 7503m^2，总建筑面积 47 846m^2（其中地上建筑面积 25 385m^2，地下建筑面积 22 461m^2），建设变电容量 3×18 万 kVA。该变电站采用地下变电站与地上电力科技馆合建的方式，是世界上首座 220 kV 开放式全地下智能变电站。

按照国家电网公司 2009 年第 49 次党组会精神，公司于 2010 年 9 月成立了菜市口国网科技馆项目指挥部，全面推进菜市口项目的前期工作。10 月完成了整体工程可研编制（待审），科技馆展陈一体化方案、智能变电站设计方案、营销系统设计方案分别通过国家电网公司科技部、智能电网部和营销部的审核。

9 月 16 日，顺利取得 220 kV 菜市口变电站的环境影响评价批复。同时，基建系统创新思路，在菜市口工程中大胆尝试国内首例消防设计模式，得到了市消防局、市规划委的肯定。

2. 市政重点工程配套项目

220kV 八达岭变电站扩建工程。该工程是度夏项目，其顺利投产解决大秦铁路牵引变电站对延庆电网的影响，同时改善延庆地区电能质量，优化地区 110kV 电网结构，为延庆地区电网的进一步发展提供了有力保障。该工程安装 2 台 180MVA 有载调压变压器，设计单位为北京电力设计院，电气施工单位为北京市京电变电工程处。该工程于 2010 年 6 月 14 日开工建设，8 月 4 日竣工投产。

220kV 康宁变电站输变电工程。该变电站是公司首个钢结构户内型 220kV 变电站，是集“变电一次、变电二次、保护自动化”为一体的枢纽变电站，是公司新技术、新材料应用的有效探索和尝试。它保障我国光电显示领域龙头企业——京东方科技集团有限公司的供电，被列为亦庄经济开发区重点工程项目，该工程于 2010 年 1 月 16 日开工建设，12 月 18 日竣工投产。

■ 12 月 18 日，220kV 康宁变电站投产。

110kV 崔各庄变电站输变电工程。该变电站位于朝阳区望京北部电子城西区。为北京地铁 15 号线及周边开发项目提供了可靠电源保障，为公司标准配送式变电站的建设与管理积累经验。工程总建筑面积 2870m²，安装 50MVA 有载调压变压器 2 台。该工程由北京电力设计院设计，在公司范围内第一次采用了国家电网公司标准化变电站建设方案中的 B-1-2 设计方案。土建施工单位为鹏达建设集团，电气施工单位为朝阳电力工程公司。该工程于 2009 年 11 月 10 日开工建设，2010 年 8 月 27 日竣工投产。

110kV 文化园变电站输变电工程。该变电站位于亦庄经济开发区，缓解了亦庄核心区北部地区电力需求增长迅速和缺少电源点的矛盾，使初步形成的变电站间链式接线形式电网网架得到优化，同时为轻轨亦庄线及周边新建住宅群提供永久电源保障。工程总建筑面积 4260m²，安装 2 台 50MVA 有载调压变压器，由北京电力设计院设计，土建施工单位为高碑店市建筑企业集团公司，电气施工单位为北京电力工程公司。该工程于 2009 年 9 月 30 日开工建设，2010 年 10 月 30 日竣工投产。

■ 10 月 30 日，110kV 亦庄文化园变电站投产。

3. 国家电网公司复合材料杆塔示范工程——青龙湖 10kV 切改线路工程

2009 年 5 月，在国家电网公司基建部的总体部署下，公司承担了国家电网公司全复合材料杆塔（包括全复合材料的杆身、横担）应用示范工作——青龙湖 10kV 切改线路工程。该工程历时 1 年多的研究和攻关，在公司基建部统一组织协调下，在公司安全监督部、生产技术部、物资部、房山供电公司、北京电力设计院以及中国电科院、航天 703 所等部门和单位的密切配合下，经历了设计选型、方案确立、材料研发、外研内调、产品研制、成品试验、物资采购、工程实施等诸多环节，首次成功应用了 10kV 全复合材料绝缘杆，该工程于 2010 年 7 月 16 日竣工投产，达到了预期效果。

■ 青龙湖 10kV 切改线路工程。

【基建工程管理】

1. 精心组织，年度任务按计划完成

2010 年基建管理范围不断扩大，给工程管理带来了新的挑战。基建部结合不同种类工程的特点，定期召开专项工程调度会，充分发挥组织协调作用。①抓好工程进度计划落实，强化过程统计分析和项目进度管控，跟踪重点工程与关键环节，准确掌握工程建设信息，发现、分析、解决制约问题，确保工程建设进度。②进一步加大重点工程协调力度，对内加强有关部门和相关单位的协调配合，推进工程建设；对外加大与地铁等相关市政专业公司的沟通力度，推进协调工作的制度化和常态化。③切实发挥属地优势，落实属地公司在协调外部环境中的责任，克服外部环境带来的不利影响，确保按期完成工程建设任务。④加强物资供应进度管理，加快设备材料招标上报，强化合同的执行力度，建立健全设备材料供应的快速协调机制，各单位及时跟踪设备材料招标和交付过程中存在的问题，各职能部门做好协调落实，确保设备材料的交货进度和质量。经过各建设单位的共同努力，年度任务按计划完成。

2. 过程管控，安全质量水平不断提升

各建设单位精心编制策划方案，有序开展安全质量管理工作；落实国家电网公司各项要求，开展“抓基础、控风险、防事故”基建安全主题活动；开展不同形式、多种层次的教育培训工作，确保人员素质得到提升；适时召开安全质量分析会，辨识风险，超前预控，深化巡检数据统计分析和应用；在建的 19 个工程项目工地获得“争创无违章工地”流动红旗；印发了百日安全基建专刊，定期发布巡检周报，营造安全质量氛围；严格过程管控，完成了 13 个新建变电站工程投产前质量监督，23 项输变电工程达标投产，确保各项工程高质量高水平移交；坚持巡检，全年累计检查 70 项工程共 269 次。4 项 220 kV 输变电工程（玉泉营、地安门、望京、东坝东）顺利通过国家电网公司优质工程评审，创优率 100%；13 项输变电工程（玉泉营、五里店、苏家坨、青龙湖、南梨园、邢各庄、七里庄、半壁店、大栅栏、常营、兴业、南法信、旧宫）获得了北京市建筑（竣工）长城杯，全年安全质量形势平稳。公司基建安全质量专业逐步形成了“五个一”[1]的运行平台。

■ 12月22日，公司副总经理安建强到北京电力工程公司承建施工的东坝东220kV送变电工程施工现场调研并指导工作。

【基建标准化建设】 深化基建标准化体系建设，在所有110kV及以上输变电工程中组建业主、监理、施工项目部。加强三个项目部标准化知识的学习和掌握，设置安全、质量、技术、造价、建设协调五大专业人员，加强工程的专业管理。开展基建管控模块的推广应用，实现提前一个月上线的目标。作为国家电网公司深化应用的5个试点单位之一，公司率先实现基建管控系统在所有项目中的广泛应用。

【电网建设新技术推广应用】 开展通用设计推广应用工作，500kV城南变电站、220kV地安门变电站和太阳宫电厂接入工程获得国家电网公司优秀设计奖称号；220kV菜市口变电站获得首都城市规划建筑设计优秀方案奖；220kV康宁变电站和110kV义和庄变电站钢结构变电站建成投产，其中义和庄变电站纳入国家电网公司2011年新技术推广应用实施目录；承担国家电网公司复合材料杆塔设计规范及初步设计内容深度规定等新企标的编制工作；组织承办国家电网公司地下变电站建设管理经验交流活动；首次组织公司110kV输变电工程设计评优工作，明确工程设计导向。加强设计管理，全面实施工程初步设计评审的计划管理，规范各类工程初步设计报审模式和流程，深化初设文件和评审深度，共完成133项工程的初步设计评审工作。加大技术培训力度，年内组织各建设单位、运行单位及参建单位举办2期设计管理和新技术培训会，共160人次。

■ 220kV康宁变电站钢结构。

【技经管理】 创新技经管理手段，构建完成了“以工程量清单招标为基础、现场过程造价控制为模式、工程造价管理系统为手段”的技经工作“三步走”体系。该体系入选国家电网公司2010年典型经验库，并获2010年国家电网公司企业管理创新成果一等奖。承担国家电网公司电缆专业工程量清单标准规范的编制工作。公司创立的现场过程造价控制工作模式，改变传统的工程结算模式，实现工程实施过程中的阶段结算，提升结算合理性、及时性，在国家电网公司2010年度基建工作会上作为典型经验进行宣讲，在国家电网公司范围内获得推广。公司造价系统是国家电网公司第一个实现技经全业务流程的造价管理系统，固化了诸多先进工作模式和理念，实现造价流程化、扁平化管控，为国家电网公司技经信息化工作积累了经验，获国家电网公司科技进步一等奖。编制土建及电气安装工程标准工程量招标清单，实现消防、技防工程单独招标，规范专业分包工程的招标管理。

【生产辅助设施建设管理】 加强管理，保证工程进度。合理编制工程进度计划，针对不同阶段的建设特点，及时解决各环节的困难，保证工程进度。2010年度附属设施工程共计16项，其中竣工投产工程3项（公司本部办公大楼7层和8层改造、燕郊应急仓库、大兴物流基地改造），在施工程7项（220kV八里庄变电站及附属设施、北钢终端站改造、蔡公庄终端站改造、公司南门绿化改造、中山会馆修缮、望京兴隆寺修缮、220kV草桥变电站及附属设施），前期阶段6项（220kV菜市口变电站及附属设施、110kV立

[1] 即一个专门机构，一套完整制度，一个常态巡检机制，一个评比平台，一个信息专栏。

水桥变电站及附属设施、前门西大街甲 61 号院改造、220kV 桃园变电站及附属设施、公司本部 A 座 7 层平台改造、4 层会议室改造)。

加强与市发改委、市国土局、市规划委和市环保局等职能单位的联系，在规划、建设等领域与地方政府建立联动机制，重点推进 220kV 菜市口变电站、220kV 桃园变电站及附属设施工程进度。

国网科技馆（220kV 菜市口变电站）工程在建筑形式上是公司首例高层民用建筑与变电站结合的建筑，没有建设先例或不适用现行设计规范标准。在设计中将展览建筑设计规范和变电站所用的行业规范进行了有机的融合；突破规程限制，确定地下变电站与地上科技馆结合的全国首例消防设计；灵活运用人防相关规定，采取申请人防工程易地建设缴纳补偿款的方法，创造性解决了人防空间建于变电站上层的问题。

【"煤改电"工程】 2010 年，"煤改电"工程惠及原西城区、原宣武区 11 723 户居民。其中，原西城区涉及赵登禹路东、西侧地区，改造居民 7368 户；原宣武区涉及天桥地区，改造居民 4355 户。

配电网部分：确定了 10kV 育德开闭站的站址。安装箱式变压器 31 台、三相柱上变压器 103 台、单相柱上变压器 25 台、开闭器 6 台、墙(地)箱 1774 台、敷设电缆 93km、敷设架空线 52km、新装计量表计 1.17 万具。

■ 9 月 6 日，城区供电公司全面启动北京城市核心区非文保地区居民采暖"煤改电"工程。(金建　摄)

（苏　丽）

智 能 电 网

【智能电网工作体系】 为保证智能电网建设与管理工作有序开展，公司建立了智能电网工作体系。公司成立了智能电网建设领导小组，7 月，公司在生产技术部成立智能电网的专职处室，负责智能电网的归口管理工作，公司各职能部门对口开展相关工作。各部门、单位均明确有分管领导和项目负责人，项目试点建设单位建立了相关工作体系。北京电力经济研究院承担了智能电网发展战略、规划、重大课题（经济类）的具体工作；公司电力试验研究院承担了智能电网科技、标准、重大课题（技术类）的具体工作，并负责收集相关信息。

（刘庆时）

【北京电网"十二五"电网智能化规划】 按照国家电网公司统一部署，公司完成《北京电网"十二五"电网智能化规划》的编制工作。

《北京电网"十二五"电网智能化规划》在分析北京智能电网发展和形势的基础上，明确北京电网智能化规划的指导思想和发展目标，重点从发电、输电（包括输电网、电缆网）、变电、配电、用电、调度、通信信息七个方面提出北京电网智能化的规划目标、分阶段发展目标、关键技术、重点项目、投资估算，分析北京建设坚强智能电网的社会经济效益以及对公司经营管理的影响，提出规划实施的保障措施。

1. 规划指导思想

深入贯彻落实科学发展观，以国家能源发展战略和《北京市能源发展规划方案（2008 ~ 2020）》为指导，以服务于"人文北京、科技北京、绿色北京"和低碳城市建设，满足多元化电力服务和新能源接入需求为着眼点，结合北京电网的实际和首都定位的要求，在电网坚强的基础上，应用先进适用的技术，加快推进以信息化、自动化和互动化为特征的北京智能电网建设，更好地为首都世界城市建设服务。

2. 规划原则

规划编制与国家电网公司建设坚强智能电网的发展策略保持一致，与北京电网主、配网"十二五"发展规划保持一致。结合北京电网发展实际，坚持统筹兼顾，做好各级电网、各环节智能化发展的统一协调。

统筹协调发、输、变、配、用电间的关系，使得电网更坚强，各种资源优化配置、高效融合，各类客户灵活、方便、高效地使用电能。

注重先进信息、自动控制等新技术的应用，提高电网的智能化水平，处理好智能化技术的先进性与适用性的关系，有重点有选择性地先行试点，以检验技术的可靠性和适应性。

3. 总体发展目标

到2020年，北京电网基本实现智能化，外送的各种电力、本地的各种电源能够做到优化配置，清洁能源优先利用；供电能力满足世界城市建设需要；电网风险快速评估、快速反应，做到风险可控在控；供电服务更加多元化、个性化、透明化，电动汽车等新的用电设施实现即插即用；全面实现设备状态检修和资产全寿命周期管理；供电可靠性和电能质量等指标达到国内领先、国际先进水平。

北京电网"十二五"智能化的主要目标是：在跟踪发展需要、技术进步和试点评估的基础上，滚动修订完善电网智能化规划和建设标准，全面推进坚强智能电网建设，实现电网各环节智能化建设的协调有序快速推进；关键技术和设备得到广泛应用，电网运行和管理持续优化，"十二五"末北京电网智能化达到较高水平。

（1）发电和调度智能化建设。北京地区风能、太阳能等清洁能源发电并网及协调控制技术全面推广，配套大容量储能设施得到较大规模应用。"十二五"末，北京电网可满足并网接入风电约500MW，并网接入太阳能发电功率约100MW，北京电网实际并网接入风电约300MW，实际并入太阳能发电功率约70MW。到"十二五"末期，市调智能调度技术支持系统建设全面完成，各区调调度机构的调度自动化系统升级改造完成，厂站基础自动化水平显著提升，网厂协调、节能调度等优化运行技术和WAMS等电网运行控制技术得到广泛应用，AGC和AVC等优化控制方案得到较大规模实际应用，充分适应北京坚强智能电网安全运行的调度技术支撑体系全面实现，促进"大生产、大运行"不断深化。

（2）输变电智能化建设。全面建成北京输变电设备状态监测系统，建设完成覆盖输电、电缆、变电、配电网状态监测系统，实现北京电网上下联动的风险管控体系建设。新建变电站全部按照智能变电站技术标准建设，建设6座220kV智能变电站及13座110kV智能变电站；贯彻全寿命周期管理理念，重点对投运年限较长的变电站，以及定位由终端站转变为枢纽及中心站的变电站进行智能化改造，变电站基础智能化水平进一步提升。

（3）配用电智能化建设。借助城区配电网自动化工程建设，将城区配电网打造成配电网设备更加稳定可靠、网架结构更加合理灵活、自愈功能更加完善、配电网运行风险管控更加规范的智能型配电网；推广配电网调控一体化智能技术支持系统建设；同步启动其余15个供电公司的配电网自动化建设，同步推广配电网调控一体化智能技术支持系统。

扩展和完善配用电相关应用系统功能，促进配用电管理和服务的集约化发展；开展分布式电源/储能及微网接入与协调控制试点，实现标准化建设和规范化并网。开展电动汽车配套基础设施、智能用电小区/楼宇建设，满足各种新型的用电需求。

（4）通信信息平台建设。结合各个环节智能化建设对通信的需求，形成公司坚强智能电网的通信体系架构，建立智能电网通信标准体系；完成公司智能电网通信平台试点建设项目方案的制定以及后续配用电通信网的建设工作；实现电力光纤到户的技术突破和推广应用；结合北京地区用电信息采集工程、配电网自动化工程、电力光纤到户等项目的推进，实现贯穿公司应用中心、配电网站点、用户采集末端一体化的通信解决方案和智能电网通信平台。基本建成SG-ERP系统，主要业务应用达到国际领先水平，初步实现各环节集成共享、流程互动的智能应用集成功能；着力建设一体化信息支撑平台，优化完善信息网络；建设智能数据中心，深化完善信息共享与交换技术架构，进一步统一企业数据标准，完善信息模型，实现生产控制大区和管理大区的信息高效共享，支撑公司"一中心、多平台"建设以及跨业务条线的分析决策。提高电网空间信息服务能力，进一步扩展模型、增加三维功能、利用智能搜索，满足在需求侧管理、实时信息应用、电网规划设计、业扩报装辅助分析、故障影响分析等方面的应用需求。

（刘庆时）

【智能电网专项课题研究】 根据国家电网公司统一部署，公司承担了《坚强智能电网建设对经济社会的影响分析》专项课题的研究。公司组织有关部门和北京电力经济技术研究院，及时启动《北京坚强智能电网建设对经济社会的影响分析》的调研、取证等编制工作，并按时提交给国家电网公司总报告编写组。报告分析了国内外智能电网研究和建设资料，结合北京市经济社会实际情况及对坚强智能电网的要求，对北京坚强智能电网对经济社会环境的影响进行了深入分析，基本结论如下：

（1）坚强智能电网建设能够推动"三个北京"[1]和世界城市建设，主要表现为：节约土地资源、提高服务

---

[1] 绿色北京，人文北京，科技北京。

用户水平、拓宽服务民生渠道、促进社会和谐；推动电力行业自身及其他行业的技术创新；促进清洁能源利用、新能源汽车示范、节能环保等工程建设，为新能源发电提供接入环境，为新能源汽车提供充足安全的电源；强化电网设施监控、提升整治外力破坏能力。

（2）坚强智能电网建设有利于保证能源供应安全。能够实现能耗需求发生重大变化时的能源快速调配，减少能源对外依赖，降低自然灾害带来的能源风险。

（3）坚强智能电网建设能够促进经济发展。综合考虑坚强智能电网自身投资及乘数效应，其对 GDP 增长的贡献率在 2009 ～ 2010 年、2011 ～ 2015 年分别达到 9.4% 和 8.7%。

（4）坚强智能电网建设能够推动相关行业的产业革命。所有新能源发展和利用都以电网为依托或与电网密切相关，因此，坚强智能电网将促进产业链相关方技术创新、新能源发电的收集与利用、物联网产业的示范与推广、新技术的超前储备、创新人才及创新团队的培养，进而形成新的产业群。

（5）坚强智能电网建设能够促进低碳经济发展。坚强智能电网将以低排放、低能耗、低污染为特征，有利于优化能源结构、提高能源利用效率，大幅度降低能耗，促进北京地区低碳经济持续发展。

报告在分析坚强智能电网建设对经济社会影响的基础上，向政府提出了政策建议：①建议市政府尽快组织启动北京坚强智能电网战略研究工作；②搭建促进相关产业力量合作平台，调动发电侧和需求侧参与坚强智能电网建设的积极性；③设立电网建设基金，出台坚强智能电网发展激励政策。

（刘庆时）

【智能电网试点工程】 2010 年，公司承担了国家电网公司下达的两批总计 11 项智能电网的试点项目，其中变电环节 1 项，配电环节 1 项，用电环节 3 项，调度环节 1 项，通信平台 1 项，信息平台 3 项，跨环节 1 项，分别是莱市口智能变电站试点工程、配电自动化试点工程、用电信息采集系统试点工程、智能用电小区试点工程、电动汽车充放电站试点工程、智能电网调度技术支持系统试点工程、电力光纤到户试点工程、海量实时数据管理平台、电网空间信息服务平台（GIS）、智能信息集成平台建设、输变电设备状态监测系统试点工程。截至年底，公司已完成 7 个试点项目，其余 4 个项目 2010 年按计划实施中。按照国家电网公司相关部门的工作安排，智能电网调度技术支持系统试点工程已通过验收，配电自动化试点工程已完成预验收工作。

（1）配电自动化试点工程。该试点工程是在城区供电公司所属原东、西城范围内实施配电自动化，主要包含配电自动化主站升级、配电指挥平台开发与应用、配电自动化终端改造建设、通信通道建设与接入四部分内容。试点工程改造线路共计 179 条，包含环网柜 551 座、箱式变电站 272 座、架空柱上开关 200 个、用户分界负荷开关 167 个，开闭站 25 座。

试点工程具有如下特点：规模全国最大、覆盖范围最广、系统运行时间长，实用化程度高；建成了地区主、配网一体化调控平台，率先实现主、配网调控一体，率先成功实践配电网自愈，配电网网架坚强可靠；研发、优选先进适用的智能终端设备；创新国际领先技术，实现 GIS 与配电自动化互操作；创新配电生产运营指挥平台建设，推进“大运行”管理模式的实践。试点工程的竣工使北京城区配电网自动化技术水平继续保持国内领先水平。

（2）智能电网调度技术支持系统试点工程。城区智能电网调度技术支持系统是一套面向北京城区主、配网调控一体化的生产业务模式，是具备电网全方位智能化监控、分析、预测和综合智能告警能力的综合应用平台。试点工程实现了主配网设备监控、合环操作分析、辅助决策分析以及馈线自动化等特有功能，同时具备了电网运行实时监控、状态估计、调度员潮流、综合智能告警、智能操作票等基本功能。试点工程还包含城区供电公司智能电网信息中心机房电气、防雷接地、消防和综合布线等系统的建设。

试点工程取得如下成果：率先实现主配网一体的全景化监视与控制；实现主配网调控一体化，提高电网驾驭能力；运用智能化技术，提升系统功能实用性；多主题可视化展示手段满足各专业应用对象的需求；健全制度体系，推进“大运行”管理模式的实践。

（3）输变电设备状态监测系统试点工程。该试点工程遵循国家电网公司输变电状态监测系统“两级部署、三级应用”的原则，按照国家电网公司统一规划、统一标准、试点先行、分步实施的要求，建立公司输变电设备状态监测信息一体化平台，实现数据统一分析功能，充分共享生产管理、调度自动化等系统信息资源；依托生产信息管理系统，并且作为生产信息管理的重要组成部分，完成具有实用性、灵活性、开放性、安全性、稳定性、冗余性及标准化特点的状态监测信息高级应用模块的开发及应用。试点工程主要包含主站系统建设、监测系统开发与应用、现有输电线路状态监测数据接入（本期）。

试点工程取得如下成果：建设了输变电设备状态监测主站系统，开发的状态监测平台实现了基于图形的全局可视化展现、基于设备对象的局部集成化展现、综合查询统计、监测设备管理与配置、类系统管理与配置功能等，实现与PMS相关功能模块资源共享；公司现运行的220kV八宝双回、110kV八蓝双回等线路上24套在线监测设备均接入系统，实现主要参数在线监测。

（4）智能小区试点。公司作为国家电网公司智能小区首批试点单位之一，积极推动智能小区建设工作。完成顺义华中园智能示范项目建设工作，完成太阳能光伏发电系统、风光电互补路灯系统、冷热电联产系统、储能系统、地源热泵系统、电动汽车充电系统、微网控制和能量管理系统、智能用电互动服务系统等具体建设内容。左安门智能公寓项目于6月正式启动，12月完成全部建设工作。根据国家电网公司建设首都智能电网示范展示圈工作部署，按照“全功能、全概念”要求，建设基于电力光纤到表到户的小区低压电力通信网，用电信息采集系统，通过智能交互终端、95598门户网站、网络、电话等多种途径的双向互动服务平台，智能家居，实现电信网、广播电视网和互联网的“三网融合”业务，以交流充电桩为主的电动汽车充电设施，分布式电源及微电网，冷热电联产系统，小区配电自动化，综合应用展示平台等内容。顺义华中园、左安门智能公寓两项试点工程均符合国家电网公司对智能用电小区建设功能要求及施工规范要求，集中、全面展示了公司坚强智能电网建设成果，达到了试点示范效果。公司已申请专利5项（发明2项、实用新型3项）；参与国家电网公司“智能用电小区关键技术研究”、“智能用电小区的技术研究与应用”等科技项目，全程参与国家电网公司《智能小区功能规范》、《智能小区试点工程建设指导意见》、《智能小区工程验收规范》等的制定和审查。

■ 6月1日，公司总经理朱长林在顺义华中园智能电网示范工程现场检查工作。（王磊 摄）

（5）用电信息采集系统试点工程。该试点工程按照国家电网公司统一标准，在公司负控系统、大用户采集系统建设的基础上，整合现有营销信息系统资源，建设统一的用电信息采集平台，实现“全覆盖、全采集、全费控”。工程主要内容是建设用电信息采集系统主站、应用系统开发。主站系统已上线运行，并于9月底完成与SG186营销信息系统数据对接，密钥系统建设已完成。截至年底，已经完成5万户智能电表安装和信息采集接入。

（6）电力光纤入户试点。2月，根据国家电网公司《关于下达坚强智能电网第二批试点项目计划的通知》，公司被正式列为国家电网公司电力光纤到户项目首批试点单位。公司营销部与调通中心、国网信通公司深入研讨技术方案，对光纤复合低压电缆、系统组网方式、设备特性等进行分析和论证，制定技术方案；结合北京配电网建设现状，研究投资建设和工程组织模式，编制通用建设方案，并开展商业运营模式、建设和运营模式研究；开展电力光纤试点小区甄选，加强同政府、运营商的沟通与合作。年内完成朝阳区中弘像素、丰台区建邦枫景两个试点小区选址、建设方案编制工作，已通过国家电网公司审核，并完成可研编制、项目核准等项目前期工作。两个试点小区按照整体工作计划有序推进，年内完成总工作量的10%。公司电力光纤入户试点工程得到北京市经信委的大力支持，被列为北京市经信委信息化基础设施提升试点工程，并争取到“驻地运营商”的运营模式，得到国家电网公司的高度评价。参与国家电网公司《电力光纤到户组网典型设计》、《电力光纤到户施工及验收规范》、《电力光纤到户终端安全接入规范》等的制定和审查。

（7）电动汽车充换电服务网络建设。电动汽车充电设施建设获得重大进展。12月29日，北京市人民政府与国家电网公司签署新能源汽车充电设施建设等战略合作协议，奠定了公司电动汽车充电设施建设的主导地位。年内开工建设大型换电站3座，分别是北土城电动公交车站、航天桥和马家楼电动环卫车站；分布式充电站16座，分别是城区4座、朝阳6座、海淀3座、丰台2座电动环卫车站和延庆1座电动出租车站。自主研发电动汽车换电设备2项，分别是轨道式自动导引车（RGV穿梭机）和堆垛机＋助力机械手；研发了具有北京特色的“北”字形电动汽车交流充电桩设备等。

■ 12 月 23 日，朝阳供电公司环卫变电站工程呼家楼充电站竣工送电。(罗文德　摄)

2010 年，完成航天桥电动环卫车换电站、弘燕桥电动环卫车充电站、大屯电动环卫车充电站、四元西桥电动环卫车充电站、延庆电动出租车充电站 5 座充换电站及 120 个充电桩建设。航天桥站建设了充电站建筑主体，站内安装了充电机、电池架、天轨、地轨、换电设备、分界室、配电室电气设备、安防监控系统、电池监控系统、国家电网标识系统等。10kV 部分已发电，充电机及换电设备已安装完毕。该换电站设备先进，规模较大，处于国内领先水平。其余 4 座充电站主要进行外电源接入和充电设备安装调试。

（刘庆时　王洪彪）

经营管理

JING YING GUAN LI

计划与投资管理

【计划管理】 全年公司完成固定资产投资66.2517亿元，指标完成率100.02%。新开工110kV及以上线路192.3km，110kV及以上变电容量364.15万kVA，指标完成率分别为100.68%和100.04%。售电量完成715.84亿kWh，完成年度指标的100.40%；线损率累计完成6.68%，优于年度指标0.05个百分点。资产负债率为61.88%，优于年度指标7.28个百分点；净资产收益率完成3.62%，优于年度指标1.1个百分点。

计划管理工作。调整和下达2010年综合计划、投资计划、生产经营计划，编制2011年综合计划、投资计划、生产经营计划。拓展经济活动分析的深度和广度，从经济效益角度出发，着重研究和分析经营工作中存在的问题和应对措施，保证年度各项计划均衡完成。落实国家电网公司SG186工程的安排，推进发展策划模块的建设，完成了生产计划的试点推广工作。

强化综合计划的统筹、平衡和控制功能。落实国家电网公司要求，统一下达15项纳入基层单位绩效考核的综合计划指标，初步实现局部服从全局、要素综合配置的目标，基本构建了“统一编制、统一上报、统一下达、统一调整”的管理雏形。完善月度经营工作通报制度，突出“综合计划指标”主线，重点通报各主要经营指标的运行情况，并针对指标异动作出详细说明，加强对指标的即时掌握和控制。

深化经济活动分析会的平台作用。会同相关部门加强企业经济运行监控，突出对电力市场、电网经济运行、电网环节赢利能力的分析以及国家电网系统内的横向对比。加强指标完成情况的内在原因分析、相关指标的关联分析以及对国家电网公司整体经营思路的宣贯，分析影响发展的重点问题，结合公司实际提出解决办法与措施，细化宏观经济环境分析，完善主要经营指标的预测，增强公司经营工作的预见性、指导性和可操作性。

（张　瀛）

【投资管理】 解决投资规模日益压缩与投资需求旺盛的矛盾，对投资项目进行逐项梳理，按照“有保有压、量力而行、注重效益、确保可持续发展”的总体原则，以主网稳定、配网可靠性提高、农网运行水平改善为基础，确保安全度夏需求，满足北京市重大项目配套建设，适当向负荷需求大和电量增长快的热点地区适当倾斜，编制并下达了全年固定资产投资预控计划71.9967亿元，主网、配网、农网投资比例62.27%:34.23%:3.5%，为各项工程按时开工、投产、决算提供资金保障。

加强投资计划制度管理，明确项目开工条件，项目具备政府核准、初设审核、投资划分协议落实等条件才能开工建设，从源头上确保工程建设合规合法。提高对投资完成情况的分析力度，做好定期通报和评价工作，将投资计划完成情况纳入绩效考核，实现投资的闭环管理，切实提升投资管理水平。

制定《北京市电力公司项目库管理办法》及《北京市电力公司项目分级评价标准》，明确项目入库、动态调整原则，设定项目评级审查标准。按照“规划引导、突出重点、匹配合理、注重实效”的原则，组织建立公司全口径项目储备库。建立健全投资项目筛选准入机制，五年规划定需求，三年计划定储备，年度计划定项目，层层筛选，提升电网发展效益。

投资计划系统总体建设情况。根据国家电网公司统一项目分类与项目编码的要求，对投资计划系统的功能进行调整，统一项目的建项源头和编码原则，2011年预控计划将进行线上管理。根据财务集约化和投资计划管理的要求，初步建成全口径储备库系统、包括公司资本性、成本性共10个子库，与电网规划、电网前期、投资计划、财务管控模块横向集成、数据共享，与国家电网公司电网基建项目储备库纵向贯通。

提前下达2011年投资预控计划。为了保障各项工程顺利开展，提前筹措，在精心编制2011年投资计划建议的基础上，积极同国家电网公司沟通，初步确定投资规模，将2011年投资项目的80%提前下达。

（范在丛　杨琳琳）

【统计管理】 依据国家修订后的《统计法》，对公司原有《统计管理办法》进行修订，按国家统计局、国家电网公司及北京市西城区发布的统计管理办法对工作组织体系进行了明确。对2009年公司的统计报表制度进行修订，新增国家电网公司统计直报三等13份报表，国家电网公司统计直报二等5份报表内容有变化，取消主要指标完成情况月报等11份报表，并对报表报出日期等内容进行了修订。对公司综合统计管理系统进行升级，升级后的系统完善业务查询功能、增加新能源统计内容，为国家电网公司的决策辅助体系提供了精确的数据源支持。编制2009年《北京市电力数据手册》及《公司年度统计资料汇编》，共完成月度、季度、年度统计工作1566项。

（臧　源）

财务管理

【财务集约化管理】 “六统一、五集中”[1]的财务集约化管理框架体系基本建成，并高分通过国家电网公司验收。对会计科目及政策、业务流程进行再次梳理，植入ERP及财务管控系统，提高工作效率，防范经营风险；发布信息标准，消除各类信息之间内涵、口径、分类的差异，初步实现财务信息有机衔接；构建标准体系，提高精益化管理水平。深化会计集中核算。重点完成“一纵”、“一横”两方面工作。“一纵”是实现公司为主体的财务集中部署覆盖率100%，实现完整提取各级会计主体证、财、表；“一横”是实现业务与财务、母公司与子公司之间关联业务的协同核算，基本实现集团报表“一键式”生成。健全风险管控体系。创新财务稽核模式，推行风险在线监控。实施常态化的在线稽核，根据发现的问题有针对性地开展现场稽核，提升稽核效率和效果。建设财务内控风险案例库、信息库；构建财务风险预警指标体系，将风险纳入定量管理。深化财务信息系统建设。进一步做好成熟套装软件和财务管控模块的集成工作，实现财务系统与电力交易系统、营销系统对接，实现购售电业务与财务核算一体化；实现财务系统与HR系统、合同系统数据共享。

■ 12月17日，国家电网公司总会计师李汝革带领由国家电网公司财务资产部、生产部、营销部、信息化工作部、发策部、人资部等部门组成的验收专家组来公司评审、验收财务集约化体系建设工作。

【预算管理】 改进预算编制方式。采用“定额成本与专项成本相结合”的方法，即定额成本由职能部门审定的基础信息和公司统一的标准成本测算确定，专项成本实行项目管理，由归口部门组织审核，审定后逐批下达成本预算。提高预算编制的科学性和预算安排的合理性。推动职能业务预算管理。进一步明确各类专项成本的归口管理部门，敦促其完成项目库建设，强化业务部门的专业管理职能，通过预算管理带动专业部门管理精益化。规范各单位、部门职责权限。依托SAP信息系统平台，统一各单位预算管理架构，固化预算控制流程，推动预算与生产经营管理流程的融合，依据逐批下达的专项预算成本实时更新预算管控数据，提高预算执行监控力。

■ 12月21日，公司召开年度财务预决算会议，公司总经理朱长林、副总经理常世平出席会议并讲话。

【资产及产权管理】 深化固定资产价值信息与设备信息动态联动。通过细化“工程竣工决算率”、“固定资产与设备联动率”以及“工程物资结存率”考核指标，确保存量和新增固定资产实现账卡物三者相符，提高物资周转效率。组织开展公司范围内主多企业间资产占用情况清理。全面掌握公司所属各单位资产主多占用情况及对外租赁使用情况。采取清算关闭、挂牌转让、鉴证核销等方式完成7项股权投资清理处

[1] “六统一”即统一会计政策、统一会计科目、统一信息标准、统一成本标准、统一业务流程、统一组织体系；“五集中”即会计集中核算、资金集中管理、资本集中运作、预算集约调控、风险在线监控。

置工作，涉及总投资额1046万元。启动公司财产保险业务，于10月启动公司经营历史上的首份全面的财产保险业务，初步构建了公司财产保险组织体系以及管理规范。加强工程竣工决算管理。以全年投资预控计划项目里程碑节点为基础，细化考核指标，综合考核卡片创建及时性、竣工决算完成率，按季度下达竣工决算考核项目238项，涉及总投资132亿元，提高竣工决算质量和效率。开展资本性投资资金分析。全面统计架空线入地财政补贴资金、电力设施迁改资金收入及工程资金使用情况，及时掌握工程进展，根据公司竣工增资情况结转递延收益。

【电价工作】 在国家电网公司主持下，与华北电网有限公司建立了公开透明、相对公平、科学合理的购网电价新机制，进一步充实了公司作为子公司独立运营的基础；明确输电费结算价格和模式，合理划分投资承担方式，明晰与华北网的职责界限，将为公司发展产生积极的支撑和促进作用。完成居民电价调整和阶梯电价测算主体工作，及时了解调价最新动态，分析测算对公司效益的影响。输配电价测算及成本监审工作进展顺利。

【资金管理】 公司全面搭建资金池。清理公司银行账户，加强银行账户监管，完成国家电网公司银行账户监控绿色通道的开通工作。继续推进银电联网、电费账户“一行一户”以及全市范围通存业务的开展。加大资金风险的宣传和管理监控力度，开展“法治电网”资金风险检查，抽查基层单位银行账户年检、未达账项清理和涉及自资金安全的相关情况。在财务管控系统、ERP系统❶和资金集中支付系统联合搭建覆盖预算、结算、核算“三算一体”❷的现金流量管控机制，统一预算、结算和核算的现金流量项目口径，明确现金流量预算管理工作标准流程以及职责分工，实现业务与财务预算结合闭环管理机制。在货币政策紧缩、贷款基准利率上调的情况下，努力压降资金成本。结合公司现金流量预算的资金缺口情况，做好公司全年融资方案，在充分提高内部资金使用效益的同时，适时、适度安排外部融资，保证公司资金正常周转，压控全年财务费用。

（张　磊）

审计管理

【综述】 全年公司审计工作紧紧围绕“八字方针”，以“强化审计职能保法治、促两效，提升审计能力保可靠、促大局”为目标，完成各项工作，迎接外部检查，完善治理机制，加强成果运用，促进审计集约化、标准化、信息化。

以组织实施审计项目为基础，在审计过程中提高审计质量和服务意识，通过审计的风险防控职能，提高公司经营意识、法治意识、全局意识和经济安全意识；以迎接配合审计署和国家电网公司检查为契机，在迎审过程中提高审计水平，通过积极沟通交流，学习外单位经验，重视以外界视角提出的各种问题并用心组织整改；以“小金库”专项治理工作为抓手，开展广泛宣传、重点检查并督促整改，“小金库”治理工作取得实效，增强各单位廉洁自律的自觉性，促进党风廉政建设，堵塞管理漏洞，提高管理水平；以加强审计成果运用为目标，定期对发现问题汇总分析并为公司各级领导决策提供参考依据，加强整改力度并分析问题所面对的新环境和新发展，充分利用各种宣传平台持续推进公司依法治企，并丰富管理人员的经营知识和管理视角；以审计管理提升为保障，健全审计机构，提高审计标准化、信息化水平，提升审计技术手段和审计队伍素质，打造理论层次高、实践能力强的审计队伍，推进审计工作再上新台阶。

■ 4月，公司召开2010年审计工作会议，公司纪委书记柏磊出席会议并讲话。

❶ ERP系统是企业资源管理系统的英文缩写。
❷ “三算一体”指财务的预算、结算、核算在现金流量预算管控环节的一体化管理。

【领导干部任期经济责任审计】 5～12月，组织开展12项任期经济责任审计，审计对象涵盖8家供电公司、3家专业生产单位、1家子公司，延伸18家供电所、92家多经（集体）企业。审计过程中，紧紧围绕领导干部经济责任履行情况，重点关注重大经营决策、重大经营风险、重要管理事项、重点控制环节和大额资金管理及公司决策部署任务贯彻落实等情况，为加强干部监督与管理服务。在12项领导干部任期经济责任审计完成后，公司审计形成《任期经济责任审计情况汇总报告》。"对延庆供电公司原经理任期（离任）经济责任审计"项目被评为国家电网公司2010年优秀审计项目。

【工程项目管理审计】 3～7月，为进一步加强公司设备修理和专项技改项目管理工作，按照公司审计计划及《关于开展2009年度大修技改项目联合审计的通知》（京电审〔2010〕3号）文件要求，公司审计部联合生技部开展大修技改项目专项审计。此次联审组织23个二级单位对2009年度大修、技改项目的管理情况进行自查自纠，并将自查结果报送审计部、生技部；联审小组于4月底开始对海淀、城区等12家单位进行了抽查，涵盖部分供电公司和生产单位，选取了117项工程进行重点检查，抽审项目比例为17.73%，资金抽审比例为33.61%。

【营销项目管理审计】 6～10月，按照公司审计计划及《关于开展营销专项联合审计的通知》（京电审〔2010〕6号）文件要求，公司审计部与营销部组成联合审计组，启动16家供电公司营销联合审计。本次联合审计分为各供电公司自查、重点抽查及汇总报告三个阶段，对公司所属16家供电公司2009年度营销管理情况开展审计自查，并对亦庄、房山、延庆、平谷4家供电公司进行重点抽查，同时结合任期经济责任审计对通州、石景山、昌平3家供电公司进行现场审计。最终，公司营销联合审计工作作为整体申报项目被评为国家电网公司2010年优秀审计项目。

【其他专项审计】 结合大修技改项目专项审计，实施废旧物资管理专项审计调查，对拆旧物资拆除数量、保管地点、实物数量进行统计调查，对废旧物资的出售、收入情况进行核查。

完成覆盖公司系统所属180家集体企业的集体企业专项审计；完成朝方供用电安装中心专项审计，披露存在重大风险和问题，研究提出解决方案及应对措施；完成工程公司、设计院两家子公司的专项审计工作，揭示问题、排查风险、剖析成因、提出清理整改意见和建议，并定期督导整改落实。

协同配合公司其他职能部室完成多项联合检查工作，配合公司物资部开展物资普查，配合公司营销部用户受电工程"三指定"规范整治，配合综产中心对公司系统多经企业规范整合方案和具体实施方案进行了审查，提出优化建议，并参加多经单位规范整合实施方案的审核会。

【迎审工作】 3月，公司审计部开展9个京沪高铁电力线路迁改项目的自查摸底、风险分析、督导整改工作，梳理汇总2009年审计署京沪高铁电力线路迁改审计资料和情况，对输电公司、大兴供电公司开展重点自查，并依据检查结果对两公司提出工作建议，迎接审计署特派办审前调查，完成相关配合工作。

3～4月，国家电网公司开展对公司原总经理离任审计，并对废旧物资管理情况进行审计调查，公司审计部主要承担过程配合、资料提供、协调沟通、后勤服务以及后续配合等各项迎审工作。完成审计组对公司本部及12家所属单位的配合协助工作；完成审计组11批232份审计记录的接收、分解、反馈、分析等工作；研究分析、分类汇总国家电网公司审计发现的问题，明确"着手解决具体问题、着眼促进科学发展"的整改要求，研究提出职能和执行两个层面的完善建议；促进完善规章制度50余项，促进建立健全长效机制50余项，按要求将整改落实情况上报国家电网公司。另外，配合完成工程领域突出问题迎检、党风廉政考核、依法治企专项检查、重大科技项目验收等工作。

■ 4月，国家电网公司审计组开展进点座谈会现场。

【审计成果运用】 在审计项目中加大审计成果运用情况检查力度，全年实施各类审计促进增收节支5000余万元、提出审计建议175条，督促有关单位从完善内部控制、优化管理流程等方面入手，采取有效措施进行整改，清理和妥善处置历史遗留问题，推动审计成果向管理效益的转化；通过各种载体加大宣传力度，编制审计案例32则，印发700余册，编发《审计信息》6期，剖析存在的经营管理问题和风险，指明法律法规和规章制度，讲解依法治企理念和从严治企要求，培训干部员工600人次，引导其依法合规经营；通过强化重要审计项目审计成果交流，增强审计人员素质，2010年审计部共召开两期审计项目总结交流会议，精选常规、典型、特色审计项目，由各项目主审深入总结，剖析审计思路、程序、方法、成效等经验和体会，在全体审计人员内部共同分享好思路、好方法、好经验，促进提升审计人员职业素质和执业能力。

【审计“三化”建设】 审计队伍建设。健全审计机构，促进审计集约化，完成审计部机构调整，建立下属供电公司审计机构，在16家供电公司设立审计处（监审处），并开展新进审计人员培训，使其尽快熟悉公司审计工作情况；研究上下级审计组织的功能定位和管理职责、审计部如何加强对二级单位审计工作的协调指导、审计部如何提高审计资源集约化水平等课题。

审计标准化建设。加快审计制度建设，促进审计标准化，推进审计工作机制和制度建设，设计包含审计基本制度、管理制度、专业制度、业务指南四个方面的设计制度体系建设方案，从审计立项、审计实施、审计成果运用和委托外部审计人员等方面，提出管理要求、明确工作标准、规范操作流程；把审计制度建设任务分解落实到个人，召开多种形式的研讨会，制定包括《审计工作办法》在内的10项制度，推进3项专业制度和业务指南的编写工作。

■ 12月，公司组织二级单位审计人员召开审计工作研讨会，同时开展新进审计人员培训。

审计信息化建设。加快审计系统建设，促进审计信息化，抓住公司作为国家电网公司ERP业务审计系统试点单位的契机，积极推进ERP业务审计系统的建设与应用，全面参与ERP业务审计软件的开发、测试工作，组织ERP业务基础知识培训和关键用户ERP业务审计系统培训，审计人员对ERP审计业务系统300多个功能点、五大模块的满足需求情况和可靠性进行验证，结合昌平供电公司离任审计项目，对系统功能进行进一步测试和确认，完成试点任务。

（李　昂）

物 资 管 理

【制度建设】 实施物资集约化以来，公司不断加强制度建设，理顺工作流程，先后下发《物资计划管理办法》、《采购合同承办细则》等多项规章制度，形成制度、细则、工作标准的三层架构，明确工作标准和职责权限。确保公司招标采购、合同管理、仓储物流以及废旧物资处置等业务管理的有据可依、有章可循，提高管理的刚性和信服力。

【计划管理】 为了落实国家电网公司物资部全面计划管理的要求，提高采购计划编制的准确性、及时性，公司从严格计划审核、加强统计分析入手，推进计划的全过程管控。

（1）将大修、固定资产零购、运维物资采购、办公用品采购、应急装备采购、废旧物资出售和非物资类招标纳入采购范畴，实现对采购计划的全面管控。

（2）建立公司物资采购计划集中审核会制度。职能部门、建设单位、设计单位共同对每批次的物资采购计划进行集中审查。公司物资采购计划管理形成需求单位内部初审，物流中心汇总、复查，物资部集中审批的三层审核机制，确保计划编制的准确程度。

（3）修订《北京市电力公司物资集中采购目录》。明确国家电网公司集中招标、网省公司区域招标、公司自行招标的范围和要求。同时，对于目录范围之外10万元以上的物资也实行集中采购，扩大了集中招标范围。

全年累计下达国家电网公司集中组织的220kV物资采购计划6个批次，110kV物资采购计划5个批次，电能表物资采购计划4个批次；公司自行集中物资采购计划12个批次。

【招投标管理】 2010年，公司严格遵循国家电网公司规定的“三种模式”（总部直接组织实施，总部统一组织网省电力公司具体实施，网省电力公司自行组织实施）开展物资采购，完成了自行招标12个批次，参与国家电网集中招标8个批次。其中，自行招标10.46亿元，节约资金0.78亿元，节资率为8.3%；参与国家电网集中招标9.5亿元。非物资类招标共计18.98亿元，节约资金1.842亿元，节资率为8.85%。

公司加大对招投标过程的监督和管控力度，采取规范采购流程、统一采购标准、创新采购模式、增强法律保障等手段，确保招投标工作合法、规范。在确保产品质量的前提下，引入“最低价法”评标，节约采购资金2682万元，节资率达到10%左右。公司物资部与监察部建立全程监管、定期沟通的机制，主动接受监察部门的监督指导，听取监察部的意见和建议，提高招投标工作水平。不仅在开标、评标、定标等重点环节，有监察部全程参与，一票否决，而且在合同谈判、供应商考察等环节，也邀请监察部门派人参与，共同营造透明、廉洁的工作氛围。两个部门还互通招投标领域内出现的投诉、举报，及时进行核实、解决，提高招投标管理水平。将物资采购工作纳入公司内控联席会议重点监督事项，由公司纪委组织召开专题会议，制定风险点的防控措施，实现全过程监督。

【应急储备库建设】 按照国家电网公司要求，北京公司等6家网省公司分别建立应急物资储备仓库，为国家电网系统应对各种紧急情况做好物资储备。4月，物流服务中心启动对原仓库抗震加固及通风、排水等修缮工作，并由国家电网公司统一命名为国家电网公司北京应急物资储备仓库，保证国家电网公司北京应急物资储备仓库的建设。根据国家电网公司安排，公司负责生命探测仪、冲锋舟及全方位自动泛光灯等48种救灾物资的储备工作。2010年青海玉树发生特大地震，公司在第一时间为灾区送去30套全方位自动泛光灯，在灾难发生的第二天下午到达现场。

■ 4月22日，物资部牵头、物流服务中心组织举行国家电网公司北京应急物资储备仓库建设启动仪式。（于鸿涛　摄）

【采购合同管理】 按照国家电网公司物资部对合同管理的要求，物资部规范合同管理，借助ERP系统和经济法律管理业务系统，实行合同文本自动生成，并集中审核额度500万元以上的采购合同。集中组织技术谈判和合同的签订工作，掌握合同的履约状态，确保合同的精准和履约的顺利。

3月，公司启动物资合同服务大厅改造工作，8月投入使用。实现了物资合同洽谈、签订、结算“一站式”窗口化服务，物资部牵头编制出台《物资集中采购合同承办实施细则》，将物资合同签约、履约、结算及服务等工作纳入规范化、标准化、常态化的管理之中。全年集中签订物资采购合同2911份，合同金额18.77亿元，累计支付货款24.578亿元。

■ 8月20日，公司物资合同服务大厅验收合格。（金萍　摄）

【供应商管理】 从3月起，公司开展供应商接待日活动，确定每月第二周的周四下午为供应商接待日，集中受理供应商咨询、投诉。组织开展供应商后评估工作，建立科学的评价体系和量化的评价指标，完成300余家供应商评价工作，配合国家电网公司完成了10～35kV 70余家供应商的现场调研工作及220kV及以上设备供应商的质量评价工作。

物资部制定下发《供应商不当行为处理实施细则》，对出现的产品质量问题，严格按照管理办法执行换货、退货、暂停授标、追罚违约金等处罚。对包括国外供应商在内的多家供应商进行违约处罚，维护公司权益，追缴违约金 900 余万元。

■ 5 月 13 日，公司物资部牵头、物流服务中心组织实施的北京市电力公司物资供应商接待日活动正式启动。

【清仓查库工作】 6 月，物资部、财务部、审计部等 6 部门组成联合检查组，共同对二级单位的仓库及库存物资进行彻底清查。普查分为自查、验收和总结 3 个阶段，为期 3 个月，清查 29 座仓库，基本摸清各单位仓库状况和实物管理情况。物资部根据普查情况对仓库及库存物资状况进行汇总和验收，对不同类型物资进行分类统计，制定多种消化、处置方式，努力降低库存，减少公司资金占用，并将自查中确认为主业物资的部分主网设备、材料统一回收到物流仓库。针对普查中发现的问题，提出整改建议，督促基层单位整改落实，为公司物流改革奠定基础。

【设备监造管理】 对集中采购设备的监造工作实现了"工作集中组织、费用集中支付、流程 ERP 管控"的集约化模式，确保有限的监造资金发挥最大效益。建立物资部下达监造计划、物流中心负责组织、监造公司具体实施的三层管理体系。

全年完成监造任务 75 项，涉及 36 项工程，24 台主变压器，101 台配电变压器，组合电器 110 个间隔，302 面开关柜等，及时发现、纠正设备制造问题 10 余次，督促制造商及时进行了整改。

【废旧物资管理】 物资部组织修订《废旧物资管理办法》，扩大废旧物资管理范围，规范回收、保管、再利用、出售等环节的具体工作流程。要求建设单位要通过公司平台统一竞价出售，仔细评估标底，做好财务登记；要求设计单位在施工图中明确退运及拆除物资明细，建设单位在初设审核后向资产管理单位、项目管理部门和物资部提供清单备案，以加强对废旧物资回收和保管环节的管理。

在配合国家电网公司开展废旧物资的专项审计工作中，物资部针对审计反映出的问题制定整改措施，规范管理标准，堵塞管理漏洞。创新废旧物资处置模式，除开展网上竞价出售外，还引入以旧换新等模式。全年累计出售废旧物资 12 批次，回收残值 6000 余万元。

（朴天高）

法 律 工 作

【实施依法治企专项行动】 为认真贯彻国家电网公司依法治企工作部署，落实"八字方针"，强化经营管理，防范法律风险，3 月，公司印发了《关于开展"法治电网"依法治企专项活动的通知》，专门成立以总经理朱长林、书记郭要斌为组长的领导小组，全面启动依法治企专项活动，并将活动细化为全面自查、落实整改、巩固提高三个阶段，分别制定阶段性目标，明确工作标准，确保活动取得实效。活动历时 10 个月，覆盖公司所有部门和单位。本次活动全面摸排了公司潜在法律风险，累计梳理风险点 10 项 100 余个，推进了公司在依法决策、资金管理、招投标管理、客户工程管理、多经企业管理、电网建设前期管理、

■ 2010 年，公司编印《法治电网》杂志 4 期。

劳动用工管理、合同和授权管理8个方面突出问题的解决，整改了一批长期存在的习惯性违章行为，规范了公司经营行为，改善了企业发展环境。全面总结公司依法治企典型经验和做法，编印《法治电网》杂志4期。

【法律风险防范体系建设】 推进电费回收法律风险防范与救济体系建设工作，制定《北京市电力公司电费违约金收取管理办法》、《北京市电力公司欠费客户停限电管理办法（试行）》及《关于明确收取用电客户银行承兑汇票结算电费相关业务规定》等制度，确定电费催交通知书、停限电通知书等文书内容及格式，统一“欠费客户还款协议”、“银行承兑汇票贴现方式电费结算协议”等合同范本，进一步完善和明确工作标准，理顺了工作流程。

【合同管理】 修订《北京市电力公司合同管理办法》，严格合同审核标准，优化审核会签流程，特别是加大对房屋土地处置等合同的管控力度。推行合同标准化建设，全年累计发布统一合同文本14项，基本覆盖公司主要经营业务。深化合同管理信息系统应用，经法系统先后与ERP、财务管控等系统实现集成，经法系统权限与合同承办人资格挂钩。建立合同考核机制，明确考核标准，确保责任落实到人。组织开展合同专项检查，落实各项整改措施，确保各项管理制度执行到位。公司全年对外签署经济合同12 827份，未发生因签订、履行合同不当引发的法律纠纷，合同法律风险得到有效防控。

【诉讼管理】 妥善处理了北京鸿鸽伟业混凝土有限公司诉北京市电力公司财产损害赔偿案，避免经济损失近6000万元。电费回收风险法律防范与救济体系建设管理制度初步确立。

公司全年经办案件105起。法院审结43起。全年新发案件59起，同比增长3.38%。其中，经济仲裁案为首次出现，民事案件所占比例下降了1.85%，劳动仲裁案件增长33.33%。

【普法工作】 按照国家电网公司统一部署，3月，正式启动国家电网公司法律诉讼知识竞赛（“模拟法庭”活动）备战工作。按照选拔方案和培训计划，3～5月，举办公司“模拟法庭”活动选拔赛，采用法庭全景模拟方式，重点围绕供用电服务、触电伤亡事故等近年来影响公司发展的7类问题，通过法官与专家学者的共同评判，在全公司范围遴选4名选手参加国家电网公司系统比赛，取得了较好成绩。10月，承办国家电网公司“模拟法庭”活动决赛，荣获优秀组织奖。

（徐厚华　刘颖　赵荣生）

■ 5月13日，公司组织法律诉讼知识竞赛（“模拟法庭”活动）。

企　业　管　理

【同业对标】 完善对标工作管理体系，实现对标管理与专业管理的有机融合。①将同业对标与专业管理、标准化建设等工作紧密结合，推进对标工作常态化建设。修订完善《同业对标工作管理办法》（京电发展〔2010〕402号），把同业对标各项工作要求固化在专业管理的工作流程中。②制定同业对标指标提升计划，将公司同业对标的年度总体目标和任务分解落实到各专业部门，强化部门责任和全过程管理，定期召开同业对标分析会，将分析结论形成分析报告。公司各部门围绕公司发展战略和年度重点工作，认真分析短板指标（如流动资产周转率、已获利息倍数、市场占有率增长量、工程投资控制指标等），提出23项指标提升计划，实时跟踪，确保指标管控到位。

优化同业对标指标体系，突出效率效益和过程指标。公司结合近几年发展需求和指标体系在执行中的不足，调整完善公司内部对标指标体系，拓宽对标范围，增加物资管理相关指标，并提高指标设置的科学性和合理性，现设有安全管理等8类147项对标指标。

突出效率效益类指标，增加反映过程管理和指标值变化程度的指标，尽可能削弱自然条件和地区差别带来的指标差异，鼓励管理水平好、指标提升快的单位。

改善典型经验工作流程，提高撰写质量和应用水平。强化典型经验撰写和推广应用，编写典型经验具体实施方案，改善典型经验工作流程。①在撰写方面，突出专业管理重点和难点，由专业确定选题科目，对于国家电网公司和公司近年来取得突出成效的专业管理方法作为典型经验重点课题进行专题培育，实施典型经验预课题制度。上报国家电网公司共28项典型经验，涵盖10个专业；在内部典型经验工作中，共有25个基层单位上报典型经验208项，涵盖15个专业。②在评审方面，改进评审流程，采用专业评审会和基层单位广泛参与的模式，充分发挥专业整体优势，评选出有代表性的完善的管理成果入选典型经验库。《基建技经管理三步走体系建设》入选国家电网公司典型经验库，58项入选公司内部典型经验库。③在推广应用方面，采用以专业为主导，选定已形成的管理规范或标准，分阶段、有计划地推广应用，确保取得实效。

深入开展国际国内同业对标工作，促进对标成果转化。将公司2009年赴日本、德国、法国等国家进行国际对标学习的经验汇总整理，形成国际对标成果报告。和知名电力咨询机构合作，深入查找公司与国际水准电力公司在资产经营、用户服务、供电质量等方面的差距，有针对性地开展专业对标工作，加快公司迈向国际水准的步伐。组织专业部门赴国内先进省市进行对标调研学习。其中发展策划、基建、财务专业赴河南省、安徽省电力公司调研学习企业管理、规划计划、电网建设及资产经营等管理经验；生产专业赴江苏省电力公司无锡供电公司调研学习生产运行、检修、维护等管理经验。2010年，公司营销服务、人力资源两个专业成为国家电网公司专业管理标杆。

多方位开展对标工作，营造对标良好氛围。公司组织召开对标分析会，每月定期出版《对标超越》期刊，为公司各专业部门、所属各单位提供同业对标和专业管理工作展示的平台。公司对期刊进行改版，设置发展聚焦、指标分析、改进提升、经验交流等版块，内容充实、目标明确。

基层单位同业对标成绩显著。依据公司2010版指标体系和评价方案，对16个供电公司对标工作进行评价。评价结果如下：

1）综合管理标杆：海淀供电公司、顺义供电公司、朝阳供电公司。

2）专业管理标杆：

安全管理：丰台供电公司、平谷供电公司、怀柔供电公司；

资产经营：亦庄供电公司、朝阳供电公司、顺义供电公司；

营销服务：城区供电公司、朝阳供电公司、海淀供电公司；

生产管理：海淀供电公司、平谷供电公司、顺义供电公司；

人力资源：朝阳供电公司、大兴供电公司、顺义供电公司；

规划建设：海淀供电公司、怀柔供电公司、大兴供电公司；

调度管理：丰台供电公司、城区供电公司、海淀供电公司；

信息化管理：海淀供电公司、朝阳供电公司、丰台供电公司。

（姚海燕）

【标准化管理】 公司持续推进标准化管理工作，以技术标准为核心，梳理和调整企业标准体系表的分类。完成标准化工作管理办法的修订，完善标准修订编制、审查和发布流程。严把企业标准规范性审核关，确保企业标准发布的格式统一、编号规则统一。通过标准化信息系统，发布国家、行业、国家电网公司和公司标准化工作信息，更新电力标准目录，确保公司各类技术人员能及时掌握标准化工作动态。全年公司完成编制并发布企业标准111项，其中技术标准107项、管理标准4项，涵盖规划建设、安全生产、营销服务、消防保卫以及新能源等专业。

（佘　妍）

【政策研究】 修订完善《北京市电力公司政策研究工作管理办法》等规章制度，确保研究工作制度化、规范化。优化选题模式，在确立年度重大战略课题的基础上，开展月度重点工作课题研究，增强政研工作的针对性与实效性。加大课题管控力度，建立双向联络机制，避免前松后紧、突击完成，有效提升了工作质量和价值。全年公司累计完成研究课题109项，出版《2010年度政策研究课题获奖论文集》。组织公司领导外部调研8批约50人次。创建政法人才库，在全公司范围遴选70余名政法一线人员；出台《政法人才库管理办法》，规范人才的选拔、培养、使用、考核与评价。深入研究公司内外部政策形势和法律法规变化，密切关注企业重点工作进展，编印《政法研究参考》5期，为公司领导科学决策提供智力支持。

（刘园园）

【公司规章制度建设】 2010年公司成立政策研究及法律事务部，统筹开展规章制度建设工作。印发《北京市电力公司规章制度编制管理办法》，确立制度效力等级，对公司规章制度的起草、会签、审查、公布、修改与废止等各环节均明确工作要求，保障公司规章制度管理标准统一、运转有序。以规范、修订不符合公司经营管理活动需要的制度为重点，以建立健全合法经营、依规管理、照章办事的工作机制和制度体系为目标，组织开展规章制度清理工作，系统梳理规章制度481项，统一废止48项制度。印发《北京市电力公司2010年度规章制度汇编》，共收录规划建设、生产运营、客户服务等22类433项现行有效规章制度。

（赵荣生）

【值班室工作】

1. 值班机构调整情况

按照集约化和一体化管理的思路，于7月对原生产总值班室进行机制再造，成立了新的总值班室，初步完成了行政值班和生产值班的有效整合。总值班室设在办公室，由办公室副主任分管。总值班室工作主要包括值班管理、应急管理、政事政务三个主要方面。值班管理方面侧重于指导公司值班体系建设、24小时值班值守、重要文电接收、请假事项办理、协同办公应用、公司信访管理、值班刊物管理、对外沟通联络等内容；应急管理方面，总值班室作为公司应急工作办公室，负责指导应急体系建设，启动应急流程、突发事件协调处置、重大信息报告等工作；政事政务方面侧重于公司领导外出活动的策划安排和服务保障，以及公司部分跨部门重要事项的组织和推动。

2. 值班室体系建设情况

下发《关于加强各供电公司值班工作的意见》，作为公司值班体系建设的指导性纲领文件，明确了基层单位值班室的总体定位、主要职责及体系建设要求。

完善了管理制度：①对于重大事项报告管理，修订《北京市电力公司重大事项请示报告制度（修订）》，对重大事项范围、报送要求、呈批流程进行细化和明确。②对于值班规范化管理，借鉴国家电网公司、政府层面值班机构的运行模式和工作标准，编制《北京市电力总值班室工作规范（试行）》，明确总值班室的工作任务、职责分工、工作原则及值班制度，细化文电处理、信息报告等6类工作程序，建立接打电话、值班纪律、收发传真、通信设备使用4项应用规范，提升了总值班室值班工作的规范性。③对于突发事件处置工作，新的总值班室成立之初，印发《关于进一步加强电网故障信息的通知》，强化了生产类故障信息的报送管理。印发《北京市电力公司突发事件处置细则（试行）》，重新定义了四级突发事件等级和内容，细化了各级别突发事件的信息传递、人员到岗及协调处置标准，对于提升突发事件处置时效具有实践意义。

健全值班机制：①保电值守机制方面，加强值班工作体系与保电工作的衔接，依托总值班室平台，建立政治保电日前、日内报告机制，每日安排对保电工作情况进行专项报告，有利于公司掌握各单位保电准备及实施情况，初步实现政治保电工作情况的过程控制。②应急值守机制方面，为有效应对冬季大负荷和极端天气影响，公司在总结分析度夏值守工作有关问题的基础上，建立和启动上下两级值班体系紧密联动的冬季大负荷应急值守工作机制；并针对大风极端天气，3次启动应急值守模式，有效增强了冬季应急抢修力量和时效。公司迎峰度冬应急值守工作得到了国家电网公司领导的充分肯定。③监督评价方面，建立值班工作月度通报机制，每月对各单位值班成效、存在问题进行通报，并进一步明确工作要求；结合值班工作的新体系和新要求，启动公司值班工作评价机制研究和建设工作；加强公司节日值班到岗到位情况及值班质量的抽查，重点对十一、中秋节期间的值班情况进行抽查和通报；总值班室层面建立了面向值班员的季度考核细则，初步实现值班员工作质量与薪酬的挂钩；加强配网停电计划超时情况的掌控，为提升供电服务水平和降低舆论风险奠定了基础。

深化信息管理：2010年下半年，总值班室初步建立覆盖公司内外部的信息搜报网络，在公司层面创办了3类值班刊物。①《每日值班快报》（每日7:30前刊发），为公司领导提供昨日和当日的电网运行、工程投产、活动安排、新闻舆情、参考消息、天气预报、收发文件、重要批示等方面的信息。②《值班专刊》，为领导和相关专业提供公司内外部重要事件的专题信息。③《值班周报》（每周一7:30前刊发），总结公司前一周各方面工作运行情况、专业重点工作落实情况，传达上级领导重要工作指示，通报一周舆情监测情况；部署下周工作安排和明确管理要求。④《值班动态》，向国家电网公司、北京市对外宣传公司值班和应急工作开展情况。

深化应急保障工作：①开展调查研究。对外赴北京市政府总值班室（应急办）以及天津、四川等电力公司调研值班管理和应急管理工作；对内开展应急发电车调用管理情况调研。②加强物资管理。完成公司应急物资储备情况的梳理；结合冬季应急工作需求，会同物资、生技、行管等部门研究和启动两批冬季物资采购工作。③加强应急演练。与城区供电公司、试验院等单位共同举行了冬季煤改电地区应急综合演练活动。

公司生产值班和行政值班紧密融合，在值班体系建设、值班日常管理等方面形成了高度统一的值班工作标准和管理要求，从根本上解决了重要信息的来源多样性和传递延迟问题，提升了信息的整理和报告速度，并保证了信息的唯一性和准确性。两级值班机构的应急值守职能从根本上保证和确立了突发事件情况下的总体协调和指挥角色，进一步加强了值班工作与突发事件处置工作的衔接和耦合，促进值班管理与应急工作的一体化展开。

（刘守亮）

【外事管理】 公司组团赴欧洲、美国等地开展城市电网规划建设考察、大城市电网规划建设与危机预防管理培训，参加IEEE2010年国际输配电会议等，总计20人次；参加国家电网公司出国考察培训团组9人次。采取“请进来”方式，邀请新能源电网有限公司专家就电网分区优化开展培训与技术研讨。梳理出国管理工作业务流程，推进外事管理专业化、标准化。调研、梳理国家电网公司系统内出国护照及港澳通行证的管理情况，开展国外电力行业动态及国际热点技术文章的收集、翻译、整理工作，向国家电网公司报送国际信息32条。细化外事接待方案，做好相关材料及交流现场翻译工作，全年接待俄罗斯联邦电网公司、蒙古国中央区电网公司、马来西亚沙捞越州政府等国外代表团10个，共计67人次。

（王　茜）

【档案管理】 全年共接收、审核公司收发文件、人事材料14 726件，工程档案审核预验收5236卷，接收工程竣工档案1936卷，会计档案1624卷。完成年度内整理立卷工作，其中工程档案104项1184卷，授权委托合同1257件，会计档案1624卷，干部档案重新规范整理2720卷，归入人事材料13 310份。全年提供档案利用、文件图纸资料2509卷、照片1320张，出具证明材料206件，共计接待640人次调卷。参与工程项目达标投产工作，开展工程竣工档案归档专项检查工作，加强对电力建设项目档案工作的监督管理，确保重大建设项目档案的齐全、完整和系统。完成地安门、堰上等35kV及以上输变电工程达标档案专项检查工作共18项。玉泉营220kV输变电工程荣获国家电网公司优质工程，档案材料顺利通过专家验收组检查。推进协同办公档案管理业务系统建设与应用，于6月底前完成公司所属各单位档案系统上线工作。加强业务培训与指导，共开展档案案卷质量、声像资料归档等专题讲座7次，采取一对一培训28人次。

（刘志欣）

【信访工作】 制定《北京市电力公司信访工作规定》，规范公司信访管理职责和工作流程，将信访处置工作作为公司重大事项管理和突发事件处置的重要内容进行规范和强化。深化公司协同办公系统信访功能模块的应用，对公司各单位信访办理流程进行全过程规范和固化。开展不稳定因素排查调处工作，及时掌握和化解潜在矛盾和不稳定因素。全年共受理来信来访124件，未发生越级上访和集体上访事件。公司荣获国家电网公司2010年度信访稳定工作先进单位、北京市信访排查调处工作先进集体等荣誉称号。

（崔　征）

离退休工作

【落实老干部政治待遇】 2010年，公司按照国家电网公司的统一部署，开展“五好”离退休党支部（支部班子好、党员队伍好、组织设置好、活动开展好、群众反映好）创建活动。各级单位按照公司职代会暨工作会“做好离退休工作，保持队伍的稳定”的总体要求，全面落实离退休职工的政治和生活待遇。1月，公司离休干部郭文新参加了国家电网公司职代会暨工作会。公司职代会离退休特邀代表陈当、周同山、阎茂、王颂虞以及列席代表秋枫、王增祥、韩广毅、徐滨斌参加了公司年初职代会。1月21日，公司承办了国家电网公司老部长迎新春联谊活动，组织并陪同9名国家电网公司老部长参观昌平农业科技园基地。1月26日，公司举办建制调整后担任正职退休干部迎新春联谊会，15位老同志参加了活动，公司工会主席李国华同志出席活动。1月29日，公司举办老领导新春联谊会，总经理朱长林、党委书记郭要斌等公司领导出席，李世忠、张绍贤、王宏超、赵双驹、李振选、张一士等18位原公司老领导参加了活动。

5月上旬，公司机关离退休党支部书记韩同来参加了国家电网公司举办的先进支部书记赴湖南长沙红色之旅参观考察活动。5月20日，公司组织部分老干部和机关退休老职工共计40余人参观了北京电力展示厅。

■ 5月20日，公司组织部分老职工参观北京电力展厅。（孙钢荣　摄）

重阳节前夕，公司总经理朱长林、党委书记郭要斌、工会主席李国华分别看望了离退休老干部和退休职工，向老同志们表示节日的祝福，通报了一年来公司的发展建设情况，并认真听取了老同志们的建议。

4月中旬，公司机关离退休老干部党支部召开支委会为青海玉树灾区捐款，支部书记韩同来带头捐款500元，截至4月21日全国哀悼日，共有33名老干部参加了捐款，善款总计7500元（人均220多元）。

【落实离退休职工生活待遇】 春节前夕，公司领导慰问了离退休老劳模，总经理朱长林、工会主席李国华看望了全国劳动模范何刚长，党委书记郭要斌看望了北京市劳动模范崔乃营。1月27日和28日，公司在长安大戏院举办慰问离退休人员京剧专场，1600余位公司离退休职工观看了北京京剧院演出的《龙凤呈祥》、《锁麟囊》。

年内公司为退休职工发放了春节、“五一”、“十一”、“重阳”节日补贴和“一次性补贴”，退休职工全年各项补贴金额由8100元/人，提高至9100元/人。公司各级单位（包括机关本部）分别举办离退休职工新春联欢会、重阳节秋游以及慰问病困离退休职工等活动；组织开展离退休职工年度体检工作，并根据离退休职工的身体状况，有针对性地组织举办了老年健康养生讲座。

5月5～7日，公司承办了国家电网公司老同志门球比赛华北赛区预赛。在北京国家奥林匹克射击场，华北电网有限公司、山西省电力公司等6个网省公司共有60余名老同志参加了比赛。6月份，根据国家电网公司有关工作要求，公司先后组织接待了国家电网公司老部长党支部成员学习和休养活动以及国家电网总部离退休干部休养活动。7月初，离退休工作部组织近年来退休的原公司老领导到北戴河参加了健康休养。为丰富公司退休职工文化生活，公司全年先后组织了3期退休职工北戴河休养活动，共有近300名退休职工参加了为期一周的休养活动。10月底，公司组织部分单位的30名退休职工到平谷金海湖退休人员活动站，参加了北京市社保系统举办的为期4天的退休人员休养活动。9月9日，公司离退休工作部为机关当年年满80岁的老干部佟书增、韩同来、高爱禹、徐玉兰、岳致和、卫民举办了集体庆祝生日活动。9月28日，由邓延绪、王本荣等5名同志组成的公司老年乒乓球队与华北电网有限公司老年乒乓球队进行了一场友谊比赛。

■ 5月初，公司在国家奥林匹克射击场承办国家电网公司系统老年门球比赛。（孙钢荣　摄）

全年，公司组织老年台球队、门球队定期训练和外出比赛活动，有重点地组织老职工健身活动，使公司离退休职工老有所为、老有所乐，保持身心健康。

【离退休管理和服务】 3月10日，公司召开2010年离退休工作会议，传达公司年初重要会议和文件精神，系统总结2009年离退休工作，全面部署公司本年度离退休各项工作。

7月，公司本部进行全面的机构改革。根据公司本部机构编制方案，对离退休工作部主要职责和机构及人员设置进行调整规范，明确离退休工作部负责公司本部管理的离退休人员的管理与服务；负责指导公司系统离退休人员管理。离退部编制6人（改革前7人，减少专工1人），其中主任1人，副主任1人，内设2个处，分别为系统管理处（2人）、机关退休工作处（2人）。

11月，公司根据北京市社会保险基金管理中心《关于开展2010年领取待遇资格认证工作有关问题的通知》（京社保发〔2010〕46号文件）通知要求，按照“一个都不能少”的标准和要求，及时向所属离退休职工传达北京市社保认证通知，督促老职工们到居委会进行认证登记，以保障个人社保信息的可靠无误。

坚持做好为公司离退休职工办理医药费报销，慰问重病、住院离退休职工，接待并处理老职工来信来访，为去世老职工办理丧事处理等帮扶送温暖工作。定期组织离退休工作研讨会和离退休职工座谈会，了解老同志、老职工的所思、所想和所需，努力把问题解决在个体和基层。全年没有发生集体上访等事件。

公司持续深化离退休工作人员队伍建设工作，先后举办两期离退休工作人员培训班，对公司所属各单位离退休工作专责人员进行了管理知识和服务技能的集中培训。离退休工作部结合工作实际，采取“走出去、请进来”的方式，先后与张家口供电公司、沈阳供电公司、浙江省电力公司、四川省电力公司离退休工作部门进行了对口学习交流活动。

截至年底，公司在册离休干部为60人，退休职工为4286人，离退休职工共计4346人。

（张文旭）

机关管理

【成立机关工作部】 7月，根据《北京市电力公司本部机构编制方案》（京电人〔2010〕32号），正式成立机关工作部（机关党委），负责机关党委、工会和共青团工作，负责机关绩效考核、劳动工资、社会保险、党团、工会、车辆、消防、保卫、教育培训、财务等工作；确定以高质量管理、高水平服务、高效率工作作为部门建设目标。围绕公司发展和本部建设总体要求，开展全面梳理工作内容、划分管理界面、理顺业务流程等工作，完成本部全体员工工资保险关系转接及信息维护，实现机关财务建账工作，加强本部安防、消防、物业、食堂管理，提升本部安全水平和服务品质，开展本部全员绩效考核，落实公司各项重点任务。

（李顺平）

【“本部建设年”活动】 为贯彻“八字方针”，深化“两个转变”，加强本部的基础建设、能力建设和作风建设，创建“学习型、质量型、效率型、廉洁型”的管理团队，机关党委8月下发京电机关〔2010〕1号文件，在公司本部和二级机构中组织开展为期一年的“本部建设年”活动。

“本部建设年”活动以夯实本部管理基础为主线，以绩效考核机制建设为抓手，以公司党委“创先争优”活动为载体，围绕“解难题、强基础、上层次”，加强“三个建设”，塑造“四型团队”，努力把本部打造成为“战略决策中心、资源配置中心、管理调控中心、电网调度中心”。全年共策划了基础建设、能力建设、作风建设3个主题及26项措施，组织开展11项工作。

加强基础建设。①开展公司迄今最大规模的规章制度清理工作，对2003年公司建制调整以来制定的481项制度进行全面梳理，废止失效制度48项，下发《2010年规章制度汇编》，收录现行有效制度共433项。②规范工作行为，严格规章制度的执行。制定《本部员工文明行为规范》、《本部企业管理创新成果管理办法》，促进本部文明秩序和管理工作的持续提升。③开展“四强”党组织和“四优”党员创建活动，加强工会、共青团工作。

加强能力建设。①建立学习日制度，各部门组织学习日近300个，认真领会公司重要方针和部署，反思和研究落实措施，提高素质能力。②围绕“解难题、强基础、上层次”，开展“公司加快‘两个转变’、实现国际水准战略研究”、“电网‘十二五’发展规划”、“以状态检测位技术为核心的电网生产管理模式”等重大问题的研究；本部共完成政策研究论文17篇，《电动汽车发展情况调查和应对策略研究》在国家电网公司研究成果评比中获得一等奖。③开展本部员工公开竞聘、试用期考核和挂职锻炼。7月，本部机构改革公开竞聘岗位206个，占总数的55.5%；对新进入本部71员工进行试用期满考核，考核期将在2011年2月结束；安排两批共32人的挂职培养锻炼。④开展全员岗位培训，组织完成1期共71名新员工进入本部的培训和4期共129名员工的脱产培训。⑤开展行业内外对标活动，本部相继组织与江苏、青海、山东等电力公司的对标活动，各部门与网省电力公司自行对标23次，建立了与江苏、重庆公司的定期联系。⑥举办形势任务学习报告会。10月21日，在公司本部召开“本部建设年”首场大型形势任务报告会，邀请中共中央党校教授钟国兴作题为《学习型组织建设》的报告。活动开展至年底共举办4次大型报告会或中心组学习扩大会，其中公司领导多次带队参加，本部员工广泛参与。

加强作风建设。①增强服务意识，开展基层调研、实践活动。在公司领导组织的集中调研基础上，各部门均利用不同时机开展调研活动。②增强廉洁意识，本部组织了党委、支部、员工三级《精神文明建设与党风廉政建设绩效考核责任书》签订工作，25个部门制定了风险防控措施。

■ 10月24日，公司第一期本部员工培训班在国家电网公司高级培训中心正式开班，公司副总经理郑林出席开班仪式并讲话。

（李顺平　赵先阳）

【党务管理】 组织机关各党支部及全体员工及时贯彻落实公司决策部署及重要会议精神，强化大局意识，加强执行力。推进公司本部创先争优活动，落实党委、支部、党员三级公开承诺。组织各党支部针对工作中的重点和难点问题开展创新活动，举办了党支部创新成果发布会，13个党支部参与发布。根据公司本部机构调整情况，完成机关党委委员增补和26个党支部设置调整工作，及时转接党、工会、团组织关系140人次，发展新党员12名，预备党员转正3名。丰富业余生活，羽毛球协会、乒乓球协会、瑜伽协会、读书协会等12个员工文体组织有序开展活动，举办"全员健康长走"等大型活动。

（赵俊颖）

【人事管理】 根据公司本部机构调整情况，完成人力资源管理信息系统机构设置、岗位和人员调整等工作。年内共完成调入调出共计120人次的工资保险关系转接及信息维护，按月完成公司本部在职人员每月薪酬的核算发放、收入台账的统计及员工收入情况网上查询数据的审核、发布工作。组织成立公司本部职称鉴定委员会，完成中、高级职称资格申报、鉴定共计50人。本部员工社会保险、住房公积金及补贴汇缴工作，员工、退休人员医药费报销工作按月常态进行。截至12月底，公司本部共有全民员工346人，其中男职工222人，女职工124人。35岁及以下职工人数为135人，占总人数的39%；35～45岁职工人数为123人，占总人数的35.5%；45岁及以上职工人数为88人，占总人数的25.5%。从学历层次划分，公司本部研究生及以上学历人员109人，占总人数的31.5%，本科学历人员204人，占总人数的59%，大专学历人员33人，占总人数的9.5%。从专业技术职称等级划分，公司本部高级职称人员137人，占总人数的39.6%；中级职称人员159人，占总人数的46%；初级职称人员48人，占总人数的13.9%。

实施全员绩效考核，本部及二级机构25个部门、346名员工全部纳入绩效考核管理，细化职责，量化指标，落实责任，建立以业绩为导向的考核激励机制。构建"考核、薪酬、培训、培养"四位一体的激励约束机制，形成本部"能上、能下、能进、能出"的人员动态补充管理模式。

（李咏新　马晓艳）

【财务管理】 上半年，财务处完成2009年度财务年终决算工作。完成2009年年报、财务预算分析和相关资料的编制上报。

完成上半年各项成本费用的审核、报销，积极落实各类资金的预测、申请和结算。确保双系统结账、对账准确无误。完成机关2010年度财务预算的编制、预算下达后的数据维护、预算执行控制和预算执行情况分析。完成固定资产增减变动及日常的价值核算和管理。按时计提、认证、缴纳各类税款。

积极配合做好各项迎审、迎检工作。上半年，财务处先后接受了中税税务所的年终所得税汇算清缴稽核审计；大地会计师事务所的年终报表审计；配合财务部完成地税稽核检查的迎审工作；根据公司《关于进一步做好迎接国家电网公司审计工作的通知》，认真做好审前调查和进点后的迎审配合工作。向审计组提供2006～2009年账簿、报表、相关凭据、协议等资料；接受国税发票专项稽核检查，对经西城国税征管科鉴定出来的虚假发票均已责成业务经办人员重新换开更正。结合审计和日常报销反映出比较集中的问题，专门下发通知，重申会计核算特别是报销业务中的相关规定。及时清理往来挂账。

完成财务档案、财务管控培训、职工捐款、机关工会财务管理等各项相关工作。下半年，根据京电人〔2010〕50号文件明确的公司本部、二级机构的财务管理模式，认真履行合署财务管理组的职责，全面完成机关本部和二级机构两个成本中心的预算业务管理、汇总编制、日常维护及年度预算指标完成情况的核对。完成两个成本中心所有资金支付业务的指导、发起、审核和监督；依据业务预算对业务部门提出的付款请求进行审核，复核后向本部提请集中支付付款申请，对付款业务进行核算。完成两个成本中心所有资本性支出项目及资产前端业务的协调、审核与核算工作。完成两个成本中心的各项成本费用和薪酬（包括工资、保险、福利等）支出的审核、确认、计提、结转等账务处理、配合财务资产部完成费用支出及往来项目核对。完成两个成本中心核算中涉及的增值税进项税的网络认证和所属员工的个人所得税计提核算工作。

（常　青　李秀芳）

【综合管理】 制定公司本部办公用房标准，调整本部各部门及二级机构共计 96 间办公用房。制定公司本部办公设备、家具配备原则，及时为新人员、新机构配备到位。加强安全管理，组织完成公司本部火灾风险评估，重新核发公司本部院内员工及临时工作人员新版证件，制定本部保安部署方案及保安管理考核办法、开展物业管理及健康食堂建设，改善工作环境。

（赵俊颖）

产 业 管 理

【综述】 公司积极落实国家电网公司规范集体企业管理和深入开展主多分开工作的意见的要求，按照“规范管理、整合资源、科学发展、提高效益”的思路，加快产业管理改革，规范集体企业发展，加强管理制度体系建设，推动主多分开工作有序进展，着力纠正经营中的违规问题。集中整合优势资源，初步形成分工清晰、配套互补的集体经济产业布局。

截至 12 月 31 日，公司综合产业共有集体企业 120 家，多经企业 76 家，在公司产业系统工作的人数 10 605 人，其中全民职工 2521 人，集体职工 1230 人，其他用工 6854 人。

■ 5 月 6 日，公司召开 2010 年综合产业工作会议，公司副总经理郑林出席会议并讲话。

公司成立加强和规范集体企业管理工作和深入开展主多分开工作领导小组和财务资产、人力资源、审计监察、宣传维稳、综合协调等 5 个专业工作组。9 月，公司撤销综合产业管理中心，在本部成立产业管理部，专职负责集体企业管理、主多分开和多经企业改制等工作，实现了产业管理模式由二级单位向本部职能的转变。11 月，正式运营公司层面集体资产经营平台——北京华商伟业资产管理有限公司。12 月，成立公司集体资产监督管理委员会。

【规范集体企业管理】 公司启动涵盖企业人、财、物管理的企业内部控制体系建设工作，制定包括法人治理类 5 项、经营管理类 10 项、财务资产类 16 项、人力资源类 7 项在内的 39 项基本规章和专业管理制度的订立计划。其中《北京市电力公司集体企业财务管理办法》和《北京市电力公司集体资产监督管理办法》已完成编制、审议，并印发。明确企业权利、义务、管控模式、管理要求和监管办法，建立企业经营管理工作标准，建立健全网省层面集体企业法人治理结构，促进集体企业依法治企，规范管理。

公司集中整合优势资源，先后整合组建北京华商伟业资产管理有限公司、北京华商电力管道有限公司、华商电力公司、北京华商三优新能源科技有限公司、北京吉北电力工程咨询有限公司、北京银杰供电民用电有限公司、北京市华龙电力物资公司、北京京供塔园电力工程设计事务所有限公司、北京华商能源管理有限公司和北京中电联汽车服务有限责任公司 10 家集体企业，作为公司二级单位进行管理。

按照地域规划，公司在总部基地部署包括电力施工、监理咨询在内的施工监理商圈；在崇文门地区部署包括新能源管理、设计、招投标在内的客户服务商圈；在原宣武区部署包括资产管理、劳务派遣、汽车服务在内的综合服务商圈。位于东直门的电力管道开发产业、位于通州西集的华商工业园也陆续建成并投入运营，实现产业、队伍、布局的联动调整，初步形成分工清晰、配套互补的集体经济产业布局。同时委派32名正、副处级领导干部到集体企业中，使集体企业经营管理团队在数量上得到扩充，专业上得到补充，整体素质得到提升。

结合产业实际制定《北京市电力公司加强和规范集体企业管理实施意见》，全面启动公司所属各单位规范集体企业管理工作。开展电力施工企业规范整合工作，公司29家基层单位共计72家电力施工企业参与此次规范整合。

加强对重大决策及经营中特殊事项的监督审查。对集体企业、多经企业高级管理人员任免、利润分配及其他重大事项实行严格审批，实现制度化、规范化。加强审计监督力度。开展对29家基层单位所属集体企业的专项审计工作，初步摸清公司集体经济的历史沿革、改制进程、存在问题及管理风险。组织公司21家厂办大集体企业财务决算工作，报送决算报表、组织决算审计、编制财务分析，提升集体企业财务管理水平。

【主多分开工作】 公司先后形成《北京市电力公司深入开展主多分开工作实施方案》、《主多分开多经资产收购整合方案的指导意见》等系列文件，确保主多分开工作有效开展。组织各单位完成主多分开多经资产收购整合方案的制定工作。贯彻国家电网公司主多资产分开工作要求，全面调查主多之间房产、土地、车辆资源占用情况，理顺所有权与使用权关系，通过协议租赁方式初步解决资产相互占用问题。出台《关于严肃清理整治多经企业挂靠队伍》规定，开展多经企业挂靠队伍专项清理整治工作，配合公司客户受电工程“三指定”专项整治工作，纠正经营管理存在的突出问题。

（梁汝明）

安 全 监 督

AN QUAN JIAN DU

【规章制度建设】 进一步落实安全责任，修订《北京市电力公司领导干部、管理人员生产现场到岗到位制度》，明确生产现场到岗到位检查的重点，并将到岗到位纳入倒闸操作和检修工作流程中。依据《国家电网公司电力安全工作规程》，完成公司新《安规》的修编工作。根据国家电网公司安全工作规定、公司新《安规》的有关规定，加强电力生产现场管理，保证人身、设备和电网安全。完善公司生产安全巡检工作规定；拟订电力生产作业现场安全措施规范；修订公司发包承包电力生产经营项目安全管理规定；制定2010年隐患整改考核实施细则；拟订现场作业人员风险分级预控管理办法；印发工作现场专责监护人穿着“黄马甲”管理规定；制定公司10kV开闭站安全设施规范；印发《北京市电力公司安全监督审计管理办法（试行）》，促进各单位人员切实履行安全生产职责，推进安全生产管理标准化。修订并印发《北京市电力公司安全生产奖惩规定》和《关于进一步做好事故障碍分析工作的通知》，强化“四不放过”原则的落实。配合人力资源部门修改生产安全业绩考核办法，与工会共同讨论公司《职工劳动安全手册》修改意见。

【安全生产监督与管理】 落实公司“八字工作”方针，强化基础管理，组织百日安全活动，严格落实到岗到位规定，加强电网运行、检修和现场作业风险管控，深入推进隐患排查治理，开展安全生产事故回头看和警示教育活动，公司安全生产形势基本平稳。建立有效的监督机制，完善风险管控执行情况评价指标体系，与安全生产过程管控工作实现有效对接。公司以三级巡回检查为手段，强化作业现场安全监督检查的保障作用，确保现场安全管控措施的落实。组建安全生产专家组，开展专家综合会诊巡检，对大型、复杂作业现场，从计划审核、工程组织、现场作业等环节进行综合评估，为公司安全管理提供专业意见和建议。结合季节性工作任务特点，在春季、秋季等检修任务繁忙期，成立由安监、生技、调度、保卫等职能部门组成的联合检查评估组，根据专业检查标准，检查重点规章制度、标准化流程在现场的落实情况；缩短职能部门与一线的管理链条，使规章制度更有针对性，更有可操作性；强化日常巡检，建立违章曝光平台，完善违章反馈、整改的监督机制，将领导干部到岗到位情况纳入巡检日常工作。开展安全生产过程管控工作，对各单位倒闸操作录音、调度录音、工作票等进行抽查和评价，共发现问题207个。

【建立安全审计工作机制】 依据《中华人民共和国安全生产法》、《北京市安全生产工作条例》、《国家电网公司安全生产工作规定》、《国家电网公司安全生产职责规范》等，对19个主要生产单位的领导、多经经理、供电所所长、生产性工区主任及班组长安全生产职责履行情况进行监督审计。公司安监部初步制定安全监督审计工作方案和审计标准，并于6月下旬选取门头沟供电公司、电缆公司分别作为属地供电公司及专业检修公司的代表进行安全监督审计工作试点。在试审计的基础上，公司安监部对原方案和标准进行完善，正式印发《北京市电力公司安全监督审计管理办法（试行）》。

各单位在自审计阶段共审计领导干部115人、多经公司经理22人、供电所所长及生产性工区主任182人、班组长539人。公司审计采取听汇报、座谈、查阅资料、现场检查的形式，对各单位行政正职，分管生产、用电、基建的副职，多经公司经理以及1名供电所所长、2名生产性工区主任、2名班组长的安全履责情况进行审计，共审计领导干部73人、多经公司经理19人、供电所所长13人、生产性工区主任22人、班组长38人。审计发现问题共计249件。

【电网事故隐患排查】 根据国家电网公司相关文件制定《北京市电力公司事故隐患排查治理工作评价考核细则（试行）》。根据《北京市电力公司所属单位及其企业负责人业绩考核办法》（京电人〔2010〕8号），将事故隐患排查治理工作质量列入公司所属单位及其企业负责人业绩考核范围，综合考虑公司战略定位和年度安全生产工作目标，确定所属各单位确定的事故隐患排查治理工作质量评价目标值为“优秀”，并以此进行考核。公司从事故隐患发现率、事故隐患整改计划完成率、事故隐患评估定级的准确性、重大事故隐患治理挂牌督办和“五落实”情况等方面制定工作评价考核细则。按上述评价方式对各单位工作进行季度评价后，综合得出年度总体评价，分为优秀、良好、一般三个等级纳入年度考核和年度先进评选中。

截至年底，公司累计排查安全生产事故隐患120项（包括27项电网专项事故隐患），其中一般隐患120项，重大隐患0项。本年度发现一般隐患90项，重大隐患0项。

事故隐患分布情况为：按单位属性划分，其中电网（供电）企业119项、发电企业0项、施工企业0项、其他单位1项；按专业划分，其中输电56项、变电9项、配电31项、电网规划3项、施工机具6项、

■ 海淀供电公司线路人员在巴沟路进行去鸟窝工作，消除线路隐患。（周卫国　摄）

消防 4 项、其他 11 项；按设备、系统、管理及其他隐患划分，分别为设备 111 项、系统 3 项、管理 3 项、其他 3 项。

事故隐患治理完成总体情况为：一般隐患 120 项，整改完成 107 项，整改完成率 89.17%。其中，本年度发现一般隐患 90 项，计划整改 80 项，按期完成 77 项，整改计划完成率 96.25%。

【安全宣传与教育】 落实国家电网公司要求，推进安全生产规程普考工作。12 月，组织公司所属各单位主管生产、基建、营销工作的领导，总工程师，副总工程师，安监部门负责人进行 2010 年度安全生产规程制度考试。开展公司新《安规》培训。各单位对生产、技术人员，社会施工队伍工作票签发人和工作负责人、工作许可人进行年度安全规程培训及考试工作。公司系统共 14 824 人参加了安全规程培训、考试；对 1119 名第一种工作票签发人和 422 名其他工作票签发人、3750 名第一种工作票负责人和 1229 名其他工作票负责人、2821 名工作许可人进行了安全生产规程制度培训、考试并明文公布；对相关社会施工队伍 454 名线路工作票签发人、1177 名线路工作负责人和 810 名变电工作负责人进行考试并明文公布。

认真贯彻《国务院办公厅关于继续深入开展“安全生产年”活动的通知》和《国家电网公司关于开展“三个不发生”百日安全活动的通知》和《关于印发国家电网公司安全大检查活动方案的通知》，要求落实公司 2010 年安全生产工作会精神，针对春检安全生产特点和规律，开展以“知风险、明措施、抓落实、保安全”为主题的百日安全活动和安全大检查活动，成立以公司总经理、党委书记和各专业分管副总经理为组长的 9 个督导检查组，围绕 15 个督导重点开展督导检查工作，分组先后 24 次到基层单位和施工现场进行检查督导。公司各级领导干部、管理人员生产现场到岗到位近 21 181 人次。现场检查出的 178 个问题全部整改完成。

■ 12 月 2 日，公司组织所属各单位主管生产、基建、营销工作的领导、总工程师、副总工程师、安监部门负责人共计 112 人在培训中心模式口校区进行 2010 年度安全生产规程制度考试。

（李洪斌）

生产管理

SHENG CHAN GUAN LI

【制度建设】 按照立足当前，谋划长远的原则，突出制度建设对提升管理水平的基础性地位，按照实用并适度超前的思路，加强各项技术标准和管理标准的制定和修订工作。全年，共制定和修编《2010年北京电力系统污区分布图及其实施细则》、《北京市电力公司电缆通道运行规程》、《架空线入地工程新设备新材料通用订货技术条件》、《架空配电线路入地改造工程技术细则》、《北京市电力公司设备设施图例标准（试行）》、《关于明确变电站电缆夹层设计深度的通知》、《北京电网电力设备修理和技术改造原则》等技术标准35项，制定和修订《北京市电力公司电力设备缺陷管理办法》、《北京市电力公司变电站管理工作规定》、《北京市电力公司架空输电线路管理规定》、《北京市电力公司生产工作计划管理办法》等10项管理办法（标准）。根据设备和电网的发展情况，废止制度8项，分别是《变电站高压电气设备防误装置管理制度》、《北京电力公司政治供电管理制度》、《北京电力公司生产运行电气设备大修技改技术原则》、《北京电力公司电力隧道运行管理规定（试行）》、《北京市电力公司输变电设备基础资料与信息收集管理办法（试行）》、《北京电力公司配网五统一技术标准（设计篇）配网开闭站配电室典型设计》、《北京电力公司配网五统一技术标准（设计篇）配网架空线路典型设计》、《架空配电线路入地工程改造实施细则（试行）》，确保了制度体系的清晰明确。

（江　阳）

【设备管理】 加强综合检修工作力度，主网停电工作安排同比降低31%，累计消除输变电设备缺陷4916件，其中危急310件、严重783件、一般3823件；顺利完成主变压器检修业务由试研院向变电公司的划转，推进变电设备检修的专业化管理和集约化管控。

对六圈、巨各庄、东曹营、南口、牛堡屯、高堡6座变电站带有结构性隐患的35kV穿柜管全部安排更换；开展输电线路防雷专项整治，改造线路208条，降阻1089基，安装线路避雷器963支，安装避雷线侧针552支，安装35kV并联间隙1466组；对线下跨越铁路、高速公路的110kV村齐双回27～28号等5处跨越实施“双串双挂点”改造；对110kV清回旗支10～12号等3处线路区段实施对地距离改造；全面清理杆塔被埋缺陷476基；对658基杆塔进行防腐处理；对201基杆塔进行加装防盗螺栓等技防改造；撤除220kV苑白等7条退运线路。

开展配网故障管控和运行分析。组织各单位每周、每月（季）开展配网设备运行分析，及时查找配网运行中的主要问题和关键环节，定期通报并提出解决措施。10kV电缆故障73次，同比2009年减少27次，下降27%；10kV架空线路故障1248次，同比2009年减少84次，下降6.3%。

开展重要客户外电源隐患梳理。组织16个供电公司对重要客户外电源隐患梳理，并制定针对性的整改方案142个，涉及重要客户146户（特级6户、一级39户、二级101户）。开展主网电缆及10kV配网隐患排查工作。经过集中排查，各供电公司共发现配网设备缺陷和隐患2812处，均在年内全部处理完毕。对严重威胁电网运行安全的G&W电缆终端接头采取更换、加装保温毯等安全度冬措施，保证在运的G&W电缆终端运行平稳。

（江　阳　赵永强）

【状态检修工作】 完善管理、技术和执行体系建设。征求各生产单位的反馈意见，补充、修订和完善状态检修信息收集、状态评价、风险评估、检修策略、检修计划、检修实施及绩效评估7个状态检修环节管理制度和技术标准，编制并修订《北京市电力公司输变电设备信息收集管理办法》、《北京市电力公司输变电设备状态评价实施细则》、《北京市电力公司输变电设备检修工作管理办法》等管理规定，对状态检修工作范围、工作流程、工作内容、工作要求进行明确的规范；编制并发布《油浸变压器等11类输变电设备评价导则》、《干式电抗器等10类输变电设备评价导则》、《北京市电力公司电力设备状态检修试验规程》等技术标准，从技术标准上保证状态检修工作的顺利开展。

推进状态检修辅助决策系统建设。公司作为国家电网公司首批状态检修辅助决策系统试点单位之一，通过试运行，收集各基层单位的反馈意见和建议，对系统进行功能完善，在7月进行状态检修辅助决策系统的升级工作，实现油浸式变压器、组合电器、SF_6高压断路器、隔离开关、电流互感器、电压互感器、耦合电容器、避雷器、并联电容器、电缆线路、输电线路、干式并联电抗器、35kV油浸式变压器（电抗器）、变电站防雷及接地装置、交流金属封闭开关设备、消弧线圈装置、穿墙套管、变电站直流系统、站用电系统19类输变电设备状态的动态评价，并新增状态评价概况、状态评价预警、定期评价计划、专业报告、家族性缺陷管理、标准缺陷库管理、不良工况管理等功能，丰富了参与评价的设备信息，确保评价结果符合设备实际状态。

推广状态检测工作。在专业检测人员熟练应用状态监测技术的基础上，公司从两个方向进行状态检测的推广普及工作，一是由专业公司逐步向供电公司推广，将技术成熟的开关柜超声波局放检测技术、开关柜暂态地电波局放定位技术、10kV电缆振荡波局放检测技术由专业公司向16个供电公司推广，使状态检测工作由专业检测向普测转变；二是由专业检测人员向运行人员推广，在变电公司率先试点，由运行人员结合巡视工作开展开关柜的超声波局放检测和暂态对地电波局放检测工作，缩短检测周期，并提高检测效率。普测实现了状态检测数据的大样本统计分析，突破了传统测试瓶颈，扩大了测试范围，是实现状态检修的重要技术手段。全年完成输变配电设备检测16 217件，确认缺陷38例。

全面开展设备状态评价工作。3月，公司生产技术部组织基层各生产单位全面开展输变电设备的状态评价工作，进行PMS基础数据的核查工作，确保设备基础数据准确；通过综合状态检测数据、试验数据、运行巡视数据、家族性缺陷、不良工况等状态信息，开展设备日常评价、月度评价、年度评价工作，实现状态评价工作日常化管理，及时掌握设备状态，确保设备"应修必修"，将检修管理工作由设备修理转移到设备状态管理。8月，在输变电设备评价的基础上，启动二次设备、辅助设施的评价工作，做好"站、线"评价准备工作，为设备有针对性的检修及技术改造工作提供依据，为提高设备的健康水平、减少设备的停电次数、降低设备的运维成本提供技术支撑。

（郑秀玉）

【生产运行管理】 重点针对停电工作中输变电设备可能存在的风险实施安全生产风险防控，从风险辨识、定级、防控等方面制定标准化工作要求，确保设备风险可控、在控；推进现场标准化作业工作规范，规范现场生产工作；加强防误闭锁装置的管理，严格执行解锁规定，杜绝恶性电气误操作。

按照国家电网公司关于进一步深入推进现场标准化作业的精神，结合公司生产实际，组织制定公司关于深入开展现场标准化作业工作指导意见，确定公司内开展现场标准化作业的形式以工作票、危险点控制单、现场标准化作业卡（工序质量控制卡或巡视卡）的组合为主，指导各单位深入开展现场标准化作业工作。

以"早动手、早准备、早部署、早落实、早检查"为原则，度夏前加强设备消缺和运行维护管理，合理安排输变电设备检修和设备消缺，组织实施状态监测，检验新投设备带负荷能力。在迎峰度夏期间，加强设备运行巡视，根据设备负荷和天气变化情况增加巡视次数，提高设备巡视质量；应用红外线测温技术，对重要大负荷线路接点以及电缆头等设备进行测温工作。2010年夏季地区最大用电负荷1666万kW，较2009年夏季最大负荷1425万kW增长6.9%。公司加强电网的运行保障工作，以完善的组织管理和应对措施较好地保障了电网的安全稳定运行，顺利完成迎峰度夏工作。

■ 7月6日，海淀地区最大负荷达到229.7万kW。当日，为了防止设备重载可能引发的电网风险和停电故障，海淀供电公司对辛庄路架空线路进行带电分倒路作业。（宋海军　摄）

（江　阳　马　锋）

【技术监督管理】 制定QGDW 02 1 2001—2010《电力设备（施）缺陷定性技术标准》和QGDW 02 ZD 8604—2010《北京市电力公司电力设备缺陷管理办法》，规范设备缺陷的认定标准及处缺流程。

防污闪工作管理。根据北京地区气象变化与最新环境特点，首次结合电网电力信息GIS图修订《北京电力系统污区分布图》，编制《污区分布图绘制说明》及《污区分布图实施细则》，科学指导电网建设、运行检修和技术改造中的设备外绝缘配置及电网防污闪工作。

推进防雷工作。4月，开展输变电设备防雷隐患排查，加强输变电设备防雷设施的现场检查和处缺，及时处理站、线不合格接地电阻，按时完成全年防雷、接地大修技改项目。

技术监督培训。3月，举办输变电设备防污闪技术培训讲座，并组织各单位对生产管理、一线生产人员及设计人员进行输变电设备防污闪制度、标准测试答题活动。各单位开展输变电设备防污闪制度标准及相关知识的学习，共有1701人参加此项考试答题活动。

■ 为应对夏季频繁的雷雨天气，输电公司为所属输电线路加装避雷器，确保汛期线路安全供电。（章恕彬 摄）

（李 红）

【可靠性管理】

1. 2010 年指标完成情况

供电可靠性指标：城网中压用户平均停电次数为 0.739 次 / 户，同比降低 0.075 次 / 户；供电可靠率 RS-1 为 99.978%，同比降低 0.002 个百分点；用户平均停电时间为 1.93 小时 / 户，同比增加了 0.2 小时 / 户。

主要输变电可靠性指标：

架空线路：220kV 及以上架空线路可用系数 99.634%，同比降低 0.094 个百分点；110(66)kV 架空线路可用系数 99.764%，同比降低 0.005 个百分点。

变压器：220kV 及以上变压器可用系数 99.988%，同比持平；110(66)kV 变压器可用系数 99.988%，同比降低 0.004 个百分点。

断路器：220kV 及以上断路器可用系数 99.987%，同比降低 0.01 个百分点；110(66)kV 断路器可用系数 99.995%，同比降低 0.002 个百分点。

隔离开关：220kV 及以上隔离开关可用系数 99.996%，同比提升 0.001 个百分点；110(66)kV 隔离开关可用系数 99.9996%，同比提升 0.0006 个百分点。

2. 主要管理工作

建立围绕可靠性管理的预控及评估管理体系。依据停电计划及调整建议，完善、修订可靠性考核指标；不断优化停电工作，在公司所属单位及其企业负责人业绩考核中增设责任重复计划停电和责任非计划停电考核指标。可靠性管理与绩效考核的有机结合，推动基层单位可靠性管理的提升。

采用各种评估管理手段，灵活开展风险、可靠性及检修管理评估工作，提前编制有针对性的管理方案，拟定调度操作命令，明确运行、检修人员的工作内容及管理重点，协调调度、运行、检修三个方面提前做好检修准备。

开展数据核查，完善可靠性数据。按照国家电网公司要求，开展数据核查工作，历时近 2 个月，彻底清查设备数据，完善输变电设备基础资料，其中线路 420 条、变压器 754 台、电抗器 12 台、断路器 1136 台、电流互感器 2307 台、电压互感器 1035 台、隔离开关 3555 台、耦合电容器 61 台、阻波器 88 台、组合电器 139 台、母线 213 条，GIS 元件 1120 个，运行数据线路 19 条、变压器 2 台、断路器 9 台、电流互感器 7 台、隔离开关 31 台、电缆线路 30 条、母线 2 条，GIS 元件 2 个，完善了各项设备的参数，为下一步开展可靠性工作打下基础。

开展系统可靠性管理及软件使用的培训。公司组织各专业公司、供电公司可靠性管理人员、生产管理人员及可靠性录入人员近 70 人参加了培训。此次培训邀请推荐改革试点单位——湖北省电力公司的专家授课。专家有针对性地对系统可靠性从规则的制定到软件的实操进行完整的讲解，特别是对一些重点注意事项进行提示。

提高预控及评估水平，强化配网计划管理。①通过加强配网计划管理，减少配电设备重复停电次数；②结合年度绩效考核工作，逐级分解、下达考核指标，将可靠性指标落实到岗位及工作班组成员，各专业从检修、改造等工作计划入手，早期参与可靠性的指标预测、停电检修计划制定、指标计划分解，实施指标的全生产过程控制，后期建立指标完成情况分析和设备指标评估，实现指标的生产过程管理；③深化用户供电可靠性指标管理与生产专业的闭环管理分析工作，不断提高供电可靠性数据的应用水平，以可靠性指标发布和分析为依据，借助同业对标预警手段，有针对性地进行专题分析，提出管理和设备存在的问题，并制定有效改进措施，监督管理各项措施的落实情况，形成数据发布、问题分析、措施制定、措施落实、效果反馈的闭环分析管理；④继续深化可靠性指标的目标管理，动态控制与考核工作，实现指标的生产过程控制，依据可靠性管理办法，协同相关专业做好供电可靠性管理的监督、检查和考核工作，建立健全可靠性专项考核制度，进一步规范可靠性填报工作。逐步引导基层班组以“最优的方案”、“最小的范围”、“最佳的管理”开展配电管理，从根本上实现“配网可靠、指标可控”。

（吴 彬）

【技术改造与大修管理】 生产大型技术改造项目情况。2010年公司生产大型技术改造工程项目共计155项，其中主网34项、配网121项。35kV及以上主网技术改造项目共更换主变压器24台，更换110kV组合电器163个间隔，开关柜480面；改造输电线路231.37km；进行电缆隧道综合整治7.5km，更换有缺陷电缆终端60组。

生产专项技术改造项目情况。公司全年共完成专项技术改造项目102项，完成年计划项目的91%。改造35kV及以上输电线路（含电缆）22km、变压器64万kVA、断路器（含GIS间隔）17台、塔基9基、四小器（含互感器、避雷器等）64台；完成改造10kV及以下线路（含电缆）98km、配电变压器34.2万kVA、断路器（含开关柜、柱上开关、环网柜等断路器设备）251台。

电网检修和运行维护情况。公司全年共完成电网检修和运行维护项目1979项，完成年计划项目的99.6%。完成修理35kV及以上输电线路（含电缆）1634km、变压器214.6万kVA、断路器（含GIS间隔）55台、塔基18 065基、四小器（含互感器、避雷器等）104台；完成修理10（20）kV及以下线路（含电缆）6621km、配电变压器3899万kVA、断路器（含开关柜、柱上开关、环网柜等断路器设备）425台；完成修理继电保护及安全自动装置182套、通信设备1489套、自动化装置491套、光缆9458km。

（赵进科）

【配网管理】 设备检修。公司配电网设备检修工作中，开闭站（室）部分设备按照变电设备标准开展周期检修工作；电缆专业开展10kV电缆的OWTS振荡波试验，涉及10kV开关柜、环网柜、电缆终端的超声波局放试验和暂态地电波试验，根据检测排查结果开展检修；架空线路专业开展日常运行与处理缺陷和故障处理相结合的检修策略。

带电作业。全年公司10kV城市配网完成带电作业7779次，同比增加12%，有效减少停电时户数525 825时户；增加供电量8112.65万kWh；带电作业化率86.7%，同比减少1.92%。

根据国家电网公司《安全生产工作规定》和《北京市电力公司带电作业工作管理规定（试行）》的要求，对带电作业专业现行有效的规章制度及标准等进行整理与更新，并印发执行。制定并印发《北京市电力公司架空配电线路带电作业用绝缘斗臂车试验规范》。印发《配电线路带电作业统计补充规定》，规范各单位的带电作业统计工作，对统计数据的科学性、准确性提出更高要求。

组织开展配电线路带电作业管理人员专业技术培训、配电线路带电作业培训及工作负责人专题培训。公司组织带电作业专家参加华北电网有限公司举办的10kV配电线路带电作业标准宣贯、科技成果推广暨新工具展示会，参加国家电网公司10kV配网带电作业现场观摩并进行现场演示。先后接待湖北荆门供电公司、云南电网公司、山东青岛供电公司等带电作业调研组来公司调研，并选派带电作业专家参加国家电网公司带电作业技能竞赛裁判工作。

■ 9月8日，公司举办国家电网公司10kV带电作业技能竞赛选拔工作。

继续推进国家电网公司配电线路带电作业实训基地资格申报工作，改造完成一批标准规范的带电作业库房，开展“知风险、明措施、抓落实、保安全”百日安全活动。组织召开带电作业工作季度例会，举行配电线路带电作业竞赛活动。

配电自动化。按照国家电网公司关于坚强智能电网工作的统一部署，公司承担了配电自动化试点工程建设任务。试点工程的主要内容包括：对原东、西城范围试点区域内不满足配电自动化要求的交道口路等25条10kV线路上的92台真空开关设备进行自动化改造，新增30台柱上开关；新建10kV电缆线路16.67km；对不满足配电自动化需要的20座10kV开关站、472面10kV环网柜、79台电缆分支箱、272座箱式变电站、108台柱上开关和167台用户分界负荷开关进行配电自动化改造和配电终端安装，完善试点区域17座变电站内10kV出线开关的远方遥控功能；升级改造已有配电自动化主站系统，具备配电SCADA、信息集成、协同互动和配电高级应用等功能；新建工业以太网光通信网络46km，无线公网通信方式接入站点1208点；完成太阳能电站、燃气三联供和电动汽车充电装置等分布式电源在10kV配网的接入。

工程建设完成后的效果：①核心区范围内配电自动化总体覆盖率达到77.3%；②开闭站“三遥率”达到100%；③东、西城范围内179条架空线路关键分段和联络实现“三遥”，架空线路100%实现集中型馈线自动化；④满足N–1线路比例达到100%；⑤东、西城区域供电可靠率指标达99.995%；⑥主站系统实现与上级调度、生产管理系统、GIS、营销系统、95598等系统之间的信息交互；⑦东、西城区电压合格率达99.994%；⑧东、西城10kV线损率降低至4.25%；⑨配电自动化主站系统功能在现有基础上得到全方位提升，特别是与配电网自愈、分布式电源接入、系统间信息集成、互动相关的功能；⑩主、配网调控一体化管理模式趋于成熟，制度体系得到完善，系统运行水平、实用化水平、管理水平均得到显著提升；⑪先后制定《北京市电力公司配电自动化管理规定（试行）》、《城区供电公司配电自动化运行管理规定》、《北京市电力公司调控一体化运行管理规定》等16项管理制度，制定《北京市电力公司配电自动化技术原则》、《北京智能电网配用电通信技术导则（试行）》、《北京市电力公司配电自动化终端技术规范》、《架空配电线路入地改造工程技术原则》等18项技术标准。

12月22～23日，公司配电自动化系统通过国家电网公司组织的验收。该试点项目取得的显著效果对国家电网公司全面推进智能配电网的建设及后续运维管理有很强的借鉴和示范作用。

■ 12月23日，公司召开北京配电自动化试点项目验收总结汇报会。（孔令冬　摄）

新技术、新设备与科研项目。建成丰台10kV架空线路示范段。结合国际对标成果与国内发达城市经验，通过调研考察国内配电线路器材、设备生产的最新技术与成果，结合北京电网运行中的实际问题，设计、建设完成了丰台示范架空线路。共建设线路870m，新立电杆10基，安装变压器2台，从导线、电杆等7个方面完成技术、工艺改进与创新20项。

推广应用状态检测技术，包括涉及10kV电缆的OWTS振荡波试验，涉及10kV开关柜、环网柜、电缆终端的超声波局放试验和暂态地电波试验。累计测试186座配电站室、1986面开关柜（环网柜），发现4次异常；累计测试418条10kV电缆，发现7条电缆的接头局放异常。在新设备应用方面，为防止用户内部故障对整条线路的影响，引进了电缆“看门狗”；为实现环境和谐友好，满足架空入地等工程的需要，以小型化为主要方向，修改箱式变电站、开闭器等设备的订货技术条件；为更好地防止外力对直埋电缆的破坏，引进高强度SMC非金属盖板。

编制、修订规程规范标准。修编配电网“五统一”（规划、设计、施工验收和运行维护）、《北京市电力公司电力隧道建设技术标准》、《北京市电力公司电缆通道运行规程》、《配电网电缆线路施工及验收规范》、《配电网电缆线路运行标准》等技术标准28项。

开展技能培训工作。在2009年已完成的10kV电缆接头安装工入网作业管理制度的基础上，制定配套培训、注册和接头故障分析实施细则，编写电缆接头工培训教材，建设培训场地，并启动电缆接头工入网作业培训工作。

组织编制电缆接头工专项培训的理论考试题库、确定实操考试项目，全年共组织13期电缆接头工专项培训，累计培训621人。组织直流专业培训班。各单位生产技术处（配电中心）配电专工、从事配电站室运行管理的工区专工、从事配电站室运行管理的工区有关运行及检修班组人员及有关设计单位共计110人参加。

（江　阳　周文涛　朱　民　丛　光　李明春）

【防汛工作】 2010年，北京汛期总体雨量偏少。公司防汛办遵循“安全第一，常备不懈，以防为主，全力抢险”的指导方针，以“组织、人员、措施、物资”四落实为原则，从电网和防汛客户两个层面着手开展了大量防汛工作。①组建两级防汛指挥机构，落实防汛责任制；②启动防汛专项整治行动，对管辖的电力隧道、电缆管井、变电站、开闭站、配电室以及沿河、跨河线路的各项安全度汛措施进行全面检查，认真查找和消除各类隐患，先后下达12批、共109项防汛项目，合计资金1484万元；③推进防雷技术改造和树线矛盾整治工作，汛期配电线路因雷雨气候影响发生故障391次，同比降低31%，其中：雷击故障115次，同比降低32%，树线矛盾造成故障34次，同比降低66%；④开展应对极端降雨天气的联合防汛演习73次；⑤对全市192个防汛重点客户供电的电源线路、变电站进行专项巡检，全面加强用电安全服务工作，严格按照公司政治保电的工作标准，分外电源、电气设备、运行管理、自备电源、值班电工5个方面对每个防汛重要客户开展隐患排查和评估整改工作。重要客户的105项涉汛用电安全隐患均得到了解决或有效控制，并制定了有针对性的度汛应急保障措施，全市各单电源雨水泵站累计补充移动式应急发电机20部。

■ 7月7日，公司举行防汛实站演习。此次演习完全模拟持续特大暴雨、地下变电站设备间进水展开。（刘健　摄）

（江　阳）

【政治供电】 公司全年累计完成政治供电任务206项，其中：2010年全国“两会”特级保电任务1项，中国人民抗日战争胜利65周年纪念活动、嫦娥二号航天任务等68项一级保电任务，2010年北京首届世界武搏运动会、第五届文博会等42项二级保电任务，2010年北京市高考、中考等95项三级保电任务，累计保电天数303天。

4月，公司在本部设立政治供电办公室（与生产技术部合署办公），统筹协调政治供电工作。政治供电办公室在接到每一项任务后，立即按照《北京市电力公司政治供电管理办法》的相关要求，根据保障任务的级别组织相关保障责任单位开展供电保障筹备工作，制定详细的保障方案和应急预案，形成重点突出、覆盖全面、运转高效的保障体系。对保电重点变电站、开闭站和电缆线路，提早开展隐患排查和巡视检查工作，确保电网设备健康状况良好；建立重要电力设施安全保卫机制，采取有效措施防止外力破坏、盗窃等因素影响重大活动电力安全保障工作；协助客户开展内部安全用电情况检查工作，督促客户落实保障措施。保障期间根据保障任务级别，各级领导带班上岗，保持通信畅通，提前做好各项应急准备工作。针对可能发生的极端天气、外力破坏等突发情况，备足各类抢修物资，随时做好应对突发事件的准备。对于一级以上保障任务根据需要安排专人对各相关变电站、开闭站加强值守，对输电线路、电缆隧道及配电设施开展不间断巡视和测温工作。

■ 8月，朝阳供电公司对涉及武博会保电工作的6座重点变电站、14条重点电缆线路进行了巡检。（罗文德　摄）

在做好供电保障工作的同时，全面总结2008年奥运会和国庆60周年供电保障工作经验，组织修编《北京市电力公司政治供电管理办法》（京电政供办〔2010〕3号）。该办法在管理职责上增加了重要客户日常供电管理，进一步明确了对政治供电管理的定义、政治任务分级理原则及标准化措施，梳理完善了管理流程，使政治供电任务筹备阶段、保障阶段、总结阶段工作均形成闭环管理。

（李　戎）

电 网 运 行

DIAN WANG YUN XING

电力供需形势

【2010年电力供需形势分析】 电力需求情况。2010年全社会用电量809.9亿kWh，比2009年增长9.57%。其中，第一产业用电量为16.9亿kWh，增长7.43%；第二产业用电量为327.87亿kWh，增长8.28%；第三产业用电量为325.8亿kWh，增长11.64%；居民生活用电量为139.3亿kWh，增长8.18%。

2010年7月29日11时24分，北京电网负荷达16661MW，比2009年最大负荷14246MW增长16.95%。高峰负荷期间，北京地区电厂发电出力约4145MW，全网净受电力12285MW，外网受电比例73.74%。

电力供应情况。北京地区期末发电设备容量631.2万kW，供热设备容量为375.8万kW，发电量累计270.02亿kWh，设备平均利用小时4244h。

供需形势。2010年北京电网外受电比例为70%。由于北京电网是华北电网重要的组成部分之一，有着来自华北电网的能源支持，因此全年未出现拉路限电情况和电力电量损失情况。

【2011年电力供需形势预测】 全社会用电量预测。2011年，地区经济将继续回升，经济结构日趋合理，但存在众多不确定因素，同时考虑用户自发自用电量的影响，预测全年全社会用电量为850亿kWh，同比增长4.95%。

电力负荷预测。2011年，北京电网的电力平衡仍在京津唐电网内统一安排，北京电网500kV层面依然保持10个通道20回线路与外网联络，受电能力较强，网内机组按照月度电量计划及京津唐电网平衡情况统一安排发电、停备及检修。预计2011年最大负荷时期，北京电网全口径发电出力约440万kW，联络线外受电力1470万kW，外网受电比例约77%，供需达到平衡。但由于北京地区内电厂装机容量较小，负荷大部分依靠外送，受端电网特性非常明显。

供需形势。2011年北京电网整体受电比例仍然维持在70%以上，夏季高峰负荷期间可达到77%左右，受电比例较高。由于有着来自华北大电网的能源支持，北京电网的电力负荷平衡由华北电网在京津唐地区统一考虑，但受电比例较高对地区电网的稳定安全运行带来一定的隐患。

（高爱强）

电网调度运行

【电网概况】 北京电网是高受电比例大型城市电网，是京津唐电网的负荷中心。2010年夏季，北京地区瞬时最大负荷为16661MW，同比增长16.95%，高峰负荷时刻外受电比例为73.74%，220kV及以上电网网损率累计完成0.60%，主网电压合格率持续保持100%。截至年底，北京地区共有统调发电厂21座，发电机组134台，总装机容量5887.872MW；其中火电厂11（含燃气）座，发电机组36台，装机容量4731.6MW；水电厂（含抽水蓄能）5座，发电机组16台，装机容量1007MW；风电厂1座，发电机组76台，装机容量114MW；垃圾及沼气电厂3座，发电机组6台，装机容量35.272MW。110kV及以上变电站387座（含用户站），变压器942台，变电容量87472MVA。110kV及以上架空线路442条，共6211.34km；110kV及以上电缆线路706条，共1173.813km。

华北500kV主网七横三纵通道中，西电东送七横中四个通道、三纵中一纵为北京电网外受电通道。北京电网500kV层面由9座变电站形成扩大双环网结构，西北部和南部分别外扩至张家口和河北地区，通过500kV 10个通道20回线路与外网联络，为北京电网3/4的负荷提供外送电源支撑。220kV层面由5座500kV变电站的220kV母线母联开关作为分区点，形成昌城、城顺朝通、通安兴、兴房门、门昌5个相对独立的供电分区，各分区之间通过联络线互为备用。110kV及以下电网除并网线路外，全部开环运行，形成辐射状电网覆盖全市。

（赵　瑞）

【电网运行安全风险管控体系建设】 公司按照分级管理、多维管控、主配网同步的工作原则修订《北京市电力公司安全风险管理规定》，编制印发《北京市电力公司安全风险管理专责人工作标准》、《北京市电力公司安全风险管理规定执行中相关事项的释义》等文件，明确和规范安全风险管控工作的组织形式、管控职责和工作标准，建立多维度、跨部门、全方位的立体风险管控体系。

公司按照月、周、日的频度，召开风险管控工作会，提升电网、人员、设备、环境、用户5个维度的安全风险管控能力。

公司将风险管控工作纳入内控机制建设当中，在OMS（调度管理）系统中建立安全风险管控模块并投入运行，对整个风险管控流程进行审计和监督，实现安全风险管控工作的信息化、过程化管理。将风险管控工作和现场检查工作有机结合，安排公司巡检组对崇文门站更换2号变压器变联电缆、220kV城太一线迁改、110kV六郎庄2号变压器综合检修、110kV华周线迁改等施工现场进行有针对性的检查，发现部分施工现场存在临近带电部位不清、安全工器具使用不正确、安全标示牌使用不当、风险措施与实际工作不符等问题，及时下达通知书，责令整改，确保施工现场安全管控形成闭环。将可靠性管理有效融入安全风险管控工作，有针对性地对设备及线路进行检查和消缺，并开展状态检测，确保相关设备及线路运行可靠、风险管控措施有效执行。梳理重要客户供电情况，协助客户制定应急预案，并安排服务人员到达用户现场，帮助用户专责人做好风险防范工作。与北京市发展和改革委员会共同就电力设施保护、控制外力破坏进行联合执法工作。与北京市三电办共同开展风险线路的安全巡视工作，协调处理线下施工隐患15起；针对风险相关线路，积极开展群众护线工作，共接收异常信息80余起。通过北京广播电台进行公益宣传，共接收举报28起。

（薛建杰）

【电网调度管理】 2010年是北京市调完整调度环网及发电厂的第一年。市调重点开展夯实安全生产基础、强化“三公”调度、完善发电厂风险管控等工作。

开展保春节、“两会”安全供电大检查活动、“知风险、明措施、抓落实、保安全”百日安全活动、安全生产大检查活动、迎峰度夏电网专项安全检查、安全生产月活动和安全生产事故（违章）回头看等活动。严格执行各项安全规章制度，建立主配网停电计划周、月统计分析和上报制度，印发《北京电网停电计划管理规定》；启动电网调度风险卡应用管理机制，增强市调和区调两级调度安全风险管控能力。梳理和明确电网运行信息的报送规定，修订《北京电网调度系统重大事件汇报规定》。启动北京电网备调试运行工作，并在春节、全国两会、抗日战争胜利纪念、国庆、中央经济工作会等多次重大供电保障工作中发挥重要作用。建立发电厂检修计划月度平衡会及发电计划后评估工作机制；建立发电厂燃料预警管理机制，规范发电厂燃料储备和预警管理工作，编制下发《北京电网发电厂燃料预警管理规定》。在电厂管理系统中开发风电运行管理模块，开展风电功率预测与分析，规范计划上报与执行流程，完善风电并网管理和运行管理。与公司发展策划部、电力交易中心、营销部、财务部建立沟通与协调工作机制，每月召开电力交易联席会，分析月度电量计划完成情况，会商下月的电力计划，季度召开“三公”信息发布会，推进发电管理“三公”调度工作。探索、研究基于各分区、各属地公司，细化至主变压器负荷预测的新型负荷预测方法。制定《北京电网母线负荷预测工作考核管理办法》，在16个区调实现基于稳定度的考核方法。

（薛建杰）

【调度生产运行】 北京电网全年整体负荷呈现快速增长趋势，冬夏负荷均有较为明显增长。截至12月31日，北京电网夏季最大负荷为16 661MW，发生在7月29日11时24分，较2009年夏季最大负荷14 246MW增长16.95%。当日高峰整点最大负荷发生于12时，最大负荷16 430MW，北京区内电厂出力4227MW，联络线净受电12 203MW，区内电厂出力占总电力需求比例为25.7%，全网电力负荷的73.7%需要外网送入电力予以平衡。高峰负荷水平下，电网整体运行平稳，大部分设备负载水平保持在合理范围内，没有因大负荷造成拉路限电。全年北京市调共执行停电计划1862项，执行电网操作任务1730项，下达操作指令15 676步，执行110kV及以上发电批准书63项，应对主网及发电厂故障、异常90起，完成政治保电任务136项，保电天数累计232天，圆满完成年度电网生产工作。

（薛建杰）

【调控一体化工作】 2010年，实现市调、区调两级调控一体化机制在公司的全方位覆盖。主网管控规模进一步扩大。截至年底，北京电网控制中心接入变电站50座，其中500kV变电站2座，220kV变电站48座。2010年新接入变电站11座监控范围遍及北京市城区、郊区，总监视容量达22 296MVA。

继续完善调控一体化制度建设。总结主网和地区电网调控中心在职责划分、工作流程、规章制度、安全保障、运转模式、变电管理改进等各方面工作取得的经验，编制下发《北京电网调控一体化运行管理规定》作为调度规程的补充规定，规范调控一体化机制的管理。开展信息优化工作，在主网层面根据信息优化原则相关制度，完善监控系统信息优化工作及系统功能开发工作，提高日常监控的效率。

全面推进地区电网调控一体化建设工作，审核调控一体建设方案，组织相关单位进行调控中心试运行的验收。城区、朝阳、丰台、石景山、亦庄、通州、昌平、门头沟、房山、大兴、平谷、怀柔、密云、顺义和延庆供电公司区调成立了调控中心，实现了调控一体化管理。

【应急体系建设】 根据电网建设情况，新编变电站常规预案——《220kV 堰上站应急处置预案》、《220kV 翠林站应急处置预案》、《220kV 军都站应急处置预案》、《220kV 康宁东站应急处置预案》、《220kV 东坝东站应急处置预案》，修订 220kV 西大望、八里庄、芦城等 56 个变电站的应急处置预案。根据电网运行方式变化重新修订《北京电网大面积停电预案》、《北京电网严重故障预案》、《北京电网预控预案》。根据电网检修计划引发的电网二级及以上风险，编制顺义站 220kV 5 号乙母线停电、北寺站 220kV 母线停电、怀柔站 220kV 5 号母线停电、西沙屯站 220kV 母线停电等 40 个电网风险预案。根据国家电网公司应急预案修订原则，重新修订《北京电网应急工作预案》。2、6、8 月分别开展了全国“两会”、“迎峰度夏”、“武搏会演习”等全方位多角度的应急演练。

（樊　萱）

■ 8月27日，公司调度中心和朝阳调度所联合举办武搏会保电反事故演习。

（江梅娟　摄）

【继电保护工作】 截至 2010 年 12 月，北京市电力公司所属继电保护及安全自动装置（简称保护装置）共计 26 924 台，较 2009 年 24 782 套增长了 8.64%；全部保护装置微机化率同比 2009 年增长 0.62%，达到 97.13%。全年保护装置共动作 10 667 次，正确动作率 100%。其中，220kV 及以上系统保护装置动作 402 次；110kV 系统保护装置动作 302 次。全网故障录波器录波完好率为 100%。完成各种基改建工程 53 项，完成定值单 700 余份，出具自投规程 13 份，审核各供电公司接口定值 180 项，实现了“零误整定”的年度目标。

政治供电方面。改变以审核接口定值、确保直属变电站内保护设备运行安全为重点的梳理方式，采取以深入用户实际运行情况为主导，强化重要用户内部装置隐患的排查以及相应定值的梳理。

智能化电网建设方面。共计 5 人次参加国家电网公司举办的智能化技术培训班，学习国家电网公司关于智能化建设的最新技术规范、相关行业技术标准以及智能化项目建设成果。举办 3 次继电保护专业智能化技术交流会，学习讨论公司智能化建设准备情况以及部分智能化设备的技术原理。

（胡学英）

【电网自动化工作】 2010 年是公司智能电网规划实施的第一年，自动化专业以公司智能电网规划为指导，全面开展智能化电网研究与建设，年内建成投运的城区智能电网调度技术支持系统，构建起主配网一体化的调度运行管理应用平台。该系统采用主配网整体建模技术，集电网调度、设备监控和配电自动化功能于一体，实现对城区电网运行的全景化监视与控制，实现配网故障自动定位、自动隔离和非故障区域的自动恢复供电功能，为保障城区主配网高可靠性供电，实现调度运行由经验分析型向智能分析型、由被动分析型向主动决策型转变提供技术支撑。

北京备用调度自动化系统作为国家电网公司第一批试点项目，于年内建成后通过国调中心验收并正式投入运行。该系统采用先进的数据库、网络通信与最新国际标准，构造了一套与主调系统保持实时同步、功能一致的备调系统，在主调系统遭遇各种突发事件和自然灾害情况下能够快速地启用备调系统的功能，确保北京电网调度指挥系统全天候地保持正常运转。

自动化专业全面开展管理制度完善、系统信息优化、二次设备升级改造、运行维护与系统建设等各项工作。年内完成调度自动化系统实用化验收、城区配网自动化系统升级改造、电网运行指挥中心系统工程建设。强化专业职能管理，组织各级电网控制中心安全、规范地接入被控站，推进公司各级调度调控一体化工作。开展两级调度自动化数据综合整治工作，确保自动化数据的及时、准确与完整。落实公司二次安全防护规定，将纵向加密认证装置的部署延伸到具备网络通信的35kV及以上变电站，实现了电力二次系统“纵向到底”的安全防护目标。

（韦凌霄　许章波）

【通信工程建设】 全面完成“十一五”通信规划和年度计划建设任务，通信“十一五”规划累计完成通信工程229项，全面达到“十一五”规划目标。骨干通信网继续保持快速发展的良好态势，中低压通信接入网在局部地区开始小规模建设。2010年，完成北京电力数据通信网（二期）一阶段工程，解决215个变电站数据通信网覆盖问题，为变电站的视频监控、PMS等业务信息提供高效、安全的传输通道；完成丰台、石景山、亦庄地区光传输扩容工程建设工作，同时开展城区、朝阳、海淀地区光传输扩容工程后评估工作；启动通州、房山、顺义地区光传输扩容工程建设工作，并开展大兴、昌平、门头沟地区光传输扩容工程建设的前期准备工作，为区调调控一体管理模式的高效运转提供通信支撑。

（王萍萍）

【重要客户外电源管理】 截至年底，北京电网共有二级以上重要客户1045户，其中特级户37户，一级户402户，二级户606户，高危客户0户。重要客户大多分布在城近郊区，其中城朝海丰四个供电公司的重要客户数量占到全部重要客户数量的81.5%。

调通中心联合相关单位共同开展重要客户外电源安全管理工作，制定发布《北京电网重要客户外电源运行安全管理办法》，明确公司各部门、单位在重要客户外电源运行安全管理工作中的职责分工，对重要客户接入风险评估、日常运行安全分析、隐患整改计划制定到整改措施落实的全过程进行规范。对北京电网存在特殊供电要求的94个重要客户提供专项、定制化的服务，形成重要客户外电源管理组织和制度体系，建立起常态化供电保障机制。根据“风险指标”定级标准对北京地区1045个重要客户外电源风险进行逐一评估，确定从一星至七星不等的风险级别，细化开展重要客户外电源隐患评估工作，对外电源存在三星以上风险的重要客户进行重点分析，制定针对性整改计划并予以实施。依托重要客户隐患排查治理制定的整改计划，保证重要客户外电源隐患治理工作的实效。重要客户外电源梳理和安全分析依托调度管理系统（OMS）形成信息平台，供相关单位共享并进行动态管理，相关人员根据职责划分通过登录系统对重要客户风险级别及相关信息进行滚动维护，实时掌握重要客户相关信息及外电源风险异动情况。

（王　卫）

电 力 市 场

DIAN LI SHI CHANG

电力市场交易

【电力市场建设】 1月1日起，公司正式对北京地区统调电厂实施购电管理。公司与统调电厂直接签订购售电合同，是子公司职责调整与北京地区统调电厂建立购售电关系的重要标志。1月，公司与北京地区大唐国际发电股份有限公司、北京京能热电股份有限公司、神华国华国际电力股份有限公司、华能北京热电有限责任公司、北京京丰燃气发电有限责任公司、华电（北京）热电有限公司、北京太阳宫燃气热电有限公司7家统调电厂全部签署了《购售电合同》。2010年，公司顺利完成了购网电量和统调电厂各月的电量电费结算工作，结算购电量761.90亿kWh，结算购电费368.09亿元。

公司2010年购电厂电量电费情况统计表

电厂名称	购电量（万kWh）	购电费（万元）
购电厂电量合计	2 292 738.36	1 108 018.07
北京科利源热电有限公司	492.81	180.22
华润协鑫（北京）热电有限公司	65 620.5	34 388.88
北京正东电子动力集团有限公司	56 015.52	29 508.13
北京华电水电有限公司	321.83	2363.54
京西发电有限公司	1153.78	2699.97
地方小水电	1795.33	538.60
可宁卫资源利用（北京）有限公司	1860.59	1069.84
北京高安屯垃圾焚烧有限公司	16 335.00	9719.33
北京德青源农业科技股份有限公司	564.50	283.91
北京京能能源科技股份有限公司	29 848.72	22 386.54
大唐国际发电股份有限公司北京高井热电厂	292 540.10	124 417.30
北京京能热电股份有限公司石景山热电厂	440 018.25	180 539.49
神华国华国际电力股份有限公司北京热电分公司	195 462.37	93 196.46
华能北京热电有限责任公司	372 868.25	183 376.61
华能北京热电有限责任公司（后置机）	21 248.23	7436.88
北京京丰燃气发电有限责任公司	165 375.18	85 723.48
北京京丰热电有限责任公司	54 227.80	24 321.17
华电（北京）热电有限公司	235 066.01	126 436.58
北京太阳宫燃气热电有限公司	341 923.60	179 431.14

【电力市场研究】 电力用户直接交易研究。在研究分析公司售电市场的分类售电规模及相应电价的基础上，针对煤改电居民用户和电动汽车充电站用户进行了输配电价研究，测算各分类、分电压等级用户的购售差价水平，提出输配电价建议。基于购电范围的不同，课题研究京内和京外两种购电方案，论证在北京地区开展大用户直接交易的可行性，提出今后开展有关工作的建议。

发电企业的发电成本研究。为了解北京地区发电企业的成本情况，进行发电企业的成本研究。发电企业发电成本与发电类型息息相关，受地理位置、自然条件、装机规模、年度上网利用小时、固定成本投资及回收年限、项目贷款利息等多种因素影响，并且在不同时期发电成本亦有不同。

开展国内碳排放交易现状的研究。课题研究碳排放交易和清洁发展机制（CDM）的概念，介绍我国碳排放现状及有关数据，分析目前国内碳排放主要交易机构情况，跟踪国内碳排放交易的政策情况，分析预测碳排放交易未来的形势及任务。

【电力市场服务】 1月，北京电力市场运营系统正式上线应用。电力市场交易运营系统是开展电力市场交易业务、促进电力资源优化重要技术支撑平台。为保证电力市场交易业务的顺利开展，电力交易中心组织9家地方电厂和7家统调电厂共32人，采取理论学习和上机操作相结合的形式，开展为期两天的电力市场运营系统操作培训，提高发电企业与电网企业业务往来的工作效率。

建立与发电企业沟通协调机制。为加强网厂之间的业务联系，拓展沟通渠道，公司建立与发电企业日常和定期沟通协调机制。在日常工作中及时向发电企业告知有关政策规定、工作情况，对发电企业提出的有关问题及时进行处理，并将答复意见反馈给发电企业；利用公司外部网站等交易沟通平台，按月发布电力市场交易信息，全年发布月度信息12次，季度信息4次。电网公司联络员主动了解、征询发电企业的意见和建议，通过公司联络员受理电力市场交易相关问询44次，主动征询相关工作情况224次；每年组织召开一次发电企业联络员座谈会，进行交流沟通。

加强电力市场交易信息网络发布平台建设。公司电力市场交易信息的网络发布途径有两种，分别具有不同的功能：① 北京市电力公司外部网站中的电力交易栏目，网址为 http://www.bj.sgcc.com.cn，发布内容有月度、季度和年度电力市场交易信息，侧重市场的整体、综合性信息，信息流向为单向；② 北京电力市场交易运营系统，发布内容主要有发电计划、电量电费结算单、通知、公告等，侧重市场成员的个体、业务性信息，信息流向为双向互动。

【电力市场交易运营系统实用化验收】 按照国家电网公司的统一部署，国家电网公司专家组对北京电力市场交易运营系统开展了实用化评价工作。验收期间，公司详细介绍运营系统各项专业模块的应用情况，专家组成员对业务人员上机操作进行了考察，同时从应用覆盖面、与数据中心集成度、系统应用成熟度、单轨制运行符合度、数据质量满足度、实用化月动态评价指标、制度保障完备度、组织及人员保障完备度、文档资料规范度、运行可靠水平、系统安全水平、运行性能水平、系统负载水平13个方面61项指标对电力市场交易运营系统进行现场检查和评估。北京电力市场交易运营系统通过国家电网公司实用化评价验收，系统满足北京电力交易业务实际工作需要，是开展业务的技术支持系统，具有计划、合同、结算、交易、市场分析等主要功能。

（李冬梅）

电力市场营销

【综述】 2010年，公司完成全口径售电量715.84亿kWh，超额完成了年初公司职代会确定的700亿kWh售电量目标，同比增长10.79%。公司电力销售情况见表1。

表1　2010年公司电力销售情况统计表

单　位	售电量（万kWh）	增长率（%）
城区供电公司	892 196	8.81
朝阳供电公司	1 331 146	8.44
海淀供电公司	1 060 624	9.57
丰台供电公司	618 934	10.19
石景山供电公司	267 999	4.30
亦庄供电公司	226 377	19.15
通州供电公司	402 492	18.54
昌平供电公司	448 178	14.94
门头沟供电公司	86 171	8.35
房山供电公司	502 910	11.26
大兴供电公司	368 113	16.57
平谷供电公司	112 910	12.66
怀柔供电公司	134 089	12.00
密云供电公司	119 813	10.18
顺义供电公司	461 269	13.41
延庆供电公司	69 407	15.29
十三陵	55 763	−13.72
合计	7 158 393	10.79

公司实现当年电费回收率100%。应收电费余额完成38.60万元，同比增长31.25万元。

公司新增客户192 154户。截至2010年12月31日，公司客户总数达到6 243 012户，同比增长3.18%。公司客户发展情况见表2。

表2　2010年公司客户发展情况统计表

单位	2010年营业户数	2009年营业户数	2010年新增户数	增长率（%）
城区供电公司	847 501	862 666	−15 165	−1.76
朝阳供电公司	1 260 322	1 193 769	66 553	5.58
海淀供电公司	670 429	654 880	15 549	2.37
丰台供电公司	676 860	644 293	32 567	5.05
石景山供电公司	156 140	150 941	5199	3.44
亦庄供电公司	34 857	27 196	7661	28.17
通州供电公司	429 069	412 492	16 577	4.02
昌平供电公司	426 178	420 766	5412	1.29

续表

单位	2010年营业户数	2009年营业户数	2010年新增户数	增长率（%）
门头沟供电公司	108 628	102 830	5798	5.64
房山供电公司	311 696	301 646	10 050	3.33
大兴供电公司	360 576	358 365	2211	0.62
平谷供电公司	173 873	156 149	17 724	11.35
怀柔供电公司	138 416	133 813	4603	3.44
密云供电公司	203 568	198 563	5005	2.52
顺义供电公司	315 228	304 414	10 814	3.55
延庆供电公司	129 671	128 075	1596	1.25
合计	6 243 012	6 050 858	192 154	3.18

公司共受理客户申请报装容量 1469 万 kVA，同比增加 120.71%；共完成接电容量 552.3 万 kVA，同比减少 2.49%。公司市场发展情况见表 3。

表3　2010年公司市场发展情况统计表

单位	申请报装		完成接电	
	容量（kVA）	比例(%)	容量(kVA)	比例(%)
城区供电公司	1 383 691	9.41	499 459	9.04
朝阳供电公司	3 564 979	24.26	1 303 713	23.61
海淀供电公司	1 786 160	12.15	645 549	11.69
丰台供电公司	1 332 201	9.06	553 817	10.03
石景山供电公司	252 719	1.72	93 391	1.69
亦庄供电公司	1 225 307	8.34	289 245	5.24
通州供电公司	1 166 499	7.94	490 177	8.88
昌平供电公司	999 113	6.80	276 402	5.00
门头沟供电公司	186 329	1.27	113 164	2.05
房山供电公司	664 524	4.52	177 427	3.21
大兴供电公司	745 547	5.07	448 971	8.13
平谷供电公司	127 996	0.87	77 079	1.40
怀柔供电公司	238 172	1.62	107 144	1.94
密云供电公司	224 443	1.53	87 938	1.59
顺义供电公司	731 463	4.98	320 820	5.81
延庆供电公司	67 755	0.46	38 351	0.69
合计	14 696 898	100.00	5 522 647	100.00

（蒋　旭　胡彩娥）

【市场拓展】 持续开展“保热点、压结存”专项工作，按照需求热度和客户类别定期公布需求热点和结存难点区域分析报告，加强重点工程调度，加强与规划、基建、生产、调度部门的沟通协作，提高报装服务效率，累计消化热点用电需求 102 万 kVA，占公司全年接电容量的 18.48%；增加售电量约 6.11 亿 kWh，占新增客户用电量的 18.02%。

推进需求侧管理项目应用，全年建成蓄冷空调项目 20 项，用电设备容量 6.34 万 kW，应用面积 212 万 m^2，转移高峰负荷约 3 万 kW；热泵项目 94 项，用电设备容量 17.23 万 kW，项目应用面积 327 万 m^2。推广蓄冷空调、热泵、电采暖等电能替代项目应用，增加售电量约 3.67 亿 kWh，约占新增客户售电量的 10.8%。全年通过电能替代、加快报装接电和带电作业等措施累计增加销售电量约 11.21 亿 kWh，约占新增客户用电量的 33%。

（张伍勋　崔晓丹）

【电费回收】 推进收费电子化工作，保证“当年电费回收率”、“应收用户电费余额占当年月均应收用户电费比例”等同业对标指标继续保持在国家电网公司A段水平。全面推广银电联网代收业务，截至年底，归集到公司一级账户的电费资金由2009年底的9%提高到40%左右。电费法律风险防范与法律救济体系日趋完善，运用律师函、诉讼等法律手段，成功回收欠费187.8万元，赢得债权支持1011.7万元。编制银行承兑汇票贴现方式结算电费业务流程、《有关用银行承兑汇票贴现方式结算电费的协议》及《用电客户履约担保资金托管合同》范本，开辟电费回收工作的有效途径。

加强电费基础管理，印发《北京市电力公司电费违约金收取管理办法》和《北京市电力公司欠费客户停限电管理办法》。以国家电网公司“SG186”系统上线为契机，梳理电费功能需求，优化职责分工，规范业务流程。

电价执行。按照《关于开展2010年电价稽查工作的通知》（京电营〔2010〕30号）要求，组织公司电费专家对16个供电公司进行电价稽查工作，电价执行抽查误差率由2009年的0.09‰下降到2010年的0.02‰。

（蒋　旭）

【电能计量管理】 组织开展智能电能表应用推广工作，经过9个月的研究试点，完成“持卡购电，网络下发购电费”的新型预付费模式，完成涵盖采购检定、物流配送、安装调试和运行监控的全流程业务验证，编制完成智能电能表及用电信息采集配置、设计、安装、调试等相关技术标准及作业指导书。在朝阳、海淀、怀柔、顺义等供电公司组织开展智能电能表小规模试点运行，达到日采集成功率98%，日售电下发成功率97%，具备了推广应用的条件。完成8.7万具智能电能表推广应用，并组织开展现场巡检，加强计量施工现场的管控，确保工艺、质量、安全得到有效落实。同时，按照国家电网公司统一要求，编制用电信息采集建设5年（2010～2014年）规划及2010年建设方案，明确了今后5年的工作目标和计划，为“十二五”期间公司实现电力客户全覆盖、全采集建设奠定基础。

■ 公司在部分社区为居民用户安装智能电能表。（马辉　摄）

（李　冀）

【线损管理】 全面推进线损分压、分区、分线、分台区“四分”管理，进一步发挥信息系统后台分析作用，重点结合大客户电量采集系统，有针对性地开展对线损异动线路和台区的分析与专项普查，确保全年线损率波动处于可控范围。随着公司2010年管理模式的调整，公司线损管理口径由原来的220kV及以下调整为500kV及以下，城北、朝阳、兴都3个500kV变电站及6条500kV线路纳入公司线损管理。

■ 4月12日，通州供电公司马驹桥供电所工作人员正在对高压客户的计量装置进行现场检查。（洪雷　摄）

按照《关于做好2010年理论线损计算工作的通知》（营部〔2010〕69号）要求，以7月22日为典型代表日，开展2010年度理论线损计算及分析工作，提出更换导线、线路切改、平衡负荷、更换高损耗变压器、进行无功补偿等技术管理降损举措，有效地指导公司电网经济运行和节能降损。公司500kV及以下线损率完成6.68%，220kV及以下线损率完成6.66%，同比下降0.1个百分点。

（胡彩娥）

【营业普查】 印发《北京市电力公司查处窃电工作管理办法》（京电营〔2010〕35号），规范公司查处窃电流程。4月，组织开展为期1个月的警企联合专项打击窃电活动，先后查处4起重大违法窃电案件，追补电量146.35万kWh，追补电费117.43万元，收取违约使用电费352.29万元，刑事拘留8人，宣判4

人；定期下发《电量电费异动信息暨营业普查督办重点》，组织各供电公司开展有针对性的电量电费异常客户专项普查；根据国家电网公司的整体安排，组织开展“反窃电、促降损、强管理”专项行动，打击违法窃电等危害用电市场秩序行为。全年共追补电量1138.66万kWh，追补电费916.99万元，收取违约使用电费3323.67万元，累计为公司挽回经济损失4240.66万元，同比增加30.17%。

（张伍勋）

【营销信息化建设】 历经需求调研、需求比对、程序开发测试、系统联调等工作，公司“SG186”营销业务应用系统于9月28日启动，于10月2日8：00正式启用并对外营业，顺利完成上线割接工作。系统割接期间，公司电费收费、计量故障换表、95598客户服务等各项业务按照应急预案有序开展，未发生影响客户服务事件。

3月，综合线损管理系统在朝阳、平谷供电公司完成试点工作，并进入推广阶段。用电信息采集系统于6月5日正式上线，完成原大用户系统完整接入，10月21日完成网络表系统接入，同时实现对智能电能表的有效支撑，实现多类型表计的数据采集、网络表及智能电能表购电下发、网络表主站预付费控制等功能。

（姚 斌）

优质服务

【“三指定”❶专项治理】 按照国家电监会和国家电网公司统一要求，5月5日公司会同华北电监局组织召开《供电监管办法》宣贯暨“三指定”专项治理电视电话动员会，自查自纠工作全面启动；公司成立领导小组，周密制定工作方案，启动“三指定”专项治理活动，印发《关于开展用户受电工程“三指定”专项检查治理工作的通知》（京电营〔2010〕38号），全面开展自查自纠和问题整改；10月8日，国家电监会稽查局到公司检查指导“三指定”专项治理工作，公司将该时间节点作为“三指定”专项治理推向深入的起点，深化专项治理具体措施，推进治理工作向纵深开展。公司先后组织开展2个轮次的全面检查和抽查，覆盖面达100%；针对检查出的具体问题，逐一制定并落实整改措施，向存在问题的单位发放整改任务单限期整改。公司共梳理58项相关规章制度，修订完善《北京市电力公司客户用电报装受理管理办法》、《北京市电力公司客户供电方案管理办法》等11项制度和标准。先后印发《北京市电力公司集体企业固定资产管理办法（试行）》、《北京市电力公司集体企业（公司层面）薪酬管理办法（试行）》等17项基本管理制度，规范集体企业经营管理行为，加快实现主业、多经在利益、资产、业务、人员、管理方面的“五分开”。开展业扩报装风险防控长效机制的建设工作。

（王艳松）

【供电服务提升工程】 按照国家电网公司的整体部署，开展“塑文化、强队伍、铸品质”供电服务提升工程，制定包括落实服务理念、培育服务文化，着力提升服务形象；主动请进来、走出去，开展多维度的优质服务活动；不断夯实基础，强化队伍素质，全面提升供电服务品质三大主题的供电服务提升工程实施计划。具体开展“优质服务是国家电网生命线”大讨论活动、全面梳理制度规章强化服务工作的基础、驻华使馆安全用电专项服务活动、大客户服务论坛、“客户满意百分百”活动、高危及重要客户供用电安全隐患治理活动、供电营业窗口服务监测、“阳光报装，诚信服务”专项行动、“服务之星”劳动竞赛、“三指定”专项检查治理工作10项服务活动。

■ 6月13日，公司所属各单位开展了以“绿色电力，品质生活”为主题的走进社区、走上街头的宣传活动。图为丰台供电公司活动现场。（陈永生 摄）

（李立刚）

❶ “三指定”是指供电企业对用户受电工程指定设计单位、施工单位和设备材料供应单位。

【重要客户服务】 开展差异化服务。针对驻华使馆、中央部委等重要客户群体的用电特点和实际需求，组织开展用电安全检查和安全评估等专项服务，进一步提高安全用电基础。举办大客户论坛、技术交流、宣传介绍等活动，增进电力企业与用电客户之间的相互理解与支持配合，形成和谐融洽的供用电氛围。

完成迎峰度夏、防汛、高考和供暖期间重要客户用电安全保障工作。针对夏季高温大负荷的用电特点，研究制定夏季高温大负荷期间供用电安全工作重点，从安全用电、窗口服务、故障抢修和需求侧管理等方面，对迎峰度夏期间重要客户的用电安全保障和优质服务工作进行安排部署，保障夏季高温大负荷期间的供用电安全。对北京地区193个防汛重点客户、123个高考重点客户及319个供暖单位开展用电安全服务专项工作，协助客户及时发现用电安全隐患、完善应急预案、协助客户保障设备安全运行，确保防汛和高考重要客户的供用电安全。

开展重要客户供用电安全隐患治理。公司用电安全服务人员对北京地区1138个高危及重要客户开展全面的供用电安全隐患排查治理工作，共发现417个重要客户存在的用电安全隐患565处。针对发现的安全隐患，以用电检查结果通知书和向市政府进行专题汇报等形式督促、协助相关用电客户落实隐患治理工作措施，确保隐患治理工作的顺利进行。

（李立刚）

【95598热线】 全年95598服务热线电话接入量243.8万次，其中人工接听话务量209.47万次，较2009年增加49.27%。迎峰度夏期间，热线最高单日总呼入量5万余次，最高半小时累计呼入3518次，均创历史纪录。通过《北京晚报》等新闻媒体向社会发布高压停电计划1379路次，正确率达到100%。

■ 夏季大负荷期间，95598热线值班员全员应急上岗。（邹文佳　摄）

（李立刚）

【营业窗口服务】 加强供电服务标准化建设、规范化管理，在公司人员定期自查基础上，委托第三方咨询机构开展供电服务明察暗访活动。每月随机抽取供电营业窗口进行服务监测，分析营业窗口运行状况、客户满意度情况、客户流量情况，形成有针对性地服务监测报告，推进营业窗口标准化建设各项要求有效落实。全年共对公司所有营业窗口进行明察暗访364次，客户满意度调查2236人次。

（李立刚）

【便民服务】 截至年底，公司自有营业网点数量191个，其中提供24小时全天候不间断售电业务的营业网点48个，公共缴费联盟签约网点8493个，购电网点遍布银行、邮局、超市、报亭、社区服务站等，方便了用电客户办理购电业务。全年共发布计划停电公告3224条，开展应急送卡业务5458次，处理故障报修241 078次，客户满意率100%。

（李立刚）

【积极履行社会责任】 建立政企共建机制，推进老旧小区电网配电设施改造。根据北京市发改委印发的《北京市2010～2012年老旧小区电网配电设施改造工程实施方案》，按照市区两级政府、市电力公司三方投资共建的模式，集中对存在问题的254个老旧小区进行改造。2010年计划改造的52个项目正式启动，涉及居民54 036户。改造后，将消除老旧小区供电安全隐患；提高电力设施配置，户均用电容量由2kW提高到6kW，满足被改造地区电网未来发展和居民用电需求；有效缩短户均停电时间，提高配电网供电可靠性；明晰供用电设备的产权分界，落实管理职责，使居民小区用电管理工作进入正轨。

■ 海淀供电公司工作人员在新康园老旧小区进行用电改造。

（居然　摄）

继续推进"煤改电"改造工程。北京城市核心区平房居民冬季采暖方式由燃煤改为电采暖的"煤改电"工程，是北京市政府落实十七大精神、节能减排、关注民生、促进城市环境建设的重点工程。2003～2009年，16万余户平房居民"煤改电"工程的实施，使北京的冬季每年可减少约16万t标煤的消耗，初步达到节能减排效果。按照市政府"煤改电"工程总体工作安排，在赵登禹路东西侧，天桥南北侧四个区域，完成1.17万户平房居民非文化保护地区"煤改电"工程。共敷设高、低压电缆近91km，架空线路约52km，新装变压器154台，电缆分支箱1774个，安装智能表11 944具。通过配套的电力设施改造，改造区域内平房居民用电容量显著提高，居住环境和生活质量明显改善，同时避免了因燃煤引发的火灾和煤气中毒，降低了环境污染。至2010年采暖季，北京城市核心区已有近18万用户完成"煤改电"。

继续推动北京市建委、发改委逐一梳理"临时代永久"供电小区，进一步落实开发商责任，年内15个"临时代永久"小区供电问题得到解决，惠及居民13 539户。组织协调推进大兴线、亦庄线、昌平线一期、房山线、15号线一期（简称"新城五线"）轨道交通配套外电源建设工作，涉及朝阳、海淀、丰台、亦庄、通州、昌平、房山、大兴、顺义9个供电公司，共计26个总配电室，报装容量合计291 370kVA。截至12月底，25个总配电室已经送电，全力保障了北京市政府要求年底全部通车运营的目标。自2009年6月16日推出《北京市电力公司电力需求侧管理项目接电服务绿色通道管理办法（试行）》（京电营〔2009〕32号）后，年内共完成电力需求侧项目"绿色通道报装接电"179项，项目类型包含蓄冷空调、热泵、电采暖等，项目用电设备容量共计22.45万kW，较好地促进社会节能减排工作。

（刘　颖　张伍勋　崔晓丹）

农电工作

NONG DIAN GONG ZUO

【概况】 北京地区农电涉及10个远郊区（县）及4个近郊区的部分农村地区，截至年底，公司有农村供电所132个，供电所人员3127人（其中农电工1345人）。负责3783个行政村、178万农村用电客户供电服务工作，承担2.16万km农村低压线路、3.12万台农村配电变压器以及部分10kV线路（不含4个城近郊区）的运行维护、事故抢修等工作，负责农村安全用电管理及农村电气化建设工作。

2010年，公司农电系统未发生电网事故；未发生农村地区村民人身触电伤亡事故。农网供电可靠率达到99.924%，比国家电网公司下达的计划99.88%提高0.044个百分点；用户平均停电时间6.702h，同比下降1.230h；农网综合供电电压合格率累计完成99.615%，比国家电网公司下达的计划99.370%提高0.24个百分点。

（张建国）

【农电管理】 根据北京市农村发展特点，结合首都世界城市建设和新能源、智能电网发展趋势，按照安全性、全面性、经济性、主动性和可实施性的原则，完成“农网十二五”电网发展规划。完成国家电网公司部署的2010年农电重点工作。① 履行企业社会责任，积极服务社会主义新农村建设，按照北京市政府在“十二五”期间对农村经济发展的总体规划，结合北京地区实际情况，进一步完善《“十二五”新农村电气化建设规划》。② 扎实推进农电统一管理工作，加强供电所的基础管理工作，推广供电所标准化作业流程，深入开展作业组织专业化工作。③ 根据国家电网公司农电评价考核标准，制定北京农电工作评价分工表，对农电常规工作、重点工作、综合工作实行1000分考核。开展农电自查评价工作，对农村供电所的各项管理及服务工作、农电机制与队伍建设、供电所建设与基础管理等工作进行全方位的考核管理，完成国家电网公司下达的主要考核指标与重点工作。④ 开展农电管理调研，逐步解决农电发展问题。推进“三新”农电发展战略的实施，探索新的人员管理模式。⑤ 按照农电人员人工成本水平与社会同类人员水平相适应原则、与企业经济效益挂钩原则，逐步规范公司农电人员费用，提高待遇。⑥ 开展农电人员的培训工作，提高农电人员素质。⑦ 解决农电人员混岗问题。规范供电所各类用工管理，对电管员和农电工之间的混岗问题，逐步通过变更身份管理为岗位管理、以岗定薪的办法加以解决，逐步同工同酬。⑧ 组织实施国家电网公司农电SG186系统应用工作，进行公司农电系统的应用培训，完成国家电网公司农电SG186系统应用实用化验收工作。

■ 顺义农网居民普及网络表。（侯占泉　摄）

7月，根据《北京市电力公司本部机构编制方案》（京电人〔2010〕32号）文件要求，将公司农电管理工作并入营销部统一管理，实行新的农电管理模式。

开展优质服务工作。推进公司农电示范窗口建设，开展“塑文化、强队伍、铸品质”供电服务提升工程。继续深化农电差异化服务工作，针对农村突出服务客户，有针对性地开展用电安全检查和评估等服务。按照国家电监会的要求，开展检查与重点抽查相结合方式，对检查出的问题进行整改落实。在农电工作中进一步加强业务集约和重点环节管控，推动防范“三指定”长效机制的建立。着重树立农电先进典型。开展农电工优秀人才评选工作，通州西集供电所张树明等7个区（县）共8名员工被评选为国家电网公司农电工优秀人才。通州西集供电所、昌平十三陵供电所被授予中国最美金牌供电所称号，海淀苏家坨西区供电所被授予中国最美供电所称号。

（张建国）

【农电标准化建设】 按照国家电网公司《新农村电气化标准体系》，对10个远郊区县公司基础管理工作进行全方位梳理，全年创建2个电气化区（县）、16个电气化乡（镇）、164个电气化村。截至年底，北京10个远郊区县全部成为新农村电气化区（县），累计建成新农村电气化乡（镇）106个、新农村电气化村1544个。

根据标准化供电所考核标准，统一建立、完善了9部分、35项、128种标准化供电所基础资料。建成50个标准化供电所，标准化供电所达到

67%。建设了昌平十三陵、房山周口店、大兴采育3个国家电网公司标准化示范供电所，等待国家电网公司验收。通州西集、平谷金海湖供电所被评为2009年度国家电网公司标准化示范供电所。

开展一流县供电企业复查工作。按照国家电网公司《关于印发一流县供电企业评价标准》及《县供电企业创一流工作管理办法的通知》文件要求，对获得一流县供电企业称号的密云供电公司进行复查。

（张建国）

科技与信息化

KE JI YU XIN XI HUA

科 技 工 作

【编制完成“十二五”科技发展规划】 公司“十二五”科技发展规划的总体目标是：突出首都电网、大城市电网与大型受端电网特点，发挥科技的支撑和引领作用，提升城市电网安全运行管控水平，实现输变电设备状态检修与状态评估，提高城市配电网自动化管理水平和电网运行效率，确保重要客户及重大活动可靠优质供电，加强城市电网防灾减灾预警和应对能力，实现分布式电源合理接入和有序控制，提高客户服务的服务质量和互动化水平；形成一批具有自主知识产权的、达到国内领先或国际先进水平的科技成果。建设强大的科技研究开发队伍，各专业至少培养2个科技创新团队与3个科技领军人才，建设国家电网公司输变配电设备状态检测与仿真实验室，试验研究能力达到网省公司中等水平。

公司“十二五”科技发展规划重点为：大城市受端电网防灾预警控制与应急恢复系统研究，输变电设备状态、寿命评估与故障诊断技术研究，配用电网络优化与装备智能化技术研究，重要客户及重要活动供电可靠性提升技术保障体系的研究，智能电网的运行、检修及管理体系的研究，终端能源综合需求及新能源接入关键技术应用研究，基建生产领域新技术、新材料、新工艺等深化推广应用。公司“十二五”科技发展规划总项目114个，预计投入资金4.635 5亿元。

（孔　玮）

【科技项目管理】 坚持以科技创新提升电网技术水平，公司科技项目立足于公司生产、经营活动中所急需解决的技术问题，提高科技工作集约化和精益化管理水平。重点开展输变电设备状态检修和状态监测技术、电缆网和电缆隧道结构安全实时在线监控技术、运行变压器绝缘油/SF_6气体带电过滤技术、配电网自动化技术、重大活动和重要用户供电可靠性技术体系、定制电力技术、智能用电小区关键技术、用电信息采集关键技术、电动汽车配套设施等关键技术研究，为公司发展提供有力的技术支撑。

全年下达公司科技项目40项，群众性创新项目36项。“电力设备带电检测技术体系应用研究”和“城市智能化配电网研究与应用”获国家电网公司科学技术进步奖二等奖，“电缆隧道结构安全在线监测系统研究及应用”和“运行变压器绝缘油/SF_6气体带电过滤技术的研究”获国家电网公司科学技术进步奖三等奖。全年申请专利68项，其中发明专利22项，专利授权52项。

（孔　玮）

【电力设备带电检测技术体系应用研究】 该项目重点研究针对输变配电设备健康水平诊断的带电检测技术，项目中多项技术为国内首次应用，部分技术研究与应用达到国际先进水平。同时，创新性地对单一设备开展多专业、多技术的联合测试和数据的综合分析与利用，首次实现对在运敞开式设备的故障检测并成功发现缺陷。项目成果实现了对GIS、变压器、断路器、高压电缆接头、开关柜、中压电缆等设备电气性能缺陷进行可定性（什么性质的放电）、可定量（放电量的评估）、可定位（缺陷在什么位置）的状态评价，除中压电缆外，均可在运行状态下实现检测。

该项目获国家电网公司科学技术进步奖二等奖。主要创新点如下：研究应用空间电磁波频谱分析定位技术、高频局部放电检测技术、超声波转换声波技术、暂态地电压技术、高速示波器行波精确定位技术、超高频等技术，对电网输变配电设备实施带电检测、故障定位及故障诊断，形成较完整的电力设备带电检测技术体系；首次提出电力设备故障信号多波段综合带电检测技术的理念并成功应用；首次实现高频技术应用在110kV及以上容性设备带电检测，并发现多类设备缺陷；对公司5万余件输变配设备进行系统性的检测，检出200余例缺陷并得到确认。在项目研发基础上，出版发行了《电力设备状态监测新技术应用案例精选》；项目成果形成国家电网公司企业标准《电力设备带电检测技术规范》；发表论文50余篇，部分论文已在相关的国内外电力专题会议中进行宣读。

（孔　玮）

【城市智能化配电网研究与应用】 该项目建立北京城区重要供电客户数字化供电系统，将分散在调度自动化系统、配网自动化系统、营销管理信息系统、电网GIS和生产管理信息系统中围绕设备、客户、电网等方面的相关信息进行统一描述，通过数据中心实现这些信息的共享与交互，并实现图形方式的集中展示。在此基础上构建新的应用，以支持在实时或仿真的环境下对电源与客户关联信息的追溯、分析、预判等业务需求，为加强重要客户供电风险管理提供技术支持。通过项目的实施，公司逐步建立起重要客户的供电风险评估体系，为提高重要客户供电可靠性奠定基础，提高了电网事故应急指挥能力，实现对重要客户的主动服务；奠定公司数字化电网的基础，为全面解决“信息孤岛”问题提供实践途径。

该项目获国家电网公司科技进步二等奖。主要创新点如下：形成北京配电网CIM规范，实现电网输、变、配、用CIM模型一体化建模；实现配电网实时信息、电网拓扑、设备信息、用户信息及地理信息的高度整合；通过融合通信平台及重要客户的数字化系统建设，提出北京电力用户风险评估策略，实现各部门及业务间信息的高度共享及管理的高度协同，以及与重要客户多元化互动；实现基于网络动态拓扑、实时负荷计算等基础上的馈线智能自愈；实现自动切除线路末端、用户、分支等故障的用户智能自愈，建设基于实时系统图、模、库一体化的配电仿真系统；提出北京城市配电网综合评价指标体系，对现状电网进行综合优化评估，并提出配电网网架优化建设方案。

（孔　玮）

【电缆隧道结构安全在线监测系统研究及应用】 该项目通过对电力隧道进行有限元模拟仿真，分析在不同荷载情况下隧道的应变规律，提出不同结构形式的电力隧道在特定荷载下的应变安全预警值，并通过现状检测和监测对预警值进行修正。依据隧道检测获得的结构信息和材料参数，对多条隧道进行有限元仿真分析，采用ANSYS有限元分析软件建立砌体结构、明挖现浇结构、顶管结构、暗挖衬砌结构、盾构结构5类电力隧道的有限元分析模型，提出应变安全预警值初值，再通过现状检测和监测对预警值进行修正，为电力隧道结构状态在线监测系统的结构安全评判提供科学依据。

该项目获国家电网公司科学技术进步奖三等奖。主要创新点如下：建立一整套电力隧道结构检测方法和可靠性鉴定方法，填补电力隧道结构安全评估方面的空白；分析在不同荷载情况下隧道的应变规律，提出不同结构形式电力隧道在特定荷载下的应变安全预警值，并通过现状检测和监测对预警值进行修正；根据电力隧道环境特点，对WDAS结构安全远程在线监测系统在防潮、防电磁、通信及电源接入方式等方面进行改进，并接入北京电缆网运行监控系统，实现电力隧道结构安全远程在线监测。

（孔　玮）

【运行变压器绝缘油/SF_6气体带电过滤技术的研究】 该项目针对变压器有载分接开关绝缘油劣化和SF_6气体绝缘变压器微水超标问题开展相应的带电处理技术研究。

该项目设计并研制出移动式带电净油装置的过滤流程及控制系统；分析带电滤油的流量/流速对有载分接开关气体继电器的影响，计算安全阈值条件下的流量/流速以及管径，并进行性能试验；使用净油装置对运行设备进行实用性试验；研究带电情况下SF_6气体的净化方法；研究运行气体绝缘变压器带电净化对设备内部气体压力及绝缘性能的影响；研制SF_6气体带电净化装置并进行性能试验；使用净化装置处理运行气体变微水超标缺陷。

该项目获国家电网公司科学技术进步奖三等奖。主要创新点如下：研制出移动式有载开关带电净油装置和SF_6气体带电过滤装置，并成功应用于生产实践；采用真空分离技术，通过精密过滤器、连接法兰和内循环管路设计，实现可移动使用脱气、除水、测试功能一体化；针对SF_6变压器单一的注/排气接口气室的气体过滤问题，提出不停电降低SF_6气体微水含量超标的方法，开发组合式过滤设备，满足各种现场环境下带电消缺工作的需要。

（孔　玮）

【新技术推广应用】 按照《国家电网公司新技术推广纲要》和《国家电网公司重点应用新技术目录》，推广应用城市电网相关的新技术和新设备，提升北京电网的装备技术水平。

推广应用耐热和超耐热导线技术，先后在昌清线、君南线等改造工程中采用XTACIR、ZTACIR型超耐热导线和TACSR型普通耐热导线，并在广泛应用的基础上形成设计、施工和运行标准，取得良好的经济效益。

实施分布式光纤测温技术，沿电力隧道和电缆线路建设分布式光纤测温光缆574km，实现对74路220kV电缆线路、224路110kV电缆线路以及340km电力隧道环境温度的实时监控和异常报警。

广泛应用变电站典型化设计技术，变电站典型化设计技术推广应用率达到100%。在完成配电网“五统一”技术系列标准的基础上，推广应用配电设施的典型化设计，包括开闭站、配电室、架空配电线路及配电电缆线路的典型化设计等。

公司配电线路带电作业各项规章制度不断完善，

常规作业项目得到普及，作业人员技术水平不断提高，配电线路旁路作业设备得到广泛应用。公司配电线路不停电作业项目已扩展到35项，带电作业化率78.7%。

（孔　玮）

【环境保护工作】 强化环保计划管理。年初制定电网建设项目环评计划和建设项目环保竣工验收计划。在项目环评报告和验收工作计划中制定进度节点并进行考核，为完成公司建设项目环境影响评价、水土保持、竣工环保验收工作计划起到至关重要的作用。加强对电网建设项目的环保管理，加强对环评、环保竣工验收的全过程监督管理。定期对公司各单位进度情况进行检查，超额完成全年计划任务。2010年公司获得北京市水务局颁发的水土保持示范单位荣誉称号。

采取制定应急预案等措施，成功解决海淀500kV输变电工程、菜市口220kV输变电工程、回龙观220kV变电站增容工程的环境纠纷并取得环评批复。

举办“对公众开放日”活动，邀请公众来公司本部和变电站参观、座谈，现场进行工频磁场测试和环保科普宣传。举办北大论坛绿色能源分论坛活动，利用论坛讲演和专家讲授的方式向社会和媒体宣传公司履行社会责任和发展智能电网的环保理念和行动。以“6·5”世界环境日为契机，开展环保宣传进社区活动，策划制作宣传展板，宣传节能减排，环境保护、电磁环境知识普及等方面内容，加强对普通百姓的科普宣传。

■ 6月5日世界环境日，公司举办“绿色电力　节能减排”进社区活动。

（沈　琪）

信　息　化　建　设

【编制完成“十二五”信息化发展规划】 组织编制以SG-ERP为架构的“十二五”信息化规划，并通过国家电网公司的统一评审。“十二五”信息化规划范围覆盖公司本部和所辖各单位，规划内容主要包括一体化信息平台、业务应用与集成、信息化保障体系三个方面，覆盖公司的生产、经营、管理中的各项业务。“十二五”期间，重点投资项目61个，预计投入5.01亿元。具体建设内容及目标包括：

实现数据通信网络覆盖率达到100%；完成容灾中心建设；提升数据服务能力和信息集成能力，提高信息展现能力；建成一体化、智能化的一体化信息平台。

完善和深化十大核心业务应用建设与集成，使业务功能完备程度、业务应用覆盖面和实用化程度等方面的各项指标达到100%；提升数据资源服务能力，构建公司统一的企业分析决策应用，提高分析决策水平。

完善和强化六大保障体系建设，健全信息安全管理措施和安全技术手段，深化等级保护纵深防御体系建设，建立完善的公司主动防御体系，提高公司信息安全水平；构建一体化运行维护体系，实现调、运、检一体化管理，提升公司信息化管控能力，为公司信息化稳步发展提供保障。

（赵　蔚）

【信息化建设任务完成情况】 公司完成信息化建设项目24个、系统维护项目42个，完成国家电网公司下达建设任务55项。

人资管控模块顺利通过验收，ERP人力资源模块全面推广，通过深化建设ERP、财务管控等18个系统，统一信息标准13类、主数据24个，满足财务与业务横向集成、纵向管控的需要；在系统中建立了统一的财务与业务流程272个，新增资产工作等35个业务流程。完成物资监造等4个业务类22个功能点的物资集约化管控任务建设，支撑物资监造、需求计划、招标、合同等方面的集约化管理。营销业务应用系统顺利投运，进一步推进公司营销业务的标准化管理。

■ 9 月 16 日，公司召开营销业务应用系统上线启动会。

【信息系统深化应用】 公司以国家电网公司信息系统实用化评价为契机，开展权限治理、数据治理、用户培训、考核评价等多项工作。全年共举办信息系统使用培训班 40 期，培训学员 11 428 人次。

公司广域网平均月数据交换量为 15TB，显示业务应用流量大，应用情况良好。公司 ERP 系统日财务凭证生成量 1000 余张，月新增采购订单 2900 余个，营销系统日工单总数 10 000 余张，在 PMS 中实现对主网输电线路、变电站、变电一次设备、配电站房、配电设备的电子化集中管理。

7 ～ 9 月，公司深化应用综合指标连续 3 个月在国家电网公司范围内排名前五。10 月，公司荣获国家电网公司深化应用建议征集工作优秀组织奖，获得国家电网公司深化应用优秀建议三等奖两项。

（赵　蔚）

【智能电网信息化试点】 海量实时数据管理平台项目。该项目是一个用于实时信息的数据集中存贮、统一访问的基础数据平台，将来源于不同自动采集系统的实时信息，以相同的结构、标识体系、技术平台，整合到一个集中的、以共享为目的的实时数据中心，实现实时信息的统一集成与共享。遵循标准的 CIM 模型进行描述并整合，从而实现实时信息与管理信息的整合。该项目已经完成平台的搭建并部署上线，并实现如下功能：① 主网遥信、遥测实时数据，城区配网遥信、遥测实时数据的接入工作。其中，主网遥测接入 4.8 万点，遥信接入 14.6 万点；配网遥测接入 1 万点，遥信接入 4.8 万点，共约 26 万测点。② 完成主网和城区配网的数据整合工作，并在 GIS 上成功叠加遥信、遥测实时数据。③ 完成国家电网公司典型设计要求的基本功能，包括数据接入管理、数据访问服务、数据处理、元数据管理功能和平台管理功能。

电网空间信息服务平台（GIS）。该项目主要建设目的是实现各类电网资源的统一结构化管理，构建统一数字化电网；建设开放式的、面向企业级应用的电网空间信息服务平台，为各类业务应用提供电网空间信息及分析服务；建立企业级电网空间信息资源共享平台，具备良好的自身数据容灾能力、灾变网络环境下服务容灾能力。建设方案通过国家电网公司信息化工作部组织的评审。软件开发和测试进展顺利。

智能信息集成平台建设。该项目是全面分析覆盖全网的业务应用整合需求，以灵活互动的流程集成为目标，展开智能应用集成平台的分析与设计，并制定相关的规范与标准，并在此基础上指导试点应用的集成工作，建立面向服务（SOA）的企业公共服务总线。通过总线的分层部署完成企业级集成体系，支撑规划、资产管理、调度等核心业务。2010 年，该项目按照国家电网公司统一部署，有序推进。

（李　新）

【信息安全】 以完善信息安全防护体系为重点，以确保信息系统运行安全和信息数据安全为目标，重新梳理各信息系统等级保护成果，开展百日信息安全和反违章专项活动。健全信息安全管理制度。开展信息安全技术督查和网络保密检查，排查消除信息安全隐患。

3 月 19 日，公司启动信息专业百日安全活动，按照“知风险、明措施、抓落实、保安全”的要求，开展信息系统隐患排查整改、信息安全知识竞赛等活动，提高公司信息系统安全运行水平。

■ 12 月 16 日，公司召开信息安全保障工作会。公司副总经理刘润生出席会议并讲话。

开展信息安全接入平台建设，逐步规范各类无线终端接入方式。部署外网监测平台和内外网边界安全监测系统，实现对互联网出口和内外网边界的实时监控。深化应用桌面标准化系统和防病毒系统，强化 IP

和MAC地址绑定。

公司信息网骨干网、本地网系统、业务应用系统及服务器运行正常，网络与信息系统总体运行状况平稳，信息安全防护情况基本平稳。信息安全事件数为0，广域网网络系统的平均可用率为100%，本地网络系统平均可用率为99.991%，服务器平均可用率为99.998%，业务应用平均可用率为100%，外网攻击阻断率100%，病毒清除率100%。

（赵　蔚）

【运行维护管理】 成立信息中心，优化运行维护管理组织体系。依据国家电网公司运行维护工作要求，结合公司具体情况，落实两级三线运维体系，初步实现运行维护主业化、专业化和集中化。组建统一客服呼叫中心，设置客服坐席，提高信息系统客服质量。

编制完善信息系统运行维护管理制度和标准，明确运维工作的职责分工，规范信息系统建设转运行、日常运行、应急处置等管理流程和标准。组织信息中心和各二级单位完善内部管理制度和规程建设。

公司组织各二级单位共108名信息技术人员进行专门培训，加强技能培训和岗位练兵，培养高技能、高素质的专业运维队伍。

开展信息系统清理工作，对已停运系统进行下线处理，在此基础上完成公司信息资源优化整合；开展统一呼叫中心、IMS系统等运维管理和支持系统建设，为运行体系建立打造技术支持平台。

（赵　蔚）

人 力 资 源

REN LI ZI YUAN

【综述】 公司人力资源管理围绕“大局、可靠、法治、两效”工作方针，在基础管理、专业发展等方面取得了显著成效。完成本部机构调整、供电公司职能处室设置及管理岗位规范工作，干部队伍建设不断加强。本部管理人员、公司紧缺专业人才、技能人才培训取得突破性进展。建立完整的所属单位及其企业负责人业绩考核指标体系与流程。完善薪酬管理体系，科学合理的收入分配格局逐步形成。ERP 人力资源系统 8 月成功上线，并得到全面推广和应用。

2010 年，公司获得国家电网系统人力资源同业对标专业排名第三的好成绩，连续 4 年成为人力资源标杆单位。全员劳动生产率实现 118.35 万元 / 人，供电企业综合劳动效率指数 91.83%，人才引进指数实现 1.08，供电企业生产一线结构性缺员解决比例完成阶段性目标，上述 4 项指标均位列国家电网系统第一名；人才当量密度 95.63%，位列国家电网系统第二名；人事费用率 4.68%，较 2010 年降低 0.36 个百分点，位列国家电网系统第四名，较 2009 年度提升了 2 名；技能竞赛调考成绩为 2945 分，位列国家电网系统第八名。

（李景中　冯海全）

【领导干部队伍建设】 领导班子及干部队伍结构调整。加大领导干部的岗位交流，全年共调整干部 8 批次，其中平任交流 91 人、提拔 45 人、退二线 9 人、兼任职务 15 人，干部队伍结构更加合理。为信息中心、电动车公司等新成立的 8 个二级单位配备领导班子，共选派 16 名干部充实到新成立单位。开展本部处长岗位的竞聘工作，结合本部机构规范，完成本部 42 名处长的竞聘、答辩及考评。

领导班子和领导干部考核评价。完善“四好”领导班子考评模式，开展与党风廉政建设联合考核，实现考核信息共享。对 324 名现职干部开展年度 360° 全方位测评考核，并坚持民主测评与定性谈话相结合。丰富领导干部评价维度，对生产、营销、基建、总共 4 大类共 88 人进行专业测评。健全年度考评工作的闭环管理机制，向 30 个基层单位反馈 2009 年度“四好”班子考核、领导干部民主测评结果，通过公司领导个别谈话、召开民主生活会、落实整改方案等形式，引导领导班子、领导干部深入查找不足、持续改进工作。

干部培训培养。选派干部进行挂职锻炼、委托培养、出国培训，共外派 8 人到国家电网公司总部锻炼培养、1 人到北京市属企业挂职、5 人参加北大、清华 EMBA 委托培养、10 人赴美参加“大城市电网规划建设与危机处理”专题培训。全面开展本部干部员工能力提升培训，联合机关工作部举办新入本部员工培训班 1 期和本部员工培训班 3 期，总计培训人数 189 人；开展学员论坛交流，引入行动学习方式，提升培训培养效果。

干部监督与管理。完善对领导干部的监督约束，印发《关于领导干部报告个人有关事项的管理规定》，明确领导干部婚姻变化、因私出国（境）、配偶子女出国（境）定居及从业等 9 项报告内容，并组织落实。贯彻干部选拔任用“四项监督制度”[1]，在《北京电力报》和《北京电力》杂志连续刊登宣传和贯彻稿件，组织公司直管干部进行自测答题，并就如何提高选人用人公信度征求意见和建议。试点开展干部选拔任用“一报告两评议”（专题报告年度干部选拔任用工作情况，并在一定范围内接受对本单位干部选拔任用工作和新选拔任用领导干部的民主评议），组织对城区供电公司、路灯管理中心开展了“一报告两评议”工作，并调研选人用人程序、干部管理制度建设等情况。

后备干部选拔与培养。规范后备干部选拔程序，即民主推荐、组织考察、会议确定、意见征求；制订年度后备干部推荐和考察工作计划。强化后备干部基础信息管理，对后备干部个人信息、现实表现、考察材料、廉政证明等进行集中管理。加强对后备干部的培养监督，明确日常培养要求，发挥所在单位（部门）的日常培养作用，实现后备干部在使用中培养。

干部基础管理。加强干部管理制度体系建设，下发了《北京市电力公司关于领导干部离任交接的管理办法》等管理制度 4 项，启动修订《北京市电力公司领导干部管理办法》等管理制度 10 项。落实干部选拔任用工作纪实要求，整理规范了 2008 年 7 月以来共计 14 批共 387 人次干部调整纪实材料，如实记录推荐提名、组织考察、酝酿决定等重点环节；理顺干部档案管理界面，将干部档案管理职能从办公室调整到人力资源部，加强干部档案审核工作，完成近两年提职干部档案审核和材料的补充工作。

（李一鸣　毕春勇　张丽萍　张　鹏）

【人才队伍建设】

1. 各级各类优秀人才培养推荐

完成 2010 年度国家电网公司优秀专家人才的选

[1] “四项监督制度”即：《党政领导干部选拔任用工作责任追究办法（试行）》、《党政领导干部选拔任用工作有关事项报告办法（试行）》、《地方党委常委会向全委会报告干部选拔任用工作并接受民主评议办法（试行）》、《市县党委书记履行干部选拔任用工作职责离任检查办法（试行）》。

拔、推荐与聘任工作，公司有9人当选为国家电网公司优秀专家人才。截至年底，公司共有国家电网公司优秀专家人才28名。根据《国家电网公司优秀专家人才考核管理办法》，开展国家电网公司优秀专家人才的年度考核工作，考核结果为优秀的11人、考核结果为称职的7人，因岗位变动保留专家称号未考核的1人。

组织北京市级、华北电网有限公司级、北京市电力公司级2009年度优秀工程师和优秀青年工程师的推荐工作。公司有5人荣获北京市优秀青年工程师称号，20人荣获华北电网优秀工程师和优秀青年工程师称号，55人荣获北京市电力公司优秀工程师和优秀青年工程师称号。

推进兼职教师队伍建设，共聘任15个专业130名兼职教师。其中管理类21人，技术类66人、技能类43人。

2. 人才评价

开展2010年度专业技术资格认定工作。经认定取得专业技术资格的全民职工共计329人，其中中级72人、初级257人；社会化用工共计122人、其中中级2人、初级120人。

开展2009年度专业技术资格确认工作。经全国专业技术资格统一考试合格并经公司确认取得相应专业技术资格的共计28人，其中中级27人、初级1人。

规范公司技能鉴定流程，鉴定过程中以能力优先、突出业绩为评价重点，完成《北京市电力行业职业技能鉴定实施细则（试行）》的修订，实现鉴定工作的科学化、标准化，保证技能鉴定工作与国家或行业最新推行的政策同步。

（张白茹　袁　泉　刘　明）

【全员教育培训】 管理人员培训。围绕公司发展战略，结合公司各专业部室的重点工作，分部门、分专业组织管理人员进行有针对性的专业培训。培训类别包括战略规划与投资计划、金融财务审计、经济法律、人力资源管理、电力营销管理、生产管理、工程建设管理、纪检监察、党政工团及综合管理等。全年公司层面培训项目执行数为179个，培训26 181人次。组织开展国网专家讲师团系列活动，积极带动各专业后备人才成长。举办由国家电网公司专家授课的系列讲座，完成电缆、电网运行方式、配电、用电监察等专业系列讲座。加大法律、财务等紧缺专业人才的培养力度，200余名专业人才参加培训。

生产技能人员培训。根据《国家电网公司生产技能人员职业能力培训规范》的要求，完成装表接电、配电线路、输电电缆和电气试验4个专业Ⅰ～Ⅲ级题库的开发、轮训与考核工作，1332人参加了轮训与考核。实施高技能人才培养项目，22人参加了为期1个月的用电检查员技师强化培训班。组织各单位选拔56名班组长参加国资委“中央企业班组长岗位管理能力资格认证”远程培训工作。

竞赛调考。组织开展为期4个月的中国电力企业联合会电网调度自动化厂站端调试检修员技能竞赛培训和选拔，在第七届全国电力行业职业技能竞赛中取得团体第五名的成绩。承办第十四届北京市工业和信息化职业技能竞赛电力调度员、变电检修工两个工种的初赛、复赛、决赛，参赛498人次。组织开展国家电网公司法律顾问诉讼专业知识竞赛（“模拟法庭”活动）、国家电网公司调度系统运行方式专业调考、国家电网公司财务调考等考前培训。在公司范围内组织开展配电线路带电作业竞赛、电力建设工程造价管理知识竞赛、配电网技术标准“五统一”技术比赛、计量专业调考、电费专业调考等活动。

学历教育。鼓励员工利用业余时间进行继续教育，2010年共有700人取得后续学历，其中研究生81人，大学本科334人，大专276人，中专9人。与相关院校合作培养复合型人才，共有11人分别参加北京大学国家发展研究院、清华大学经管学院和中欧国际商学院3所全国顶级商学院的EMBA培训。

职业技能鉴定。组织开展2010年度电力行业特有工种高级技师评审材料报送工作，共有8人取得高级技师资格。开展13个工种的技师职业技能鉴定工作，共有40人取得技师职业资格，其中全民及集体工37人，社会化用工3人。开展28个工种的初级工、中级工和高级工的职业技能鉴定工作，共有1022人取得了相应等级的职业资格，其中全民及集体工293人，社会化用工729人。

（张白茹　袁　泉　刘　明）

【机构调整与体制改革】

1. 公司本部及各供电公司机构调整

7月7日，公司印发《北京市电力公司本部机构编制方案》（京电人〔2010〕32号），对公司本部机构和岗位设置进行了调整。调整后，公司本部设置20个部门，分别为办公室、发展策划部、人力资源部、财务资产部、安全监察部、生产技术部（政治供电办公室）、基建部、营销部、科技信息部、物资部（招投标管理中心）、审计部、监察部、思想政治工作部（公司团委）、离退休工作部、北京电力调度通信中心、北京电网电力交易中心、政策研究及法律事务部、对外联络部、机关工作部（机关党委）、电力公安保卫部，同时设置北京市电力公司工会。下设75个处室，人员编制381人，其中：公司领导10人，副总师8人，主任22人，副主任31人，部门内设机构正职75人，高级岗126人，中级岗90人。

公司设置具备一定管理职能的二级机构5个，分别为人才交流服务中心（社会保险中心）、超高压工程建设管理中心（定额站）、新闻中心（报社）、行政管理中心和电费管理中心。下设15个处室，人员编制71人，其中：主任5人，副主任5人，处长15人，高级岗21人，中级岗25人。

9月30日，公司印发《关于规范供电公司职能处室设置及管理岗位编制的指导意见》（京电人〔2010〕56号），规范各供电公司职能处室设置及管理岗位编制。各供电公司可在15个备选职能处室和工会中进行选择，按照售电量规模设置职能处室11～13个，设置职能管理岗位编制45～80人，同时明确各职能部门职责。各供电公司按要求上报调整方案，经公司批准后完成了机构调整工作。

2. 一般机构调整

2月8日，公司印发《关于试验研究院主变检修业务调整到变电公司的通知》（京电人〔2010〕4号），将试验研究院负责的主变压器检修、充油设备检修、仪表检修、站内预防性试验、现场设备采油、现场SF_6气体微水测试整体调整到变电公司。试验研究院撤销主变工区、检修工区、理化工区，不再承担具体生产任务。变电公司在现有变电检修处、继电保护自动化处、辅助设施检修处基础上与试验研究院划转的生产工区进行深度融合，调整成立变电检修处、继电保护自动化处、设备监测处、辅助设施检修处。

4月27日，公司印发《关于成立北京华商电力管道有限公司的通知》（京电人〔2010〕13号），成立管道公司，按公司二级单位管理，独立经营、自负盈亏，主要负责电力管道投资、建设和运营工作。

4月30日，公司印发《关于成立重要客户服务中心的通知》（京电人〔2010〕15号），成立重要客户服务中心，按公司二级单位管理，专职负责重要客户的差异化服务工作，负责建立公司层面的品牌服务队伍，主要针对党政军首脑机关、重要部委等办公、驻地和重点医院等开展差异化服务。

4月30日，公司印发《关于成立北京市电力公司政治供电领导小组和办公室的通知》（京电人〔2010〕14号），成立公司政治供电领导小组和办公室，确保中央和北京市各类重大政治活动和其他具有较大社会影响重要活动的安全可靠供电。

4月30日，公司印发《关于成立北京华商电动车动力科技有限公司的通知》（京电人〔2010〕16号），成立电动车动力公司，为公司全资子公司，主要负责充电站运营、电池租赁配送、充换电设备租赁及与电动汽车相关的其他服务工作。

5月26日，公司印发《关于成立北京市电力公司房屋建设领导小组和办公室的通知》（京电人〔2010〕17号），成立公司房屋建设领导小组和办公室，加强对公司房屋建设工作的组织领导。

7月30日，公司印发《关于北京电力设计院更名的通知》（京电人〔2010〕35号），将北京电力设计院更名为北京电力经济技术研究院。

8月23日，公司印发《关于调整公司信息化工作领导小组成员的通知》（京电人〔2010〕40号），对公司信息化工作领导小组成员进行调整。

8月23日，公司印发《关于成立北京市电力公司全面风险管理委员会的通知》（京电人〔2010〕39号），成立公司全面风险管理委员会，负责组织开展公司全面风险管理与内部控制工作。下设战略、财务、市场、运营、安全生产5个风险工作组及风险管理工作办公室。

9月1日，公司印发《关于成立莱市口国网公司科技馆项目指挥部的通知》（京电人〔2010〕47号），成立莱市口国网科技馆项目指挥部。

9月1日，公司印发《关于成立前门调度生产指挥中心工程项目指挥部的通知》（京电人〔2010〕46号），成立前门调度生产指挥中心工程项目指挥部。

9月6日，公司印发《关于成立产业管理部的通知》（京电人〔2010〕49号），在本部机构调整基础上成立产业管理部，作为本部编外部门，负责公司集体企业管理和主多分开、多经企业改制等工作。

9月6日，公司印发《关于成立国家电网公司企业管理协会北京市电力公司分会的通知》（京电人〔2010〕51号），成立国家电网公司企业管理协会北京市电力公司分会，负责公司社团组织的归口管理、企业标准化建设、史志和年鉴编写等工作。

9月7日，公司印发《关于调整公司招投标工作领导小组成员的通知》（京电人〔2010〕52号），对公司招投标工作领导小组成员进行调整。

9月14日，公司印发《关于调整北京市电力公司安全生产委员会成员的通知》（京电人〔2010〕53号），对公司安全生产委员会办公室及其办公室成员进行调整。

11月1日，公司印发《关于成立公司集体企业管理和主多分开工作领导小组的通知》（京电人

〔2010〕61号），成立集体企业管理和主多分开工作领导小组。

11月16日，公司印发《关于成立北京市电力公司供电设施评价工作领导小组的通知》（京电人〔2010〕63号），成立公司供电设施评价工作领导小组及其下设机构，加强对供电设施评价工作的领导。

11月16日，公司印发《关于将华商伟业资产管理有限公司作为公司集体资产经营平台的通知》（京电人〔2010〕64号），将华商伟业公司作为公司集体资产经营平台，行使公司集体资产的产权代表和出资人职责，并规范其组织机构和人员编制。

12月8日，公司印发《关于调整公司品牌标识标准化建设领导小组的通知》（京电人〔2010〕68号），对公司品牌标识标准化建设领导小组成员进行调整。

12月16日，公司印发《关于组建北京市电力公司配电带电作业实训基地的通知》（人资〔2010〕187号），将带电作业实训基地定位为公司培训中心的分支机构。

（王桂哲　刘昱阳　王希菁）

【劳动用工管理】 高校毕业生招聘及新员工培训。按照国家电网公司下达的毕业生聘用计划要求，围绕公司发展战略，以突出主营业务、满足一线岗位需求为核心，经过赴高校甄选、初审、复试等选聘程序，择优录用163名高校毕业生。组织公司新员工集中培训并结合所学专业对部分新员工实施技能深化培训，选派62名新员工参加国家电网公司新员工培训。

■ 10月9日，公司2010年新入企员工培训班开班典礼在培训中心举行，公司副总经理常世平出席会议并讲话。

开展公司内部岗位竞聘考核。根据国家电网公司文件要求对本部机构和岗位进行规范，处长及一般管理人员全部以竞聘或选聘的方式重新上岗，公司本部共聘任处长84人，一般管理人员248人。

劳动合同管理。严格执行《劳动合同法》和公司相关规定，全年为入企新员工和调入员工初次签订劳动合同169人，员工辞职和违纪解除劳动合同10人；办理458名员工劳动合同到期的续签手续。

人员退出管理。全年累计减少人员267人，其中，退休228人，解除劳动合同10人，调国家电网系统内16人，死亡13人。

劳务人员管理。公司结合《国家电网公司生产技能人员职业能力培训规范》的推广应用，完成农网配电题库编写工作，使农网配电工种培训纳入正轨，全年举办17期农电工安全轮训，培训人员3106人。统一安排劳务人员ERP数据的补充采集和修改工作，重点对劳务人员的学历、职称、技能鉴定及其他个人重要基础信息进行采集。2010年国家电网公司首次进行了农电工优秀人才评选工作，公司的2名供电所管理人才、3名配电运检技能人才和3名营销服务技能人才当选农电工优秀人才。开展劳务人员岗位梳理工作，明确劳务人员岗位梳理的方式和内容，结合供电公司、专业公司的分工和定位，分单位、分专业开展岗位梳理，在梳理的基础上召开劳务用工管理机制建设研讨会，对各专业岗位进行规范和界定。

公司实现劳务人员统一招聘，统一派遣的集约化管理方式。严把劳务派遣人员进口质量，统一向派遣公司提交招聘需求，对招聘人员进行电力企业基本知识、企业文化、职业素质、安全规程等培训，提高派遣人员职业素质和安全意识。2010年，为主业服务的派遣人员7836人，保安1843人。

（冀　强　冯爱玲　李　蓉　丁原矢）

【工资收入管理】 加强对所属单位负责人薪酬管理，制定《北京市电力公司所属单位负责人薪酬管理办法》，公司对各单位企业负责人薪酬实施单独核定下达，明确薪酬结构和计发标准，严禁各单位自定企业负责人薪酬支付办法和发放标准，完善单位负责人薪酬支付管理，实现了对所属单位负责人薪酬的集约化管控。

加强工资总额管理，修订完善工资总额预算管理办法，工资总额分配的结构、原则和预算管理工作流程进一步规范；根据绩效考核结果确定不同单位之间人均工资水平，健全激励约束机制。

建立单位负责人及部分典型岗位薪酬收入定期报告制度。制定《北京市电力公司表彰奖励管理办法》，明确责任部门和工作流程，规范了表彰项目和奖励标准。针对年初公司提出的实现“2010年售电量确保完成680亿kWh，力争完成700亿kWh”的经营目标，制定《北京市电力公司2010年超额实现售电量目标激励管理办法》，对超额实现售电量目标激励，采取正向复合型激励的方式。除给予超额实现售电量目标单位物质奖励外，各单位售电量完成结果还应用于公司年度文明单位评选、先进单位评选和创建“四好”领导班子考核。

加强新入企员工薪酬管理工作，规范新入企员工工资支付行为，制定《北京市电力公司新入企员工薪酬管理暂行规定》，提高见习期基本工资标准，并建立见习期补贴，保障企业能够吸收并保留优秀人才。

继续完善公司福利管理，规范、调整福利项目，坚持福利预算和实施总额控制。不断完善劳务人员人工成本核定标准，按照劳务用工总量计划、实际用工人数和分专业用工标准水平核定人工成本预算，劳务人员成本分配更加合理。

（宋丽平）

【绩效管理】 完善业绩评价指标体系。在完成2010年国家电网公司业绩考核指标的基础上，全面分析公司在安全保障、运转效率、运营效益、优质服务、依法治企、风险控制与应急管理、同业对标、“三个建设”等方面的短板和关键问题，结合各单位的业务特点，设置考核指标体系。

加强企业负责人与其所在单位业绩考核管理的联动。对于公司经营管理过程中可能存在的高风险点，如电网安全、重要客户服务、依法治企、廉洁从业、物资管理等未达到公司要求的情况，在考核得分联动之外根据事项严重性追加扣减企业负责人业绩考核额度，对于“触红线”的干部将按照相关规定引咎辞职、责令辞职直至解除劳动合同。

全面推行全员绩效管理，将绩效管理延伸到班组和全员。施行《公司本部员工绩效考核管理办法》，率先启动本部全员绩效管理。印发《关于进一步加强全员绩效管理工作的指导意见》，自第二季度起，在所属单位全面推行全员绩效管理。建立“绩效经理人”制度，明确绩效管理责任；实行年度考核结果排序的强制分布，分为A、B、C、D、E五个等级；建立覆盖公司全部员工的信息化的绩效考核结果档案。完善“考核、薪酬、培训、培养”四位一体的激励导向机制，除薪酬发放外，将考核结果与人才培养、岗位晋升与职位调整、培训管理、评优评先等工作紧密挂钩。

（戴　泓）

【信息化建设】 应用国家电网公司人力资源管控系统，将定员、企业负责人薪酬、教育培训、人才报表4个模块应用于实际管理中，国家电网公司人资管控系统的专业管理模块基本完成；8月完成ERP人力资源系统全面推广和上线应用工作，规范、整合ERP各项人力资源数据，与财务、党团、离退休等业务环节有效集成。

（冀　强　李　蓉）

【社会保险】 社会保险情况。公司依法参加北京市的全部社会强制保险，包括基本养老保险、基本医疗保险、大额互助医疗保险、失业保险、工伤保险和生育保险共6个险种。

企业自办保险情况。企业自办保险包括企业年金、补充医疗保险、重大疾病医疗保险、意外伤害保险共4个险种。

企业年金具备市场化运作条件。签署《北京市电力公司企业年金基金管理操作备忘录》，明确各方的权利和责任；制定《北京市电力公司企业年金基金投资监督合规表》和《北京市电力公司企业年金基金投资政策》，确保投资运营稳健。

（李　宝）

党群工作

DANG QUN GONG ZUO

党组织建设

【基层党组织建设】 公司党委坚持党要管党、从严治党的方针，实施《北京市电力公司党委加强党的建设三年（2010～2012）规划》，以加强学习型党组织建设和党建品牌建设为重点，大力开展创先争优活动。加强学习型党组织建设。以提高广大党员思想政治素质和专业素养为基本目标，牢固确立党组织全员学习、党员终身学习的理念。提升政工干部能力素质，完成政工干部、党支部书记、委员培训400余人。加强党建品牌建设。发挥共产党员责任区、共产党员示范岗的作用，在基层单位建立共产党员服务队23支，在完成公司各项工作任务以及做好延伸服务和志愿服务当中，发挥了共产党员的先锋模范作用。公司党委坚持党建工作制度化、规范化、标准化。根据公司深化改革实际，及时建立健全和调整基层党组织，成立信息中心、华商电力管道有限公司、重要客户服务中心、华商电动车动力科技有限公司4个直属党支部，做到党组织的设置和调整与企业改革同步进行。

【党支部建设创新实践活动】 在全年的创新实践活动中，公司党委鼓励各基层党组织注重将创新与实践相结合，在创新支部工作思路、工作方法的同时，对已有创新成果进行深化实践与持续推广，使活动的开展更加务实有效。各党支部围绕公司发展建设的中心任务，认真落实公司党委关于加强党的建设、加强企业文化和队伍建设的规划部署，贯彻“八字方针”，开展党支部创新实践活动，共有33项优秀党支部创新实践成果获奖，充分展示了公司基层党建创新工作所取得的成绩。丰台供电公司党委用电营销党支部、变电公司党委试验监测处党支部的2项成果获得一等奖；朝阳供电公司党委调度党支部等的5项成果获得二等奖；大兴供电公司党委变电工区党支部等的9项成果获得三等奖；客户服务中心党委服务业务党支部等的17项成果获得优秀奖。

北京市电力公司2010年党支部创新实践活动获奖单位及成果名单

奖　项	获 奖 成 果
一等奖（2项）	丰台供电公司党委用电营销党支部《叫响我是共产党员》
	变电公司党委试验监测处党支部《“零基准”工作法　党群协力起航》
二等奖（5项）	朝阳供电公司党委调度党支部《再续摇篮工程》
	变电公司党委北郊运行处党支部《吹响“电网先锋”集结号》
	大兴供电公司党委农电党支部《延伸“家”的理念　同“心”共铸和谐》
	调度通信中心党委机务党支部《党员“一带二”先锋工程》
	输电公司党委运行工区党支部《确保主网平安　党员冲锋在先》
三等奖（9项）	大兴供电公司党委变电工区党支部《建立四个责任区　打造四强党支部》
	通州供电公司党委营销党支部《改善沟通　提升两效》
	公司党委机关办公室党支部《工作零失误　服务全满意　价值新提升　争创国家电网公司一流办公室》
	顺义供电公司党委变电党支部《弹好安全“五求”弦　谱写生产平安曲》
	平谷供电公司党委变电党支部《培养多面能手　筑牢坚强电网》
	门头沟供电公司党委管理二党支部《昨天、今天和明天》
	路灯管理中心党委管理二党支部《提升管理练内功　服务增值创效益》
	物流服务中心党委储运党支部《找准党员服务队的服务坐标》
	电力工程公司党委送电安装公司党支部《特高压工地的特殊服务队》
优秀奖（17项）	客户服务中心党委服务业务党支部《满意百分百——我承诺》
	顺义供电公司党委线路党支部《齐心创“四会”电网保平安》
	调度通信中心党委调度党支部《提升》
	城区供电公司党委线路工区党支部《“小理念、大安全”共建配网发展》

续表

奖　项	获奖成果
优秀奖（17项）	试验研究院党委检修党支部《阳光驿站》
	昌平供电公司党委配电路灯党支部《“掌中宝”——让党徽闪光》
	密云供电公司党委太师屯供电所党支部《服务脚步多迈一步》
	城区供电公司党委调度所党支部《“集”出效益“大”有作为》
	公司党委机关监察部党支部《强化岗位目标管理 促进重点工作落实》
	怀柔供电公司党委农电党支部《山水村镇间的“共产党员服务队”》
	海淀供电公司党委调度党支部《让支部工作更鲜活有力》
	培训中心党委管理党支部《党旗在文化阵地上飘扬》
	电缆公司党委高压检修党支部《“四强四优”奋争先 勇当电缆守护神》
	石景山供电公司党委调度所党支部《创建学习型党支部》
	亦庄供电公司党委运行党支部《党员育人 为党旗增辉》
	电力经济技术研究院党委多经党支部《以“目标卡”为导向 积极推进量化管理》
	房山供电公司党委用电党支部《贯彻“八字方针”加强法治教育为营销工作保驾护航》

2011年1月6日，公司召开2010年度精神文明建设创新成果表彰发布暨创先争优推进会，公司党委书记郭要斌、副总经理郑林、纪委书记柏磊出席会议。

【党员教育管理】 公司党委在各级党组织和全体共产党员中开展“争创‘四强’党组织，争做‘四优’共产党员”主题活动，开展培训学习，强化党员意识，提升党员政治素质和工作能力。落实“三会一课”（党支部党员大会、支部委员会、党小组会和党课）等制度，加强党员思想教育，通过开设“大讲堂”、开展“特色党课1小时”党课教育、网络互动及观看影片等形式，党员教育培训率100%。认真做好发展党员工作。按照“坚持标准，保证质量，改善结构，慎重发展”的方针，对220名入党积极分子进行集中培训。实施发展党员票决制，共接收预备党员218名，其中劳务派遣员工党员41名；预备党员按期转正254名。积极开展共产党员献爱心活动，为北京市慈善事业捐款25万余元。公司党委在“七一”前夕开展了“创先争优”评选表彰活动，对顺义供电公司党委等11个先进基层党组织、机关党委总经理工作部党支部等32个先进党支部、调度通信中心付军美等11名优秀党委书记、通州供电公司刘桂清等31名优秀党务工作者、城区供电公司罗春等32名优秀党支部书记和丰台供电公司李向昕等159名优秀共产党员予以表彰。丰台供电公司用电营销党支部等5个基层党支部获国家电网公司“电网先锋党支部”称号，亦庄供电公司朱岩同志获“中央企业优秀党务工作者”称号，海淀供电公司冯丽莉等3名同志获得北京市国资委“群众心中的好党员”称号。

（程玉鹤）

思想政治工作

【开展“忠诚企业、服务首都”主题教育活动】 按照《北京市电力公司党委加强企业文化建设和队伍建设三年（2010～2012）规划》要求，公司党委启动“忠诚企业、服务首都”主题教育活动。全年重点围绕营造促进企业文化落地和提高员工的政治素质、道德素质和业务素质，分动员、实施和总结三个阶段开展。

活动的主要内容是深入开展“四大行动”（企业文化宣传贯彻行动，“八字方针”宣贯和“服务首都”能力提升行动，“服务首都”精神品质凝练行动以及先进典型品牌宣传行动），实施“七大举措”（加强统一优秀企业文化的宣传推广活动，组织开展企业故事征集，开展爱岗、爱企、爱首都“三爱”教育，加强员工能力素质建设，组织开展“忠诚企业、服务首都”网上系列谈活动，总结提炼国家电网人服务首都的精神品质，开展“十大首都电力之星”“十大优秀团队”评选活动）。

主题教育活动中，举办了形势任务报告会和安全生产、依法治企等专题讲座；以“安全”和“服务”为主题开展企业故事征集活动，择选25篇优秀故事并配以漫画，与员工应知应会知识共同编入《“忠诚企业、服务首都”主题教育活动学习读本》，并组织开展学习读本知识调考，151名员工参加考试；在公司网络政工论坛上开设“快乐生活、快乐工作”、“身边的感动”、“大家谈法”、“影像美丽北京”、“知风险、明措施、抓落实、保安全”专栏，组织和引导广大员工开展网上大家谈，共发帖9229篇（幅），回帖12 130篇，评出优秀作品85个；开展“十大首都电力之星”“十大优秀团队”评选，公司共16 508名员工参与投票，参与率为89.48%；举办公司劳动模范表彰大会暨先进事迹报告会，在新华网等各大媒体上对先进典型事迹进行重点宣传。组织参加北京市“百姓爱心故事”评选和宣讲活动，公司选送的《95598：用青春编织光明热线》在北京市国资委系统进行了宣传展示，并作为北京市国资委唯一推荐的爱心故事在全市进行巡回演讲，荣获“北京市百姓爱心故事奖”。

（李艳娜）

【精神文明建设】 公司党委制定并印发《弘扬优秀企业文化 打造一流员工队伍——北京市电力公司党委加强企业文化建设和队伍建设三年（2010～2012）规划》，明确了加强企业文化建设、队伍建设的目标、方向和基本思路。完善文明单位创建机制，落实“一岗双责”，坚持将精神文明建设责任制纳入公司所属各单位及其企业负责人年度综合业绩考核。按照科学化、规范化、标准化的要求，对精神文明有关制度进行梳理完善。开展文明单位、文明工区（处室）、文明班组建设，各单位文明单位、文明处室（工区）、文明班组评选考核表彰机制进一步健全。

开展全国文明单位创建工作自查，公司党委全国文明单位创建经验在北京市国资委创建成果大会上进行交流展示，并通过全国文明单位复查验收。承办北京市电力行业全国和首都精神文明创建工作先进单位复查座谈会，公司文明创建工作和加强创建工作管理经验以及所属5个基层党委文明创建工作的经验和做法，分别在会上进行了汇报交流并受好评。各单位积极参加所在地区的文明创建活动，其中门头沟供电公司、平谷供电公司2家单位获得全国精神文明建设工作先进单位称号，丰台供电公司、大兴供电公司等19家单位获得首都文明单位（标兵）称号，海淀供电公司、客户服务中心等10家单位获得国家电网公司文明单位（标兵）称号。

巩固和深化全国文明单位创建成果，广泛开展精神文明创建工作。启动“忠诚企业、服务首都”主题教育活动、“塑文化、强队伍、铸品质”供电服务提升工程，开展“绿色电力、品质生活”主题宣传。以“电靓京城　温暖民心”为主题，打造四大服务民生工程，塑造公司优秀品牌形象。深入开展先进典型宣传教育，组织开展年度“十大首都电力之星”和“十大优秀团队”评选、劳动生产竞赛和“服务之星”评选活动。创办《北京电力政工动态》，宣传展示公司政工工作动态及特色、亮点。

推进精神文明建设创新工作，完善精神文明建设创新成果申报和评选流程，在原有申报成果基础上增设推广应用类项目。公司所属各党委共申报精神文明建设创新成果85项，公司团委推荐团建创新成果2项，共计87项。经公司精神文明建设创新成果评选委员会评审，评选出一等奖3项、二等奖6项、三等奖9项、优秀奖14项、提名奖18项、优秀组织单位5家。公司参加国家电网公司精神文明建设创新奖评选，其中调度通信中心党委的《培育“五型”党员，建设学习型党组织》成果荣获三等奖。

（李艳娜）

【思想政治工作体系同业对标】 公司党委在分析2009年思想政治工作体系同业对标工作情况的基础上，坚持加强基础管理和过程管理的原则，结合2010年加强“三个建设”（党的建设、企业文化建设、队伍建设）的新形势新要求，经过多层面充分调研，对同业对标指标体系和评价体系进行全面修订和完善，印发同业对标指标体系（第四版）和评价体系（第四版）。

公司党委于年中和年底开展两次同业对标评价和检查工作。12月，公司结合全年对标申报和实证材料检查的情况，对所属29个党委的自查申报情况进行复核认定（机关党委因不参加评价排序除外），形成年度思想政治工作体系同业对标评价结果，确定平谷供电公司党委、大兴供电公司党委、调度通信中心党委、客户服务中心党委、丰台供电公司党委和输电公司党委为综合评价标杆。城区供电公司《加强重大政治任务的保电工作典型经验》、朝阳供电公司《新闻宣传工作管理》等5项成果入选公司典型经验库。

（刘婷婷）

【企业文化建设】 开展建设统一的优秀企业文化主题实践活动。2010年，按照国家电网公司要求和公司党委加强“三个建设”工作部署，在全公司范围内开展“建设统一的优秀企业文化”主题实践活动。

完善企业文化建设工作机制，成立由公司党政主要负责人任组长的企业文化建设领导小组，合理调配管理职责，企业文化费用纳入预算，明确思想政治工作部为企业文化主管部门，构建公司党委统一领导，党政工团齐抓共管，有关部门分工协作，员工广泛参与的工作格局。完善公司考核指标体系，把企业文化建设纳入公司所属各单位及负责人年度综合业绩考核。制定《北京市电力公司党委加强企业文化建设和队伍建设三年（2010～2012）规划》和《北京市电力公司“建设统一的优秀企业文化”主题实践活动实施方案》。

扎实推进企业文化建设各项重点工作。开展企业文化建设“回头看”活动，对“四统一”（统一的核心价值观、统一的发展目标、统一的品牌战略、统一的管理标准）主题实践活动中查找出来的问题进行了进一步整改。以核心价值观教育和《国家电网公司企业文化手册（2010年版）》的宣传培训为重点，通过报刊、网络论坛、动漫、展板巡展等形式宣传国家电网公司统一的优秀企业文化基本价值理念。邀请国家电网公司企业文化处张忠伟副处长和中科院研究生院MBA中心主任徐艳梅等对政工干部进行专题培训。组织基层党委书记及政工干部60多人到其他网省公司学习调研，开拓视野，借鉴经验。落实精品工程要求，开展重点产品建设。征集能够深刻体现核心价值观的企业故事200余篇。积极参加国家电网公司《国家电网公司企业文化手册（2010年版）》优秀故事征集活动，并有《保电要到每一颗螺丝》和《配电箱的“雨衣”》2篇企业故事成功入选。组织开展企业文化优秀案例和优秀论文的评选工作，评选推荐《编辑印发企业漫画故事读本 以创新载体促进企业文化宣贯和落地》、《变废为宝创出人财物效益》、《“我是企业文化建设者”主题活动助推企业文化落地工程》、《用心服务 彰显“亲情”》4个优秀案例和《关于“统筹兼顾、多措并举”推进统一优秀企业文化建设的探索与实践》1篇优秀论文参加全国电力行业文化与企业文化优秀成果评选，其中案例《编辑印发企业漫画故事读本 以创新载体促进企业文化宣贯和落地》和《变废为宝创出人财物效益》获企业文化优秀案例三等奖，案例《用心服务 彰显“亲情”》获优秀奖；申报的论文获得企业文化优秀论文三等奖。开展企业文化评价工作，公司党委于年底从企业文化体制机制、宣传教育、管理工作、全面落地4个方面，组织各单位开展年度企业文化工作总结和自查自评。

落实国家电网公司对外捐赠管理办法，组织完成公司向青海玉树地震灾区捐款100万元手续办理，并就活动情况及资金使用向国家电网公司进行汇报。

（刘婷婷）

纪检监察

【综述】 2010年，公司党风廉政建设和纪检监察工作紧密围绕公司发展目标，深入贯彻“八字方针”，以有效落实“三严一常”（严密规章、严细作风、严格管理、常抓不懈）为根本，以全面构建“三化三有”（企业化、责任化、业务化、预防有方、监督有效、惩治有力）惩防体系为统领，建立健全了责任落实、系统宣教、内控监督、协同预防四项工作机制，深入开展了反腐倡廉“反违章”长效机制建设、“小金库”专项治理、工程建设领域突出问题专项治理三项重点管控工作，扎实推进了“学制度、促廉洁、保发展”主题教育活动、效能监察及招投标监督、纠风及行风建设、信访案件查办、纪检监察队伍建设五项专业基础工作，为确保公司健康和谐发展作出了积极贡献。

公司党风廉政建设和纪检监察工作受到了上级肯定，在北京市举办的2010年度政风行风民主评议活动中，公司再次荣获公共服务行业综合评价排名第一的优异成绩，这是公司继2008年在北京市首次举办政风行风测评活动中获得服务行业排名第一后，连续第三年荣获第一，纪检监察系统权威报刊《中国纪检监察报》对公司三年行风纠建工作的做法及成效进行了专题报道。大兴供电公司、通州供电公司工程建设领域突出问题专项治理效能监察，北京市电力公司“小金库”专项治理效能监察，城区供电公司带电作业效能监察，石景山供电公司卡表巡抄效能监察五个效能监察项目分别荣获国家电网公司年度优秀成果一、二等奖和管理效益单项奖；城区供电公司的绘画作品《出淤泥而不染》，试验研究院的文学作品《咏廉》分别荣获国家电网公司廉洁文化绘画作品类及文学作品类一等奖。

（陈婷婷）

【反腐倡廉“反违章”长效机制建设】 印发《北京市电力公司关于构建反腐倡廉建设“反违章”长效机制的工作意见》，明确全年公司要以“识风险、抓防控、促精品、保发展”主题活动为载体，推进阶段性工作任务。编发6000册《北京市电力公司反腐倡廉“红线制度”选编（三）》手册，剖析点评了公司内外违法违纪典型案例，梳理研判了公司“营销服务、物资采购、工程建设、资金资产、综合业务”五类重点领域的“违章点”和“风险源 ”，并对应列举了实践中创建的能够有效防范违章行为及廉政风险的精品制度流程，供广大干部员工对照学习。启动自查工作“回头看”，公司各级结合2009年清查出的各类违章行为及廉政风险，重新梳理了全体员工的岗位职责及工作标准，并对照公司层面梳理汇总的110项廉政风险防控点，通过个人自查、部门筛查、横向联查、督导检查方式，再次查找本级、本岗位在各业务流程、操作环节中存在的“违章点”及“风险源”；针对工程建设领域、“三指定”、“小金库”等专项治理重点工作，全年组织专项抽查和督导检查达190余次。公司两级对自查出的“违章点”及“风险源”，以风险发生概率与风险危害程度为尺度，分析评估了风险等级；围绕人、财、物等核心领域和工程建设、招标采购、营销服务等重点环节中评估出的高等级风险，通过召开内控联席会、专题研讨会、走访座谈会等形式，重点研究制定了规范“三重一大”集体决策会议记录、规范废旧物资处置流程、规范带电作业管理制度、建立营销稽查闭环管理体系等防控措施共计30项，并将“防范‘小金库’长效机制建设”与“工程建设领域突出问题专项治理工作”列为年度攻关课题加以推进落实。完善监控制度，制定了《物资招标采购活动监督实施细则》，强化对招标采购活动的全过程监督；推行基层纪委书记定期报告制度，及时掌控和协调处理公司系统党风廉政建设相关问题；以“三重一大”集体决策制度为重点，进一步明确了公司党政联席会、总经理办公会等各类会议的议事程序，通过制度建设防控廉政风险。

■ 公司编发的《北京市电力公司反腐倡廉“红线制度”选编（三）》。

（陈婷婷）

【工程建设领域突出问题专项治理】 成立由公司总经理担任组长的专项治理工作领导小组，下设办公室，并设立对外联络组、资料综合组及6个督查组，及时组织传达学习国家电网公司开展工程建设领域突出问题专项治理工作电视电话会议精神，制定印发专项治理工作实施方案，对各阶段工作要求及具体进度安排进行了全面部署；所属各单位也分别建立专项治理工作领导小组及办公室，由党政主要领导挂帅，并结合本单位实际制定实施工作计划，细化责任分工。开展突出问题排查工作，公司各级在排查重点项目的基础上，将范围延伸到小型基建、技术改造等项目，对2008年以来立项、在建和竣工项目进行全面自查，共涉及项目2460个；对突出项目决策、征地拆迁、物资采购、合同管理、信息公开等10个环节100个关键点开展了重点排查；细化自查、督查、总结“三个报告模板”和工程项目“七类检查范本”的具体内容，增加“新增”和“已整改”问题明细，促进排查工作更加标准高效。建立协调工作机制，公司专项治理工作办公室梳理汇总了两级重点排查项目702个，将项目总数、名称、分类、规模等内容形成统计明细表予以下发；定期召开专项治理会和工程协调会，研究难点问题，并重点就工程前期赔偿廉政风险防范进行专题调研；制定督导检查工作方案，并派出6个督查组，分赴20个主要专业部门及基层单位开展了督导抽查，及时向办公室反馈相关情况。公司针对工程建设领域存在的共性问题，制定《电网建设项目可行性研究管理实施细则》、《投资管理办法》等规章制度；统一设备材料采购、招标代理服务、建设工程设计、监理、施工等一整套合同文本。截至年底，公司共查出工程建设领域突出问题194个，整改完成49个，余下正按计划逐步整改。

（陈婷婷）

【"小金库"专项治理】 成立由公司党政主要负责人挂帅的"小金库"专项治理工作领导小组，以及由监察、审计、财务等职能部门为主体的工作办公室；所属各单位也相应成立专门的组织领导机构，并按照公司研究制定的工作方案拟订具体实施计划。8月，组织召开"小金库"专项治理工作部署动员会；以领导班子、职能部门、工区班组为重点，开展集体廉政谈话、举办专题培训讲座、编发治理工作宣教专刊、设立典型案例解析宣教专栏，加强对"小金库"治理工作的重要性、"小金库"存在的危害性、"小金库"在公司系统的具体表现形式等内容的宣传培训。启动"小金库"自查自纠工作，对容易滋生"小金库"的机关处室、站队班组、供电所、物资库房等区域内的资金资产管理情况进行了重点排查分析，针对隐匿收入、虚列支出、转移资产以及其他各种形式设立"小金库"问题，共梳理出23项潜在风险。开展"五查五看"工作，即：一查宣传工作重视程度和宣传措施落实情况，看宣传发动是否到位；二查自查自纠覆盖情况和自查自纠措施落实情况，看自查自纠是否到位；三查重点检查覆盖情况和重点检查深入情况，看重点检查是否到位；四查严格执法执纪情况和责任人处理情况，看责任追究是否到位；五查有关问题整改情况和长效机制建设情况，看整改落实是否到位。同时，以问题"零申报"单位、工作不认真不扎实单位、接到群众信访举报单位、历史上曾发生过"小金库"问题单位为重点开展了督导检查，对基层单位督查覆盖率达到93%。建立自查自纠工作承诺制和公示制，公司机关各部门主任、所属各单位党政主要负责人共签订"小金库"治理工作承诺书61份，所属各单位内部也层层签订承诺书，并将自查自纠情况以办公会议等形式在适当范围内进行公开、公示。11月，按专项治理工作要求，审计部下发《关于做好"小金库"专项治理重点检查配合工作的通知》，并于11月15日组织实施对全公司"小金库"专项治理工作情况的重点检查，重点抽查公司总部及所属相关单位，并将延伸检查三级及以下企业。公司"小金库"专项治理效能监察工作荣获了国家电网公司2010年度自选立项效能监察项目优秀成果一等奖。

（陈婷婷　李　昂）

【效能监察】 印发《关于加强2010年效能监察工作的指导意见》，明确了各级的职责界面、任务分工、监察内容和工作方法；将治理"小金库"和工程建设领域突出问题作为公司统一立项，基层单位围绕成本控制、制度建设等内容进行了自选立项。以强化工程管理和资金管理为重点，开展效能监察实施工作，工程建设领域突出问题专项治理效能监察工作小组先后召开15次工作会议，针对工程项目决策和土地权审批等环节中的突出问题，研究相关对策，协调部署基建部门和相关建设单位加强相关手续办理工作，加强与地方政府部门的沟通协调；"小金库"专项治理效能监察工作小组先后召开26次工作会议，重点部署自查及督查工作，并联合审计、财务等部门专业人员组成督导组开展各类检查30次，及时发现在工程结算及废旧物资回收等方面存在的突出问题，有针对性地提出监察建议并跟踪落实整改，规范了各类资金管理。通过效能监察工作协助建章立制，公司层面修订《物资管理办法》、《基建专业工程分包管理办法》、《现金收支审批管理规定》、《房屋管理办法》等制度；各基层单位健全完善《可控成本管理实施细则》、《业绩指标考核实施细则和专业工作考核实施细则》、《业扩工程审图管理办法》、《计量装置更换管理办法》等制度。截至年底，公司两级共开展效能监察项目52个，提出监察建议248条，完善规章制度185项，实现经济效益1.85亿元。

（陈婷婷）

【招投标监督】 按照国家电网公司推进招投标领域诚信体系建设要求，公司加强了对评标过程的监督，调取2008～2009年评标专家打分数据，重点对开关、电缆、变压器三种设备的打分情况进行统计分析，在标前会上进行问卷调查，了解评标专家对设备质量、运行情况、考察情况等重要依据的掌握程度，综合统计分析数据及问卷调查情况，提出了要建立供应商和评标专家打分管理系统、完善专家打分评价体系及评标专家考核管理办法、加强专业工作培训等相关监察建议。加强供应商关系管理，建立《供应商接待日制度》，协调解决供应商的投诉、意见和建议，构建和谐、规范的供需关系；公司于5月召开了供应商接待日启动会，70余家物资供应商参加了活动，并针对招标、采购、合同、配送等工作提出意见和建议，公司物资、监察、法律、物流等相关部门就提出的问题进行了面对面解答。加强招投标监督管理，修订《招标采购活动监督管理实施细则》，针对招标采购活动各环节的监督工作提出了具体要求。全年公司系统共计420人次参与了国家电网公司和公司层面的招投标监督、供应商考察等工作，招投标监督人员通过专业工作培训会接受了案例警示教育及廉课教育，进一步提升了廉洁自律意识。

（陈婷婷）

【纠风及行风建设】 制定行风纠建工作指导意见，重点梳理了电费收缴、客户报装、事故抢修等业务中存在的行风问题，全面开展自查自纠工作；针对《北京市2009年供电检查专项监管报告》中提出的问题，对公司各级整改落实情况进行了监督检查、内部通报，并纳入优质服务责任制考核。开展“阳光报装、诚信服务”专项行动，公司营销服务、生产技术、纪检监察等部门组成联合检查组，分别从管理制度、技术标准、客户工程现场安全及全过程业务行为违规违纪问题等方面开展了专项监督检查。加强对行风投诉举报的管理工作，对95598热线（包含政风行风热线）及来信、来电中反映的行风投诉问题，如卡式电表机电不符、装表接电时间过长、迎峰度夏期间电压不稳定、煤改电表箱装接位置不适当等进行月度分析，重点关注和查找容易引发行风事件和人员违规违纪的问题及业扩报装工作中引发的投诉意见，并以监察建议书的形式提出改进建议；公司两级针对收到的投诉信件和电话进行了100%客户回访，撰写投诉举报（建议）季度分析报告；通过现场调查、核实了解存在的问题，并对核查回复提出了质量和时间要求。开展民主评议基层站所工作，按照动员部署、自查自评、整改总结三个工作阶段有序推进，组织召开了与北京市纠风办督导组的见面会及员工代表意见征求座谈会，走访地方政府部门和纠风办，认真征求对公司行风服务工作的意见建议，了解参与测评工作的意见要求。组织开展了社会监督员的服务检查和明察暗访活动，全年共计开展活动37次，提出意见和建议46条；举办供电所开放日活动，参加了北京市政风行风热线走进直播间栏目，宣传公司优质服务的多项举措，树立企业良好的社会形象。

（陈婷婷）

【信访案件查办】 落实信访职责，认真执行国家电网公司信访举报处理和排查有关规定，制定公司信访举报工作实施细则，对公司系统信访举报受理、核查、处理等各环节工作的规范要求进行细化。加大查办力度，按照信访举报三级排查工作规定要求，提高信访初核的及时性和准确性，并严格落实信访核查答复时限和上报要求，以及信访举报“澄清”工作程序和定期分析要求；针对重要信访和实名举报信访，强化领导督办和基层核查，确保信访工作“四率”指标（信访核查率、查处质量和按期办结率、实名举报回复率、按时上报率）的高质量完成。强化联动机制，严格落实内控联席会议、纪委书记定期报告、特殊情况实时上报等制度；加强向属地执法执纪机关关键部门（反贪部门、信访部门）的汇报交流，及时掌控信息、协调事务，做到超前防范。增强治本功能，严格执行案件及信访举报线索定期分析制度和“一案两报告”制度，健全案件预警机制，每季度在内控联席会议上通报信访案件情况，发挥协同预防作用。截至年底，公司纪委新受理信访举报52件，均进行了初步核实，已了结47件。公司有2名干部员工被司法机关追究了刑事责任：北京城区供电开发总公司原总经理关献忠因犯受贿罪，被判处有期徒刑11年，并没收其非法收入100余万元；房山供电公司佛子庄供电所原电管员吕晓东因犯贪污罪，被判处有期徒刑10年，并处没收财产人民币10 000元，退赔房山供电公司人民币437 214.15元。

（陈婷婷）

■ 3月2日，公司总经理朱长林与相关负责人一起参加北京市政风行风热线“走进直播间”栏目。

【“学制度、促廉洁、保发展”主题教育活动】 组织召开“学制度、促廉洁、保发展”主题教育活动启动大会，明确公司各级要在活动期间集中开展好“三个一”活动，即：举办一次反腐倡廉制度知识竞赛、组织一次廉洁文化文艺创作竞赛、评选一批工程建设专项治理效能监察工作先进典型。对各级领导干部进行专题培训辅导，邀请中纪委法规室领导详细解读《中国共产党党员领导干部廉洁从政若干准则》，邀请国家电网公司监察局领导围绕加强反腐倡廉制度建设及执行力建设，全面构建特色惩防体系，进行辅导讲座。推进公司系统廉洁文化建设，先后组织开展了廉洁文化文艺作品创作竞赛活动，广泛征集涉及视频动漫、书法绘画、诗歌文艺等主题鲜明、创意新颖、制作精美、具有较强艺术感染力的原创作品共计60余件，并从中甄选出有代表性的优秀作品，以宣传展板等形式集中展示；组织参加了国家电网公司反腐倡廉制度知识网上答题活动，公司领导班子成员、本部全体员工、二级单位中层及以上领导干部共计2300余人参与了答题；组织举办了公司反腐倡廉知识竞赛笔试初赛与现场决赛活动，公司系统共计120余人参与了竞赛活动；组织开展工程建设专项治理先进典型成果评选活动，公司各级申报工作成果共计19件。公司各级针对当前内控管理制度和反腐倡廉制度中存在的疏漏，提出“立、改、废”的具体意见，全年共修订完善了反腐倡廉制度47项，生产经营管理制度103项。

■ 9月27日，公司举办“学制度、促廉洁、保发展”反腐倡廉知识竞赛决赛。

（陈婷婷）

工 会 工 作

【民主管理】 1月21～22日，公司一届六次职工代表大会暨2010年工作会、政工会在怀柔大雁楼培训中心召开，193名正式职工代表、55名列席代表、5名特邀代表参加大会。公司工会主席李国华，做了题为《加强职工队伍建设 重视企业文化培育 不断提升职工民主参与能力》的工作报告。会议审议通过《公司2010年工作报告》、《职代会工作报告》、《北京市电力公司2009年度综合计划执行情况和2010年度综合计划安排的报告》、《北京市电力公司2009年度预算执行情况与2010年度执行预算草案的报告》、《关于北京市电力公司一届五次职工代表大会提案处理情况及一届六次职工代表大会提案征集情况的报告》5项决议。2月，公司所属各单位召开本单位职代会，学习贯彻国家电网公司和公司会议精神。公司一届六次职代会共收到职工代表提案53件，涉及改革发展、安全生产、电网建设、优质服务等方面内容。经公司提案处理工作委员会研究，立案6件（加强对多种经营企业的产业规划市场开发和科学管理；加强首钢地区电网发展规划研究；消除输电线路线下隐患；加强随市政道路和轨通交通同步建设电力隧道；强化主网设备监造；深入推进客户经理和客户代表制度），列为意见28件，其他19件不属于立案范围。截止到11月底，公司对所有提案都给予了处理和答复，提案办结率100%。定期召开总经理联络员会议，保证公司民主管理渠道畅通和职代会各项决议贯彻执行。11月，印发《关于开展集体合同履行情况检查的通知》（工〔2010〕35号），组织各单位进行《集体合同》（包含《女职工权益保护专项协议》）履行情况自检自查工作。上述合同和协议的履行情况良好，职工合法权益得到落实。12月，印发《关于印发北京市电力公司厂务公开工作实施细则及相关考核制度和标准等文件的通知》（京电工〔2010〕30号），组织各单位开展厂务公开民主管理工作总结。经过申报、检查、考评，变电公司、经济技术研究院、城区供电公司、调度通信中心、客户服务中心、密云供电公司6个单位被评为厂务公开民主管理先进单位。

（范晓辉）

【班组标准化建设】 11月，公司组织专家考评组，对公司申报的318个班组进行验收、考评工作。此次工作立足于高标准、严要求，从各单位管理体系建设出发，从基础管理、安全管理、生产管理、人员技术和技能、班组文化、班组创新六个方面，重点检查各项管理工作在班组的落实情况，考评组进行了全面细致的现场检查和考问，班组标准化建设工作取得显著成效，达标率99.68%。从达标班组中评选出28个红旗班组，占全部申报班组的8.8%。

■ 11月29日，公司工会主席李国华到调通中心检查班组标准化建设工作。

12月，举办“电缆杯”第七次QC成果发布会，对获得国家级、北京市级优秀QC小组称号的团体和先进个人进行了表彰。北京电力工程公司“探索号”QC小组等5个小组获得全国优秀质量管理小组称号；城区供电公司配电组QC小组等3个小组获得全国质量信得过班组称号；海淀供电公司周彤获得全国质量管理小组活动卓越领导者称号。会议对进入决赛的24项QC成果进行了发布和评审。海淀供电公司“9·16”QC小组成果获得特等奖，电缆公司获得特殊贡献奖。

（张　蕾）

【创建职工创新工作室】 为实现“国内一流，国际水准”的现代企业建设目标，充分发挥职工队伍的主力军作用，调动广大职工投身经济技术创新的积极性、主动性和创造性，加快自主创新和促进节约环保等方面取得实效。按照国家电网公司、北京市总工会、北京市科学技术委员会的要求，公司开展了职工创新工作室的创建活动，共有22个单位建立了25个职工创新工作室。年底，由公司工会、科技信息部、人力资源部等相关部门组成的考评组，对各单位申报的职工创新工作室进行了考核、验收和评比，最终评选出以北京电力工程公司电缆专家张文新等命名的10个公司级示范性职工创新工作室，其中，肖永立创新工作室、张文新创新工作室被命名为市级职工创新工作室。

（张　蕾）

■ 11月11日，北京市工业（国防）工会主席顾庆一行到公司调研职工创新工作室工作。

【劳动保护与劳动竞赛】 5月，公司工会与安全监督部联合对2006年印刷的《北京电力公司职工劳动安全手册》进行了修编。

6月“全国安全生产月”之际，专门组织考评组对5个单位开展了“安全发展、预防为主”劳动保护监督考评工作，从两级劳动保护监督组织如何发挥作用、劳动防护用品发放情况和安全工器具管理和使用情况三个方面进行考评。全年公司30个基层单位的劳动保护监督检查委员会委员参加劳动保护知识培训。公司工会举办以“知风险、明措施、抓落实、保安全”为主题的演讲比赛活动，活动以防止发生人身伤亡和恶性误操作事故为重点，用电力系统或公司历史上的事故案例呼唤全体职工对安全的重视以及对生命的尊重和关爱。开展“查找岗位（身边）事故隐患，提安全合理化建议”和“围绕八字方针、我为售电量增长献一计”职工合理化建议活动，共征集建议3000余件，评选出一等奖6件，二等奖13件，三等奖21件，纪念奖33件。

9月，组织参加国家电网公司第三届供电“服务之星”劳动竞赛。海淀供电公司冯丽利获得供电“优秀服务之星”荣誉称号，城区供电公司陈牧云、延庆供电公司胡正杰获得“服务之星”荣誉称号。

（张　蕾）

【先进、劳模评选工作】 2010年，公司获得由全国总工会和国家安全生产监督管理总局评选的全国“安康杯”优胜企业荣誉称号，这是公司连续第三年获此殊荣。

4月30日，公司召开劳动模范表彰大会暨先进事迹报告会。获得“全国劳动模范”称号的肖永立，获得“北京市劳动模范”称号的李向昕、吴江、薛强、贾希阁、李建成，以及荣获“北京市模范集体”称号的公司客户服务中心95598服务工区受到表彰。大会还举行了公司劳动模范事迹专辑《创业者的足迹》续集发行仪式。

9月16日，国务院国资委在人民大会堂召开中央企业红旗班组（科室）先进职工表彰大会，丰台供电公司青塔操作队和怀柔供电公司输变电工区集控站荣获“中央企业红旗班组”称号，昌平供电公司王月鹏荣获“中央企业先进职工”称号。

在五一国际劳动节，公司组织历届劳动模范和首都劳动奖章获得者到北京市工人疗养院进行体检和休养。9月，公司组织近两年的劳模和先进集体代表到上海进行年度休养。

（张　蕾）

【女工工作】 建立健全女职工组织机制，推进两项工程，即“巾帼建功”工程、“和谐家庭”建设工程。公司工会以及30个基层单位工会，全部建立女职工委员会组织。组织开展以创建“巾帼标兵岗”、争当“巾帼标兵”为主题的“巾帼建功”争创活动，评选出公司“巾帼标兵岗”10个和“巾帼岗位标兵”63名。丰台供电公司客户服务中心营业厅被评为北京市“三八”红旗集体。

3月，组织基层单位女职工委员会开展多种形式的“三八”节纪念活动。如慰问节日期间坚守工作岗位的女职工和生病的女职工；发倡议书，开展争当好员工、好妻子、好母亲、好女儿、好儿媳“五好”活动；召开座谈会，开展经验交流；开展用电知识宣传活动及“低碳生活进社区”、“安全用电进校园”活动；创建首都电力巾帼服务队“博客”；举办女性知识、健康讲座；开展参观游览及健身活动；为灾区孩子募捐等项活动。

组织开展主题为“与文明建设同行，与企业发展同行，建和谐家庭”评选活动，表彰了20个“五型家庭”（即“学习型、平安型、和睦型、环保型、奉献型”家庭）。

6月，开展“快乐成长手牵手”活动，为北京电力横丹爱心学校募集“爱心书包”（书包内含文具等）。公司工会与行政管理中心（计划生育协会、红十字会），共同将3100份“爱心书包”送到北京电力横丹爱心学校学生手中。

（李海容）

【文体活动】 开展职工素质提升工程，举办形式多样的文化活动，大力提高职工队伍思想道德、科学文化素质。1月20日，公司工会举办由职工自编自演的2010年新春团拜会。7月，公司工会主办2010年“海实杯”职工足球联赛，23个单位500余名队员参加。10月23日，举办公司职工第八套广播体操比赛，30个基层单位600余人参加比赛，北京电力工程公司、城区供电公司和大兴供电公司获得团体一等奖。公司组队参加北京市职工羽毛球比赛并获得冠军。公司足球队参加六城市“电友杯”职工足球邀请赛并夺得亚军。参加2010年全国电力行业职工桥牌锦标赛并取得团体第六名、双人赛第二名的好成绩。

10月23日，公司举办职工第八套广播体操比赛。

（鲁舒娟）

共青团工作

【开展主题教育活动】 公司团委在全体团员青年中开展贯穿全年的“知形势、明使命，强信念、同发展”主题教育活动，加强公司团员青年理想信念、企业价值、形势任务教育和团干部队伍作风建设。启动“五强五优五模范”（先进团组织要求努力做到“五个强”，即领导班子强、政治引领力强、推动发展力强、改革创新力强、凝聚战斗力强；优秀共青团员要求努力做到“五个优”，即政治素质优、岗位技能优、工作业绩优、遵纪守法优、群众评价优；优秀共青团干部要求努力做到“五个模范”，即忠诚履职的模范、学习创新的模范、爱岗敬业的模范、团结协作的模范、弘扬正气的模范）创先争优活动，以建设学习型团组织为抓手，通过“三会一课”（支部团员大会、支部委员会、团小组会、团课）、座谈交流、专题学习、研讨论坛等形式推动活动纵深开展，并与国网信息通信有限公司团委联合开展青年学习论坛交流活动。

5月，在全体青年员工中开展“安全生产保证

■ 5月4日，公司团委“唱响青春　共铸明天”红色歌曲青年合唱大赛决赛在中央音乐学院音乐厅举办。

【举办第四届“五四青年文化节”】 4～5月，在全公司范围内举办第四届“五四青年文化节”，活动系列内容包括：4月9日组织团员青年代表与公司总经理朱长林、党委书记郭要斌等领导在张仪220kV变电站开展义务植树活动；5月开展“我爱我企，我爱我家”青年摄影作品网络展评赛，共收到参赛作品1100余组（幅），评出奖项，并通过网络政工论坛“影像美丽北京”栏目展示；5月4日，在中央音乐学院音乐厅举办“唱响青春　共铸明天”红色歌曲青年合唱大赛决赛。

（崔　征）

书大放送”活动，发放“保证书”（明信片）7000张，通过短信平台收到包括家属在内的短信回复寄语2010条。

6月5日，组织42个青年安全生产示范岗集体的代表，在工程公司海淀500kV变电站电气安装项目部开展现场工作经验学习交流活动。

6月23日，举办公司首届青年文明号号长培训班和团干部年度培训，50名号长及120余名基层团干部参加培训。

10月29日，举办第二届“英语服务我最行”青年英语竞赛，打造学英语、用英语的青年活动品牌。

（崔　征）

【团组织建设创新工作】 2010年继续开展团建创新工作，共收到基层各单位报送的团建创新成果46项，其中团委类成果24项，团支部类成果22项。经评审，输电公司团委的《探索新途径　搭建新平台　铸高素质青年员工队伍有新招》、密云供电公司团委的《深化青年文明号创新成果　保售电量增长突出“两效”》、怀柔供电公司团委农电团支部的《党团齐心协力　打造青年志愿服务精品工程》等16项创新成果分别荣获一、二、三等奖。丰台供电公司团委《固“三用”强“三力”　加强新形势下丰台团委建设》、试验研究院团委不停电作业团支部《以文化引导青年　以科技促进发展》等13项创新成果获得优秀奖。

（崔　征）

【青年志愿服务活动】 8月20日，公司团委举办第一期青年志愿者训练营。制作专用营旗，举行开营仪式，成立训练营临时青年志愿者服务队，开办理论实践课，以“爱心义卖”的形式募集善款7580元，捐给舟曲灾区用于恢复重建。在训练营中安排了“志愿青春　点亮人生”优秀青年志愿者访谈活动，邀请6位优秀青年志愿者代表，与公司部分青年志愿者代表进行了面对面的座谈。公司“奥运之光”青年外语志愿者服务队与西城区旅游局、西城区团委合作，在春节、五一等节假日参与“你来西城，我来导游”外事咨询及宣传活动，与崇文区团委合作开展“新前门大街志愿咨询服务”。

■ 8月20日，在第一期青年志愿者训练营中，开展“志愿青春　点亮人生”优秀青年访谈活动。

（崔　征）

品牌建设

【品牌传播】 7月，公司对外联络部成立，实现新闻宣传、社会责任和公益活动等品牌建设业务的统一管理，建立起自上而下的专业组织体系，形成了整体联动、优势互补的管理新模式。

公司以“电靓京城　温暖民心”作为品牌传播核心主题，以轨道交通电力配套工程、老旧小区配电设施改造工程、“煤改电”工程和架空线入地四项工程作为品牌传播主体内容，以新闻发布会、现场媒体联合采访等多种形式，共组织了五次信息集中发布。9月28日，新华社北京分社、《光明日报》、《北京日报》、北京电视台、《国家电网报》等23家媒体参加“电靓京城　温暖民心”北京电力服务民心工程新闻发布会。

■ 9月28日，公司召开“电靓京城　温暖民心”北京电力服务民生工程新闻发布会。（王磊　摄）

■ 9月28日，媒体记者在公司“煤改电”工程现场采访。（曹瑾　摄）

10月10日，《北京日报》头版头条刊登题为《全国最先进最安全供电方式本市五条轨道新线实现双路电源供电》的文章。11月11日，21家主流媒体记者来到前门大街“煤改电”居民区进行“煤改电”工程现场采访。

公司统一在《国家电网报》、《北京日报》、北京电视台发布消息，报道工程进展、应急抢修演习等内容。10～12月，以向媒体提供新闻通稿的形式集中发布了轨道交通配套工程、老旧小区配电设施改造和架空线入地工程等公司民生工程建设情况。“电靓京城　温暖民心”品牌传播活动，受到新华社、《北京日报》、北京电视台、人民网等40多家媒体的持续跟踪报道，各类媒体累计发稿143篇，其中中央媒体34篇；新华网北京频道特别为公司开辟了“电靓京城　温暖民心”专题，及时更新工程动态和媒体报道。国家电网公司《品牌月报》对公司“电靓京城　温暖民心”活动进行了重点推荐，“电靓京城”的品牌效应初步形成。

公司以策划统领新闻宣传工作，建立了“年策划为基础、月策划为指导、周策划为重点”的常态策划机制；突出专题策划，聚焦公司工作亮点，全年先后策划了“八字方针”在一线、智能电网、财务集约化、本部建设年、全国“两会”供电保障、重要客户差异化服务等28项传播主题，全面展示了公司发展成就和管理创新成果。

策划重大事件新闻报道，打造品牌形象。围绕迎峰度夏、智能电网建设等重大新闻题材，开展对外宣传，及时为主流媒体提供新闻稿件和素材，形成规模声势，提高了公司品牌的认知度和美誉度。

提高公司自办新闻载体水平。创新报道模式，树立精品意识，不断提升公司《北京电力报》、《北京电力》杂志、公司内网和外网、视频新闻等自办媒体的水平。对报纸不断优化栏目设置和版面设计，增加深度报道和基层新闻比重。对杂志综合运用消息、通讯、访谈、论文等多种报道形式，形成报道的纵深感、阅读的层次感。完成公司内外网站首页改版，增强了网站宣传力度，内外网站共发稿1859篇，提高了新闻报道的时效性。对视频点播系统实施升级改造，实现了高清、标清数字化播出，累计编辑各类视频新闻1195条。

初步建立了高效顺畅的对外联络机制。积极向市委宣传部、行业新闻宣传主管部门汇报沟通，加强与新华社、《北京日报》、北京电视台等主流媒体的业务合作，组建外部专家队伍，构建起第三方话语联盟，建立了多元化的对外联络渠道。通过4次新闻发布会、

9次新闻通气会，主动与媒体沟通，巩固了联络机制与合作关系。累计在各类媒体发稿3462篇，其中中央媒体1464篇，增强了宣传的针对性和时效性。加强对国家电网公司、政府新闻主管部门的信息报送力度，圆满完成“品牌传播年”活动各项工作任务。

2010年，公司品牌建设工作获得了多项荣誉称号，公司被评为“国家电网公司品牌建设工作先进单位”，在第六届“中电传媒杯”全国电力行业优秀电视片展评活动中荣获最佳组织奖；公司记者站获得“国家电网报社先进记者站”、“中国电力报社先进记者站”；电视专题片《服务首都 奉献社会》在第六届“中电传媒杯”全国电力行业优秀电视片展评活动中荣获一等奖，电视新闻《大雪降京城 首都电网运行平稳》在第六届“中电传媒杯”全国电力行业优秀电视片展评活动中荣获二等奖。

【品牌推广】 深化品牌标识标准化建设工作。9月起，公司启动了“国家电网”品牌标识标准化建设与整改工作。编辑完成了《北京市电力公司品牌标识应用手册》，第一次确定了公司品牌标识的规范标准，对标识建设项目、建设标准、应用规范进行了规定。开发建设了公司品牌标识信息管理系统，对品牌标识进行全寿命周期管理。

【品牌维护】 完善新闻发言人制度，建立公司本部新闻宣传工作规则，强化了各部门之间的协作配合机制。理顺业务流程，明确对内对外宣传模式。

完善日常与专项舆情相结合的监测机制。建立了覆盖全公司的网络通讯员队伍，及时反馈主流媒体意见，评估舆情发展态势，变被动应对为主动引导。创办《舆情周报》、《新闻特报》和《品牌建设工作月报》等工作载体。积极利用互联网新技术建立有效的舆情监测系统，对各种信息进行甄别，对舆情进行实时监测。建立值班制度，在每周、每日舆情报告基础上，完成舆情专报27期，及时向公司领导报告舆情动态，对电力服务影响民生的问题迅速反应。每周汇总舆情关注焦点并向相关部门提出应对建议。开展阶梯电价征求意见等专项舆情监测，反馈主流媒体意见，为公司争取政策提供信息支持。

■ 12月29日，公司召开品牌建设领导小组办公会议，副总经理郑林出席会议。（王磊 摄）

主动开展突发事件新闻应急处置。针对北京地区发生的停电事故、外力破坏等突发事件，第一时间协调社会媒体，主动引导舆论。针对停电事故、电费催缴、外力破坏等突发事件，坚持“记者要到现场”的原则，及时启动新闻应急机制，协调媒体对外发布真实信息，抢占舆论先机，努力赢得政府部门和广大客户的支持。全年完成突发事件新闻应急143次，向社会媒体提供新闻通稿（口径）150余条。

（王莹彬 魏士峰）

后勤和保卫

HOU QIN HE BAO WEI

后 勤 工 作

【行政后勤制度建设】 2010年，为改变公司长期以来后勤制度不健全、不规范、不适应等状况，解决后勤工作中流程不清晰、标准不统一的问题，公司强化行政后勤方面的制度建设，制定和修订了《北京市电力公司房屋管理办法》、《北京市电力公司土地管理办法》、《北京市电力公司非生产性工程管理办法》、《北京市电力公司车辆管理办法》和《北京市电力公司交通安全管理办法》。为配合上述管理办法的贯彻执行，制定了工程造价标准、车辆成本标准、物业管理标准和绿化维护标准等项工作标准及费用标准，形成较为完整的行政后勤工作管理制度体系，减少了工作中的盲目无序和随意的行为，提高了工作效率和企业效益，使各项后勤工作的效果更加有效和显著。在非生产性工程管理方面，颁布了配套标准，把常规工程项目的费用标准，如内墙粉刷、屋面防水、特种设备大修等，按照单项工程项目予以明确，全公司实施统一标准，提升基层单位非生产性工程项目的管理水平。在车辆成本定额标准方面，公司统一调整和安排各单位的车辆使用费，从项目内容、费用标准和费用发生程序作了明确详细的规定，使公司的车辆成本管理更具有合理性和可操作性，保障了各单位车辆使用需求。开发的车辆成本管理系统，被评为公司科技创新成果三等奖。

【房屋、土地资产清理】 公司全面启动房屋和土地清理工作，成立清理工作领导小组，从3月31日到5月30日历时两个月，相关职能部门协同配合，各二级单位积极组织人员，完成了清理工作。发布《北京市电力公司房屋土地清理工作简报》，及时反映工作进展的动态信息。这次清理，较为准确地查清了公司房屋、土地的底数，建立了相关的资料和数据。公司所属房屋总建筑面积342万m^2，土地面积总量为724万m^2，宗地数量为7333宗，同时也摸清了房屋和土地的主多资产相互占用情况。

【非生产性工程项目建设】 合理安排非生产性工程项目和资金计划，优化非生产性资产，提升生产、办公和营销服务工作环境。全年共安排修理工程143项，完成投资9118万元；安排技改工程51项，完成投资3140万元；安排零购工程1项，完成投资163万元；支付供暖费626万元；支付物业费1242万元；支付供暖能源费620万元；安排车辆使用费9791万元，集中完成了消防、电梯、防雷、锅炉、屋面防水和中央空调等项目，有效解决了非生产性资产运行维护的资金渠道和额度问题。2010年公司相继成立了新的二级单位和部门，公司及时调整、安排办公用房面积19 800m^2，装修改造办公用房面积8600m^2，重要客户服务中心等相关单位已相继入驻办公。

【车辆与交通安全管理】 在加强车辆的基础资料管理方面，公司与北京市交管局主动联系，核对并完善车辆档案的准确信息，及时下发到各单位进行清理。2010年，主业车辆为2793辆，主多互占和使用情况基本查清。

对车辆及交通安全实行同业对标管理方式，公司坚持实行季度例会制度，对交通违法情况进行数据统计与监控、分析。在交通安全监督考核方面，公司坚持实行违法通报和责任追查，及时分析违法频发路段并采取措施，为基层单位提供预警提示信息，有针对性地处置频发违法行为，有效抑制了交通违法次数的上升，交通违法次数总体上保持了稳中有降的趋势。公司全年共发生交通违法行为1555起，同比下降13%（2009年共发生1789起），季度平均交通违法率13.4%。其中属于十项严重违法行为的188起，同比下降26.8%（2009年共发生257起），季度平均交通严重违法率1.6%。上述指标均远低于北京市交管局对大系统的控制标准，全年未发生公司负同等及以上责任的重大交通事故。2010年公司获得“北京市交通安全先进系统”荣誉称号。

【职工体检工作】 2010年，公司坚持抓好保障职工生活的后勤工作。在体检项目纳入年度常规预算项目的基础上，逐年提高体检费用标准。全年完成职工体检12 016人次，上检率为89%，干部和专家体检为382人次，上检率为86%。全公司健康体检上检率达95%以上的单位有20个。与电力医院等单位共同开发职工健康管理信息系统，完善存档、查询和临界指标提示等功能，加强对职工体检后的治疗和跟踪。

【特种设备管理】 对特种设备实行持证上岗和按期检验制度。特种设备维修资金及时到位，全年共安排10部电梯大修和更新，21台锅炉及供暖系统修理和改造，6套中央空调系统更新和修理，确保设备保持良好的工作状态，公司所属特种设备全年未发生考核责任事故。

（郭长旺）

保 卫 工 作

【综述】 2010年公司的保卫工作以“八字方针”为指导，梳理完善管理制度，编写《输电线路反外力管理办法》草案，制定《电气设备火情现场扑救管理规定》、《消火栓系统防冻技术标准》、《变电智能平台技术标准》和《消、技防设施状态评价导则》等，强化专业管理；排查整治外力隐患、加强隐患点管控，推动电力设施保护工作有效开展；消除消防、技防设施隐患，提高设施运行维护质量，提升消防和治安的防控能力。公司被北京市防火安全委员会授予“北京市消防工作先进单位”称号，公司保卫部被北京市公安局授予集体三等功。

全年未发生一般及以上火灾事故；未发生主网架空输电线路因盗窃电力设施、外力破坏而造成的倒杆倒塔及大面积停电事故；未发生政治案件、生产破坏案件及重大治安灾害事故。

2010年，公司发生电网外力故障76起，较2009年的59起上升28.8%，其中施工机械车辆引发的外力故障48起，较2009年的34起上升41.2%；发生盗窃破坏电力设施案件4起，较2009年的6起下降33%。

【电力设施保护】 加大电力设施保护宣传力度。按照反外力关口前移、超前预防的原则，发动各单位开展上街、进工地、进市场等宣传活动，在全国安全月期间共举办集中性宣传活动3次，累计发放电力设施保护宣传资料5000余册。面向广大市民，利用广播媒体开展为期41天的电力设施保护宣传，提高全社会保护电力设施意识。深入吊车集散地开展一对一宣传，建立吊车司机联系台账，利用公司短信平台，每月向此类高危人群发送安全告知信息。

■ 4月14日，公司在地铁6号线开展电力设施保护宣传。（罗文德　摄）

群众护线工作。按照公司部署，在输电公司、通州供电公司、昌平供电公司、顺义供电公司管辖的隐患严重、外力高发的448条线路沿线开展群众护线试点工作，加大线路运行环境的巡视看护力度。2010年，共有659名群众护线员上岗到位，累计报告异常信息758条，控制线下建房、植树等行为400余起，制止打桩机、吊车等线下违章作业行为21起。试点地区外力事故及隐患显著下降，电网环境得到较好管控，群众护线工作取得一定实效。

■ 6月13日，专业人员在丰台区南苑槐房村向群众护线员讲解护线工作。（霍智勇　摄）

技防新技术应用。在线路保护区隐患严重地段，安装监视镜头141个，对90个隐患点实时监控。在临近施工场所及对地距离相对较低的线路上，安装夜间发光信标灯117个，及时提醒施工作业人员注意安全。在昌平、延庆等地区增加变压器防盗装置412个，全年公司累计安装变压器防盗装置5200个，农网配网变压器技防覆盖率达到近50%。

电网环境隐患治理。各运行单位依靠当地政府开展树线矛盾整治工作，全年共修剪、砍伐、移栽输电线路保护区内树木约7万棵，一些危急、严重隐患得到及时处置。在市政府相关部门的支持下，对鲁谷地区线下树木隐患、十八里店机械城等20余处环境隐患进行了治理。

政企联合共同做好政治保电工作，在特一级保电任务中，联合市、区两级发改委开展隐患检查，下发停工通知书。协助北京市发改委和专家组共同研究编制了《北京市电力设施保护管理办法》草案，积极推动有关电力设施保护地方性法规立法工作。开展行政执法队伍调研活动，结合地区实际制定了政府主导、企业参与的联合执法模式。

警企联动，打击外力破坏违法行为。结合反外力工作季节特点，与北京市“三电”办联合召开迎峰度夏电力设施保护工作会和秋检期间电力设施保护工作会，动员全市公安内保的“三电”系统开展护线行动。加强对重要变电站和线路隐患点的检查，共检查变电站722次和线路隐患点360次。护线检查中发现并制止91起威胁线路安全的隐患行为，到现场调查处理26起外力破坏事件，拘留6名外力破坏肇事者。

反窃电工作。配合营销系统，对北京市刑侦总队及各公安分局刑侦队46名刑警进行反窃电业务培训。建立反窃电联动机制，推动属地公司开展反窃电工作，配合内保局对怀柔区窃电嫌疑团伙进行立案调查。

【消防安全管理】 加强重点时段防控。“两节”前，研究制定了公司烟花爆竹安全管理工作方案，重点做好易燃物清理等事前防范工作。燃放高峰时段，安排部署近1900名看护力量，严防死守，实现“零火情”的烟花爆竹防控目标。层层落实消防安全责任，加强全国“两会”和清明节等时段火灾防控。制定全国“两会”期间供电保障保卫工作方案，认真落实森林防火措施，确保了“两会”、“清明节”及“两节”期间的消防安全形势稳定。

加强重点领域防控。重点加强对G&W电缆终端更换过程动火作业现场的消防安全管控工作。有效应对2010年冬季低温寒潮天气，加强45座变电站83处消防水系统防冻应急措施。提前部署开展消防水系统缺陷消除工作，组织丰台供电公司等7个单位完成83处消防水系统缺陷整改任务。

消防隐患整治。落实公司要求，完成49处消防安全隐患的整治工作。开展消防安全大检查，做好施工现场、办公场所、变电站、仓库、电缆隧道等场所的消防隐患排查整治，加强对电力隧道火灾防控工作的动态检查。全年，完成逃生标识损坏、灭火器压力不足等175处消防安全隐患的整治，清理易燃、可燃物品55t，拆除临时违章房屋60m^2。

开展火灾防控专项活动。完成220kV莱市口变电站及电力科技馆工程消防专家论证评审工作。完成公司本部办公楼和220kV翠林变电站的评估，试点工作得到消防局专家组的好评。配合国家电网公司开展大型变压器消防灭火设施使用情况调研。在火灾防控专项活动中，举办“消防安全警示教育展览”113场，参观人数近9000人次，消防安全知识讲座99场，受教育人数达4854人次，消防应急演习85场，参与人数近4500人，参加消防安全知识答卷达13 528人次。

11月9日，在第20届消防安全周来临之际，公司在一层大厅以展板形式开展消防宣传。（孙立杰　摄）

【武装民兵工作】 配合西城区防化团完善侦测连部建设，组织参加预备役防化团军事训练。开展“八一”建军节庆祝活动，以“退伍不褪色，为加快建设‘一强三优’现代公司作贡献”为主题，在公司范围内组织退伍军人召开座谈会、游览革命圣地等活动，激发退伍军人奉献企业的热情。完成西城“双拥办”布置的爱心献功臣地区优抚对象帮扶工作和中央警卫团新兵训练基地慰问工作。完成西城区武装部下达的“两会”期间重点治安防范部位民兵执勤任务。

（刘慧敏　邱立志　郝振昆）

协、学会工作

XIE XUE HUI GONG ZUO

国家电网公司企业管理协会北京市电力公司分会

【概况】 9月，公司根据《国家电网公司企业管理协会关于组建分支机构的意见》，下发《关于成立国家电网公司企业管理协会北京市电力公司分会的通知》（京电人〔2010〕51号），决定成立国家电网公司企业管理协会北京市电力公司分会（简称国网企协北京分会）。明确国网企协北京分会是国家电网公司企业管理协会（简称国网企协）的分支机构，业务上接受国网企协的领导，在公司范围内开展相关业务活动。人员编制25人，下设综合管理部、会员工作部、标准化工作部、续志编委会；撤销原协会管理办公室、农电学会办公室、北京市电力公司史志办公室。截至年底，北京电力行业协会、中国电机工程学会农村电气化分会、农村电气化期刊社和中国农村电气化信息网、北京市电力科学技术协会统一纳入国网企协北京分会管理。

按照《国家电网公司企业管理协会章程》，国网企协北京分会的主要职能是：负责公司企业基础管理研究与建设，国际标准管理体系应用工作；负责公司企业管理创新工作；负责公司社团组织管理工作；负责公司和行业社团组织联系与协调；负责公司管理类专题调研和咨询工作；负责国网企协北京分会网站运行和会刊编印工作；参与公司企业文化建设、研究、推广与传播工作；负责北京市电力公司续志、年鉴资料搜集和编辑出版工作；参与公司企业信用体系建设与评价工作。

（王惠娟）

【国网企协北京分会主要工作】 专业课题的调研编写工作。根据国网企协《关于报送调研、咨询课题和管理创新工作计划通知》的要求，制定了工作方案，成立课题领导小组，确定课题组成员，明确课题计划安排。全年完成“电缆到货检测指标的探讨”、“35、10kV干式绝缘母线供应商考察及技术规范的研究”等课题6项，上报国网企协。

信用评价工作。根据国家电网公司转发的中电联科技〔2010〕103号《关于申报电力行业信用企业的通知》精神，公司正式向中国电力企业联合会（简称中电联）申请开展了信用评价工作。国网企协北京分会接受公司委托，与公司相关部门配合负责具体的申报组织工作。9月初，信用评价工作开始启动，公司相关部门按照部署和要求认真准备了2007～2009年各类专业报表、工作制度、办法、规程、标准及优良记录照片等大量汇报资料，通过中电联专家组的评审。11月末，完成现场评价工作，专家组对公司的各方面工作给予了充分肯定。国网企协北京分会与公司相关部门共同努力组织完成了公司行业信用评价的咨询、准备、申报和现场评价等工作，年底公司顺利通过AAA级信用评价。

企业管理创新工作。12月，国网企协北京分会组织了企业管理创新工作培训班。培训班邀请了华北电网有限公司副总经济师阎建民就企业管理的基本内涵、创新思维能力、创新思维途径、改变管理观念、如何提高创新能力、创新程序、创新成果报告的内容和报告案例等方面进行了讲授。公司各单位及机关本部相关部门派员参加了培训。

推荐2010年全国电力行业的优秀企业、优秀企业家。根据国家电网公司要求，国网企协北京分会在公司内认真按照评选条件开展优秀企业、优秀企业家的评选推荐工作，推荐海淀供电公司为优秀企业、输电公司经理石工为优秀企业家，并将评选结果上报国网企协，参加中电联组织的全国优秀企业、优秀企业家的评选。

社团管理工作。履行管理社团的职责工作，规范了会费收取和缴纳程序，总结了社团组织及会员管理经验。

志、鉴工作。年内，参加全国电力系统第二轮（1991～2002年）续志工作，完成公司对《山西省电力工业志》、《山东省电力工业志》、《天津市电力工业志》的评审工作。组织编辑出版51万字的《北京市电力公司年鉴（2010）》；组织完成公司向《中国电力年鉴》、《国家电网公司年鉴》、《北京西城年鉴》、《北京工业年鉴》共2.4万字的组稿任务。完成公司2010年大事记的编辑和发布工作。

（王惠娟）

【北京市电力公司科学技术协会】 北京市电力公司科学技术协会（简称科学技术协会）成立于1988年，是公司科技工作者的群众组织，是中国科协的基层组织，也是企业领导联系企业科技工作者的桥梁和纽带。科学技术协会的主要任务是：围绕企业重点难点技术问题，开展学术、技术交流活动，增强企业核心竞争力；开展科学技术普及活动，提高员工科学素质；开展技术创新、技术培训和科技咨询活动；接受委托参与、协调专业技术职称评定工作，推荐、表彰奖励优秀企业科技工作者；反映企业科技工作者的建议、意见和诉求，维护企业科技工作者的合法权益；加强自律管理，促进职业道德建设；支持企业科技工作者加入中国科学技术协会所属的全国学会，积极参加各级科学技术协会组织和活动，发挥团体优势，利用社会的智力资源，为促进企业科学发展服务；发挥企业离退休科技工作者的作用。

组织公司科技人员积极参与北京市科协等上级单位组织的科技竞赛、技术交流、技术咨询等各项活动。公司5名员工被评为北京市优秀青年工程师，并在北京市科协召开的北京优秀青年工程师总结表彰大会上受到表彰。在华北电网优秀科技成果发布会上公司有14篇论文获奖。同时，公司科学技术协会被北京市企业科协命名为北京市企业科协“先进科技工作者之家”。公司被北京市科协等四单位联合授予“讲理想，比贡献”活动北京市先进集体，被中国科协等四单位联合授予“讲理想，比贡献”活动全国先进集体。

（李　莉）

【北京电力行业协会】 截至年底，北京电力行业协会有会员单位242家。有正式员工20人，其中有各类高级专业职称的11人、公司党委管理的干部6人（退居二线领导4名）。电力行协设置理事会工作部、调研咨询部、企业管理部、标准化部四个部门。

电力行协是北京地区的电力企事业单位及与电力相关单位及大电力用户自愿参加的、跨部门、跨所有制、跨隶属关系的自律性电力行业协会组织，是北京市政府与北京地区电力企事业单位和相关单位及大电力用户之间的桥梁与纽带。电力行协是经北京市社会团体登记管理办公室核准登记的非营利性社会团体法人，以服务和自律、协调及协助政府加强电力行业管理为主要职责。

组织完成北京市民政局2010年5A级社会组织评估工作，北京电力行业协会通过5A级社会组织评估并排名第七；组织完成华北电监局委托的电工培训、考试及管理工作，全年办班80多期，6000多名电工进行了复审及领证。完成北京市政府部门布置的电力企业耗能指标近三年的调研分析工作，上报《北京电力行业企业耗能情况调研分析报告》。继续编辑内部交流刊物《行业信息》12期，改版北京电力行业协会网站，重新设置了网站栏目。

（王惠娟）

【农电学会办公室】 农电学会办公室担负着中国电机工程学会农村电气化分会、中国电力企业联合会农电分会秘书处和中国电机工程学会农村电气化期刊社的职能。中国电机工程学会农村电气化分会成立于1978年，现下设电网专委会、自动化专委会、科技与教育专委会、电气设备专委会和小水电专委会及科普工作委员会、编辑工作委员会。中国电力企业联合会农电分会成立于1998年，下设县级供电企业研究会、队伍建设与人力资源研究会和企业文化建设研究会。农村电气化期刊社承担着中国科协主管、中国电机工程学会主办的国家A级刊物《农村电气化》和《农电管理》期刊的编辑出版工作，并负责中国农村电气化信息网的维护管理职能。

农电学会办公室有正式职工5人，隶属国网企协北京分会，聘用人员24人，设有综合部、编辑部、学会部和经营部。

农电学会认真贯彻中国电机工程学会工作的统一部署，围绕国家电网公司“三新”农电发展战略，南方电网公司“积极推进城乡电网管理同标、服务同质，竭力服务社会主义新农村建设”的工作目标，结合实施拉动内需农网完善工程和新农村电气化建设工程，电力服务“家电下乡”政策，坚持“自律、协调、监督、服务”的办会宗旨，践行“三服务一加强”的工作方针，履行桥梁纽带作用，促进农电企业的管理创新与技术创新，并不断加强农电分会自身建设，为社会主义新农村建设服务。

重要会议。5月，在上海市召开学会秘书长工作会及优秀联络员表彰会，来自农电系统的100余名代表参加会议。会议对学会2009年的工作进行了总结，对2009年的优秀联络员进行了表彰，同时，就2010年的重点工作进行了统一部署。会上邀请上海电力学院的专家介绍智能电网建设的规划。10月，在江西省南昌市召开“农村电气化期刊社第27次全国通讯编辑工作会”，对农村电气化期刊社的工作进行了总结和部署。

重点工作。农电学会充分发挥行业学会的优势，紧紧围绕农电的中心工作，积极利用学会所拥有的各种宣传媒体，大力宣传社会主义新农村建设的战略思想，宣传“新农村、新电力、新服务”的精神，弘扬农电企业在“三新”建设中的重要作用和取得的可喜成绩。农电学会充分利用所承办的《农村电气化》、《农电管理》期刊和中国农村电气化信息网（简称“两刊一网”），结合农电实际，认真做好农电典型经验的推广，加强会员间的相互交流，促进企业间的合作，使会员单位既能了解国家的大政方针，及时掌握农电改革与发展的动态，又能相互学习，共同探讨，全面提升农电企业的各项工作水平。《农村电气化》和《农电管理》全年分别发行46.2万册和47.4万册，累计刊登各类论文900余篇。

（万　立）

中国电力企业联合会供电分会

【概况】 中国电力企业联合会供电分会（简称供电分会）是中国电力企业联合会（简称中电联）的专业分支机构，在中电联的领导下开展工作，接受中电联有关部门和北京市电力公司的业务指导。供电分会现有会员单位包括国家电网公司、南方电网公司所属地（市）级供电（超高压）企业236家。供电分会设会员代表大会、理事会、会长办公会、秘书处及8个专业委员会等组织机构。分会理事63位，正、副会长12位，正、副秘书长9位，在京日常工作人员13人，其中在职4人、聘用9人。业务范围包括行业管理、信息交流、业务培训、专业展览、书刊编辑、国际合作、调研咨询、反映诉求等内容。

2010年度工作思路：按照中电联的总体部署，紧密结合供电企业实际，以深化服务为宗旨，以努力构建和谐电力，确保各方供电平安，促进供电企业又好又快发展为目标，以搭建平台推动沟通交流为手段，团结一心，扎实工作，发挥优势，拓宽服务。

【主要工作】 贯彻上级精神，做好服务工作。年初，供电分会组织干部职工学习了中电联2010年本部职工大会精神。2010年，供电分会克服诸多不确定因素的影响，审时度势地为供电企业的生产、经营、安全供电提供有效服务。

2010年，中电联换届改选，产生了新一届领导班子，人员、机构进行了较大的调整。在分支机构设立情况不明了的情况下，供电分会一方面积极与中电联相关部门加强沟通，争取上级主管领导对供电分会的支持与帮助；另一方面，按照上级领导要求做好分支机构的梳理工作。按时完成了供电分会情况汇报、有关出版物情况调查、2007～2009年主要工作总结、2009年度供电分会年鉴、编报2010年会议及活动计划以及对中电联服务项目的意见和建议等相关材料。5月18日，中电联理事会办公厅副主任田卫东等领导来供电分会进行工作调研，听取供电分会近年来工作情况及下一步工作设想的汇报，充分肯定了供电分会的工作成绩和在会员中发挥的作用。

稳定会员队伍，做好服务工作。年初，在分支机构不确定、各项专业活动不便开展的情况下，供电分会员工依然坚守岗位，力所能及地为广大会员提供服务。全年，供电分会利用“两刊一网”大力宣传特高压电网、智能电网、清洁能源建设，引导供电企业转变电力发展方式，倡导低碳生活；宣传供电企业生产、经营、企业文化、安全供电的典型经验；宣传供电企业改革创新理念和企业文化建设，在会员单位间启迪思路，共同提高。先后为广州、深圳、南京、郑州、西安等会员单位在比较主要经济技术指标和标准化建设方面提供咨询和帮助；为广州供电局亚运会安全供电提供帮助。积极组织会员单位参加中电联举办的经济形势预测分析会。

■ 供电分会召开2010年度信息工作会。

紧跟形势，贴近供电企业需求。《供电企业管理》寻找电力发展新的突破口，为供电企业及时提供理论与思想的支撑。结合上海世博会、广州亚运会的举行，《供电行业信息》开辟专栏，连续多期集中宣传在世博园、亚运会建设工地的工程技术人员和广大员工为保证工期、质量按要求完成付出的艰苦努力，用保供电一线众多无名英雄的感人事迹，从不同侧面，全方位展现了中国电力人的风采。《供电企业管理》则对世博工程进行深度报道，对世博会的深远意义进行多角度阐述。全年出版发行《供电企业管理》6期，《供电行业信息》12期。

（任军良　谢　红）

供 电 公 司

GONG DIAN GONG SI

城区供电公司

【概况】 城区供电公司（简称城区公司）是北京市电力公司的直属供电企业，成立于1987年2月25日，担负着首都核心区（原东城、西城、崇文、宣武四个行政区，2010年7月合并为东城、西城两个行政区）93km^{2}的供电任务。

2010年，城区公司实现三个百日安全长周期，完成93项政治保电任务；完成1.1万余户居民的“煤改电”改造任务；智能电网建设取得突破性进展；品牌服务队伍影响力逐渐广泛深入；全年售电量90.21亿kWh，线损率6.22%。

地址：北京市西城区西直门南小街174号
邮编：100034
电话：63128718

【人力资源】 截至2010年底，城区公司共有职工719人，其中全民职工628人，集体工91人。设13个职能处室，下属5个工区，1个客户服务中心，1个电费核算中心，1个后勤服务中心，6个供电所及1个集体企业。

调整职能处室和管理岗位架构，合理定编定员，明晰职责权限。提拔干部9人，并开展提职干部测评工作；8个管理岗位在全公司范围内竞聘上岗；岗位调整42人次；探索职务与职级并行的双轨制模式，畅通专家类人才的发展通道；进行劳务员工岗位轮换。加强培养“双师型”人才；48人通过学历认证，48人通过技能鉴定。开展三个专业116人次的生产人员轮训，以及技经管理、调控一体化等系列培训。开展全员绩效管理工作，强化激励约束作用。

【电网规划与建设】 完成国家电网公司东、西城配电自动化试点项目，实现配电网风险管控功能。配电自动化系统覆盖61万余户居民客户、215户二级及以上客户，17条线路具备智能自愈功能。建立融合通信系统，将电网故障信息实时告知抢修部门和受影响客户，实现智能互动。智能电网调度技术支持系统通过国家电网公司验收，并正式投入运行。适应城区主配网调控一体化生产业务模式的要求，具备对电网全方位的智能化监控、分析、预测和综合智能告警能力，实现城区电网敏锐的全景化前瞻预警、优化的自适应自动调整、多维的全局观协调控制、统筹的精细化调度计划和规范的流程化高效管理。建成主、配网一体化调控平台，实现辖区内全电压等级的电网运行监控，城区电网调控中心共负责主网28座110kV变电站、配网3199个10kV站室及设备的调度监控业务。

完成1.1万余户居民的“煤改电”改造任务，“煤改电”区域由历史文化保护平房区向非历史文化保护平房区扩展。制定专门的物资验收管理办法，严把进场物资检验关，从源头到过程均做好工艺质量控制。与政府部门多次沟通，调整高压供电方案11次、变压器位置67台次，满足居民居住及出行需求。110kV金宝街输变电工程正式开工。主动加强政企沟通，开展电网“十二五”规划工作。

10月21日，“煤改电”工程施工现场。（逄建　摄）

【经营管理】 全面排查法律风险点，提高法律风险防控能力。制定完善40余项规章制度。落实收入分配相关要求，规范薪酬发放工作。开展“小金库”专项检查治理活动，加大公众监督力度。开展“三指定”专项治理活动，开展“阳光报装、诚信服务”行动，规范报装全过程，将设计、施工和设备供货全部纳入招投标管理，坚持公开透明、规范操作。

推进物资集约化管理，制定《废旧物资管理实施细则》，年度物资计划准确率、工程概算预警调整及时得分指标、剩余物资考核指标均为100%，入选北京市电力公司仓库管理系统实施试点单位。开展房屋土地清理工作，提高资产使用效率和效益。

稳步推进集体企业规范整合，对集体企业原有管理体制和经营模式进行改革；与客户建立长期稳定的业务联系。

营销服务、调度管理同业对标获得专业标杆称号；营销服务专业同业对标由2009年第13名跃居首位。

【安全生产】 开展“知风险、明措施、抓落实、保安全”及“保安全、保供电、保服务”等各项活动。履行领导干部、管理人员到岗到位职责，城区公司领导154人次、处室管理人员1031人次、工区领导和管理人员4305人次现场检查把关；加强现场安全巡检力度，充分发挥工程建设及营销专业安全质量巡检组的作用，累计巡检316个作业现场，发现56项问题并及时整改。开展“四个一”（听一段录音、评估一张票、学习一个事故案例、分析一项作业风险）班组安全日活动，从各专业特点出发，深入分析讨论实际工作案例，加强管理力度和工作执行力。

建立完善以客户为中心的风险管控模式，成立安全风险管控组织机构。生产运行方面，开展事故隐患排查治理，及时发现并处理事故隐患；开展111座开闭站安全设施规范化建设，实现了生产现场安全设施的规范统一。工程建设方面，将施工企业纳入公司整体安全管理体系，大型工程开工前对施工队伍资质、能力等情况进行审核，注重计量改造、业扩报装等小型工作现场的安全生产管理。客户服务方面，与政府部门协同开展用电安全大检查活动，协助客户进行隐患整改，确保客户侧用电安全。政治保电方面，完成93项政治保电任务，其中全国“两会”特级政治保电任务1项、一级政治保电任务54项、二级政治保电任务12项、三级政治保电任务26项。消防保卫方面，开展冬季防火演习，强化火灾防控力度。保密工作方面，开展保密宣传教育月活动。信息安全方面，定期巡视系统和设备，通过粘贴提示标签等措施提高全体员工信息安全意识。

■ 2月22日，全国“两会”期间人民大会堂变电站运行人员正在进行保电巡视。（金建　摄）

建立可靠性管理网络和评价、分析、预测体系，以站、线为单元进行隐患排查，对主配网设备进行常态化分析，电网设备消缺及时率100%。完成28座110kV变电站、115座10kV配电站室、35座电缆分界室共计4383面柜的地电波监测，以及40路电缆线路的振荡波检测。更新改造老旧设备，推行综合检修，减少异常方式和重复停电数量，降低电网风险。

■ 7月5日，大负荷测温工作现场。（金建　摄）

设置低压运行管理岗位，加强对低压设备的管控力度。逐步推进以台区为单位建立低压设备资产台账表和低压电源图，以墙箱为单位建立接户线台账数据，掌握低压设备运行实际情况。加大低压设备修理改造投资力度，以报修集中的线路为突破点，改善设备运行状况；接户线改造2500余户，设备改造量约为2008、2009年总和的6倍；低压重载线路均负荷40余路。细化小区域负荷预测，对高增长区域提前制订方案解决设备过载问题，针对大负荷期间电网暴露出来的问题，对14座低压过负荷配电站室制定落实分倒负荷方案。低压故障报修量同比降低6.9%，接户线报修量自7月实施接户线改造工程以来同比降低21.3%。

整合应急指挥资源，实现多专业联动，完善应急管理制度以及应急发电车（机）保养维护、紧急调用机制。制定“煤改电”地区专项应急预案，配备小型发电机，确保电采暖居民可靠供电、平稳度冬。针对全国“两会”等重大活动以及度夏、度冬等季节特点，开展大规模应急演习。

配电网故障同比降低14.4%，户均平均故障停电时间6.78 min/户，同比降低11%。在最高负荷达230.1万kW的情况下，实现三个百日安全长周期，获得北京市电力公司安全生产管理先进单位称号。

【营销与优质服务】 加强电费业务监管力度，建立抄表工作标准化作业模式。1.1万余户“煤改电”居民全部应用国家电网智能电表。继续扩大电缆网分线线损分析范围，在实现全部变电站电缆直配客户线损分析的基础上，推进开闭站电缆线路的采集器加装工作，高压客户采集实用化率100%。故障停电时间减少315 h，增供电量35.3万kWh。优化业扩工程管理流程及组织机构模式，开展“保热点、压结存”专项行动。新装、增容客户17 468户，用电容量56.8万kVA，同比增长59.77%。与政府相关部门加强沟通，掌握信息和需求，推动电动汽车充电装置建设。全年售电量90.21亿kWh，同比增长10.03%；售电均价725.73元/MWh，同比提高8.92元/MWh；线损率6.22%，同比下降0.68个百分点。获得北京市电力公司营销工作先进单位称号。

对全国人大会议中心等特级供电客户开展内部供电设备安全隐患排查工作，对中央部委、党政机关等进行用电安全专项走访；对二级以上重要客户外电源进行全面评估，制定落实重要客户外电源隐患整改方案28项；向4700余户10kV等级以上客户寄发信函，提示用电安全，协助客户消除用电隐患。对牛街老旧小区3个配电室进行改造，消除用电安全隐患。收到社会各界锦旗、表扬信、电话表扬1788件。获得北京市电力公司优质服务先进单位称号。

■ 6月18日，巾帼服务队安全用电进校园活动。（金建　摄）

开展“安全用电进校园”等特色服务活动20余次，受到《国家电网报》等行业媒体及北京电视台等社会媒体的广泛关注。首都电力巾帼服务队以大型社区居民客户、特殊群体客户为服务对象，建立客户服务档案。开通首都电力巾帼服务队网络博客，访问量3000余人次。获得北京市电力公司巾帼标兵岗称号，服务队队长陈牧云获得北京市电力公司“十佳服务之星”及国家电网公司“服务之星”称号。

【科技工作】 “城市智能化配电网研究与应用”科技成果获得国家电网公司科技创新二等奖。国家电网公司重点科技项目“北京城区重要供电客户数字化供电系统的研究和建设”、“北京城市高可靠性供电区域建设和改造评估及示范工程建设”取得阶段性成果，通过北京市电力公司验收。

【党建与精神文明建设】 开展“爱岗敬业比奉献，忠诚履责保供电”主题活动，做好创先争优活动公开承诺、领导点评、群众评议工作，开展“亮身份、强素质、比贡献，争创三岗”活动。深化“电网先锋党支部”创建工作，通过民主生活会、组织生活会、班组会议、座谈交流等多种方式，开展党支部创新特色活动。全年发展党员13名，14名预备党员按期转正。城区公司基层班组入选全国质量信得过班组，QC成果分别获北京市电力公司一等奖、三等奖，以“智能电网建设”为主题的刘日亮创新工作室入选北京市电力公司示范性创新工作室。承办北京市电力行业全国和首都精神文明创建工作先进单位复查座谈会，“展首都服务特色　铸电力巾帼品牌”精神文明创新成果获北京市电力公司一等奖，获得北京市电力精神文明创新优秀组织单位称号。发挥员工民主管理职能，征集反馈代表提案和员工合理化建议192项。坚持以策划统领品牌传播工作，完善新闻预警和新闻应急机制。针对北京市行政区划调整，主动加强与新东城、西城政府部门的沟通交流，争取政府及社会各界对公司工作的支持。

落实北京市电力公司“学制度、促廉洁、保发展”主题教育活动，开展“学习党纪条规、学习‘红线’案例、学习专项管理制度”，以及“讲廉政党课、建廉政网站、考廉政知识、创廉政作品、听廉政讲座”等活动，强化廉洁从业意识。开展“识风险、抓防控、促精品、保发展”廉洁风险管控活动，进行廉洁风险自查。进行工程建设领域突出问题专项治理，带电作业效能监察获得北京市电力公司优秀成果一等奖。

（郑　磊）

朝阳供电公司

【概况】 朝阳供电公司（简称朝阳公司）是北京市电力公司的直属供电企业，负责辖区内 110kV 及以下电网建设、调度、运行，10kV 及以下电网检修维护、应急抢修和营销服务工作，供电区域 470.8km^2，2010 年售电量达到 133.11 亿 kWh。

截至 2010 年底，朝阳公司共管辖 110kV 变电站 39 座，35kV 变电站 3 座，共计安装主变压器 108 台，主变压器容量共计 5335.8MVA。10kV 架空线路 259 路，线路总长度 1571km；低压架空线路 1521km。10kV 电缆 8780 条，总长 4012km，低压电缆 22 260 条，长度 38 466km。

地址：北京市朝阳区关东店 24 号

邮编：100020

电话：63661123

【人力资源】 截至 2010 年底，朝阳公司共有职能管理处室 16 个，基层一线单位 21 个。其中，生产运行检修部门 6 个，营销生产部门 12 个，其他生产部门 3 个。在册职工 627 人，其中，全民所有制职工 556 人，集体所有制职工 71 人。银杰公司职工 579 人。全民职工中，具有高级职称 31 人，中级职称 92 人。大学毕业及以上 250 人，专科毕业 169 人，中专（含中技）以下 137 人。

举办中层干部系列培训班，讲授课程包括绩效管理系列、电力营销相关法律、人性化沟通能力提升、从专业到管理等多门课程。制定朝阳公司工资总额预控计划，结合全员绩效工作，达到薪酬的合理使用、有效激励。针对本年度薪酬结构和资金发放形式的变化，通过薪酬数据分析，为朝阳公司领导决策提供建议和数据支持。

【电网规划与建设】 2010 年，朝阳公司结合地区供电需求，完成《朝阳地区“十一五”电网规划》后评估调研工作，修编《地区“十二五”电网规划》，确定了电网差异化发展结构和电网建设规模。配合区政府启动“朝阳地区电力市政规划站线空间布局”的落实工作，配合轨道交通等政府重点建设项目，落实相关电力规划。修订《基建工程管理办法》等规章制度，采取现场过程造价控制和投运典型批准书等工作模式，确保施工安全、质量和进度。按计划投产了通盈、朝阳公园二期等 6 项新改建项目；完成了呼家楼、大屯 2 个电动汽车充电站建设，积极推进北土城、慧新西等 5 个充电站的实施；完成朝阳生产调度楼用地规划调整工作。

【经营管理】 强化落实了对安全生产、资产经营、规划建设和精神文明等 172 项业绩考核指标和 101 项同业对标指标的责任。依据年度业绩考核结果，增加了 20.8 % 的工资总额。朝阳公司创一流同业对标综合评价排名位于 A 段，被评为综合标杆单位。其中，资产经营、营销服务、人力资源、信息化管理被评为专业标杆。在指标管理工作中，朝阳公司组织申报了 31 篇同业对标典型经验，其中 14 篇入选北京市电力公司典型经验库。

组织财务集约化的实施，与生产、营销、人资等专业系统对接，实现对人、财、物的全面风险管控，朝阳公司财务管理模式逐步由“核算反映型”向“管理控制型”转变，形成统一的标准化工作流程，建立了实物资产与财务价值的联动机制。推行资金集中支付工作，审核近万份供应商相关信息，确保资金支付安全；减少银行未达账项上万笔，核定固定资产账、卡、物信息；通过国家电网公司风险管控专项组的稽核验收。

制定《朝阳供电公司全员绩效管理实施细则》和《业绩指标与同业对标指标奖励与考核办法》等制度，以公开、透明为原则，明确考评标准、方式，并对考核结果进行公示，建立了指标奖励的正向激励体系。

制定《朝阳供电公司制度管理办法》，开展“强管理、控风险”专项活动，重点围绕“三重一大”决策制度、重大事项报告制度等内容。落实《多经企业规范整合实施方案》的要求，推进多经规范整合工作，建立和完善了相关规章制度，重点加大对多经企业资金管控、使用审批，工程合同的审核管理，实施单项工程核算，规范了企业经营行为。

【安全生产】 制定《“百日安全”活动工作方案》，完善组织体系，明确工作职责，为保持安全生产稳定局面提供了组织保障。“百日安全”活动期间，共检查出存在问题 15 件，已全部整改完成。全面落实领导干部及管理人员现场把关工作要求，修订《领导干部及管理人员生产现场到岗到位实施细则》，规范巡检工作。上半年，共执行到岗到位 2861 人次。其中，朝阳公司领导 101 人次，处室管理人员 590 人次，工区管理人员2169人次。

■ 6月11日，朝阳公司成立党员先锋队，确保夏季大负荷期间用电安全。（罗文德　摄）

按照北京市电力公司《关于以站、线为单元开展输、变配电设备、设施隐患排查工作的通知》要求，制定《排查工作实施方案》，依据“排查重点”，分管理部门、工区、班组三个层面落实隐患排查相关工作。

【营销与优质服务】　2010年，朝阳公司以开展内部对标为手段，加强过程管控，确保了指标的完成。建立窃电嫌疑客户数据库，规范打击窃电工作流程，提高了打击窃电工作针对性，收回违约使用电费1252万元，追补电费380万元，追补电量637万kWh；完善《电费回收管理办法》，健全电费风险预警机制和预控措施，确保了电费的按时结零；开展提升抄表自动化率专项工作，抄表自动化率达到98%以上；组织开展电价自查、互查工作，规范地区电价政策执行的准确性，确保了朝阳公司售电均价的完成水平。朝阳公司营销服务综合评价在北京市电力公司保持了第一名的成绩。

全年售电量累计完成134.91亿kWh，同比增长9.91%；应收电费余额结零；线损率全年完成5.65%，低于指标0.34个百分点；售电均价全年累计完成726.4元/MWh，同比增加27.88元/MWh；电费回收率全年累计完成100%。

严格按照《供电监管办法》和《供电企业信息公开实施办法》的要求，开展自查自纠工作，围绕现行规章制度、业扩报装流程，严格落实各项整改要求，杜绝“三指定”现象的发生；开展“电力服务进使馆”特色用电服务，对125个大使馆及外交机构的电源可靠性、运行管理能力等方面进行全方位评估，并实施了用电隐患改造工程；完成朝阳地区179户二级以上重要客户用电安全隐患的梳理，督促客户及时整改。继续开展窗口明察暗访和客户抢修工作的现场检查，提高客户满意度。

■ 6月18日，朝阳公司先锋电力服务队进社区，为广大居民宣传普及安全用电知识。（罗文德　摄）

【科技与信息化】　依据《朝阳供电公司科技管理办法》，共评出优秀群众性技术创新5项，其中以“架空线路视频防盗监控系统”、“大客户信用等级评价系统”社会效益和经济效益最为突出；朝阳公司科技成果“利用统计学方法分析自动化设备缺陷”等十余项科技成果申请了专利；共评出朝阳公司优秀科技论文一等奖3篇，朝阳公司优秀科技论文二、三等奖共8篇，推荐了11篇优秀科技论文参加北京市电力公司优秀论文的评选。

开展信息安全工作，制定《朝阳供电公司信息安全专业百日安全活动实施方案》，召开信息安全管理工作动员大会，设立36名信息安全管理网员，修订《朝阳供电公司信息安全管理细则》和《朝阳供电公司信息安全绩效考核管理细则》，增强了信息安全监管技术手段，并组织多次信息安全培训、答题活动，开展“信息安全小提示”活动，加强对信息安全的宣传力度。

【党建与精神文明建设】　朝阳公司党委制定“围绕一个中心、实施三项工程、实现两个确保”（围绕一个中心：在全体员工中牢固树立忠诚企业、服务首都意识，为实现公司发展战略目标共同努力拼搏。实施三项工程：加强党的建设，实施“四强四优”创建工程；加强企业文化建设，实施企业文化落地工程；加强员工队伍建设，实施员工素质提升工程。实现两个确保：确保职工队伍稳定，确保各项指标和任务圆满完成）的工作思路，提升了公司的凝聚力、执行力和软实力。

开展学习教育、读书活动、企业文化故事征集、“我是企业主人翁，我为销售献良策”、“忠诚企业网上谈”等活动，引导广大员工加深对“四个意识”的理解。广泛开展先进典型宣传行动，在公司主页开辟

“朝阳风采”栏目，选树在安全生产、营销服务、职能管理、文化建设等各方面的典型人物和事迹，包强、马力、变电铁军、生产指挥中心等典型人物和事迹先后刊登在国家电网报、中国电力报和北京电力报上，增强了影响力。

整合朝阳公司党委设立的党员先锋岗、党员责任线（路）等，各支部严格选树，党委统一制定职责，制作标识，以党委文件形式进行命名，树立党建工作品牌，确保“一个党员一面旗”。“先锋电力服务队”开展电力进社区延伸服务，开展两次规模较大的服务行动，先锋队员的专属服务11件次，为服务对象买电、换开关、整理内线6次，涉及“先锋电力服务队”的宣传报道12件。6月18日，党委组织“先锋电力服务队进社区”大型活动，为望京广顺南大街望花路西里小区4栋共16个单元楼的居民开展了用电知识宣传和安全隐患排查，为20余名孤寡老人和残障人员提供爱心服务。

（赵 岩）

海淀供电公司

【概况】 海淀供电公司（简称海淀公司）成立于1987年，是北京市电力公司的直属供电企业，位于海淀区中关村高科技开发区的中心地带，负责海淀地区431km^{2}范围内的电力供应、销售和变电、配电设施的建设、运行及维护，肩负着区域内国家党、政、军机关，大专院校、高科技产业及首都政治活动和全区近300万常住人口的安全供电任务。负责110kV及以下电网规划和电网建设工作；负责110kV变电站运行维护工作；负责10kV及以下架空线路、电缆线路和开闭站、配电室、箱式变压器的调度、运行、检修及事故处理；负责全区所有电力客户的用电检查和客户高、低压报装、接电及65万客户的抄核收工作（其中居民户数为62万户）。

地址：北京市海淀区双榆树南里二区八号
邮编：100086
电话：62150384

【人力资源】 海淀公司共有职能部门13个、生产工区9个、生产班组42个。1个多经公司：海淀供电实业开发总公司。

海淀公司全民职工总数为511人(在岗509人、内退2人)、集体工28人、劳务派遣工559人。全民职工中，具有大学专科及以上人员451人，高中及以下人员60人(其中获得高级工证书的60人)；具有副高级以上专业技术资格为29人，中级专业技术资格79人，初级专业技术资格179人。

重组职能部门，合理确定职能处室设置及管理岗位编制，明确职责范围，理顺内部关系。实施绩效管理，建立绩效管理组织体系，制定下发业绩考核办法和绩效管理实施细则，推行绩效经理人制度，开展绩效指标体系建设。强化全员教育培训，重点培养一专多能的复合型人才，2010年共有79人取得技师资格证书，人才当量密度达到98.07%。

【电网规划与建设】 编制完成《海淀电网“十二五”规划》。以海淀北部地区开发为契机，完成海淀北部地区电力专项规划。首次将地区电网规划纳入市政规划，为实现地区电网规划提供了有力的制度保障。主网建设稳步推进。2010年，完成市属重点项目配套的北坞村、西二旗等重点输变电工程的选址工作，后八家、宝盛里、五路居等输变电工程站址落地。2010年，电网建设项目达到18项，全年110kV投产主变压器容量20万kVA，新增电缆线路2.4km。2010年，海淀区政府批复财政资金2.5亿元用于支持海淀地区110kV重点输变电工程项目以及关系百姓民生、解决居民终端用电问题的10kV项目和低压项目。

■ 6月18日，苏州街110kV变电站扩建工程顺利投产，使中关村核心区供电容量增加一倍。

截至2010年底，海淀公司拥有110kV变电站29座、35kV变电站1座，主变压器94台，总容量4783MVA；有10kV开闭站91座，小区配电室624座，配电变压器4924台，10kV电缆线路长度

3384.6km，10kV架空配电线路1463km。

【经营管理】 2010年完成各项资产经营指标情况：110kV及以下考核口径售电量106.06亿kWh，同比增长9.57%。按行业分类分析，增长较大的依次是信息传输、计算机服务和软件业，交通运输、仓储和邮政业，公共事业及管理组织。线损率完成7.11%，低于指标0.05个百分点；电费回收率100%；应收电费余额结零，低于指标890万元。完成19项工程的竣工决算，竣工决算率完成100%，决算金额3.66亿元。

2010年海淀公司取得北京市电力公司同业对标综合管理标杆单位第一名的成绩，取得规划建设、生产管理、信息化管理、调度管理、营销服务五个专业管理标杆。其中，上游指标从74%提升到83%，下游指标从11个（占比9%）减至3个（占比3%），实现年初制定的消除由于管理落后造成的下游指标，并将下游指标降到5%以下。

【安全生产】 坚持“安全生产无事故是底线，零违章才是目标”的理念，开展安全风险管控。开展季度“安全卫士”和“安全之星”的评选活动，建立调研月制度，通过每年全国“两会”和度夏期间深入一线各班组调研，推进企业“团队安全文化建设”活动。依靠地方政府，启动应急指挥联动体系，增强应急处置能力，电网成功经受住夏季255.2万kW、冬季202.3万kW的最大负荷考验。实现安全生产全年无事故。截至2010年底，已实现安全长周期1600天。完成政治供电任务196项，完成全国“两会”、“嫦娥二号”、北京首届武搏会等重大供电保障任务，累计保电天数达329天。

■ 10月1日，海淀公司顺利完成嫦娥二号卫星发射升空飞行控制任务保电工作。

【营销与优质服务】 推进新能源项目建设，航天桥、万泉河、岳家楼电动汽车充电站外电源工程如期发电。按照国家电网公司加强电力客户电能信息采集系统建设的要求，完成1600具试点国家电网智能表的更换和调试工作。严控欠费风险，警企联合打击窃电行为，为企业挽回经济损失627.802万元。地区所辖变电站全部联网，实现了信息网络全覆盖。做好发电服务，挖掘报装结存容量潜力，加快报装接电速度，拓展增量市场。2010年，海淀地区受理新装增容报装18 493户，容量178.616 0万kVA，较同期增加59.133 2万kVA，同比上升49.49%；完成接电15 388户，接电容量64.554 9万kVA，较同期减少20.102 4万kVA，同比下降23.75%；年累计结存102.483 5万kVA，较同期增加91.926 5万kVA。

■ 11月13日，航天桥电动汽车充电站配电室投运。图为11月14日深夜充电站电气设备到货。

开展“笑容常在，满意100”等多种主题宣传活动，建立优质服务学习日、优质服务主题周等常态学习机制。开展“服务之星”、“服务志愿者”评选活动。建立统一规范的客户服务口径，编写服务手册，完善典型实践库。制作完成“营业窗口服务规范”电教片，建立窗口服务的常态化、低成本培训模式。加大服务管控力度，建立健全优质服务巡检组工作制度，完善监督评价机制，初步建立起“以市场为导向、以客户为中心”的利益共同体服务文化。在海淀区开展“优质服务年”活动，提出了“一融入、两确保、三主动”的理念，并在经验交流会上作了典型发言。

【农电工作】 完成农网低压台区修理、低压线路综合检修、农网低压线路修理3项大修项目。建成新农村电气化乡（镇）6个，电气化村36个。共增设售电网点7个、抢修网点4个。在中国电力报社举办的“中国最美供电所”评选活动中，苏家坨西区供电所入选，带动了海淀农村地区供电服务水平的有效提升。

【科技与信息化】 2010年，组建科技信息中心，建立适应海淀公司发展和地区电网发展要求的科技信息管理模式。将PMS、GIS系统应用情况列入2010年同业对标生产管理类指标，加强两系统实用化率控制工作。组织营销各部门进行营销SG186系统上线前数据准备工作，稳步推进基建管控系统、安监SG186系统推广上线工作，开展协同办公、人资管控等系统深化应用准备工作。做好“人财物”集约化管理工作，配合科技信息部完成PMS、GIS、营销MIS等工程IT设备台账维护和工程转资工作。启动并完成2010年群众性技术创新项目征集上报工作，共征集上报“电缆上杆防护角铁防盗抱箍的研制”、“开闭站、配电室漏水报警装置的研制”等项目4项。完成第四届全国电力系统无功电压技术研讨会论文征集上报工作，其中《海淀地区无功电压现状分析》获大会优秀论文三等奖。

【党建与精神文明建设】 党委结合创先争优活动，将“比安全、比服务、比业绩，党员争当岗位先锋、干部争当岗位模范、员工争当岗位标兵”的主题教育活动贯穿全年。坚持抓好党的建设，以创建“四好”班子为龙头，坚持“三重一大”议事规则，全面落实“一岗双责”。加强党员干部队伍作风建设，开展学习型党组织建设活动。坚持抓好队伍建设，注重思想道德和法制教育，加大员工技术技能培训力度，开展“忠诚企业，服务首都”主题教育活动。坚持抓好企业文化建设，推进国家电网公司优秀企业文化落地，启动公司团队安全文化建设工作并编写《团队安全文化建设手册》。坚持抓好党风廉政建设，开展“学制度、促廉洁、保发展”主题教育活动，深入推进工程建设领域突出问题和“小金库”专项治理工作，廉政监督已形成制度化、常态化机制，惩防体系建设初见成效。注重先进典型的示范作用，2010年，在北京市电力公司“十大首都电力之星”和“十大优秀团队”的评选中，双榆树供电所所长冯丽利和生产技术处分别名列第一名，冯丽利还获得了北京市电力公司“真诚服务、岗位创新”供电十佳服务之星、北京市国资委“群众心目中的好党员”、国家电网公司供电“优秀服务之星”等多项荣誉。

（刘明昆）

丰台供电公司

【概况】 丰台供电公司（简称丰台公司）成立于1987年2月27日，主要负责丰台区的电力供应、销售和输电、变电、配电设备的建设与运行，肩负着为丰台区305.87km^{2}内企、事业单位和居民生活提供安全供电，以及区内配网设施的运行管理等工作。

截至2010年底，丰台公司共管辖110kV变电站22座；35kV变电站1座；10kV开关站112座；10kV小区配电站950座，箱式变电站70座；10kV架空线路174条，总长度1183km；10kV电缆线路5148条，总长度2069km；最大负荷156.4万kW。地区所辖用电营业户67.3万户。

丰台公司领导班子。左起：总工程师陈斌发，副经理陈晓东，副经理赵化明，经理陈平，党委书记张玉海，副经理辛放，工会主席安开泉。（周卫国 摄）

2010年，丰台公司圆满完成北京市电力公司下达的各项工作任务，荣获国家电网公司先进集体、国家电网公司文明单位和首都文明单位标兵称号，连续四年荣获北京市电力公司先进单位。

地址：北京市丰台区丰北路117号
邮编：100073
电话：63663123

【人力资源】 截至2010年底，丰台公司共有员工515人，其中，全民员工480人，集体员工35人；研究生学历28人，本科学历129人，专科学历152人；副高级职称7人，中级职称69人；技师及以上职业资格76人，高级工347人，中级工21人。

2010年完成培训项目141个，培训170班次、5893人次，全员培训率达100%，教育培训经费投入率为8.95%，人才当量密度为92.34%，提升1.14%。

平稳推进全员绩效管理工作，制定绩效考核办法，落实并不断调整和完善。按照北京市电力公司要求，顺利实施机构改革，梳理200余个岗位职责，按照知识技能、工作责任等14项评估要素完成岗位评价工作，完成管理岗位及职能部门下设生产岗位的竞聘工作。加大干部培养力度，将一批工作能力强、综合素质优的年轻同志充实到中层干部队伍。深化教育培训，搭建技术交流平台，组织员工参加专业培训、职业技能鉴定、技师申报以及各种竞赛、调考。

【电网规划与建设】 2010年，丰台公司根据地区规划完成了《北京市丰台区配电网“十二五”规划》、《丰台永定河绿色生态发展带电网规划专项报告》编制工作，配合北京电力经济技术研究院完成首钢协作发展区、丽泽金融商务区等多个专项电网规划。完成45个重点项目供电可行性咨询。密切与区政府、区发改委沟通联系，设置专职联络员及时沟通信息，有效促进规划和工程前期工作的开展。

进一步贯彻“大基建”管理思路，细化工程管理流程，将造价过程控制引入全部主网工程，缓解工程决算压力。2010年共完成3项110kV变电站10kV配套切改工程、16项配网10kV迁改工程、9项配网技改工程、5项专项技改工程、2项度夏工程和8项营销改造工程，完成110kV东管头站扩建工程，完成北京地区首个在轨道交通运营前完工的穿越地铁大兴线电力隧道工程，以及蒲黄榆等道路随路建设工程。

■ 8月25日，地铁9号线东大街路架空线路入地工作现场。（王标　摄）

2010年，丰台公司负责建设的220kV玉泉营变电站在国家电网公司优质工程检查中荣获北京地区第一名。110kV五里店变电站和七里庄变电站电气安装、电气监理工作被北京市电力公司基建部授予“争创无违章工地”流动红旗荣誉。

【经营管理】 截至2010年底，丰台公司完成固定资产投资3.27亿元，同比下降26.68%。

加强财务集约化管理，顺利完成财务管控系统、集中支付系统和现金流预算系统上线工作；细化“工程物资、竣工决算、资产设备联动”等指标，明确责任部门，制定考核办法，保证资产管理数据准确；完成物资管理体系建设，制定《丰台供电公司物资管理办法》，规范物资采购及发放流程，实现网上办理物资需求计划和领、退料手续。全年共梳理规章制度312项。完成物资库房的改扩建工程，改建多功能厅，进行办公区域改建装修。

开展“依法治企”工作，对影响公司持续健康发展的主多分开、职工持股、集体企业管理、收入分配、业扩报装“三指定”五个方面的突出问题进行规范整治，制定《丰台供电公司多经电力施工企业规范整合实施方案》并通过北京市电力公司审核。修订“三重一大”实施细则，引进重大经营决策法律风险论证和法律审核制度。2010年，丰台公司获得国家电网公司“五五”普法先进单位，被北京市电力公司授予“法治电网”依法治企专项活动先进单位。

全面提升班组标准化建设，从42个班组中挑选出20个班组开展建设，通过北京市电力公司验收。青塔运维队作为北京市电力公司试点标杆，被国资委授予中央企业“红旗班组”称号。2010年，丰台公司在北京市电力公司同业对标中名列第五，安全管理、调度管理和信息化管理三个专业荣获专业标杆，在国家电网公司45家地市供电公司对标中荣获第六名。

【安全生产】 截至2010年底，丰台公司累计安全生产长周期1543天。开展安全生产警示教育活动，坚持采用“安全第一责任人亲自讲解事故电传”等管理方法，编制并发放《安全生产口袋书》，组织一线生产人员岗位安全职责、风险管控细则等培训学习。梳理完善并严格落实岗位安全生产责任制，建立多部门联合风险管控体系和风险会商发布机制，深入开展作业过程风险管控、危险源辨识、风险评价和控制，严格控制电网、人员、设备、环境和用户风险。坚持生产现场到岗到位制度，2010年，丰台公司领导及管理人员现场督导检查764次，督促整改违章18次。

组织修订变电站、开闭站现场运行规程，深化PMS、GIS系统应用，提高基础资料的完整性和准确性。加强设备巡视检查，开展度夏及度冬设备的测温、测负荷工作，强化站内设备防风、防寒、防汛、防小动物措施检查及变电站的状态监测工作。建设带电作业车库，对带电作业车辆进行标准化管理，开展带电作业培训，确保带电作业各项规程规定落实到位，顺利通过北京市电力公司验收。完成抗日战争纪念馆等政治保电任务41项。完成调控中心、报修中心、应急指挥中心及相应配套设施建设，梳理调控运行工作流程，完善应急值班体系。

■ 12月10日，丰台公司调控中心投入运行。（周卫国　摄）

全面开展设备和环境隐患的排查整改，配网故障次数较2009年同期降低18.1%。开展以站、线为单元隐患排查及整改工作，共发现各类缺陷、隐患、问题28 733件，处理6086件。开展61路故障高发线路的综合整治，同口径故障同比下降92次；实施架空线路防雷改造等26项管理和技术措施，河西多雷区线路防雷水平大大提高，全年仅发生雷击断线2次，同比下降7次。从运行、技术、管理三方面对21%的重要用户外电源实施整改及风险降级。反外力工作实现"主动联系、主动迁改、主动保护"，全口径电缆外力故障率降低25%。规范去树工作流程，共修剪威胁线路运行的各类树木51 311棵。划定车刮光缆故障高发区域，按照轻重缓急整治三线搭挂隐患121处。丰台公司连续四年获得"北京市电力公司安全生产管理先进单位"称号。

【营销与优质服务】 深化信息系统应用，开展基础数据整理工作，顺利推动国家电网SG186系统上线。规范计量管理，修订《周期校验工作要求》等4项现场工作规定，建立完善计量隐患管理制度，初步形成了包含5大项21小项的计量工作质量管理体系。依法梳理停电流程，与区政府密切配合，关停高耗能大工业，促进北京市"节能减排"目标实现。积极推进国家电网智能表计安装，完成2244具智能费控表计安装工作。

加强指标过程管控，分解16个同业对标指标和32个营销服务指标，明确责任部门及职责分工。在提高售电量指标方面：①加强电量电费异动分析，现场查处异动用户，打击窃电，追补电量，累计挽回经济损失1400余万元；②加快客户报装接电速度，全年共完成客户接电3.27万户、容量约55.4万kVA，完成4项重点客户外电源工程、6项市政府保障性住房项目配套电力设施工程；③探索新的效益增长点，按期完成马家楼电动汽车充电站、丰北桥和南沙窝桥电动汽车充电桩的试点建设，大力推进三网合并试点小区建设。在降低线损率方面，分解线损指标到所、到线、到台区、到个人，推动线损新系统上线，实现线损计算实时在线显示。在提升售电均价方面，开展电价稽查，重点核查农业电价和学校优惠电价执行情况，电价执行正确率99.999%，累计同比提高28.95元/MWh。落实停电催费审批手续，运用法律手段加强电费催缴，实现电费回收100%；完成13个临时代永久小区改造，消除居民欠费隐患。

加强客户用电管理，明晰产权分界，协助客户排查用电安全隐患，制定防止双电源客户返电源措施，梳理客户自备电源管理办法，签订自备发电机协议书。2010年，共督促客户消除内部隐患32处，督促300余户客户进行绝缘工具和防雷试验，完成客户侧政治保电任务23次，完成防汛点检查35处，制定需求侧四级调控方案，为电网平稳度夏提供支持。

提高客户服务品质：①开展"塑文化、强队伍、铸品质"供电服务提升工程，以"绿色电力 品质生活"为主题，走进居民社区、走访大客户进行电力宣传，共计126人次参与，发放宣传资料2000余份。开展"供电服务之星"创建活动，持续提升窗口规范化建设水平；②深化"阳光报装 诚信服务"行动，从业务受理、方案设计、发电验收等环节着手，规范流程，坚决杜绝"三指定"现象。2010年共受理客户报装4.21万户（其中高压用户631户），容量约133万kVA；③创新服务举措，搭建短信通信平台，对停电计划涉及的重要用户以短信方式提前告知；④深化"三新"便民服务，继续开展为弱势群体送卡服务。组织参加北京市电力公司"供电服务之星"竞赛，两名员工被评为"十佳服务之星"。丰台公司连续8年荣获"北京市电力公司优质服务先进单位"。

【农电工作】 截至2010年底，丰台公司共有17个电气化村和1个电气化乡。开展农电“违章”排查整治工作，从规章制度的制定与落实、标准的制定与执行、经营管理、安全生产、工程建设、供电服务、队伍建设七个方面重点排查、逐条梳理，经排查未发现违章问题。依据农电专业化管理原则，将农电工作分解到各供电所，完善考核指标。

【科技与信息化】 建立重要用户短信告知平台，与IBM中国研究院合作开发电网评估与改造辅助决策试点项目。完成“电缆故障模拟训练器”、“电缆试验延长器”、“防窃电箱式变压器”、“配电变压器专用隔振降噪机座”4项专利申报工作。重点培育了“箱式变电站防窃电研制”、“机房环境监控系统”、“临时接地线螺旋式线夹改造”、“电缆临时分支箱”4项科技创新成果，其中，“箱式变电站防窃电研制”获北京市电力公司技术改进三等奖，“机房环境监控系统”获北京市电力公司群众性创新成果奖。“变压器降噪设备的研制”QC成果荣获全国电力行业协会QC成果一等奖。

加强信息网络运维管理，加强43个外围站点和本部信息网络的日、周巡视和季度巡检工作，全年组织720人参加信息安全培训，加强信息安全常态检查和软件扫描，及时发现隐患并整改，未发生信息系统重大故障及失泄密事件。推进信息化基础建设，开通全部变电站的PMS/OA通道，信息网络覆盖率达100%。新建信息机房动力环境监控系统，推进东、西楼机房扩建和改造工作。2010年，丰台公司荣获北京市电力公司2010年度科技信息先进单位。

【党建与精神文明建设】 制定并实施“加强党的建设”及“企业文化建设和队伍建设”两个三年规划（2010～2012年）。创新提出“三争当　三创建”主题实践活动，形成自觉学习、爱岗敬业的良好氛围。成立10个“共产党员服务队”，百余名共产党员主动走进社区，服务居民客户。丰台公司用电营销党支部被评为国家电网公司“电网先锋党支部”，变电党支部荣获北京市电力公司“先进党支部”，“叫响我是共产党员”党支部创新活动获北京市电力公司党支部创新实践成果一等奖。

开展党风廉政建设，开展“学制度、促廉洁、保发展”主题活动，开展“小金库”和“工程领域专项治理”等工作。

选树以李向昕为代表的北京市劳动模范典型，通过授书等活动深化宣传先进。2010年，共出版《丰台供电报》12期，在北京市电力公司发布视频新闻78条，制作专题片7部。在《北京电力报》、《北京电力》杂志发表文章78篇。在《国家电网报》、《中国电力报》等行业媒体和地方政府宣传载体发表文章62篇。

工会积极为职工办实事、办好事，组织职工体检和接种疫苗，发放生日蛋糕卡和健身按摩垫，为职工预定健身场所。团组织开展“知形势、明使命、强信念、同发展”主题实践活动，开展团建创新、青年安全生产示范岗、青年诚信服务岗和“号手队”创建工作，丰台公司客服大厅、方庄供电所、花乡供电所荣获北京市电力公司“青年文明号”称号。

（黄　佳）

石景山供电公司

【概况】 石景山供电公司（简称石景山公司）成立于1988年，负责石景山地区73.74km^2、51万人口的电力供应、销售和110kV及以下变电、配电设施的建设、运行维护工作。管理营业户数15.61万户，售电量26.8亿kWh，最大负荷27.5万kW。

2010年，石景山公司圆满完成各项工作任务，荣获北京市电力公司先进单位、营销服务先进单位及党风廉政建设工作优秀单位称号，并连续五年荣获首都文明单位称号。

地址：北京市石景山区鲁谷路59号
邮编：100043
电话：68669008

【人力资源】 石景山公司下设11个职能处室，9个生产单位。截至2010年底，共有职工344人，其中全民职工192人，集体职工18人，劳务派遣用工134人；大专及以上学历人员140人；高级职称13人，中级职称27人；持有职业资格证书人员151人。

石景山公司注重员工队伍的再学习，以“全员唱主角，共同搞培训”为主题开展培训活动。2010年，共组织各类培训201次，参培人数达4660人次。鼓励员工岗位成才，开展双师培养工作，人才当量密度达96.61%，高技能人才比例99.07%。开展班组标准化建设工作，上报的15个班组全部通过了北京市电力公司的达标验收。

【电网规划与建设】 编制完成《北京市石景山区配电网“十二五”规划》，启动《石景山区电网专项规划》编制工作。超前研究首钢搬迁后地区经济转型对电网的新要求，编制完成《首钢主厂区电网专项规划》。完成对石景山区电缆隧道现状的梳理工作。

完成村齐南支110kV架空线入地、阜石路架空线入地、台湾街架空线入地及阜石路穿越预留沟道等多项北京市和石景山区的重点工程。2010年新建10kV开闭站3座、配电室12座，架空线路6km，电缆线路42km，新增配网容量2.58万kVA，配网供电能力提升了6.29%。

【经营管理】 定期召开月度经济活动分析会，以业绩考核指标为抓手，促进经营管理水平不断提升。全面开展财务集约化工作，加强资金预算和资产管理，发挥资金计划的管控作用，强化预算支出的计划性，固定资产联动率达98.83%。完成石景山公司办公楼、员工宿舍、6个变电站、25个开闭站、125个配电室、92个电缆刀闸小室的资产清查、确权工作。

开展“法治电网”依法治企专项活动，加大普法工作力度，开辟依法治企专栏，组织“合同签订中的法律风险防范”培训，荣获北京市电力公司“法治电网”依法治企专项活动先进单位荣誉称号。深入推进基础管理年活动，梳理现有规章制度及业务流程，完成《石景山供电公司业务名录》编制及物资、基建、营销和生产工程类共计110项业务流程的梳理。进一步规范集体企业管理，实现集体企业资质升级及三标一体认证。

【安全生产】 建设以“双基”（即“坚定不移地巩固安全生产的基础地位，坚定不移地贯彻落实确保安全的基本规章制度”）工作方法为核心，“五为”（领导为先、制度为基、规程为上、班组为重、员工为本）和“三到位”（准备到位、提示到位、监督到位）为基础的企业安全文化。开展“百日安全”、安全大检查、隐患排查、安全监督审计等专项活动，全面落实安全生产责任制，加大安全生产考核力度。领导干部及管理人员到岗到位217人次，安全巡检组下现场检查114次，发现问题及时进行整改。

完善停电计划管理，将生产、基建、业扩、营销等部门的停电工作、业扩发电、带电作业、基改建工程全部纳入计划工作中，计划完成率100%。提升带电作业精细化水平，成立带电作业班，完成带电作业246次，带电作业化率93%，荣获北京市电力公司带电作业先进单位称号。实施“提升配电抢修速度精益管理”项目，优化完善抢修流程。建立周风险和电网运行风险会商机制，发布《每周电网风险提示》及《工作现场作业及电力设施保护安全风险防范措施提示》，形成保证电网、设备及人身安全的双重提示，全面提升风险管控能力。全年供电可靠率99.985 8%。

■ 1月8日，石景山公司线路工区人员冒雪巡视线路。（李洋　摄）

稳步推进调控一体化工作，石景山公司电网调度控制中心于7月28日正式投入运行。建立完善的运行管理制度体系，对人员进行系统培训。对所辖6座110kV变电站的近7000余条自动化信息数据进行梳理。完成自动化“三遥”的传动工作，传动各类信息5480余条，21座开闭站实现了“三遥”。

完成全国“两会”等政治供电保障任务28项，年累计保电天数106天。完成三个百日安全长周期，截至年底，实现了2063天安全生产无事故。

【营销与优质服务】 编制《石景山供电公司实现售电量目标专项工作实施方案》，对区内大客户进行电量监控，强化地区供、售电量分析，及时掌握电量波动情况。加大电费回收力度，实行重点用户专人负责制，实现应收电费、电费回收率“双结零”。开展电价稽查工作，电价执行准确率99.999%。完成1800余户客户档案整理工作，做到账、卡、物一致。完成高压客户检查425户次，收取违约电费87.17万元。完成卡表巡抄8万余户，追补电量18万kWh，追缴电费9万余元。组织计量消隐改造工程，完成3458户改造任务。加强线损管理，细化分线管理，地区线损率完成4.65%，较考核指标下降了0.4个百分点。

开展“塑文化、强队伍、铸品质”供电服务提升工程，持续提升服务品质。开展“三指定”专项检查治理工作，建立防范“三指定”的长效机制，规范客户工程管理。重新审定重要客户等级，坚持进行新装

■ 7月17日度夏期间，石景山公司抢修人员为客户现场校表。（薛洲 摄）

客户回访和大客户走访。继续做好24小时“一站式”抢修保障，重新梳理抢修业务流程，全年抢修4523次，均在承诺时间内完成。开展便民服务，提供爱心服务和回访113次，应急送电117次。开展优质服务巡检51次，不断完善服务举措，营业窗口在北京市电力公司各月暗访中连续排名第一。全年未发生责任投诉事件，共收到客户表扬69件。

■ 6月13日，石景山公司开展“塑文化、强队伍、筑品质”供电服务提升工程。（李洋 摄）

【科技与信息化】 开展科技攻关和群众创新活动，2010年完成4项专利上报，申报科技成果3项、群众性技术创新4项，其中，“绝缘高低凳”项目获批为北京市电力公司群众性科技创新项目，“电站用预制液压型人孔盖板”和“高效率带电作业绝缘掐线剪”项目获北京市电力公司群众性创新成果奖。

坚持以信息化提升管理水平，推进ERP、PMS、GIS等信息系统的实施和应用工作。开展客户档案标准化整理，对近2万条系统数据进行校核，完成“SG186”营销业务应用系统整体上线运行工作。

【党建与精神文明建设】 强化党员思想教育，开展“争创‘四强’（政治引领力强、推动发展力强、改革创新力强、凝聚保障力强）党组织、争做‘四优’（政治素质优、岗位技能优、工作业绩优、群众评价优）共产党员”、“忠诚企业、服务首都”等主题教育活动。

加强党风廉政建设和反腐败工作，开展“三突出、三知晓、一创建”活动，完善制度及工作流程，将各部门廉洁风险防控落实到工作中，初步建立石景山公司廉洁风险防控工作机制。严格执行并不断完善“三重一大”决策制度，强化内控制度的落实，初步建立惩防体系。开展“小金库”专项治理工作，认真做好自查自纠。开展工程建设领域突出问题专项治理，进一步提高工程管理规范化水平。

充分发挥工会和共青团的作用，组织2010年度劳动竞赛。开展“知形势、明使命、强信念、同发展”和“青春光明行”等主题活动，评选“号、手、队”和“青年诚信服务岗”，推出一批青年先进典型，连续四年获得北京市电力公司“五四”红旗团委称号。

（石琳　姜昱）

亦庄供电公司

【概况】 亦庄供电公司（简称亦庄公司）成立于1993年，主要负责北京经济技术开发区（简称开发区）电力供应、销售和输电、变电、配电设施的建设与运行。同时，担负着开发区内企事业单位、机关学校和居民生活的安全供电，以及区内配网设施运行管理等工作。亦庄公司设有11个职能管理处室，4个生产工区及1个多经总公司。

截至2010年底，地区所辖10kV用户637户，容量172.7万kVA；110kV用户4户，容量38万kVA；最大负荷达36.8万kW。地区用电量达22.64亿kWh，线损率1.85%，电费回收率100%。

2010年，亦庄公司固定资产原值累计12.48亿元，同比增加1.85亿元，同比增长17.41%。顺利完成2010年各项生产指标，供电可靠率累计

99.985 2%。实现全年无事故目标，截至2010年底，累计安全生产长周期达2346天。

■ 亦庄公司领导班子。左起：工会主席兼纪委书记朱青、副经理黄锦、党委书记朱岩、经理阎澥、副经理马永刚、副经理刘德坤、总工程师卢立军。（孙特　摄）

2010年，亦庄公司保持了首都文明单位、北京经济技术开发区文明单位、北京市电力公司文明单位标兵称号和北京市电力公司先进基层党组织称号，配电工区被评为首都电力“十大优秀团队”。

地址：北京经济技术开发区北环东路11号

邮编：100176

电话：63665123

【人力资源】 截至2010年底，亦庄公司在册职工131人，其中全民职工114人，集体职工17人。11月，按照京电人〔2010〕56号文件要求，对原职能部门及管理岗位进行规范调整，调整后的职能处室11个，生产单位4个及多经公司1个，职能管理岗位设39个。亦庄公司大专及以上学历94人，占73.9%；初级及以上职称84人，占63.6%；高级工及以上资格62人，占47%。

6月25日，亦庄公司领导班子进行调整。原亦庄公司经理韩殿锁因公调离，原北京市电力公司经济技术研究院经理阎澥接任亦庄公司经理。

组织各级人员参加教育培训、专业调考、技能鉴定及有关专业的竞赛活动，全年共计92次。先后组织16名班组长参加培训班，26名职工参加不同工种的技能鉴定考试，组织近20人次参加北京市电力公司开展的相关工种的调考、内部竞赛等，5名同志通过学历认证。2010年累计教育培训投入约118万元，完成全员培训指标100%，亦庄公司人才当量密度97.26%，同比增长2.17%。

开展全民、集体、劳务派遣等各类性质的劳动用工现状调研，搭建完成符合亦庄公司发展需要的劳动用工精益管理体系。严格控制用工总量，稳步开展外聘员工相关的管理工作。修订外聘劳务人员管理办法。

【电网规划与建设】 坚持地区电网的超前发展，合理布局网架结构，高标准建设地区电网。编制完成开发区配网“十二五”规划报告，报告结合区域内220、110kV电网的变化，对高压网架布局及接线进行了重新调整，并结合网架结构变化对沟道布局做了重新规划。

开发区扩区相关工作。完成开发区12km^{2}扩区的电网规划编制工作。新区共规划220kV变电站1座、110kV变电站6座，新区电力专项规划通过北京市规划委员会的审核。

输变电项目前期储备工作。开展庆羊输变电工程可研编制工作；以开发区12km^{2}扩区为契机，积极协调开发区落实泰河站址调整工作，并启动项目可研。协助北京市电力公司开展220kV项目前期手续办理，完成康宁220kV输变电工程规划前期工作，有力推动了地区重点项目“京东方八代线”的建设。

【经营管理】 2010年，亦庄公司共完成固定资产投资资金支出7111万元，其中基建专业6474万元，生产专业301万元，营销专业35万元，调通专业301万元。110kV及以上电网投产线路1.6km，110kV及以上电网投产变电容量10万kVA。

截至2010年底，亦庄公司固定资产原值累计12.48亿元，同比增加1.85亿元，同比增长17.41%。做好开发区配网资产接收工作，全年完成新接收资产1.42亿元。大力推进ERP系统的应用，完善财务内控制度与流程。深化预算管理，提前谋划2011年度亦庄公司生产经营计划。亦庄公司财务决算工作荣获北京市电力公司先进单位称号。配合北京市电力公司审计部完成资产经营责任审计、原亦庄公司经理韩殿锁离任审计、营销专项审计等工作。深化同业对标指标分析，连续六年被北京市电力公司评为资产经营专业管理标杆。2010年ERP模式下工程增资管理、计划管理、预付费电表补加电量、开展团员思想教育等四篇典型经验入选2010年北京市电力公司典型经验。

【安全生产】 2010年，实现全年无事故目标，圆满完成各项安全生产指标和任务。截至年底，累计安全生产长周期达2346天。

安全管理工作。组织一线班组签订《人身安全责任书》。全年共对30项三级及以上安全风险进行会商分析，采取有针对性的防范措施。组织开展触电急救培训和技能竞赛、全员新《安规》脱产培训、工作票等专题安全培训。全年共发现和整治各类隐患、缺陷130余项，重大隐患和危急缺陷100%消除。落实资质审核、安全协议签订、安全技术交底等安全管理要求，确保承发包工程的安全有序进行。强化变电站等重点部位安全防范，通过了3月6日晚国家反恐办对亦庄公司博兴110kV变电站的暗访。排查整治火灾隐患，未发生火灾事故。开展交通违章整治行动，亦庄公司管理车辆季度交通违章率由14%下降到近5%，变电工区、配电工区、调度所各班组全部通过了北京市电力公司班组标准化验收。

10月30日，完成文化园110kV投产发电工作，并在2个月之内完成了10kV负荷切改工作，减轻了亦庄110kV变电站和开闭站过载问题。

加大PMS、GIS、OMS等管理系统的应用，各班组操作票、工作票全部实现网络应用，停发电、工作任务、工作运行记录全部实现网络管理。应用新设备、新技术，推广带电作业和设备状态监测，做好鸟害整治和反外力工作，减少停电和非计划停电。及时处理景园街3号变压器本体漏油缺陷，完成科创街、博兴、景园街、京东方110kV变电站SF_6气体监测仪改造等工作。

2010年生产类主要指标完成情况：110kV断路器、隔离开关、母线可用系数累计100%，电容器可用率100%，110kV变压器可用系数累计99.994 8%，供电可靠率累计99.985 2%，用户平均停电时间累计1.3h/户，综合电压合格率累计99.999%。

【营销与优质服务】 2010年，完成售电量22.64亿kWh，完成售电量分解指标的104.61%，同比增长19.15%，完成应收电费18.14亿元。

实施“塑文化、强队伍、铸品质”供电服务提升工程，开展“忠诚企业 服务首都”主题教育活动，“优质服务是国家电网生命线”大讨论活动。营业厅连续五年获得“青年文明号”称号，一线员工先后获得“北京市帮扶工作先进个人”称号和北京市电力公司“供电服务之星”称号，全年服务窗口服务监测均获得好评。

落实北京市电力公司统一规范报修服务流程的规定，完成报修系统工作流程调整，推行业扩报装客户经理制、采用报装接电“绿色通道”等措施。

依据北京市电力公司营销部颁布的重要用户标准对区内二级以上重要用户进行重新确认。制定专项供电保障预案并进行联合演练，实现对重要用户的管控、隐患排查和反事故措施落实到位。加强营销服务管理，顺利通过北京市电力公司营销部组织的“阳光报装 诚信服务”专项检查。

严格执行《供电监管办法》，建立和健全报装服务管理规定，先后接受华北电监局供电服务检查和北京市电力公司“三指定”问题规范整治专项检查。

亦庄公司全年24小时电力故障报修服务共处理各类报修620次，其中95%以上为居民用户报修。用户回访满意率100%。规范执行社会承诺，针对区内企业客户特点，所有计划检修停电通知单均实行书面直接通知到客户，全年共发放停电检修通知单450次。全年服务工作中未出现有员工服务责任的投诉和举报，连续5年实现全年零责任投诉的工作目标。

【科技与信息化】 2010年，完成国家电网公司“优质电力园区建设方案研究”重大科技项目的各项工作。走访调研开发区重要用户13家，安装电能质量检测仪16台，形成各类技术报告7篇，顺利通过北京市电力公司的验收。报送群众性创新成果3项，其中“移动就位车技术创新”获成果奖；上报科技论文4篇，其中《10kV电缆双环网应用的探讨》获北京市电力公司三等奖；申报专利成果3项，其中“电缆封堵专用模型”与“起重运输装置”两项已成功获取专利授权号。

对亦庄公司所属8座110kV变电站进行内网联通，实现各站联通PMS系统在线打印工作票功能。推进ERP（企业资源规划系统）及新协同办公系统上线及升级工作。完善并修订相关信息管理办法和制度体系；严格执行内外网分离的相关要求，统一桌面标准化系统、专业版Symantec杀毒软件系统的终端安装率及自动升级率、“安全U盘”使用率及瘦客户机域管控率均达到100%。对亦庄公司信息机房环境进行整治，新装恒温恒湿空调机一台，并配装专用软水机设备。配合北京市电力公司完成网络应用通道切换及信息网络基础运行应急演练工作，提升信息安全应急处理能力。

参加北京市电力公司组织的各类信息化培训，参与相关竞赛试题的编写工作。利用信息平台与协同办公系统，每月发布一期信息安全培训材料和亦庄公司信息安全月度通报，并在“信息资源”模块中开辟了“计算机使用常识”专栏。

【党建与精神文明建设】 严格落实领导干部联系点制度，解决亦庄公司发展中遇到的问题60余项。深入开展创先争优活动，结合“党员的足迹”主题教育活动开展党员承诺活动，79名党员共提出承诺500余项。7月正式成立共产党员服务队。10月底前完成党支部换届选举工作。运行党支部开展的“党员育人，为党旗增辉”活动获北京市电力公司党支部创新成果优秀奖。开展“廉洁文化进家庭”活动，共征集职工家庭助廉格言警句80余条。加强党内民主建设，全年召开各类座谈会4次。

■ 10月29日，亦庄公司共产党员服务队到精神文明共建单位大谷店村进行用电知识宣传。（冯辉　摄）

“‘凝聚每份爱，点燃颗颗心’主题捐助”活动入选开发区第二届十大最具创意公益案例。在青海玉树地震和迎“七一”两个时期，向受灾群众和特殊群体捐款36 740元。向北京市电力公司援建的“甘肃横丹爱心学校”捐款29 290元，捐赠书包及学习用具170余套。亦庄公司党委为全员配发素质教育与企业文化建设类书籍600余本。利用“手机课堂”，累计向员工发送企业中心工作动态信息、企业文化知识等短信息近40条，2400余字。逐级签订《亦庄供电公司精神文明与廉洁从业责任书》180份，9个部门获得文明处室（工区）、6个班组获文明班组、11名员工获得文明员工称号。完成基层团支部换届选举工作。“开展午间特色团课30分钟活动，加强学习型团组织”团建创新获北京市电力公司三等奖。

组织开展职工寓教于乐活动，获北京市电力公司第二届“英语服务我最行”青年英语竞赛获三等奖，青年合唱大赛二等奖。

■ 5月4日，亦庄供电公司团委参加北京市电力公司红色歌曲青年合唱大赛并获二等奖。（孙特　摄）

（孟　晶）

通州供电公司

【概况】 通州供电公司（简称通州公司）成立于1958年，是北京市电力公司授权经营的供电企业，主要负责通州地区906.28km^{2}的电力供应、销售，并负责对所管辖区内的输电、变电、配电设施的建设、运行和维护工作，同时承担着为通州地区经济建设、居民生产生活安全供电、保证首都及通州区政治供电任务。

截至2010年底，通州地区营业客户共计425 844户。其中，抄表收费客户共计33 137户，卡表客户392 707户。地区重要客户共12户。通州公司管辖内的630kVA及以上容量的大电力用户720户。2010年，完成售电量402 492万kWh，同比增长18.54%；累计线损率（110kV及以下）完成7.25%；电费回收率完成100%；供电可靠率城镇完成99.987 9%，农村完成99.922 2%。

通州公司下设12个职能处室和7个工区，同时管辖区域供电所11个。另外，北京潞电集团是直属多经企业，由7家成员企业组成，下设6个职能部室。

地址：通州区新华东街92号

邮编：101100

电话：69519999

【人力资源】 截至2010年底，通州公司在册员工378人，其中全民职工332人，集体职工46人。本科及以上学历107人，专科学历121人。高级职称12人，中级职称29人。高级技师9人，技师154人，高级工116人，中级工17人。

全面完成年度培训计划以及各项培训指标与任

务。2010年，全员培训率完成100%；全员持证上岗率完成100%；人才当量密度达96.30%，同比提高8.2个百分点。组织开展“智能电网与低碳经济讲座”、“通州新城未来发展”和“‘乐在工作 爱岗敬业’讲座”培训；完成383名农电工的农电专业技能培训；完成400余人次的技能轮训和7个专业的调考培训。2010年，88人通过技能鉴定考试，11人通过职称申报，20人通过后续学历认证。

【电网规划与建设】 结合通州地区发展规划，重点开展运河中心区、核心区范围内变电站站点布局研究。编制新城范围内电力规划和高压线路架空入地方案规划。动态完善并修编《通州地区“十二五”电网规划报告》。动态调整项目前期相关手续及流程，如期完成张家湾、半壁店、西集、胡各庄变电站的环评验收，取得纪庄站址工程规划许可证；完成半壁店110kV输变电工程主体结算和麦庄35kV变电站、张家湾110kV变电站改造等5项工程的竣工决算。如期完成电网建设任务，地区主变压器容量净增40.55MVA；半壁店110kV变电站达标投产，胡各庄110kV变电站改造竣工发电，完成商务园部分土建建设及线路迁移，纪庄110kV送电沟道建设完成70%。

■ 4月23日，胡各庄110kV变电站更换新变压器。（洪雷　摄）

【经营管理】 继续深化全面预算管理，运用成本标准指导成本预算工作，根据预算管理积累的数据，初步完成了主要成本项目的标准制定工作。2010年，不断提高预算管理的精益化水平和标准成本的应用，各项支出更加合理，提高了资金的使用效率和效益。严格按照既定考核标准对各部门资金支出情况进行考核，圆满完成各项竣工决算任务和相关资产指标。加强物资招投标及库存物资管控，逐步强化物资管理职能，完成对工程剩余物资、生产运维物资、退运废旧物资的全面梳理和盘查。加强对日常投资统计和能源统计的数据维护，保证投资统计和生产统计数据正确。加强经济活动分析，修改完善《通州供电公司经济活动分析实施细则》，建立经济活动分析会制度，并将其作为推动各项关键业绩指标圆满完成的重要平台。强化投资预控管理，动态调控各项目年度投资预控计划，严格组织工程项目结算，全年共组织完成13项工程结算审核工作。完善同业对标工作管理机制，提高对关键指标的管控力度，固化典型经验13篇，促进先进经验在本企业的推广和应用。

【安全生产】 通州公司全年未发生特大及重大设备事故，未发生大面积停电事故，未发生火灾事故及我方责任交通事故，发生1起违章操作引起的人身死亡事故。

加强现场巡检力度。2010年，通州公司领导到岗到位220人次，巡检组现场巡检170次，共检查327个工作现场，检查重点强化工作票和安全措施的规范管理，“三表一单”、现场勘察和现场专职安全员等制度的落实。

开展设备消缺工作。2010年，发现设备缺陷197件，其中消除危急缺陷43件、严重缺陷29件，一般缺陷125件，已纳入2011年检修计划。完成输电线路防雷综合整治工作，对139基杆塔接地电阻进行改造。排查电缆线路隐患，对7673m^{2}电缆隧道、管井进行防水处理，封堵管孔2396个。成立状态监测班，完成13条新敷设电缆线路的状态监测工作。

■ 7月9日，通州公司在位于梨园镇的一处吊车出租集散地开展保供电安全防外力宣传活动。（洪雷　摄）

反外力工作。投入67万元作为护线费用，保证输电线路安全运行；投入12万元加大电力设施保护宣传力度；投入27.5万元解决输电线路树线矛盾隐患，共计去树5100棵；在输电线路走廊、施工工地等易发生外力事故地带，加装水泥警告牌120块，起到警示宣传作用；对直埋电缆线路增加防护措施，加装电缆警示桩350根。

提高电网可靠性指标，执行停电计划协调会制度，按实际工作量严格控制停电时间；依据PMS、OMS、GIS系统，对可靠性数据进行全面检查；结合可靠性指标预测情况，将可靠性指标分解至相关部门，并列入业绩考核。2010年，供电可靠率城镇完成99.987 9%，同比提高0.012 8个百分点，用户平均停电时间1.06h，同比减少1.12h；农村完成99.922 2%，同比提高0.002 8个百分点，用户平均停电时间6.81h，同比减少0.25h。

【营销与优质服务】 全面完成年内各项营销指标，在北京市电力公司营销专业同业对标中取得A段的好成绩。获得“北京市电力公司客户服务工作优秀单位”称号。

全年售电量较37.64亿kWh的目标值超额完成26 092万kWh，获得北京市电力公司售电量专项绩效封顶奖励；缩短635户高压客户业扩报装时间，加快重点工程报装接电速度；对14 096户客户采取加快故障抢修、带电作业等措施，共计增加售电量5391万kWh；加强计量专业管理，成立计量中心，强化计量现场管理，实现高压客户采集实用化率100%的目标，强化远程采集系统应用分析，进行现场核查和故障处理，共计追补电量874万kWh；烟草公司家属院已正式启动国家电网智能电表应用推广工作。

开展电价执行情况自查和整改工作，完成163户与现场用电性质不符的低电价整改工作，追补基本电费13.23万元；率先对900余个客户应用银电联网托收方式收取电费，缩短电费资金在途时间；坚持电费回收预警机制，继续推行预付电费、分次交费、律师函催收等方式，确保电费回收时效性。

加大营业普查力度，进一步加大与通州区发改委、公安局等单位的联动机制，坚持每月开展反窃电专项行动，共检查各类客户3000多户，挽回经济损失214万元。完成高考、中考、防汛度夏等162户保电工作；完成2400户高压客户的隐患排查和跟踪整改工作；对78户高压双电源客户的低压解锁按钮加装了扣板，粘贴警告标识，避免反送电情况发生。

■ 4月27日，通州公司联合区发改委在梨园供电所布置当天的通州区反窃电专项行动。（洪雷　摄）

开展“优质服务是国家电网生命线”的主题讨论，制定客户与供电公司的“双向”应急预案，提升一、二级客户服务水平；在11个营业网点组织开展“绿色电力、品质生活”主题宣传日活动；率先启用9个营业厅网络视频监控系统，同时开展第三方供电服务暗访活动，对营业窗口进行服务监测，重点提升客户窗口服务满意度；每月召开投诉建议分析会，制定整改措施，落实责任人和整改时限，并督促整改到位。

【农电工作】 推进新农村电气化和农村供电所标准化建设工作，完成12个电气化村和永乐店镇新农村电气化镇创建工作。截至2010年底，共创建完成211个电气化村和9个电气化镇。完成7个标准化供电所创建工作，10个农村供电所已全部实现标准化。西集供电所率先成为国家电网公司级“标准化示范供电所”；2011年1月15日，西集供电所获得由中国电力报社、中国电力报刊协会、中电新闻网联合主办的2010年“中国最美金牌供电所”荣誉称号。

【科技与信息化】 加大科技工作力度，鼓励技术创新、技术革新、新产品试用等。开发《通州新城配电网规划》、《大容量管井建设》等重要科技项目；不断推进生产管理信息化建设，深化PMS、GIS系统应用，在基础数据、缺陷、运行记录、设备评估等方面基本实现信息化管理。加强安全监督与管理信息系统SG186的应用，强化了安全统计分析、安全监督管控以及安全教育培训等模块的规范操作。提前制定SG186营销系统上线方案，如期完成系统培训和18 403条数据整理工作，及时发现并协调解决新系统的84条程序运行问题，顺利完成两套系统的割接工作，SG186营销系统顺利上线。

【党建与精神文明建设】 2010年党委不断强化宣传引导能力，强化廉政防控能力，强化务实创新能力，强化团队协作能力，加快推进“三个建设”。先后获得了北京市电力公司精神文明创新成果三等奖、党支部创新成果三等奖、特色党课一小时评比三等奖等称号；公司团委获得北京市电力公司五四红旗团委称号。

创建“四好”领导班子。围绕方针政策、时事动态、廉政建设、企业管理、专业知识五大模块，组织中心组专题学习，进一步提升了干部的理论水平和履职能力。领导班子成员带头深入基层，认真诊断生产经营活动中存在的突出问题，有针对性地采取措施予以解决，取得显著成效。

■ 6月1日，通州公司中层以上领导干部参观北京市大兴团河监狱反腐倡廉警示教育基地。（洪雷　摄）

全面梳理党支部基础管理工作。开展“创先争优”、借助“三会一课”、与兄弟单位工作交流等活动，有效提升基层党支部自身建设水平。

按照领导班子队伍、中层管理人员队伍、员工队伍三个层次开展管理与培训。开展“忠诚企业　服务首都”主题教育活动。紧密围绕通州电力发展史，结合通州新城建设实际，策划“古韵新貌　情系通州”专题讲座，并组织员工参与“言语表达艺术”、“激情熔炼团队 凝聚创造梦想”拓展训练等活动。

组织开展“学制度、促廉洁、保发展”主题教育实践活动，组织党员干部进行廉政教育，举办廉洁作品创作比赛、反腐倡廉知识竞赛、集体廉政谈话和实地警示教育等活动；充分整合“人、财、物、工程、服务”等重要领域资源，深入开展监督检查工作；深入开展“小金库”专项治理工作、工程建设领域突出问题专项治理工作、“三指定”专项检查治理工作。

充分利用社会媒体，采取多种宣传手段，扩大企业宣传对外受众层面。2010年，与《通州时讯》合作，围绕通州公司安全生产、反外力破坏、新城建设保电、服务新农村等重点工作，刊登电力专版13期。

（王建和　王立峰）

昌平供电公司

【概况】 昌平供电公司（简称昌平公司）是北京市电力公司的直属供电企业，负责昌平地区1343km^{2}的电力供应、销售和输电、变电、配电设施的建设、运行及维护工作。截至2010年底，共管理营业户42.13万户，其中，抄表收费客户9.68万户，卡表客户31.85万户。地区重要客户22户。昌平公司资产总额39.99亿元，同比增长34.78%。累计完成售电量44.82亿kWh，同比增长14.94%。完成营业收入26.45亿元，同比增长20.39%。全年线损率6.84%，同比下降0.12个百分点，电费回收率达到100%。昌平公司下设12个职能处室、10个工区、3个城区供电所、14个农村中心供电所及1个多经企业（北京市京电实业总公司）。

2010年，昌平公司在北京市电力公司企业综合业绩考核中位列第8名。先后获得“首都文明单位标兵”、“北京市交通安全先进单位”、“北京市电力公司安全生产管理先进单位”、“北京市电力公司先进基层党组织”、“昌平区绿化美化先进单位”、“昌平区内保电工作先进集体”等称号。

地址：北京市昌平区永安路33号

邮编：102200

电话：69742681

【人力资源】 截至2010年底，昌平公司共有员工366人，其中，全民职工338人，集体工28人；研究生学历17人，大学本科94人，大学专科148人；高级职称8人，中级职称42人。

2010年，共举办培训班227班次，参加培训人员3151人次，全员培训率达100%。完成后续学历认证16人，职称申报38人，完成技能鉴定申报工作131人次，完成15个工种131人的技能鉴定考核，举办农电系统191人安全知识调考工作，组织70名职工参加专升本学历教育，对近十年入企大学生开展“勤奋敬业——打造完美职业生涯”素质培训。在北京市电力公司工程预算、继电保护安全规定调考中，取得个人排名第三的好成绩。在配网带电作业技术大比武中取得团体第三的好成绩。

出台《年度业绩考核暂行办法》、《全员绩效管理暂行办法》。开展职能处室设置和管理岗位调整工作，完成10个职能处室共27个管理岗位的公开竞聘。

【电网规划与建设】 围绕昌平“十二五”经济发展规划，编制并通过了《“十二五”中低压配电网规划》，进一步完善了《昌平区“十二五”电网规划》，编制《昌平区重点镇配电网整体规划》。推进工程前期工作，取得穿越地铁电力隧道工程及白坊增容、桃洼、流村等输变电工程的前期手续，保障工程按期开工。加强项目储备，开展土沟、八仙庄、二拨子、北环等输变电工程的选址、可研编制工作。

全面完成220kV军都、110kV桃洼输变电工程及110kV白坊变电站扩建等7项基建工程，完成资金5900万元。220kV军都变电站的投产从根本上解决了昌平北部地区缺乏220kV变电站的“卡脖子”问题，昌平地区电网结构进一步优化。全年共新增35kV及以上变电容量9.85万kVA，新建10kV及以上送电线路42.9km、电缆58.9km。全年供电可靠率达99.983 9%，同比增长0.002 1个百分点。

■ 7月9日，220kV军都变电站投产。

【经营管理】 出台《昌平供电公司资产经营（财务部分）业绩考核指标实施细则》，对关键绩效任务进行分解。

预算和成本管理。对年度预算及指标进行分解，加强ERP系统对预算执行情况的监控，每月开展预算指标分析和现金流预测，资金使用做到“专款专用、手续健全、安全可靠、经济适用、责任明确、保证质量”，资金计划执行率达97%。

物资管理。以ERP系统应用为手段，加强物资招投标标准化管理，完成10kV及以上共计114个标段的物资招标统计上报工作。组织开展物资普查工作，全面掌握昌平公司仓库（含租赁）及库存物资现状，坚决杜绝“账实不符、主多混用”等情况的发生。

工程资金管理。推行工程建设项目的全过程管理，每月召开工程资金汇报会，按照“集中管理、统筹安排，讲求效益”的原则，明确财务部门与工程组织部门的相关责任，严格执行资金使用审批流程及结算手续，工程竣工决算完成率实现100%。

【安全生产】 2010年夏季，昌平电网经受住了102.2万kW大负荷的冲击，实现安全平稳度夏。完成政治保电任务46项，累计保电天数106天，实现了三个安全百日长周期，累计安全长周期达到1743天。

施工现场安全管理。组织开展安全大检查暨百日安全活动督导工作，昌平公司领导带队组成专业督导组，深入基层检查安全活动的开展和措施落实情况。严格执行公司领导到岗到位制度，全年公司各级领导、管理人员对1946个现场把关共计2344人次。

强化设备治理，加大技术改造力度。投入资金7727万元，组织实施了140项大修工程、13项专项技改工程、10项大型技改工程及82项生产运维项目。以站、线为单元开展输、变、配电设备及设施的缺陷治理、隐患排查，消除主网输变电设备缺陷185项、配网缺陷和隐患502项。配合北京市电力公司相关部门开展安全监督审计，查出安全管理中存在的缺陷和问题22项，对检查中发现的问题制定整改措施并完成整改工作。

■ 6月29日，110kV桃洼变电站竣工投产。图为操作人员正在核对“五防”图板。

正式挂牌成立昌平公司调控中心，对调度、监控专业进行快速整合，实现对电网信息监视、事故快速响应、设备远方操作等业务的有效融合。

组织新安规、紧急救护、消防、交通安全等各类培训74次，参培人员3423人次。组织开展昌平公司“历史上的今天”事故案例学习，并将事故汇编印刷成册，发放到各生产管理部门与生产工区人员手中。

外协施工队伍安全质量管理。完成38个外协施工单位资质的重新审核、登记工作，与其签订全年事故抢修安全协议，并对其进行工程管理、现场安全管理、施工工艺及质量等内容的培训。

开展电网运行环境隐患排查、治理工作，就线下个人自建房隐患严重威胁电网安全的情况，向区政府进行了专题汇报，得到了政府有关部门的关注与支持。

【营销与优质服务】 将电费回收率、售电均价、售电量等主要营销指标逐级分解，明确指标完成责任。建立高损供电所专题汇报制度，针对高损重点地区和异常用户进行检查；安装防窃电电子仪，挽回电量损失；规范电价执行，建立电价普查的常态机制，对重点客户进行现场核实，确保电价执行的准确；加大电费违约金的收缴力度，全年电费回收率达100%。完善计量采集系统，实现与现有大客户采集、负控及网络表系统的对接。结合营销MIS系统的上线运行，确保相关数据的准确与完善，强化系统数据核查，提高数据质量，为电价执行准确率、线损分析业务的开展提供支撑。优化业扩报装流程，加快报装接电速度，全年共受理报装业务9361户、容量99.99万kVA，市场开拓电量列北京市电力公司第5位。

■ 12月26日，昌平公司新营业厅投入运营。

组织开展“优质服务月”活动，从“窗口硬件与环境”、“窗口服务标准”、“制度建设与落实”三个方面对营业窗口进行检查、评分、选优。全年共接待客户咨询和解答用电问题3400余件，满意率达100%。应急售电369笔，修补卡业务办理2952户，处理各类卡表故障4076起。在全区范围内全面采用半夜灯的节能新举措，2010年，昌平城市路灯亮灯率达到98%以上。

【农电工作】 农村电网建设。投入1402万元，开展新农村电气化建设大型技改工程，低压电缆更换改造、低压设备更换改造2项农网专项技改工程以及23项农网修理工程。

■ 10月，昌平公司开展农网磁卡表修理工程。图为磁卡表修理现场。

供电所建设。组织供电所标准化建设自查验收及迎评工作，南口、沙河、流村、十三陵4个供电所被命名为北京市电力公司标准化供电所。十三陵供电所在中国电力报举办的“全国最美供电所”评选活动中，被评为“全国最美金牌供电所”。组织开展供电所月、季度劳务之星评选工作，共评选月度劳务之星492人次，季度劳务之星56人次。

开展供电所经济责任审计工作。成立联合审计组，对2008年1月1日至2010年4月30日期间，供电所的资产经营经济情况开展责任审计，重点审核了该时段内供电所的物资管理、资金管理、电费收入、环节管理、工程管理、工资薪酬管理、成本费用及预算管理、投资项目管理及产权关系等内容，出具审计底稿724页，审计报告14份，汇总审计报告1份，揭示问题100多项，提出审计整改意见或建议20多项。

【科技与信息化】 科技工作。修订《昌平供电公司科技工作管理办法》与《昌平供电公司科技工作奖惩办法》，成立科技领导小组，在工区设置科技与信息网员，构建科技与信息工作管理体系。开展科技成果申报，申报群众性创新成果4项、专利3项，其中“绝缘引流线支架”获得专利授权。

开展信息安全隐患治理，完成主机房空调和UPS等设备专业巡检维护12次，发现并处理各类故障及隐患18件次。加强信息安全防护，做好内外网隔离，建立信息安全月例会制度，定期开展信息安全情况通报，实现信息安全“零故障”。顺利实现人力资源信息系统及SG186营销信息系统的平稳上线运行，全年信息系统应用综合指标被北京市电力公司评为优秀。

【党建与精神文明建设】 修编《关于加强领导班子作风建设的意见》，坚持党政联席周例会制度，对“三重一大”问题进行民主决策。组织各党支部开展目标管理考核自查工作，针对存在的问题制定落实整改措施，专题部署党支部创新工作，并监督落实情况。开展“忠诚企业　服务首都”主题教育活动。加强党员政治学习，坚持定期对党员进行思想状况调查、分析，有针对性地开展教育。针对主多分开、规范收入分配等焦点问题对职工思想动态进行分析，深入细致开展思想政治工作，保持了职工队伍的相对稳定。组织对供电所、多经公司等重要部门的内部审计，并认真落实整改。在全公司范围内开展党风廉政建设宣传教育，细化、整理党风廉政风险点。建立健全责任落实、系统宣教、协同预防的工作机制，推进惩防体系建设，扎实做好工程建设领域突出问题专项治理、廉洁风险防控教育实践活动、“小金库”专项治理三个重点管控项目。

新闻宣传工作。2010年，在各级行业媒体上发稿176篇；发表政策理论研究成果2篇，分别获得北京市电力公司三等奖和优秀奖。

工会组织开展班组标准化建设、群众性创新活动和各项职工文体活动。带电作业班、十三陵供电所被评为北京市电力公司红旗班组；职工创新工作室得到表彰与挂牌；QC项目在北京市电力公司比赛中获得三等奖。共青团组织开展“号、手、队”创建和“团员身边无事故”等活动，在青年中开展安全保证书大放送活动，得到广大青年职工的积极响应。

（严　琪）

门头沟供电公司

【概况】 门头沟供电公司（简称门头沟公司）是北京市电力公司法人授权经营的地区供电企业，担负着北京市门头沟地区1455km^{2}的电网建设、运行、维护、电力营销及供电服务工作，供电人口29万。下设11个职能处室，4个工区，7个供电所，1个多经总公司。

■ 门头沟公司领导班子。左起：纪委书记兼工会主席王立平，副经理孙镇华，党委书记郑丽红，经理李铮，副经理应立军，副经理胡立平，总工程师周宇。（王叶平　摄）

2010年，门头沟公司以“大局、可靠、法治、两效”八字方针为指导，贯彻北京市电力公司决策部署，落实一届八次职代会暨2010年工作会、政工会各项要求，完成北京市电力公司下达的各项指标和工作任务。截至2010年底，门头沟公司资产总额59 985万元，职工167人。

地址：北京市门头沟区滨河路66号
邮编：102300
电话：69844354

【人力资源】 门头沟公司共有全民职工154人，集体职工13人，生产人员持证上岗率100%。

制订《门头沟供电公司教育培训计划》，量化培训时间、培训内容、办班主体。开展农网安全知识全员培训和安全规程普考工作及“2010年劳务人员岗位知识和技能竞赛”活动。

引入全员绩效管理模式，从组织形式上按照中层干部评价体系、管理人员评价体系、生产人员评价体系分层进行，从绩效管理的考评结果上按照A至E五个等级强制分布。

根据北京市电力公司《关于规范供电公司职能处室设置及管理岗位编制的指导意见》要求，制定《门头沟供电公司职能部门及管理岗位编制方案》，对组织机构进行调整。确立职能部门11个。撤销客户服务中心计量科，组建计量中心；撤销电费核算中心电费稽查班，成立营销稽核班；撤销客户服务中心业扩班、用电检查班、95598信息班，成立业扩报装服务班、用电安全服务班，成立客户营业厅负责客户服务业务。组建值班室，归口办公室管理。对管理岗位进行竞聘和选聘，选拔出符合上岗条件的人员，管理人员编制44人。

【电网规划与建设】 2010年，电网建设、改造任务主要针对门头沟区棚户区改造、长安街西延、城铁S1线等市区两级政府重点项目开展工作。完成110kV中门寺输变电工程项目前期工作；220kV门城输变电工程前期工作有阶段性进展；确定灰峪（军庄）变电站站址；完成3项续建项目的竣工决算任务；完成2009年配电网大型技改工程全部补充项目。

■ 9月17日，北京市电力公司总经理朱长林在110kV石门营变电站调研。（王叶平　摄）

截至2010年底，门头沟公司共有110kV变电站4座，变压器8台，变电容量363MVA；35kV公用变电站6座，变压器12台，变电容量110.4MVA。所辖10kV配电线路106条，总长度864.987km，其中电缆长度198.823km。架空线路绝缘化率28.41%，电缆化率22.99%。

【经营管理】 2010年，累计完成售电量8.62亿kWh，同比增长8.35%。

完善同业对标与精益管理的领导和工作组织体系，确定22个精益管理项目及实施计划；按季度组织召开同业对标及精益管理项目分析会，编制完成同业对标分析报告、精益管理项目分析报告、典型经验等报告。2010年，192项同业对标指标中共计有164项指标参与评价与排名，其中有77项在北京市电力公司排名第一。

开展2010年度“法治电网”依法治企专项活动，制定并下发《门头沟供电公司“法治电网”依法治企专项活动实施方案》、《门头沟供电公司法律风险控制要点表》。4月14日，召开启动会议，对活动实施方案进行宣贯，根据《门头沟供电公司法律风险控制要点表》排查法律风险点，制定措施并进行整改。购置法律知识学习材料，组织职工学习法律知识，重点突出《电力法》、《公司法》、《合同法》、《劳动合同法》、《反垄断法》的学习。邀请亿中律师事务所律师张艳红为职工开办“规避法律风险，促进企业发展”的法律知识讲座。

结合“青春光明行”活动，组织青年团员对9户爱心卡用户走访慰问，向用户宣传低碳经济、清洁能源理念，讲解安全用电、节约用电、依法用电等方面政策知识。结合“五五”普法活动，组织职工开展法律知识答题活动。诉万佛建筑材料公司欠费32万元，采用法律手段解决客户拖欠电费问题并取得胜诉。开展“三指定”、“小金库”和工程领域突出问题专项治理工作，清理不规范运营行为。2010年，荣获北京市电力公司“法治电网”依法治企先进单位。

【安全生产】 按照安全生产“三个百分之百”要求，建设安全监督和安全管理体系，落实安全生产责任制，逐级签订安全双向互保责任书共计421份；强化安全教育培训，组织安规学习考试共计5次；加强现场安全巡检力度，领导带队检查120人次，安全巡检组检查133次，处室、工区管理人员检查1091人次。开展“百日安全”、隐患排查治理和作业现场风险管控活动，共计消除设备隐患74件，其中危机缺陷12件。推广带电作业，2010年带电作业193次，带电作业化率52.67%，减少停电10 437时户。城市电压合格率99.74%，同比提高0.034个百分点；农村电压合格率99.29%，同比提高0.108个百分点；城网供电可靠性99.97%，同比提高0.008个百分点；农网供电可靠性99.94%，同比提高0.049个百分点。全年未发生35kV及以上输变电设备一类障碍；未发生35kV及以上的外力破坏事故。35kV输电线路故障跳闸4路次，同比减少10路次；10kV线路永久故障次数25路次，同比减少5路次；10kV瞬时故障次数38路次，同比减少15路次。完成北京国际山地徒步大会、京浪岛文化节、“两会”等24项重大保电任务。2010年2月6日，实现安全调度无事故10 000天。

■ 2月6日，北京市电力公司副总工程师干银辉与门头沟公司经理李铮为调度安全生产 10 000 天暨门头沟公司调控中心成立揭牌。（王叶平　摄）

2010 年，未发生人身死亡事故；未发生重大电网事故；未发生重大火灾、交通事故；未发生性质严重或造成较大社会影响的停电事故，完成三个百日安全生产长周期。截至 2010 年底，实现安全生产长周期 2052 天。

【营销与优质服务】 开展供电所电价互查、线损分区域、分线路管理、智能表计改造、打击窃电专项联合行动、电源信息梳理等活动。加强大客户线损管理分析，对 35kV 以上用电客户开展实时线损管理，差错率为 99.998%，通过了北京市电力公司电价检查。

累计受理各类业扩报装业务 3880 户，其中新装、增容业务 2158 户，容量 18.6kVA；完成新装、增容业务 1860 户，容量 11.3 kVA。全年共查处违约用电客户 8 户，收取违约使用电费 10.2 万元；查处窃电 10 户，收回电费及违约使用电费共计 150 余万元。共完成国家电网公司智能表计安装 6678 具，名列北京市电力公司首位。

■ 7月1日，门头沟区圈门地区居民任梅桂为电费核算中心抄表员石勇赠送锦旗，以感谢石勇对其母亲的及时施救。（王叶平　摄）

开展高危及重要用电客户供用电安全隐患治理活动，规范营业窗口建设等方面的工作。针对北京市重点工程棚户区改造工程，开通绿色通道，完成客户临时用电，确保工程顺利实施。在供电所层面开展一站式居民、非居民报装服务，缩短多数客户的报装周期，提高客户满意度。10 月，完成 2 座集中供热厂和 15 个热力交换站的供电任务。全年累计受理各种低压报修 3797 次，实现服务“零责任投诉”的工作目标，被北京市委授予“政策性住房配套设施建设先进单位”称号。

电费核算中心抄表员石勇在日常工作中勇救坠楼老人，得到地区居民赞扬。

【农电工作】 对部分供电所干部进行调整，建立所长助理形式的后备干部考察机制。对 2006 ～ 2010 年完成的 80 个电气化村、4 个电气化镇进行全面梳理，明确 2011 年需要新改造的村数和工程量。制定 2011 年新农村电气化村建设实施方案，按照电气化建设统一标准，逐项按专业分解，并落实到各专业处室，同时按职责分工，与各处室和供电所签订了责任书。完成 2010 年新农村建设项目监理、施工、物资招标工作。开展供电所标准化建设工作，对具备硬件条件的清水中心供电所、雁翅供电所及妙峰山中心供电所进行申报，均通过北京市电力公司的验收。

【科技与信息化】 全年上报科技项目 3 项，群众性技术创新项目 3 项，申请专利 1 项。完成 2011 年科技项目申报 7 项，完成 2009 年科技项目验收工作 2 项，完成 2010 年科技成果上报 1 项，科技论文 4 篇。完善《GIS 运行维护管理办法》，对 GIS 进行维护。GIS 工作完成向常态工作转变的过程，各季度应用实用化率均超过 90%。完成 GIS 数据整改工作。组织人员参加 PMS 检修模块的培训。完成生产管理系统实验报告模块的应用总结，实验报告模块正式投入应用。三次修订《门头沟供电公司“SG186”生产管理系统应用管理细则（试行）》。

对 OMS 防火墙等重要防护设备的策略进行修订，对各变电站监控系统的安全防护措施进行检查，升级防病毒软件；修订《门头沟供电公司电力二次安全防护管理办法》。

对各安全防护设备进行运行维护，规范防火墙、安全隔离装置、拨号认证装置、纵向加密装置的账户、口令。根据要求对相关防火墙、隔离装置的安全策略进行升级，严格控制拨号认证装置的使用，及时对 Windows 平台的防病毒软件进行升级。“信息网络及安全运行率”达到100%。

【党建与精神文明建设】 加强四好领导班子建设和干部队伍建设，组织领导干部中心组学习和基层调研。完成党支部改选工作。加强党风廉政建设，开展“学制度、促廉洁、保发展”主题教育活动，开展工程建设领域突出问题和“小金库”专项治理工作，开展效能监察。按照国家电网公司“四统一”的要求，开展企业文化建设工作，明确建设目标、工作要求和重点措施。组织开展“文明大讲堂”系列活动，围绕企业核心价值观、企业精神、企业理念、企业发展战略等开展宣传教育活动。在青年职工中开展“夜读会”活动，利用“夜读会”平台开展主题讲座，使得青年职工能够通过学习和沟通提升自身综合素质。

（聂杰良　郭　莹）

房山供电公司

【概况】 房山供电公司（简称房山公司）作为北京市电力公司的直属供电企业，肩负着房山区2019km^{2}的电力供应、销售和输电、变电、配电设施的建设和运行维护工作。2010年完成110kV及以下售电量29.89亿kWh，同比增长6.92%；线损率完成5.29%，同比下降0.08个百分点；电费回收率连续27年实现100%。

■ 房山公司领导班子。左起：工会主席兼纪委书记张铁英，党委书记牛磊，经理越海军，副经理杨一坚，总工程师李岩。

截至2010年底，房山公司运行维护110kV变电站21座，总容量2043MVA；35kV变电站11座，总容量165 MVA。110kV线路共12条，总长度117.76km；35kV线路35条，总长度326.65km；10kV架空线路174条，总长度2303.22km；10kV电缆92条，总长度198.74km。

房山公司下设11个职能处室、5个工区、配网中心行政管理14个供电所。2010年房山公司荣获“首都文明单位标兵”、“地铁房山线工程建设先进集体”、“北京市交通安全先进单位”等称号。

地址：北京市房山区良乡松林路

邮编：102401

电话：63669123

（李　威）

【人力资源】 截至2010年底，房山公司全民职工共计281人，其中研究生18人，大学本科129人；高级技师27人，技师41人，高级工176人。

对试验、计量、配电线路专业的生产人员共计275人开展轮训，组织电费专业、计量专业和财务专业78人参加调考及竞赛活动。完成规范职能处室设置及管理岗位编制和定员定编工作。推进“工程师+技师”的双师培养，全年共有8名员工获得技师资格，10名员工获得高级技师资格。先后组织两期管理人员培训班及大学生培训，共计157人次参加。截至2010年底，全员培训率完成100%，人才密度及人才当量密度分别完成100%和96.55%，全员持证上岗率100%，教育经费累计投入164.75万元。人力资源信息化建设取得进展，ERP人力资源系统成功上线，并得到全面推广和应用。

（刘　莹）

【电网规划与建设】 完成房山区“十二五”配电网规划修编工作及地区重点小城镇、永定河流域、大石河流域电网专项规划。调整昊天输变电工程可行性研究报告，启动普安屯、洪寺、燕化新材料基地输变电工程可行性研究报告的编制工作。协助编制周口店地区、燕化新材料基地、城关地区、窦店工业基地供电咨询。

完成南梨园、青龙湖110kV输变电工程的结算、决算及工程转资工作。完成梅花庄110kV变电站初步设计审核，以及变压器、GIS、10kV开关柜等主设备招标工作。完成石楼110kV输变电工程可研报告，取得项目核准，以及变电站规划意见书。配合轨道交通房山线工作，完成10kV线路迁改54处，良造35kV入地工程稳步推进，截至2010年底，完成1～16号井的施工，共计完成945.5m明开电力沟道，541.5m暗挖电力沟道。

（马春生　高彦龙）

【经营管理】 2010年，受环保因素政策影响，房山地区小煤窑全部关停，石板厂、砂石厂陆续关停，地区水泥行业、建材均受到严重影响，虽然房地产行业异常活跃，但大部分是前期房地产开发施工用电，小区居民入住率不高，使得居民用电量不高。对供电公司来说，不仅地区售电量指标受到严重冲击，而且地区电费回收形势也更加严峻。房山公司在各种不利因素的影响下，加强售电量、均价、电费回收等重要营销指标完成情况的过程监控分析，对指标做到可控、在控；挖潜各项指标提升的具体有效措施，逐步实现指标的实质性提升；与上级主管部门沟通，真实、客观地反映地区指标完成情况。

完成财务管控系统上线双轨运行，完成HR人资系统与财务系统的集成，完成电费银电联系统与财务接口的运行及年终前的财务集中支付的上线运行。完成精益化与职能专业化的结合，强化成本的归口管理，强化资金流的管理。通过资金调度和资金流量分析，掌握工程资金、修理项目资金、成本资金的预算执行情况。

深化同业对标指标管理，按照“目标分解、层次分明、责任到人、考核到位”的总体要求，实施目标管理，做到目标明确，责任到人。针对重点难点指标成立攻关小组，做到统筹兼顾，突出重点；加强过程管控，执行同业对标例会制度和专责人工作会制度，每月召开例会，分析当月指标完成情况并针对落后指标提出改进要求，制定《工作提示单》制度，对各项措施进行动态管控，督促落实整改。

（李立学　李　威）

【安全生产】 2010年，未发生轻伤及以上人身事故，未发生重大电网和设备事故，未发生重大生产火灾事故，未发生有重大社会影响的停电事故，完成年内的三个百日安全生产周期。城网用户平均停电时间4.6h/户，农网用户平均停电时间9.55h/户；城市综合电压合格率为99.804%，高于指标值0.317个百分点。

2010年，共计检修110kV主变压器6台，检修110kV断路器9台，检修110kV线路3条，35kV及以下的设备工作全部正常开展。结合年度电网检修运维项目和专项技改资金，共计处理隐患缺陷259个，确保电网的安全稳定运行。全年共计完成4项电网大型技术改造工程，25项大修技改工程。改造35kV变电站2座，改造输电线路2条计33km，解决了2座变电站单电源问题。

3～6月，开展“知风险、明措施、抓落实、保安全”为主题的百日安全活动，抓住作业现场风险管控的活动主题，确保人身、电网设备安全为目标，全面落实到岗到位管理要求。6月，开展以“安全发展、预防为主”为活动主题的安全月活动，宣传党和国家安全生产方针、政策、法律法规和各项安全生产规程规定。7～8月，开展电网迎峰度夏和主设备专项安全检查工作，全面部署以梳理检查迎峰度夏工作开展情况、电网主设备运行情况为检查重点的专项检查活动。9月，部署开展以“落实安全生产职责，强化人员安全风险意识，夯实安全生产基础，确保秋检工作安全、有序进行，保持安全生产形势稳定”为活动目标的安全警示教育各项活动。组织学习相关安全文件、典型事故案例、国家电网公司安全情况通报等相关内容。10～11月，开展安全生产事故“回头看”各项活动，组织全员学习事故汇编，组织开展安全大讨论活动；对照事故，做好整改措施落实的“回头看”工作。开展以房山公司领导班子成员、多经公司经理、各生产工区第一责任人、供电所所长、生产班组长为审计主体的安全监督自审计工作，并于11月通过了北京市电力公司专家组的复审。

（高德勇）

【营销与优质服务】 开展“保热点，压结存”活动，加快报装接电速度，业扩报装高压客户平均接电时间35.74天，同比减少1.2天。组织供电所进行电价自查和互查工作，并组织相关部门深入现场对执行电价较低的居民和农业排灌用户进行检查，2010年共查处违约和窃电用户146户，收取违约使用电费129.28万元。重新核定大用户提光比例。电费回收与电费风险防范并重，加大计划电费和分次结算的执行力度，继续发扬“八千精神”（查千头万绪，防千变万化，受千辛万苦，走千山万水，进千家万户，想千方百计，讲千言万语，受千锤百炼），确保经营成果颗粒归仓。深化线损工作“四分”管理，利用电力用户用电信息采集系统，结合分路线损分析电量异常用户，全年通过线损分析和现场普查发现窃电户、失压用户、计量装置异常户50余户，追回电量200多万kWh。

整合业扩工程管理机构，结合国家电力监管委员会“三指定”供电服务专项检查，完成自查自纠工

■ 11月9日，房山公司与公安机关警企联合打击窃电。图为稽核人员打开计量箱检查表计接线情况。（王金川 摄）

作，对客户工程设计、施工和设备供货过程中存在的突出问题进行了整改，杜绝“三指定”行为。推进老旧小区改造工作，对4779户居民，5个老旧小区的配电设施实施改造。开创窗口服务新举措，通过专业培训与指导、开展明察暗访等措施，提升窗口服务质量，获得北京市电力公司“十佳服务之星”光荣称号。

11月18日，营业厅及全体营销专业人员全部搬迁至新营销服务大楼。

（王明喆 李立学）

【农电工作】 完成供电所关键岗位人员述职测评工作。对14个农村供电所的正、副所长和班组长进行年终测评。组织制定标准供电所和标准化示范供电所

■ 10月25日，房山公司供电所员工在“第一届农电系统员工技能比赛”现场安装抱担。（窦春红 摄）

建设标准、实施方案、工作规划和年度工作计划，明确了创建标准化供电所工作组织机构、阶段性目标和任务要求等，以点带面分批分期建设。定期召开月度农电工作会，搭建业务交流工作平台，实现了供电所与各专业处室的业务沟通和交流。

组织“房山供电公司第一届农电系统员工技能比赛”，农电系统447人参加了杆上安装抱担、电能表接线和抄核收业务考试的比赛。

（隗秀颖）

【科技与信息化】 2010年，向北京市电力公司申请科技成果评审项目4项、群众性技术创新成果3项。其中“10kV新型复合材料杆塔的开发应用”荣获北京市电力公司科技成果推广应用三等奖，“变电站监控主机数据自动备份软件的应用”荣获北京市电力公司群众性技术创新成果奖。2010年，房山公司共收集科技论文34篇，申报6篇优秀论文参加北京市电力公司评选活动。在北京市电力公司“电缆杯”第7次QC成果发布会中，“金点子”QC小组的“提高10kV架空线路工程投资控制指标”和“小蚂蚁”QC小组的“缩短房山基建变电站验收时间”分别获一等奖和三等奖。开展ERP、PMS、GIS等系统的应用，完成所属变电站的网络改造工程。

（王哲辉）

【党建与精神文明建设】 2010年，房山公司党委制订了《深入开展“四强四优”创建活动 全面推进党的先进性建设——房山公司党委加强党的建设三年（2010～2012）规划》，为公司科学发展提供了坚强的思想保证、政治保证和组织保证。

开展精神文明创新工作，房山公司党委结合实际，制定《房山供电公司文明职工、文明班组、文明工区（处室）标准（试行）》，重新修订《精神文明建设综合绩效考核暂行办法》。开展争创“文明处室、文明工区、文明班组”活动，改进工作作风，促进各项工作的落实和良好风气的形成。

加强党风廉政建设工作，学习《中国共产党领导干部廉洁从政若干准则》、《国有企业领导人员廉洁从业若干规定》，宣贯学习红线制度，开展“三化三有”特色惩防体系和“识风险、抓防控、促精品”主题教育实践活动。落实“三重一大”决策制度，健全和完善教育、制度、监督并重的惩治和预防腐败体系，提高领导干部和关键岗位从业人员的政治素质、道德修养和法律意识，强化领导干部廉洁自律意识。开展“小金库”治理整顿活动，对“小金库”的资金来源逐一排查，对资金的去处认真分析。

（吕建起）

大兴供电公司

【概况】 大兴供电公司（简称大兴公司）是北京市电力公司所属的区域供电公司，负责大兴区 1036km^2 的电力供应、销售以及输电、变电、配电设施的建设和运行维护，承担着为大兴区经济发展、居民生产生活安全用电和保证大兴区及首都政治活动安全供电的重要任务。

截至 2010 年底，大兴公司共有 35kV 以上电压等级变电站 22 座，年售电量约 36.8 亿 kWh。大兴公司设置 11 个职能处室、7 个工区及大兴新城等 15 个供电所。

地址：大兴区兴政街 1 号
邮编：102600
电话：69223535

【人力资源】 截至 2010 年底，大兴公司共有正式职工 303 人，其中研究生学历 21 人，本科学历 101 人，大专学历 97 人，高中学历 12 人。

2010 年，大兴公司完成机关职能机构调整，规范部门及其职能设置，初步搭建起适应上级新管理架构的工作机制，完成中层干部、供电所长、管理岗位全员测评，加大关键、紧缺人才和优秀青年人才的培养力度，选拔一批青年人走上重点岗位。初步建立岗位培训和实用安全技术培训长效机制，加大对一线职工和管理人员的安全和实用技术培训力度，成立大兴公司自有职工培训基地，先后编写 40 余万字实用技术培训教材，举办了 3 个专业、共 15 期的实用技术培训。增强先进典型培育选拔力度，刘丽艳被授予国家电网公司劳动模范称号，王文苓被推荐为国家电网公司农电优秀人才。

【电网规划与建设】 2010 年，大兴公司继续深化“主动融入”地方政府，大幅改善发展的外部环境。大兴区区委、区人大、区政府、区政协四套班子主要负责人，先后带队到大兴公司调研指导工作。10 月 13 日，北京市电力公司总经理朱长林与大兴区委书记林克庆、大兴区区长李长友举行了高层会晤，为大兴公司加快“三张电网”（主网、配网、低压电网）建设与改造步伐，推动大兴公司“十二五”期间实现电网跨越式发展，奠定坚实基础。

结合“十二五”打造首都南部制造业新区发展的新形势，按照适度超前和主网、配网、低压电网协调并重的原则，完成“十二五”电网规划编制工作，加强与规划、土地、发改委等部门合作，开展电网规划与城市、产业发展规划对接，逐一落实项目、资金、措施。大兴地区主网、配网、低压电网建设扎实推进，全年完成固定资产投资 4.23 亿元，先后完成义和庄 110kV 输变电工程，大兴地铁电力沟道工程和亦庄地铁电力沟道工程，西梨园 110kV 牵引站外电源工程；启动并完成忠兴庄、九龙、永和庄 3 项 110kV 输变电工程土建与变电设备安装部分。配网方面，充分利用北京市电力公司 864 万元改造资金，对 32 条重载和故障率高的配电线路进行更换小截面导线、陶瓷担等综合整治工作。推动大兴区政府、北京市发改委、北京市电力公司多方出资模式，完成 21 个老旧小区的用电改造。

■ 8 月 19 日，大兴区区长李长友（左侧前三）带队到大兴公司调研电网建设工作。（傅瑞婷　摄）

【经营管理】 深化清产核资工作，完善主配网设备、固定资产及用户设备台账，着重基础资料的查缺补漏，提升资产设备账、卡、物一致性，解决资产不清及设备基础资料不完善的问题。

实施综合计划和全面预算管理，严格控制预算外支出。公司现金流量编制和执行偏差率、竣工决算完成率、固定资产设备联动率、可控费用等北京市电力公司考核指标均圆满完成。加强资产、物资的动态管控力度，盘活废旧物资（导线、变压器）用于农村低压电网改造和事故抢修，提高物资管理水平和使用效率。

深入开展“法治电网”专项活动，排查法律危险点，加强预算、合同、招投标、工程管理，先后完成

■ 9月23日，大兴公司经理李殿军到清产核资现场检查指导工作。(汪剑 摄)

14个供电所的内部审计，彻底清理供电所无合同人员，加强多经企业资金、人员、分包工程的管理。完善和修订现有规章制度，先后印发《关于进一步加强承发包工程安全管理的通知》、《业务招待等费用三级审批管控制度》等11项制度文件。

按照北京公司统一部署，推进主多分开、集体企业管理、业扩报装"三指定"、"小金库"等六个方面突出问题。2010年完成合同审核635份，处理诉讼案件1起。

定期分析同业对标排名变动情况，2010年，大兴公司同业对标综合排名从2009年的第11名跃升至第7名。

【安全生产】 结合清产核资工作，排查、整治电网安全隐患，严格执行领导现场安全把关制度，全面推行班组一日标准化作业管理。全面完成大修技改项目。以政企联合的方式，深化电力设施保护工作，并开展相关宣传活动。

逐级落实安全生产责任，执行领导干部到岗到位把关制度，2010年领导下现场278次，检查现场402个；管理人员下现场621次，检查现场433个；巡检组下现场233次，检查现场356个。健全各类电网应急体系，修订完善应急预案，开展8次反事故应急演练。

2010年，未发生轻伤及以上人身事故，未发生重大及以上设备事故，未发生电网事故，未发生火灾及负同等责任的重大及以上交通事故，完成三个百日安全长周期，全年安全生产无事故。大兴电网成功经受住夏季78.9万kW最大负荷考验，电网保持平稳、安全运行。

【营销与优质服务】 大兴公司超额完成35.4亿kWh年度售电量目标。全年累计受理报装23 369户，容量74.6万kVA；累计接电15 372户，容量44.9万kVA。报装、接电容量较2009年同期分别增加103.7%和44.1%。加大对欠费风险户的动态跟踪处理，充分利用法律手段催收电费，累计回收欠费95万余元。深入推进线损"四分"管理，指标责任落实到人，线损率大幅下降。联合政府部门、公安机关打击窃电，发现违章用电125起，追补电费318万元。

加强对15个供电营业窗口明察暗访，推行"红旗窗口"和"服务之星"评比活动，强化窗口人员服务技巧培训。大兴公司在全区公共服务行业公众满意度调查中得分名列第一。

2010年，累计受理报装用电及变更用电业务13 261户，卡表售电14.443 5万笔，售电金额5320万元，修补电卡1.1万户，收取电费6.022 5万笔，收费金额9.624 4亿元；服务热线受理咨询电话5.431 3万个，自受理工单299件；转派95598工单1.786 7万件；发布停电信息216次，电话通知调度协议用户停电216次，爱心卡客户回访480次。

【农电工作】 农电供电所深入推进线损"四分"管理，组建供电所施工队，规范供电所工作职责和工作界面。各供电所主动配合大兴公司开展主网、配网、低压电网建设。全年累计完成10kV老旧线路整治424.308 km，村内低压线路改造169.467km，修剪树木316 05棵，处理缺陷2862处。深入开展标准化供电所创建工作，2010年，魏善庄、西红门、采育供电所已正式被北京市电力公司命名为第一批标准化供电所。

【科技与信息化】 2010年，由大兴公司信息中心组织生技处、营销处、调度所、变电工区、线路工区、计量工区、农电工区等部门参与本年度科技工作，制定时间节点，定期检查项目开展进度，提出建设性意见，并从中挑选4项群众性技术创新成果、5篇科技论文参加北京市电力公司的评选。其中，"柱上变低压计量标准化设计方案"获得科技项目改进二等奖，"真空开关机械特性测试插架"、"针式绝缘子带电紧固器"获得群众性技术创新成果奖，《解决消弧线圈接地系统电压不平衡问题的探索》获得科技论文三等奖。

大力鼓励及支持员工申报专利，2010年，大兴公司共上报"改进型10kV跌落式熔断器在带电作业绝缘杆作业法中的应用"、"电能计量表计表尾防窃电装置"、"针式绝缘子带电紧固器"和"柱上变压器低压计量标准化设计”等4份专利技术交底书。变电工区上报的“真空开关机械特性测试插架”获得专利授权。

■ 4月8日，大兴公司召开客户答谢暨《国家电网公司社会责任报告》宣传大会。（姚华　摄）

信息工作。为信息机房增添防雷、防漏电、防静电、门禁系统，对5个供电所、3个变电站进行综合数据网改造。建立完整的信息管理模式和体系，严格管理OA外网信箱，加强设备运行维护及管理，严格执行巡检制度、故障报修制度、两票管理制度，规范运维流程，提高管理水平。

【党建与精神文明建设】 按照创先争优活动要求，开展“党员争优、员工敬业、文化落地”、“弘扬井冈精神、铸就企业辉煌”、“观复兴之路忆历史，迈跨越之步勇争先”等多个主题教育活动。公司党委再次获得先进基层党组织的荣誉称号，营销党支部获得国家电网公司“电网先锋党支部”的称号，思想政治工作同业对标排名由第8名升至第2名。

深入推进党建品牌建设，充分发挥共产党员服务队的品牌优势，获得北京市电力公司文明单位称号，刘丽艳获得“国家电网公司劳动模范”称号。于秀玲和共产党员服务队分别获得北京市电力公司“十大首都电力之星”和“十大优秀团队”荣誉称号。

■ 10月18日，“国家电网公司五一劳动奖章”获得者——刘丽艳向客户讲解用电安全知识。（汪剑　摄）

（高　骞）

平谷供电公司

【概况】 平谷区位于北京市东北部，是京津冀北的结合部，区域面积950.13km^2，其中山区、半山区约占三分之二，常住总人口42.7万，其中农村人口20.7万。平谷供电公司（简称平谷公司）担负着平谷区全境的工农业生产、政治和人民生活供电的任务。

截至2010年底，平谷公司有主变压器30台220kV变电站1座，容量360 MVA；管辖110kV变电站8座，容量558MVA；35kV变电站6座，容量140MVA。管辖110kV线路17条，长度156.851km（不含滨盘一二线）；35kV线路12条，长度87.942km；10kV架空线路57条，长度1183.4km（其中绝缘线路502.5km）；10kV电缆线路238条，长度78.115km。平谷公司有35kV用户变电站2座，主变压器2台，容量5.8MVA。2010年，平谷公司累计完成新装、增容接电3918户，容量77 079kVA，

■ 平谷公司领导班子。左起：多经总经理周科，工会主席兼纪委书记冯立祥（12月16日调离），副经理张心阳，党委书记张伟，经理李晓辉，副经理蔡小京，副经理王学军，副总经济师王大春。（齐海河　摄）

全年累计减容、销户1394户，容量24 384kVA。2010年，平谷公司售电量完成11.3亿kWh，同比增长12.66%；线损率完成4.49%，同比降低1.34个百分点；电费回收率完成100%；供电可靠性完成99.936 8%，同比提高0.036 3个百分点；电压合格率完成99.867%，同比提高0.022个百分点。

截至2010年底，平谷公司连续安全生产天数达到5343天。

地址：北京市平谷区新平南路239号
邮编：101200
电话：69961605

【人力资源】 平谷公司设职能处室11个，生产单位4个，副工区级生产单位1个，直属班组3个，供电所10个。在册职工231人，其中全民所有制职工214人，集体所有制职工17人。全民工中具有硕士研究生学历11人，本科学历96人；具有高级职称6人，中级职称34人；高级技师2人，技师18人，高级工155人，中级工12人（外雇劳务人员：从银杰公司雇用电管员118人、农电工79人、其他27人，从北京阳光美洁物业管理有限公司雇用78人）。

制定《关于加强全员绩效考核工作的实施意见》、《平谷供电公司绩效考核管理办法》，每季度进行考核，奖优罚劣。开展大讲堂活动，进行《卓越管理者影响力提升》、《金融危机与我国宏观经济形势分析》、《当前国际形势观察与分析》等课程的学习。完成38人的学历认证和3人的技师鉴定。

【电网规划与建设】 结合平谷区国民经济和社会发展第十二个五年规划，修编《平谷供电公司配电网“十二五”规划报告》，配合平谷区政府完成《平谷区“十二五”期间电力发展规划》以及《平谷区“十二五”时期重大基础设施专项规划》，并编制《平谷新城“十二五”时期电力地下管网重大项目规划储备报告》。编制《平谷供电公司2010年基建安全管理工作策划方案》和《平谷供电公司2010年基建质量管理策划方案》。基建工作典型经验《业主项目部标准化建设》被北京市电力公司纳入典型经验库。基建管控系统、造价系统及全过程造价控制体系上线运行。

■ 金海湖输变电工程组塔施工现场。（齐海河 摄）

在建金海湖110kV输变电一期工程情况：本期安装主变压器2台，主变压器容量63MVA（31.5KVA×2）；为户外安装，双回进线，从平沟一、平沟二T接，110kV输电线路总长约28（2×14km）km，工程新立钢管杆25基，铁塔34基，临时塔1基；35kV线路切改0.5km；10kV线路切改4路共计4.3km。该工程于2009年9月1日变电站土建开工，截至2010年底，已完成变电站内的全部土建工作，完成变电站电气一次系统及二次系统的安装工作，工程完成率100%；110kV送电工程完成23基钢杆和34基铁塔的组立，完成架线工作80%。

【经营管理】 组建调控一体化，制定地区电网调控中心运行管理规范，明确调控中心与变电工区的分工，制定业务流程和岗位职责。

2010年，平谷公司固定资产投资工程共计13项，其中新开工项目5项，续建项目8项。北京市电力公司下达2010年固定资产投资预控计划4107万元，累计完成资金3933万元，投资计划完成率为95.763%，其中支付工程部分资金1945万元，支付物资部分资金1988万元。

开展“小金库”专项治理、业扩工程“三指定”自查自纠、工程建设领域突出问题专项治理活动。实行“滚动预算”和“零基预算”方法，加强成本控制，提升财务风险防控能力。开展“法治电网”依法治企专项活动，对法律风险进行了排查，制定防范措施，推进平谷公司法制化进程。

2010年，平谷公司经营指标全部超额完成，同业对标指标全公司并列第一，近30项营销服务小指标综合得分居北京市电力公司首位。获得“安全生产管理先进单位”、“优质服务先进单位”、“文明单位标兵”、“可靠性管理先进单位”等称号。

【安全生产】 落实各级安全生产责任制，实现全年无事故的目标。开展“知风险、明措施、抓落实、保安全、百日安全”活动、安全大检查、安全审计等专项活动。共举办专题安全讲课8次，个人撰写安全体会552篇，征集安全合理化建议16条，签订“人身安全责任书”364份，安规考试通过率100%；开展隐患排查治理，对13座变电站防误闭锁装置进行检查，对输变电设施进行全面特巡，全年共完成设备隐患治理13处；全年领导干部带队现场检查211次，及时纠正违章6次；实现“三个安全”100天。

■ 平谷公司变电站工作人员更换英城站内电压互感器熔断器。（齐海河 摄）

2010年，完成生产大型技改工程4项：加装用户分界负荷开关工程；更换10kV线路过细联络导线工程；调度机房环境整治工程；110kV变电站视频监视系统建设工程。完成生产专项技改项目3项：输电线路防雷专项整治工程（加装避雷器）、电话录音系统升级工程和供电所信息系统电源改造工程。投资773.5万元进行配电线路防雷改造、故障频发线路大修、接地电阻改造、重载线路负荷分倒等工程。开展反外力破坏工作，累计修剪、去除树木1.2万余棵，按计划完成各项检修、预试、清扫工作，提高电网运行水平，输变电一类障碍与2009年持平，配网故障次数同比下降25.37%。

制定平谷地区低频减载整定方案，编制完成《2010年夏季运行方式分析报告》、《2010年平谷地区电网度夏运行方式调整计划及实施预案》及年度、季度、月度运行方式分析等。开展负荷预测和负荷分析工作，每日进行96个点的负荷预测，负荷预测完成率100%、准确率94.96%。开展预案演练和反事故演习活动，完善突发事件应急组织和处置预案，配合地区电网改造工程，及时计算和修正保护定值，并进行三级校核，保证定值单正确无差错，电网保护与安全自动装置可靠运行，实现全年保护正确动作率100%。

【营销与优质服务】 推动营销系统机构改革，成立计量电费中心。完成国家电网公司“SG186”营销信息系统的上线工作，数据上传准确率达到100%。线损管理系统试点建设首批通过验收。居民计量装置改造有序进行，年内完成卡表改造1万具、安装国家电网公司智能电表3946具。建成电费告知短信平台，并投入使用，促进了电费及时足额回收。开展大客户走访，了解客户的发展战略和用电需求。完成承平园小区和金海小区两处非规范居民小区供电改造工程的可研编制和预审。

开展“塑文化、强队伍、铸品质”供电服务提升活动，完成11个供电营业窗口的规范化创建工作，验收通过率达到100%。建成科学用电展示厅，积极宣传“绿色能源”、“低碳生活”。坚持营业窗口检测和暗访工作，定期分析，及时整改，实现全年服务零投诉。在基层站所民主评议中，平谷公司名列前茅。获北京市电力公司优质服务先进单位、营销服务先进单位荣誉称号。

■ 6月9日，怀柔公司开展“塑文化、强队伍、铸品质”供电服务提升活动宣传现场。（齐海河 摄）

【农电工作】 调整农电职能管理，取消农电处，将农电工作调整至营销处管理。加强供电所综合协调管理工作，每月召开供电所所长例会，对供电所的安全生产、营销服务、新农村电气化、标准化建设等进行分析，布置阶段重点工作任务，同时对供电所提出来的问题以工作协调函的形式发给相关职能处室，协调予以解决。

金海湖供电所被国家电网公司授予“标准示范化供电所”称号，被北京市电力公司授予“标准化供电所”称号；峪口供电所被北京市电力公司授予“标准示范化供电所”称号。继续开展标准化供电所创建工作。申报创建的供电所分别为：大华山、山东庄、东高村和王辛庄供电所。营销处组织相关处室完成自验收。建设电气化乡镇1个，为镇罗营镇，电气化新农村35个。

贾希阁被北京市人民政府授予“北京市劳动模范”称号；被国家电网公司授予“优秀班组长”称

号；被北京市电力公司授予供电“十佳服务之星”、“先进生产者”称号。

【科技工作】 实施科技创新，提升电网技术水平完成防雷技术应用、线路故障指示仪等项目。开展群众性技术创新活动，其中，“引流线夹的绝缘操作杆”申请了国家级专利项目。全年征集科技论文90余篇。

【党建与精神文明建设】 坚持理论中心组学习制度，按月、季度排定学习内容和重点，以集中学习、讨论为主，辅以专题讲座、处长讲座、观看宣传片、外出学习等多种形式。全年共组织学习36次，其中处长讲座4次。领导班子成员积极撰写学习理论文章和体会，其中有6篇在《北京电力报》发表。在2010年度，获得北京市电力公司“四好”领导班子称号。

各党支部于7月前完成了换届选举工作，完成4名预备党员转正和5名预备党员发展工作。变电党支部创新成果在北京市电力公司党支部成果发布会上荣获三等奖。农电党支部、变电党支部的党课分别荣获北京市电力公司“特色党课1小时”活动三等奖和优秀奖。在各层党组织和全体党员范围内开展了“四强四优”创争主题教育活动和创先争优活动。2009～2010年度，平谷公司党委荣获北京市电力公司“先进基层党组织”称号、变电党支部荣获北京市电力公司“先进党支部”称号。4名党员荣获北京市电力公司“优秀党员”称号。

组织开展“忠诚企业、服务首都”、“强化责任意识，提高执行能力”主题教育活动。

荣获全国“精神文明建设工作先进单位”称号、国家电网公司“文明单位标兵”称号，继续保持首都文明单位和文明单位标兵、国家电网公司文明单位、北京市电力公司文明单位和文明单位标兵等。

2010年思想政治工作同业对标综合评分为384.5分，在北京市电力公司40个基层单位中综合排名第一。全年共出版《平谷供电报》8期、发布《平供快讯》320期、《企业之声》389期、《政工信息》64期，制作宣传展板45块。

2010年，北京市电力公司《基层动态》、《北京电力报》和《北京电力》杂志登载平谷公司稿件和图片243件；《国家电网报》、《中国电力报》、《华北电力报》、《中国电力新闻网》、《中国电力企业管理》杂志、《供电企业管理》杂志、《供电行业信息》、《农电管理》杂志等发表平谷公司稿件和图片36件；北京市电力公司网络政工各栏目采纳平谷公司稿件136篇；北京市电力公司视频点播系统采纳平谷公司视频60篇；平谷电视台、《绿谷》杂志、《桃源视窗》等地方媒体采用平谷公司稿件65篇。

2009～2010年，团委荣获北京市电力公司“五四红旗团委”称号。2010年，荣获北京市电力公司团建创新二等奖。

（于起媛）

怀柔供电公司

【概况】 怀柔供电公司（简称怀柔公司）是北京市电力公司的直属供电企业，负责怀柔地区2128.7 km^{2}的电力供应、销售和输电、变电、配电设施的建设与运行，肩负着怀柔地区经济发展、重大供电和人民生活提供安全供电的任务。

2010年，完成售电量13.41亿kWh，地区线损率6.39%，电费回收率100%，全口径供电可靠率99.861 1%，城网综合电压合格率99.789%，地区最大负荷26.3万kW，累计安全生产3824天。年内获得“首都文明单位标兵”、“首都平安示范单位”、“北京市治安防范集体三等功”、“北京市交通安全先进单位”、“电力行业电力设施保护先进单位”、“怀柔区经济和社会发展贡献先进单位”、“怀柔区经济贡献百佳企业”、“怀柔区文明单位”等荣誉称号。

地址：怀柔湖光小区36号
邮编：101400
电话：69653838

【人力资源】 下设11个职能处室，6个生产工区，1个多经总公司，14个乡镇供电所。怀柔公司领导班子7人（含退二线1人），管理岗位52人，生产岗位175人，内退1人。

截至2010年底，在册职工265人，其中全民职工235人(含内退1人)，集体职工30人。具有大学专科及以上文化程度人员180人。具有高级职称7人，中级职称26人。高级技师1人，技师18人，高级工 183 人。

对各类性质的劳动用工现状开展调研，对供电所的组织机构、运营模式、用工管理等进行规范。修订《怀柔供电公司绩效考核暂行办法》，按照分级管理、逐级考核的原则，设置处室级和班组级绩效经理人，直接对员工进行绩效管理。

针对生产一线人员组织开展配电线路、变电运行、装表接电、电缆处缺等操作技能培训；针对管理人员，组织开展同业对标、全员绩效考核、ERP 系统应用、信息安全、新闻写作等专业管理培训。全年举办各类培训班共计 208 期，4071 人次，全员培训率达 100%。

【电网规划与建设】 开展 220kV 怀柔北输变电工程、110kV 宰相庄、南华输变电工程和 35kV 辛营输变电工程的规划前期及可研编制工作，完成怀柔新城电网规划的修编工作和重点镇电网发展规划的编制工作。

全年共组织各类工程 29 项，资金总额为 3.398 亿元。其中基建工程 2 项，大型技改工程 4 项，业扩应急工程 1 项，市政工程 7 项，迁改工程 16 项。完成 110kV 东庄输变电工程、35kV 务琉线路改造工程、35kV 琉汤线路改造工程、10kV 汤七路网架结构优化工程和 2009 年业扩应急工程（新城雁栖组团应急）竣工决算考核项目。

4 月 30 日，110kV 庙城变电站开工建设，该站终期规模安装 50 MVA、110/10.5kV 主变压器 3 台，一期安装 110kV 主变压器 2 台。6 月 30 日，110kV 东庄输变电工程竣工投产，该工程总建筑面积 3337m^2，安装 110kV 主变压器（50 MVA）2 台，新建输电线路 5.5km。被北京市电力公司授予“争创无违章工地流动红旗”称号。

【经营管理】 开展“法治电网”依法治企专项活动，围绕主多分开、职工持股、收入分配、集体企业管理、业扩报装“三指定”、“小金库”、工程领域突出问题等方面开展规范整治工作。做好重点工程的财务监督工作，根据项目投资计划和用款计划及时申请资金，严格按合同、协议等有关条款办理付款，严格监督和检查工程资金使用情况。增强资产规模，有序开展配网资产接收工作，全年接收用户资产 6598.34 万元。

【安全生产】 开展以“知风险、明措施、抓落实、保安全”为主题的安全百日、以站线为单元的隐患排查、安全生产月、峰度夏和主设备安全检查、安全生产警示教育、安全监督审计、“三查四防”等 10 项主题安全活动。活动期间，行政正职主持安全会议 16 次，上安全课 4 次；编制印发活动简报 58 期；组织专题安全日活动、通报学习 3866 人次；开展风险管理培训 1520 人次；组织开展监督检查 136 批次，督查现场 270 个；查处违章行为 14 个；组织反事故演习 6 次；开展对外宣传 10 次，发放宣传材料 2500 余份。联合地区政府开展电力设施保护宣传活动，累计发放法律法规、典型案例宣传读本 800 册，消除变电站、输配电线路隐患、缺陷 143 处。应用新技术提高配网运行水平，与北京科锐配电自动化股份有限公司合作开发“10kV 配网架空线路故障定位系统”，并在 110kV 变电站的 17 条配电架空线路上试运行，成功报警 8 次，报警准确率 100%。加强带电作业水平，自锁型线夹在带电作业中成功应用，全年进行 10kV 带电作业 649 次，同比增长 4.68%。用户每户停电时间 12.17h，同比减少 2.29h/ 户。用户每户平均停电次数 2.506 次，同比降低 0.332 次 / 户。更换农田路、红甘路等多条卡脖子线路 2.5 km，对环西路、兴怀路等多条重要线路的 12 座箱式变压器进行分、换装处理，同时更换了多条老、旧、小截面电缆。完善预警、应急机制，开展迎峰度夏、防汛和密闭空间事故应急演练等活动，全年主网设备保持良好运行状态，未发生 110kV 考核事件，配网架空故障率列北京市电力公司第一。年内完成各类保电任务 51 项。

■ 6 月 15 日，怀柔公司举行密闭空间事故应急演练。（赵艳阳　摄）

【营销与优质服务】 开展“三指定”专项治理工作。根据不同阶段，制定《怀柔供电公司用户受电工程“三指定”自查自纠工作方案》、《怀柔供电公司“三指定”自查自纠深化方案》，经理把关，对用户受电工程进行梳理和整改。制定《怀柔供电公司营销业务问责制管理考核办法》，每季对营销处、三个中心及供电所的负责人进行考核，考核内容分日常管理考核与指标完成情况考核。制定《怀柔供电公司营销工作量化评比体系》，对各部门日常工作与指标完成情况进行评比排名。制定《怀柔供电公司2010年区域化线损管理指导意见》，开展远采数据分析、无功装置运行分析、卡表普抄、计量装置改造等降损工作。重点对线损较高的北房区域，开展10kV线路计量装置全封闭改造工作，共改造自备变压器客户86户，安装防窃电互感器344支。改造后该区域线损率逐月下降，同比下降2个百分点，少损失电量152万kWh，合计金额约109.09万元。加强远采数据监控分析，及时发现、处理失压和断相问题，共挽回损失307万元。

推广客户代表制和“一站式”服务。开展地区用电前50位的大客户走访调研工作，了解客户需求，有针对性地为大客户提供差异化服务；组织青年志愿者服务队帮扶孤寡老人和伤残退休职工，实施定期、定点、定人上门提供个性化服务，副经理杨青等党政领导亲自带队，参加“行风热线”直播栏目，就政府、人民群众关注的焦点、难点、热点等民生问题进行解答，全年上线19次。开展窗口人员礼仪培训，不定期组织暗访活动，规范营业人员的服务行为，在

■ 3月17日，怀柔公司北房供电所10kV线路计量装置全封闭改造作业现场。(钟玉娟　摄)

北京市电力公司供电营业窗口服务监测中连续并列第一。全年累计受理各种报修4913次，收到表扬25件，同比增长31.58%，无责任投诉。

【农电工作】 开展杨宋、北房、渤海、城区四个供电所的标准化供电所创建工作，庙城、雁栖和九渡河三个供电所通过标准化验收。推进新农村电气化建设，年内申报2个电气化镇、23个电气化村。开展农网大修改造工程，安装变压器围栏27个，村内安装宣传栏13个，更换安装JP柜15台，敷设电缆1.998 km，安装电杆170根，更换低压绝缘线13.5 km、接户线11.145 km，电杆安装防撞标识105块，10kV配迁改造0.255 km、迁改变压器2台。对城区、杨宋、九渡河供电所所辖区域的低压接户线进行改造，更换接户线193.4 km，更换农网卡表7737具，实现该区域内农村居民客户电量预付费管理。

【科技与信息化】 推进调控一体化建设，完善自动化系统，改造设备传动和信息机房。加强ERP、PMS、GIS及协同办公等信息系统的实用化工作，顺利完成SG186系统上线。排查信息安全隐患，对自动化系统服务器、工作站计算机、网络设备等涉及信息安全的设施进行检查，统一使用加密U盘、更换UPS电源、更换上联防火墙和GIS服务器等技术和管理措施，确保网络和信息系统安全运行。开展科技攻关和群众创新活动，年内申报群众性创新项目2项，申报专利2项，申报科技成果1项。“10kV配网架空线路故障定位系统的推广及应用”获得北京市电力公司科技成果推广应用三等奖。

【党建与精神文明建设】 开展“1＋6工程”(1即“爱心、平安、诚信——发展”主题教育活动，6即“责任提升工程”、“形象品牌工程”、“法治教育工程”、“企业文化工程”、“人才培育工程”、“金桥建设工程”)。在各党支部、党小组建立“党员形象阵地”，向各党支部和全体党员发出争创“四强”党支部、争做“四优”共产党员的倡议书。成立“党团员服务队”，利用节假日深入旅游景区和农村，为民俗接待户、旅游度假村和广大农民提供安全用电、电力法规宣传和紧急事故抢修等服务。谢伍忠事迹参加怀柔区“身边的好人”演讲活动，在行业内部和社会树立电力企业员工心系社会、关爱他人、扶危济困的良好精神风貌。在《国家电网报》、《中国电力报》、《华北电力报》、国家电网电视新闻、电力新闻网等行业媒体发表文章39篇，在《北京电力报》、OA视频点播、基层动态发表文章共计198篇。专题片《那山　那所

那人》获得北京市电力公司“优秀专题片”特别奖，视频新闻《“小虎队”的心愿》获得北京市电力公司特别奖，新闻图片《雪中巡线》获得北京市电力公司“好图片”特别奖。

开展“学制度、促廉洁、保发展”主题教育活动和“识风险、抓防控、促精品、保安全”反违章长效机制活动，开展怀柔公司领导、党支部书记上廉政课、对重点工作部门和岗位的各项管理制度进行梳理、举办反腐倡廉知识竞赛等活动。组织召开社会监督员座谈会，积极与地区纪委、纠风办等部门沟通，收集民主评议基层意见和建议，并认真落实整改。

9 月 26 日，怀柔公司组织召开行风监督员座谈会。
（赵艳阳　摄）

（赵艳霞）

密云供电公司

【概况】 密云供电公司（简称密云公司）成立于 1963 年，是北京市电力公司授权经营的供电企业，主要负责密云地区电力供应和销售业务。密云电网供电面积 2229.45km^2，供电人口 46.8 万人，总用户 19.71 万户，总用电量 11.98 亿 kWh，地区最大供电负荷 24.25 万 kW。密云公司共设立 11 个职能处室、5 个工区、1 个后勤服务中心、19 个供电所和 1 个多经总公司。截至 2010 年底，密云公司管辖 110kV 变电站 8 座，35kV 变电站 14 座。

密云公司年初制定了“一二三四”工作目标：贯彻一个方针，即“大局、可靠、法治、两效”的八字方针；破解两个瓶颈，即制约公司发展的农村电网售电瓶颈和可靠性管理提升瓶颈；消除三个影响，即地区发展影响、历史遗留影响、自然环境影响；落实四个着力，即着力夯实安全基础打造高可靠首都电网、着力抓好客户服务践行高品质工作标准、着力提升效率和效益打造高效能运营体系、着力推进党的建设、企业文化建设、队伍建设，锤炼高素质和谐团队。2010 年，密云公司按照年初工作部署，结合地区发展策略，树立大局意识，全面实现年初下达的“一二三四”工作目标。

地址：密云县新中街 3 号

邮编：101500

电话：69042580

（丁亚娟）

【人力资源】 截至 2010 年底，密云公司在册全民职工 244 人，集体职工 8 人。其中，研究生及以上学历 13 人，本科学历 83 人；高级职称 8 人，中级职称 26 人。

组织管理岗人员、计量等各专业人员、班组长等培训。全员培训率 100%。组织开展 20 个专业的职业技能鉴定工作，参加人员 92 人。开展 8 个专业技师报名鉴定工作，参加人员 12 人。经过评审，3 人取得技师资格。在国家电网公司法律顾问诉讼专业知识竞赛中，1 人获得三等奖；在北京市电力公司电力调度员职业技能竞赛中，1 人取得决赛第十名。

（李　燕）

【电网规划与建设】 结合密云县“十二五”发展规划，编制完成密云县配电网“十二五”规划报告。研究“十二五”期间各规划年度负荷水平和负荷分布，制定 110kV 及以下电网规划方案，提出 220kV 电网规划建议，解决四方面问题，① 改善现状的不足，提升电网运行可靠性；② 以容载比为校核指标，匹配供电能力，提升电网运行的经济性；③ 跟踪大型项目信息，从大局着眼，提升电网建设的主动性；④ 通过储备项目抢占站线资源，为密云公司发展预留更大的发展空间。

编制《密云县“十二五”农网规划》、《密云县开发区一二三期配电网改造工程规划方案》及《云西经济开发区配电网规划》，重点建设环网等互倒互带能力较强的配网供电方式。开展溪翁庄镇、太师屯镇、开发区四期等一批重点发展地块的区域配网规划工作，逐步完善分区域供电，强化区域间互带能力。配合密云县政府编制《密云县“十二五”规划发展纲要》、《密云县“十二五”时期能源发展规划》等地方规划，确保电网规划与地方发展相融合，为电网规划顺利实施奠定政策基础。

2010年，完成冯家峪保护改造工程、110kV变电站视频监视系统建设工程等续建项目5项；开展高岭110kV变电站改造工程、新农村电气化建设改造工程等新开工项目12项。

12月28日，冯家峪110kV变电站继电保护改造工程竣工发电。

12月20日，完成110kV变电站视频监视系统建设工程施工调试。

■ 8月24日，密云县县委书记汪先永和密云县常务副县长王稳东到密云公司调研。（李媛媛　摄）

（刘雪丽）

【经营管理】 每季度组织一次经济活动分析会，将参与经济活动分析的范围扩大为8个职能处室、9个供电所。根据经营情况，阶段性选取重点、难点问题开展专题分析，强化整改措施落实情况的督导和反馈，确保全年经营任务的完成。

以北京市电力公司“售电量700亿kWh”目标为重点，调整考核办法和指标设定，制定提升计划和具体措施，完善指标分析体系。

加强ERP系统、财务管控系统、集中支付系统的应用及各专业系统的集成融合。建立成本储备库管理，制定资金执行偏差率管理、竣工决算管理、工程物资管理、固定资产设备联动率指标管理等管理办法。

开展“法治电网”依法治企专项活动，对98个法律风险控制要点进行自查，对8个方面突出问题制定解决方案，通过专题讲座、开设交流专栏等形式，提升全员法律意识和依法办事的自觉性。

（刘雪丽　张　坤）

【安全生产】 推进风险管控工作，全年组织生产单位填写《安全风险控制单》30项。开展春季安全大检查、百日安全等系列安全活动，进行安全隐患排查。完成缺陷排查整改工作，其中，变电专业16项，输电专业12项，配电专业56项。各级管理人员履行到岗到位制度，全年共计检查1619次，检查现场1659个。截至2010年底，完成3个百日安全长周期，连续安全生产3790天。荣获北京市电力公司2010年度安全生产管理先进单位。

建立输变电季度专业例会制度。全年处理变电设备缺陷31处、输电设备缺陷117处。加强大修、技改工程项目组织管理，完成大修项目126项、生产专项技改项目12项。完成10kV架空线路综合检修42路，变电站地网开挖检查10座，输电线路加装避雷器48支，提高设备健康运行水平，确保电网安全稳定运行。推进重要用户外电源保障工作，建立重要用户外电源运行管理规定，成立重要用户外电源巡检组，将重要用户外电源线路包干到职能管理人员。

■ 7月27日，密云公司职工在110kV大石岭变电站开展特巡测温。（刘杰　摄）

7月，成立调控中心，正式实现调度、监控一体化。及时发布风险信息，组织细化风险控制措施，提前布控。截至2010年底，调控安全生产运行10 652天。荣获北京市电力公司调度综合管理先进单位称号。完成“嫦娥二号”探月工程1级重大保电任务1项，3级重大保电任务3项，4级重大保电任务19项。

【“嫦娥二号”探月工程保电任务】 “嫦娥二号”探月

工程重大保电任务于10月1日开始，10月30日结束。密云公司成立5个专业保障组，从电网端和客户端同时入手开展供电保障工作。实行直供变电站24h值守，输电线路重点时段不间断巡视，用户保障组和13支抢修队伍24h待命，实现供电“零闪断”目标。12月27日，中国科学院国家天文台送给密云公司一封感谢信，感谢密云公司在“嫦娥二号”探月工程中为国家天文台密云卫星地面站提供安全、可靠的电力保障。

（白　广）

【营销与优质服务】 完成“SG186”营销业务应用系统上线工作。结合“保热点、压结存”专项活动，对报装受理、方案制定、图纸审核、工程管理、验收送电、收费标准和类别等关键环节开展自查。补充、完善供电所营业厅电子设施、设备，扩大营业厅视频监控系统覆盖范围，建立完善营业厅视频监控系统平台，规范操作权限。完成石城、新城子供电所新建营业厅规范化建设工作。

（周福新）

【农电工作】 巨各庄、溪翁庄、太师屯三个供电所通过标准化供电所检查验收，被国家电网公司正式命名为标准化供电所。组织开展劳务合同到期续签工作，与银杰公司71名电管员续签劳务合同。组织农电工参加北京市电力公司调考及技能鉴定工作，开展电缆专业及安全员、质检员、合同员、项目负责人的专项培训，提高农电工技能水平。

（赵东明）

【科技与信息化】 上报群众性创新成果4项，上报科技论文3篇，申报专利3项。取得“向电线杆状物上吊装重物的支架”和“箍位绝缘子遮蔽罩”2项专利授权。“悬式绝缘子遮蔽罩”和“简易捅鸟窝工具”2项群众性创新成果获得北京市电力公司创新成果奖。

12月，成立彭新立职工创新工作室。与北京市电力公司试研院等单位联系、协作，开展技术交流。将防鸟挡板和防雷手段等科技成果应用于生产中，提高电网安全稳定运行水平。

举办“信安杯”信息化知识竞赛，实施变电站信息网络二期改造工程。

（赵禾杰）

【党建与精神文明建设】 开展“小金库”治理效能监察，梳理管理制度，新建管理办法2个，完善业务流程1项。开展民主评议基层站所活动，加强企地共建，接受外部监督。

坚持中心组学习制度，全年累计集中学习41次。制定党建三年规划，制定具体的实施细则，将责任层层落实，在各党支部和广大党员中开展“四强四优”创建活动。发展新党员8名，预备党员转正17名。截至2010年底，密云公司共有党员170人，其中离休党员3人。

结合农电系统党组织情况，调整农电系统党组织设置，指导各供电所党支部参与企业管理。以“加强农电系统党组织建设，实施供电所集体决策制”为主题的创新工作，荣获北京市电力公司党委精神文明创新成果二等奖。密云公司经理孙永鑫《强化党性修养，弘扬良好作风》的专题党课在北京市电力公司“特色党课”活动中获得一等奖。

开展团建创新活动、青年志愿者行动和青年创新创效工作。团委《深化青年文明号创新成果，保售电量增长突出“两效”》创新工作和多经团支部《两个“全体青年”，一个都不能少》创新工作，分别获得北京市电力公司团建创新二等奖和三等奖。

（相英杰）

顺义供电公司

【概况】 顺义供电公司（简称顺义公司）是北京市电力公司的直属生产单位，肩负着区域内党、政、军机关、高科技园区及首都机场和全区84.8万常住人口的安全供电任务。顺义公司下设12个职能处室、3个工区、3个中心、1个多种经营总公司、1个综合服务公司和19个供电所。

截至2010年底，顺义公司所属110kV变电站19座，35kV变电站11座；固定资产原值达19.14亿元，较2009年增长1.06亿元；新增110kV输电线路15.4km；新增10kV开闭站13座，新增高压用户430户，新增用户容量26.9万kVA。

地址：北京市顺义区顺达路6号

邮编：101300

电话：81483347

【人力资源】 截至2010年底，在册305名全民职工

■ 顺义公司领导班子。左起：工会主席马登祥，副经理黄德弟，党委书记关幼辉，经理邵晓明，副经理范国平，副经理袁国强，总工程师陈长胜。

中：大学本科及以上学历125名，大专学历99名；初级及以上职称129人，其中包括6名高级工。坚持“以赛促培”，全年共有51人次在带电作业技能竞赛、变电检修工技能竞赛、电力调度员技能竞赛等多项比赛中取得较好的团体和个人成绩。

4月20日，组织41名职工代表召开绩效管理办法专题职代会，表决通过《顺义供电公司绩效管理办法（试行）》，并于5月起正式施行。10月，组织完成职能处室管理中级岗的竞争上岗工作。完成计量电费核算中心机构调整，根据工作需要，在部分职能处室机构下设置了生产班组。完成调度和监控专业的整合，成立调控中心。荣获北京市电力公司2010年度，“人力资源同业对标标杆单位”的称号。

■ 9月9日，顺义公司带电作业人员参加北京市电力公司举办的配网线路带电作业技能竞赛的现场。

【电网规划与建设】 针对电网建设过程中存在的诸多难题，召开电网建设专题会议，明确区政府有关部门等作为工程建设前期协调的责任主体，并要求变电站占地指标问题全部在区内调节，解决了困扰多年的变电站占地手续办理难的问题。完成顺义区“十二五”电网规划、农网“十二五”升级改造规划和新城区“十二五”地下管线储备项目规划报告。

完成35kV长王线改造、龙湾屯站第二电源建设和110kV牛栏山站断路器隔离开关改造等工程，阶段性完成110kV怀牛线路改造任务。推进出口加工区110kV输变电工程、西马110kV切改工程和顺义老城区电力隧道建设工程的前期工作。2010年，顺义公司在建工程共有18项，其中新开工项目7个，续建项目11个，已竣工决算7项。

电网总体运行平稳，地区瞬时最大负荷90.7万kW，发生在7月28日11时17分，同比2009年最大负荷79.4万kW增长14.2%。

【经营管理】 2010年完成固定资产投资3671.59万元，完成全年计划的89.9%，同比上升13.04%；完成售电量46.13亿kWh，同比增长13.41%；线损率累计完成5.35%。

实施施工类多经企业规范整合工作，建立了有效的多经企业管理机制，清退职工持有的部分企业股权，实现主业和多经“五分开”；开展业扩报装“三指定”问题治理，全面落实各项整改要求，规范业扩报装工程管理流程；开展“小金库”和工程建设领域突出问题专项治理工作；开展“法治电网”依法治企专项行动，梳理生产运行、电网建设、经营管理等各方面存在的法律风险，摸清法律“违章”问题和法律风险底数，并制定有针对性的措施加以整改和防控。全年共处理诉讼案件5起，审结4起。全年共对外签订经济合同396件，总标的额1.02亿元，未发生严重的经济合同纠纷。组织开展物资普查，摸清家底，为全面实现物资集约化管理做充分的准备。

荣获2010年度同业对标综合管理标杆单位，2010年度同业对标资产经营、生产管理、人力资源专业标杆单位。

【安全生产】 开展以“知风险、明措施、抓落实、保安全”为主题的百日安全活动，做好安全大检查和隐患排查治理工作，梳理管理制度、工作流程、工作现场等各环节存在的安全隐患，逐一进行整改落实。以“反违章”为重点，通过“思考三分钟”活动、安全事故“回头看”活动，有效控制人员的不安全行为。

完成王泮庄站和北大孙站35kV负荷开关更换工程，完成变电站直流改造、电容器改造、保护压板处缺、消防设施改造、视频设备安装调试和部分开闭站配网通信网络建设和继电保护整定计算系统建设等技术改造工程；完成输电线路清扫13路次，消除缺陷

■ 3 月 24 日，顺义公司经理邵晓明在张喜庄路工作现场检查工作。

176 处；完成杆塔接地电阻改造 75 基，安装线路避雷器 96 支；完成配电线路清扫、综合整治 51 路次，处理一般缺陷 440 处，严重缺陷 86 处，全年配电架空线路永久故障率同比下降 33.2%。完成 10kV 电缆预试 28 路次，状态检测 23 路次；完成 32 台安瑞吉开闭器联络母线改造和石园小区等部分低压设施的改造工作。建立每周一次的配网故障分析会和每月一次的配网管理工作分析会。开展架空线路缺陷互查和电缆线路反外力互查。完善电力设施保护区警示标志、标语 220 处，有针对性地向大型机械作业人员宣传电力保护知识，有重点地开展线路特巡和盯守。7 月在试点开展群众护线工作，先后收到反馈信息 2700 多条，发现并消除隐患 9 处。获得北京市电力公司 2010 年度配网管理先进单位和带电作业先进单位的荣誉称号。

全年共完成北京市电力电力公司、顺义区政府派发的供电保障工作 30 次，其中包括两会保障工作、中高考及顺义区政府组织的各项活动保障工作。

【营销与优质服务】 开展“阳光报装、诚信服务”专项行动，对受理报装、供电方案、设计审核、竣工发电等各环节进行全面规范，明确各环节工作质量和时限要求。6 月，组织开展“三指定”规范整治和自查工作，成立以党政领导亲自挂帅的用户受电工程“三指定”专项检查治理工作小组，共抽查 15 户受电工程。完成胜利小区、南竺园东区两个老旧小区配电设施改造工程的可研、立项、初设审核和招投标工作。开展“塑文化、强队伍、铸品质”供电服务提升工程，定期组织开展对大客户走访，做好辖区内二级以上重要用户和重点用户的用电隐患排查工作。深入窗口运营管理工作，增加了严厉的服务质量考核。完善硬件设施，改善服务环境，提高服务质量，对客服中心大厅和各供电所营业厅服务窗口加装对讲机系统和服务满意度评价器，安装用电信息触摸屏系统，提升客户满意度。全年共发现并处理窃电、违约用电 65 户，补收电费 35.2 万元，收取违约金 83.9 万元，追补电量 6.94 万 kWh。完成居民单相预付费卡表轮换 15 055 具，更换卡表表箱 423 面，补装采集器 50 台。为顺义地区 6 户 110kV 用户安装 12 具副表。改造农网居民机械表 9099 户，更换单相电能表 9099 具，更换户外非金属两表位单相电表箱 3908 面，集中器 58 台。

2 月 3 日，北京市电力公司营销部在顺义华中园居民小区组织召开智能用电示范工程建设协调会，就工程施工、设备安装、现场组织及工期等问题进行了具体协调。随后，北京市电力公司物业公司进驻工地，顺义华中园智能用电示范工程的全面启动。

【农电工作】 成立李桥中心供电所试点。自 6 月 1 日起，将原有的李遂、李桥、北务供电所合并，重新组建李桥中心供电所作为试点，有效压缩了供电所的管理成本。

完成供电所标准化创建工作。6 月 1 日，由北京市电力公司农电工作部和兄弟单位农电专工组成的考评组，对顺义公司 2009 年度申报的木林、南彩、马坡、杨镇、张镇、北石槽 6 个供电所标准化创建工作进行了抽查。

【科技与信息化】 2010 年，群众创新项目共计 2 项；科技论文共计 39 篇，其中 5 篇科技论文参与申报北京市电力公司优秀科技论文；开展特色科技活动 3 项。

完成 30 座 35kV 以上变电站，信息网络建设工作；完成信息机房环境改造工程；按照 6 类标准布线，对 9 个供电所进行网络改造，并对信息机柜进行更换，同步进行接地网改造。完成人力资源信息管控模块、财务管控模块、营销业务应用系统、ERP 基建管控模块、PMS 技改大修管理模块、协同办公系统的上线推广工作，全面启动财务集中支付，进一步深化 PMS、GIS、OMS 等信息系统的应用。

【党建与精神文明建设】 按时组织领导班子成员及党支部书记进行理论学习，全年共组织中心组学习 28 次，领导班子上交论文、调研报告共计 17 篇，先后有 6 篇文章被《中国电力报》、《北京电力》杂志、《北京电力报》登载。在北京市电力公司 2010 年思想政治工作研究成果评比中，有两项成果分别获得一等奖、二等奖，被评为优秀组织单位。获得2010年度“四好”领导班子先进集体。

开展以“亮身份、勇担责、保安全、做表率”为主题的党团员身边无事故活动，以及“我为企业发展献一策”等活动，结合专业特点开展技能比武；加强对党支部创新工作的监督、指导、考核，在北京市电力公司党支部创新评比中，变电党支部和线路党支部的创新成果分别获得三等奖和优秀奖；组织各党支部深入开展“党员积分卡”活动，提升群众对党员认可度。4月26日，开展为青海玉树地震灾区的受难同胞举行捐款活动。共捐款89 870元。开展“一助一”共建活动。5月，在北石槽镇政府组织开展“城乡共建谱新曲，爱心奉献促和谐”捐资助学活动，帮助10名品学兼优的贫困学生完成学业。9月，实施“亮丽工程”，解决了南法信镇村民夜间出行难问题。

建立健全“四项工作机制”，即：责任落实机制、系统宣教机制、内控监督机制和协同预防机制。将“工程建设领域突出问题专项治理”、“构建‘反违章’长效机工作”、“‘小金库’专项治理工作”列为三个重点管控项目。确立“小金库专项治理”、“工程建设领域突出问题专项治理”、“团队执行力”三个效能监察项目。其中，“小金库”专项效能监察获得北京市电力公司优秀效能监察成果奖。加强共青团组织建设和团干部队伍建设，并获得2010年度“五四红旗团委”荣誉称号；并在北京市电力公司第二届“英语服务我最行”青年英语竞赛中获得二等奖。

（王　蕊）

延庆供电公司

【概况】 延庆供电公司（简称延庆公司）成立于1962年，隶属于北京市电力公司，是集输电、变电、配电、用电为一体的供用电企业，负责延庆地区1992.5km^{2}的电力供应、销售，以及110kV及以下电网的规划、建设与运营工作，肩负着为延庆地区经济发展、重大供电任务和人民生活提供安全供电的重要责任。延庆公司共设11个职能管理处室、2个业务管理部门（客户服务中心、计量核算中心）、2个生产工区、8个供电所和1个多经总公司。

2010年是“十一五”收官之年，延庆公司坚持以“大局、可靠、法治、两效”的八字方针为指导，全面落实“坚持一个前提，抓好五方面工作，开拓一个市场，实现四方面提升”的工作思路，在安全生产、电网建设、营销服务、经营管理等方面取得突破，完成北京市电力公司下达的各项工作指标和任务，继续保持“首都文明单位标兵”荣誉称号，荣获“行政办公先进单位”、“配网管理先进单位”、“消防安全先进单位”等荣誉称号。

地址：北京市延庆县庆园街53号
邮编：102100
电话：6910219

【人力资源】 截至2010年底，延庆公司共有员工625人，其中全民职工179人，集体工7人，银杰公司员工251人。全民集体职工中，具有研究生学历12人，本科学历43人；具有高级职称5人，中级职称14人；技师及以上职业资格9人，高级工133人，中级工2人。

2010年，按北京市电力公司要求规范延庆公司职能处室机构设置及管理岗位编制，完成职能处室机构规范工作。38人参加管理岗位竞聘上岗工作。

推进绩效考核管理工作，制定《延庆供电公司绩效管理制度》并在全体员工中开展“全员绩效考核”大讨论活动，共收集意见及建议52条。利用培训资源制定年度教育培训计划39个，培训43班次，2164人次，培训项目执行率100%，全员培训率100%。在北京市电力公司2010年工程造价管理知识竞赛中，延庆公司获团体第五名，在北京市电力公司农电工安全知识调考和电价调考中，延庆公司分别获第二名和第三名。

【电网规划与建设】 2010年，完成延庆电网“十二五”发展规划的编制工作，修编《延庆“十二五”高压配电网规划》、《延庆“十二五”中低压配电网规划》，形成“十二五”期末延庆110kV三环网的坚强网架结构；组织实施延庆智能电网专项规划编制工作，为新能源和智能电网的发展建设提供可靠保障。

确保220kV八达岭变电站3号变压器扩建工程的顺利实施；完成北京市首座电动出租车充电站的建设任务；完成110kV西湖变电站35kV线路切改工程的建设任务；推进延庆张山营生态智能发、配、用电一体化示范项目的落地；完成75项10kV配网迁改工

■ 1月11日，110kV 西湖变电站组塔施工现场。（忻煜　摄）

程、路灯工程和 140 余项大修技改工程的建设任务，竣工决算完成率 100%；完成 110kV 张山营智能变电站选址和可研报告的编制等前期工作，确定延西、永宁、旧县变电站选址初步意向。

■ 延庆公司电动汽车充电站现场。

【经营管理】 全年完成售电量 6.94 亿 kWh，同比增长 15.29%，主营业务收入净额同比增长 20.21%，超额完成全年售电任务。

开展清产核资工作，梳理物资管理体系，开展仓库现状和库存物资的普查工作，开展剩余物资利库和废旧物资报废工作。制定、完善电费资金管理、工程竣工决算管理等办法 4 则，完成 110kV 西湖输变电工程、2009 电能计量消隐改造、6 项大型技改工程等竣工决算及 114 项大修理项目结算工作；加强各类工程项目的财务管控力度，细化考核指标，逐步提高项目竣工决算的质量和效率。推进调控一体化建设，完成调控中心组建工作。定期梳理调整电网运行方式，确保电网安全经济可靠运行。截至 2010 年底，累计实现安全调度 5758 天。

推进“法治电网”依法治企活动，梳理各类法律风险点；规范合同管理，推进经法系统全面上线，通过经法系统累计流转各类合同 649 份；开展用户受电工程“三指定”自查自纠和整改工作，编制《用户受电工程“三指定”专项检查治理方案》等 7 项管理措施；配合北京市电力公司总部完成主要领导离任审计和 2010 年营销专项审计。

【安全生产】 截至 2010 年底，实现年度 3 个百日安全目标，安全生产长周期累计实现 3618 天。

层层落实安全生产责任制，逐级签订人身安全责任书和签订安全双向互保责任书 381 份。加强安全风险管控，利用 OA 系统发布各类作业风险 398 条，刊发生产安全风险管理周刊 44 期，共下现场安全监督检查 669 人次。强化现场安全管理，编制录音管理制度，推行变电运行倒闸操作全过程录音工作。推进安全系列活动，组织开展“三梳理、三检查、一整改”、“以站线为单元隐患排查”等特色专项活动。开展电力设施保护宣传活动，共收录安全征文 89 份，发送安全短信 277 条，组织开展规程考试 3 次，安全生产知识讲座 6 次，开展专题安全日活动 4 次，编辑安全简报 9 期，发放安全手册 350 册，组织活动督导检查 18 次。

成立应急指挥部，开展应急管理工作。修编完善应急制度和应急预案的 28 则，开展电网事故应急演习 3 次。全年完成重大供电任务 70 余项，协调改善电网运行环境，促成县政府相关部门牵头组织召开县 2010 年树线矛盾治理协调会。联系树权单位 484 次，处理树线矛盾隐患 763 处，涉及各类树木 19 902 棵，为输配电线路提供安全运行环境。

2010 年，城网户均停电次数 0.611 次 / 户，同比降低 0.793 次 / 户；城网户均停电时间 1.5h/ 户，同比降低 0.82h/ 户；10kV 配网架空线路永久性故障掉闸

■ 1月18日，延庆公司带电作业班在水库路加装重合闸作业现场。（张旭　摄）

次数和电缆线路故障次数比 2009 年分别下降了 9 次和 3 次，下降幅度分别达到 11.1% 和 75%；延庆公司带电作业化率排名北京市电力公司第五位，持续获得“北京市电力公司带电作业工作先进单位”荣誉称号。

【营销与优质服务】 落实北京市电力公司“力争实现 700 亿 kWh 售电量目标”专项活动，并超额完成地区售电目标。推进“保热点、压结存”专项工作，2010 年客户平均报装接电时间缩短到 18.51 天，全年累计消化热点用电需求 8660kVA；主动送服务上门，将 251 厂部分负荷接入本地区电网供电。完善和持续改进、优化《营销千分量化评价体系》中的各项考核项目，被北京市电力公司授予“市场开拓工作优秀单位”称号。

开展营销信息化建设，提高营销信息技术水平，搭建培训平台，确保“SG186”营销业务应用系统平稳上线。制定电费回收风险预警、电费回收催缴方案；开展回收工作的全过程督导，定期发布欠费信息，实现电费回收月月“双结零”；建立警企联查长效机制，加大普查力度，共查处违约用电 32 户，窃电 34 户，追补电量 36.89 万 kWh；开展电价自查工作，对地区用户电价执行情况严密排查，地区电价执行准确率达 99.999%。组织开展“优质服务是国家电网生命线”的主题讨论及有奖征文活动；策划实施“塑文化、强队伍、铸品质”主题宣传活动；对 18 个重要客户外电源进行梳理，并将隐患和处理方案建议及时告知用户。创新服务方式，推出“业务办理温馨告知”展板和《业务办理一次性告知书》，加大服务宣传力度。发布《朝霞服务》简报 5 期。

■ 6 月 9 日，延庆公司开展“塑文化、强队伍、铸品质”优质服务提升工程宣传活动。（张旭　摄）

【农电工作】 坚持“营配合一”的整体思路，研究有效举措并制定具体的实施方案，明确供电所的功能定位，健全供电所的组织和决策机构，统一业务管理模式，加强供电所生产、营销等各项管理。采取“集中管理，统一核算”财务管理模式，利用“定额成本与专项成本相结合”的成本管理方式加强供电所成本管控，建立电费各类信息集中分析、加工处理的平台，形成对电费抄核收各工作环节进程的监控。

【科技与信息化】 2010 年未发生信息系统重大故障和失泄密事件，未发生违规外联事件，通过桌面标准化应用，对计算机的用户密码策略、用户权限策略、补丁分发策略、杀毒软件认证策略、违规外联策略、移动介质存储策略等进行了设置，实现网管监控率 100%、办公计算机病毒防范率 99.96%、办公计算机桌面标准化覆盖率 100%。

全年共计收集 8 个科技成果项目，推荐的 4 个项目均获得北京市电力公司科技成果应用三等奖。征集生产管理、基础建设、市场营销等方面的科技论文 48 篇，推荐 5 篇参与北京市电力公司科技论文评选活动。

【党建与精神文明建设】 蝉联“‘四好’领导班子先进集体”称号，坚持党委理论学习制度，组织中心组学习 45 次。开展党风廉政教育和廉洁文化建设活动，对全体员工进行专题廉政讲座，在北京市电力公司“学制度、促廉洁、保发展”反腐倡廉知识竞赛中获得一等奖和效能监察项目三等奖。

加强精神文明建设，继续保持“首都文明单位标兵”荣誉称号，开展精神文明创新活动，选送的“传递力量与希望同行”获得北京市电力公司 2010 年度精神文明创新成果三等奖。

全年 2 篇稿件被《国家电网报》录用，34 篇被《北京电力报》选用。做好工会组织换届选举，开展劳动竞赛、合理化建议、班组建设等活动。监督检查《集体合同》的履行。在北京市电力公司工会组织的“第八套广播体操比赛”中荣获二等奖。坚持党建带团建原则，开展“号、手、岗、队”创建工作。开展富有青年特色又贴紧中心工作的活动 16 件。

（史文娟）

其他单位

QI TA DAN WEI

输　电　公　司

【概况】 输电公司是北京市电力公司主网生产单位之一，担负着北京电网主网架总长度4500km、35～500kV输电线路的运行巡视、缺陷处理、设备测试、停电检修、大修技改、带电作业、事故处理以及重大活动保电任务，承担着北京市电力公司所属主网输电线路的紧急事故抢修任务，也是北京市应急体系专业抢修队伍之一。

截至2010年底，输电公司所辖35kV及以上输电线路共有474条，总长度为4550.699km。所属设备全部为Ⅰ、Ⅱ级，其中Ⅰ级线路共346路，占全部线路的74%；Ⅱ级线路共119路，占全部线路的26%。环境Ⅰ级线路491段，占41%；Ⅱ级线路506段，占42%；Ⅲ级线路208段，占17%。

2010年，完成可控成本9607万元，完成全年指标的100%。完成北京市电力公司下达的各项工作指标和任务，并荣获“国家电网公司先进集体”等称号。

地址：北京市丰台区洋桥72号

邮编：100068

电话：63676123

【人力资源】 输电公司共设12个职能处室，4个生产工区，1个多经总公司。截至2010年底，在册职工共计321人，其中，全民职工293人，集体职工28人。输电公司拥有硕士研究生12人，本科学历113人；拥有高级职称9人，中级职称36人，高级技师7人，技师65人。

人力资源管理工作。聘请职业培训师对输电公司管理岗位人员的基础管理知识、管理方法等进行强化培训。全年累计举办领导干部管理能力提升培训班、管理人员培训大讲堂等各类培训20余班次，培训4500余人次。继续加强后续学历教育、专业技术资格认定、评定和职业技能鉴定等基础工作，2010年输电公司共有1人取得后续研究生学历，18人取得后续大学本科学历，大学专科及以上学历人员较2009年末提高了5.8%；11人取得专业技术资格，具有专业技术资格人员较2009年末提高了7.3%。61人取得职业技能鉴定资格，其中20人取得了技师及以上职业技能鉴定资格，具有技师及以上职业技能鉴定资格人员较2009年末提高了18.6%。

【电网建设】 2010年，输电公司共完成京沪高铁、房山地铁等迁改工程32项，改造线路长度57.4km，新立杆塔112基。对220kV门聂线双回线路开展大型技改工程（跨年度）。线路改造路径长度为2×30.7km，采用2×300mm^{2}超耐热导线，更换铁塔18基、绝缘子及相应金具，工程概算达1.077 1亿元。截至2010年底，由于超耐热导线在4次试验过程中均出现了质量问题，工程暂停，需等导线重新生产后（约2011年3月20日）继续施工。

■ 11月10日，220kV门宝线路N60塔抢修工程顺利竣工。（李丝雨　摄）

【安全生产】 开展“百日安全”、“抓基础、控风险、防事故”基建安全等专项活动，排查整治人员不安全行为、线路不安全状态和环境不安全因素。加强施工队伍的安全管理工作。结合检修工作完成260路次、5125基、63 720个接头的测温工作；完成线路巡视累计3648路次，46 170km；开展反外力活动，共计签发外联单18 574份、制止大型机械作业967次；推进群众护线工作的开展，共上报异常信息1016条，经核实有效信息396条；交通安全方面，全年安全行驶186.9万km，未发生酒后驾车等严重交通违章行为。2010年输电公司所管辖线路共计发生一类障碍63次，其中外力故障引起34次，占跳闸总量的54%；全力确保国庆、十七届五中全会等49项大型活动的安全可靠供电，圆满完成三个百日安全生产长周期。继续对山区220、110kV线路进行技术改造，有效减少了事故的发生。输电公司检修工区的应急抢修队，提供24小时电力故障报修服务，到达故障现场严格按照服务标准执行。

2010年，输电公司未发生人身死亡事故；未发生重大电网事故；未发生重大设备事故；未发生重大生产火灾事故；未发生重大施工机械设备损坏事故；未发生性质恶劣、社会影响较大的责任事故；未发生人身重伤事故；未发生有人员责任的一类电网、设备障碍。

【经营管理】 2010年，输电公司组织配合进行北京市电力公司前总经理时家林离任延伸审计、多经专项审计、大修技改审计等多项审计工作。开展“依法治企”活动，并荣获北京市电力公司依法治企先进单位。

按合同管理办法规定及时承办、审核各类合同。截至2010年底，共完成合同承办审核222项，其中施工合同62项、监理合同59项、设计合同53项、采运保合同23项、造价咨询合同13项、其他合同12项，没有发生因合同问题导致的经济纠纷。加强对迁改工程招投标工作的管理，配合施工单位完成了京石客专、蒲黄榆快速路、亦庄液晶电视、京承联络线等19项工程的招标工作。

物资管理方面，配合北京市电力公司完成国家电网公司年度计划填报工作；完成国家电网公司废旧物资专项审计工作，配合北京市电力公司开展应急物资演练。清理2007～2009年撤旧物资，完成理论数量与实收数量的核对工作；废旧物资共报物流中心出售计划6批，共计处置废旧铁塔723t、废旧导线289t。2010年，完成京沪高铁等34项工程的竣工结算，结算金额20 972万元。

对各类形式用工存在的薄弱环节和风险进行梳理，及时处理管理方面存在的漏洞。制定《输电公司外聘员工管理办法》的补充规定。推进班组标准化建设，从组织建设、班组管理、安全生产、基础资料、班组文化等方面对班组进行规范、整改，主要生产班组在2010年全部通过验收。

【科技进步】 科技管理方面，完成“110kV及以上带电作业工作系列教学片”、“历年线路上运行的合成绝缘子老化分析”等对架空线路运行有指导意义的研究。动员广大工程技术人员申报科技项目，获得北京市电力公司批准的科技项目1项（雷达技术在架空输电线路反外力中的应用），群众创新项目4项（易拆装悬式绝缘子防鸟罩的制作；输电线路携式导流线夹的研制；伸缩型带电测试杆的制作；防拆卸专用地线的制作）。获批项目资金54万元。在八宝和八蓝线进行在线监测示范性试验，监视线路局部的微气象环境；开展反外力监控，对一些关键外力点进行视频监控，具备一定的在线监测工作基础。编制输电网运营系统及其相关配套系统的技术规范，平台建设已逐步实施招标。

■ 5月25日，在220kV昌下线路，输电公司检修工区作业人员自主开发的一套带电更换220kV大截面导线耐张杆塔绝缘子工具，得以首次试验。（王　闯　摄）

【党建与精神文明建设】 输电公司党委在2010年党员发展工作中深入推行票决制工作。制定下发《维护稳定工作实施方案》，成立维护稳定工作领导小组和办公室，明确领导班子成员分片包干范围，建立相应的应急处理机制。公司党委连续两年获得先进基层党组织称号。

深入开展学习实践科学发展观活动，严格落实精神文明建设责任目标管理。制定精神文明建设考核标准，签订各层级《精神文明建设与党风廉政建设绩效考核责任书》650份，输电公司年度精神文明建设考核实现零扣分。推进预防和惩治腐败体系建设，加大对“三重一大”决策执行和行风建设等重点工作的监督力度。深入开展工程建设领域突出问题治理、小金库专项治理等工作，全年未发生党风廉政问题。以“忠诚企业、服务首都”主题教育活动为载体，组织广大职工参与企业文化巡展、“忠诚企业、服务首都”网上大家谈、百日安全合理化建议征集、青年摄影展评选和企业故事征集等活动。

重新拟定下发《输电公司“文明工区（处室）、文明班组创建管理办法》，细化标准和流程，实现创建工作的过程管理和闭环管理。2010年，输电公司处室、工区、班组创建率达100%。开展职工思想大讲堂等多种形式的职工思想教育工作。

工会开展困难职工慰问、重阳节助老等活动。团委组织青年志愿者服务队开展电力设施保护宣传和志愿助老活动；完成“号、手、队”、“青年安全生产示范岗”等先进集体与个人的创建和评选工作。在团建创新、青年“五小”、青年英语小品争霸赛、“唱响青春　共铸明天”合唱比赛等活动中，输电公司团委均取得优异成绩。连续被北京市电力公司团委评为“五四红旗团委”。

（刘力行　高　超）

变电公司

【概况】 变电公司负责北京电网主网主系统的运行工作，同时承担北京电网专业化检修及变电站事故抢修的任务。

截至2010年底，变电公司共有变电站63座，其中500kV变电站3座，220kV变电站59座，110kV变电站1座；220kV枢纽变电站37座，220kV负荷变电站22座；有人值守变电站5座，无人值守变电站54座；运维队12支；接入电网控制中心变电站50座。变电公司固定资产原值64.56亿元。

地址：北京市宣武区白纸坊东街29号

邮编：100054

电话：63126570

（王奕奕）

【人力资源】 截至2010年底，变电公司共有全民职工820人，集体职工101人。其中，研究生及以上49人，大学本科209人；副高级职称29人，中级职称98人，高级技师26人，技师117人，高级工553人。

完成变电运行专业调整工作，组建3个运行处和12个运维队，所有生产管理人员和一线运行人员全部重新竞聘上岗，将原有的有人值守变电站、集控站、操作队的管理模式全部统一为运维队管理模式，优化变电运行专业内部资源配置，逐步实现变电运行和维护工作管理架构统一、组织模式统一。组建变电公司生产应急指挥中心，逐渐接管网控中心全部监控业务，同步修订相关的生产管理规章制度与流程。

主变压器检修和试验专业划入后，形成完整的变电设备大检修专业格局。3月，北京市电力公司将原试验院主变压器检修专业等业务和人员划拨至变电公司，变电公司根据实际工作需要，对检修专业组织机构进行了调整，将原有的变电检修处撤销，增设了检修一处、检修二处、试验监测处三个检修工区。11月，变电公司根据运行生产发展需要，重新调整了变电运行专业组织机构，撤销原有的南郊运行管理处、北郊运行管理处、西便门运行管理处和远郊运行管理处。增设生产应急指挥中心、城南运行管理处、城北运行管理处、城区运行管理处。

技能认证工作。开展变电运行人员逐站技能认证考试工作，内容涵盖变电公司管辖的63座变电站设备，共有运行人员252人参加，理论和实操考试累计达到2900余人次，认证结果与绩效考核和后续的岗位竞聘直接挂钩。技能鉴定方面，各级别通过技能鉴定人员50人，其中，高级技师4人、技师7人、高级工24人、中级工13人、初级工2人；学历教育方面，130人完成后续学历教育，其中硕士12人、本科38人、专科80人；职称方面，72人获得专业技术职称，其中，高级职称4人、中级职称21人、初级职称47人。

变电检修工技能竞赛。变电公司与培训中心共同承办第十四届北京市工业和信息化职业技能竞赛“变电检修工”专业的比赛，比赛包括初赛、复赛、决赛，时间从7月初到10月底，选手包含了北京市电力公司下属14个公司、首都钢铁公司、北京超高压公司等共170多人。

电网调度自动化厂站端调试检修员技能竞赛。变电公司代表北京市电力公司参加第七届全国电力行业“电网调度自动化厂站端调试检修员”职业技能竞赛，获团体三等奖，变电公司参赛选手徐甘雨、孙军、石静分获第9、10、26名，并获得“全国电力行业技术能手”等称号，北京市电力公司代表队荣获“优秀组织奖”。

■ 4月8日，变电公司施工现场开展比技术、保安全竞赛。

积极参加各类优秀人才评选。其中2人当选国家电网公司优秀专家人才，1人当选全国电力行业技术能手，1人当选国家电网公司优秀班组长。

（魏　麟）

【电网建设】 完成北京市电力公司智能运营系统工程等9项大型技改项目建设。其中，北京市电力公司智能运营系统工程是变电公司智能电网建设的重要组成部分，工程初期成立变电公司智能电网建设领导小组，组建4个工作组，有序推进变电公司智能电网建设。截至2010年底，北京市电力公司智能运营系统

■ 1月1日，变电公司运行人员运用状态监测手段对GIS设备进行监测。

工程主体完工，该平台实现了将分散在各个变电站、各种类型主辅设备、各信息系统中的电网运行信息融合起来，切实支撑变电公司确保变电主网可靠安全运行的信息基础。

确保工程项目的安全质量。坚持工程常态安全巡检，全年完成工程巡检180余站次，发现并制止现场安全隐患21起；继续将状态监测技术引入工程实施过程，加强对工程投运前的质量监测。

细化工程物资管理，采购物资经审核后统一采购，废旧物资统一存放，严格执行北京市电力公司规章制度，发挥规模效益，有效的节约成本。

（刘翠艳）

【安全生产】 2010年安全生产目标完成情况：全年实现安全生产长周期200天。未发生人身轻伤及以上事故；未发生电网事故；发生一般设备事故3起；发生设备一类障碍6起。全年用于安全生产奖励55.716万元，落实安全考核19.260 7万元。落实安措项目260.842 59万元。年度共执行各类变电工作票19 196张（一种工作票5239张、二种工作票12 926张、事故应急抢修单1031张）；审批近电安全措施59份。各级人员签订“人身安全责任书”820份、“反习惯性违章责任书”814份，“防止误操作责任书”258份。进行各类安全培训与考试共计5449人次（主业及多经4041人次，协作队伍1408人次）。年度审核批准变电工作票签发人、负责人、许可人共计659人。

开展“知风险、明措施、抓落实、保安全”百日安全活动和“安全发展、预防为主”安全生产月活动，共对11个基层单位的69站（班）次进行督查，并公布了14个专业现行740条有效规程制度清单。部署隐患排查治理活动，共发现隐患16个，均已完成整改。开展“抓基础、控风险、防事故”基建安全活动，严格履行协作单位资质年审及施工前安措审核和交底制度。坚持《安规》季度调考，发布《安监简讯》周刊，提高员工安全意识和技能。修订并完善《检修工作负责人工作标准》。开展事故“回头看”，编写《2000～2009年事故、障碍汇编》、《1998～2009年因二次回路原因造成事故、障碍及不安全现象汇编》。与厂家共同完成安全警示带的升级改造，并修订《变电公司临时遮栏装设补充规定》，有效杜绝作业现场的人身防护漏洞。落实安全监督审计工作，对照《安全监督审计标准》，检查并分析自身问题与不足，及时制定整改措施。

2010年变电公司生产指标完成情况：城网综合供电电压合格率指标实际完成99.992%；未发生责任重复计划停运、责任非计划停运、错报输变电可靠性停运事件；调度管理综合指标完成值98.26%；220kV及以上保护动作361次，正确动作率100%。

主要生产工作完成情况：完成保电任务76项；全年完成检修计划1610项，变压器综合整治12台，有载分接开关检修45台，更换断路器12台，预试工作4396项，继电保护校验1995套。大修项目70项；技改项目23项，共涉及资金9205万元。完成216站的检测工作。组织投产基建站3座。完成110kV及以上变电站基、改、扩建项目验收19座，10kV及以上间隔新发、切改等工作731个。推进接入网控中心工作，梳理网控业务流程，45座变电站接入网控中心。

■ 1月26日，翠林220kV变电站投产发电。

（王泽懿）

【经营管理】 强化预算作用，建立全面预算管理体系。围绕变电公司职代会的工作任务安排资金，提高资金的使用效果。按照变电公司组织架构不同的工作职责，分配预算资源。预算管理基本采取项目管理与标准成本管理相结合的办法，即由北京市电力公司批准的各个项目由职能处室组织实施，其他预算资金按照变电公司的标准核定各个单位和部门的资金。上线资金集中支付系统，全面推行资金集中支付，取消转账付款的资金支付方式。规范资金收支行为，从源头上落实资金精细化管理和集约化管理。

初步实现资产全寿命周期管理，从资产进入企业直至退出，仔细分析现实存在的管理链条，利用ERP系统的集成功能，实现资产的全寿命周期管理。结束了各个专业上条块分割的历史，资产管理实现无边界管理，资产设备联动率指标从88%提高到98%。

完成“五五普法”的总结、依法治企“法治电网”的自查工作，荣获北京市电力公司“依法治企”专项活动先进单位称号。

变电公司两项管理成果“生产承载力管控与风险预警管理创新”和“变电运行人员逐站技能认证实践”荣获2010年北京市电力公司企业管理创新成果评审一等奖。

（李　颖）

【科技进步】 2010年，变电公司2项科技项目“数字式强制闭锁型高压带电显示器”和“地质灾害检测系统在变电站的应用”已全部完成并通过验收。2009年科技项目“在测控装置上开发电压监测仪功能”荣获北京市电力公司2010年科技进步三等奖。

完成群众性技术创新项目6项，分别是：“VS1开关卸簧专用工具的制作”、“不同SF_6气体测试仪组合检测接口的制作”、“交直流电源分合提示磁贴的制作”、“保护压板紧固器的制作”、“断路器模拟箱改进”、“有载调压开关检修支架制作”。其中，“VS1开关卸簧专用工具的制作”和“断路器模拟箱改进”两个项目获北京市电力公司2010年群众性技术创新成果奖。

获得国家专利知识产权2项（均为实用新型），分别是“变电站屏柜压板（保护）专用紧固器”和“GIS超高频局部放电检测接线杆”。

上报科技论文10篇，其中《基于暂态能量的电压跌落检测》荣获北京市电力公司2010年科技论文二等奖。

（刘　彤）

【党建与精神文明建设】 2010年，变电公司党委开展“四好”领导班子建设。面向领导干部和管理人员，开展“作风纵深行”活动，打造“学习型”领导班子和“学习型”管理团队，全年共进行32次专题学习。

在党组织建设方面，制定《变电公司“共产党员示范岗”管理办法（试行）》。试验监测处党支部和原北郊运行处党支部两项创新实践成果分别荣获北京市电力公司2010年党支部创新实践成果评审一等奖和二等奖。

开展“‘共担’意识纵深行”活动。开展“宣传动车组纵深行”活动。全年共制作发布视频新闻76条、视频专题片6部；在北京电力报、电子杂志上刊发稿件110篇；在北京市电力公司内网上发布基层动态161条；在《国家电网报》、《中国电力报》、《华北电力报》等行业媒体和社会媒体上刊发稿件31篇。

团委以“激扬青春求创新 岗位履责保安全”为主题，举办青年红歌合唱赛、青年植树等活动。公司团委选派的代表队获得北京市电力公司“英语服务我最行”青年英语竞赛一等奖。《“创新工程”助力团建纵深》获得北京市电力公司团建创新成果三等奖。

2010年，变电公司“专业化检修集约化管理效能监察”项目荣获北京市电力公司年度优秀成果二等奖；“防范工程建设领域廉政风险的‘把六关’”荣获北京市电力公司党委精神文明建设创新成果二等奖；变电公司再次被评为北京市电力公司年度党风廉政建设工作优秀单位。

（陈俊廷）

调度通信中心（通信自动化公司）

【概况】 调度通信中心（简称调通中心）由调通中心本部（简称本部）和通信自动化公司（简称通自公司）两部分组成，主要负责北京电网调度、运行方式、继电保护、电力通信和电网自动化专业技术及运行等职能管理和北京市电力公司通信、自动化运行设备的安装、维护、检修及通信线路的运行、巡视、抢修、“三线”整治等工作。

2010年，调通中心全面完成北京市电力公司下达的各项指标和工作任务。电网考核点电压合格率和220kV及以上继电保护正确动作率保持100%，处于国家电网公司同业对标A段水平；实现安全生产三个百日安全长周期，截至年底，调通中心连续安全生产2382天。

地址：北京市西城区前门西大街41号

邮编：100031

电话：63128826

■ 调通中心领导班子。左起：总工程师刘琼，副主任郑广君，党委书记曹新社，主任徐驰，副主任唐涛南，工会主席郑雪。

（朱　海）

【人力资源】 调通中心共有全民职工 290 人，集体职工 38 人。本部设置 6 个职能处室，共计 60 人。具有高级职称 12 人、中级职称 37 人；博士 3 人、硕士 24 人、本科学历 30 人。通自公司设置 9 个职能处室、4 个生产运行处室和 1 个多经总公司，共计 230 人。具有高级职称 15 人、中级职称 46 人；取得职业资格高级技师 2 人、技师 9 人、高级工 183 人；博士 2 人、研究生 8 人、本科学历 49 人。

2010 年，调通中心获北京市电力公司 2010 年度人力资源工作先进单位荣誉称号。

全员绩效管理工作。按照北京市电力公司《关于进一步加强全员绩效管理工作的指导意见》，制定《调度通信中心绩效考核管理办法》、《调度通信中心各处室绩效考核指标》，细化各岗位工作职责，制定部门和员工的工作绩效考核实施细则。通过民主评议、绩效考核组评价、绩效考核信息系统等方式开展年度、季度绩效考核工作。

教育培训。制定《调度通信中心 2010 年度培训计划》，并将教育培训工作纳入绩效管理考核。全年，共组织学历（学位）认证 14 人次；申报职称、技能等级 62 人次；各类人才推荐 29 人次。在第十四届北京市工业和信息化职业技能竞赛电力调度员技能竞赛中，调通中心 7 名选手进入前 10 名，并包揽了前 4 名。修订完善《北京电力调度通信中心员工学习和岗位成才奖励办法（试行）》，全年共奖励 11 人次，共计 5.95 万元。

队伍建设。在 7 月公司本部机构改革中，首先制定了公开选拔竞聘上岗的实施管理办法，并按照干部选拔任用“四项监督制度”的要求，认真执行选人、用人的组织程序，全面考察和择优聘任了中心本部管理岗位，调整相关部门设置。重新梳理和修编，中心本部各部门工作标准、内容、职责，构建责任清晰的标准化工作流程和岗位行为规范。

（朱　海）

【电网建设】 2010 年，调通中心圆满完成各项工程建设任务。完成城区、朝阳、海淀、丰台、石景山、亦庄光传输扩容建设、北京电力数据通信网（二期）一阶段共计 3 项专项工程的建设；完成丰台供电公司、昆玉河等站骨干光缆改造、继电保护整定计算系统升级等 24 项技改项目，通信机房防尘设施维修、远郊区供电公司变电站逆变电源维护等 48 项大修项目的实施；配合北京市电力公司各建设单位组织完成 28 项基建和大型技改项目配套通信系统建设任务。

确保各工程的有序实施，保质保量完成工程建设任务，对项目计划执行和施工阶段的各环节进行梳理，分析各个施工关键点，明确工程实施的安全质量要求和实施组织模式，制定有针对性地管理、技术措施，规范物资和施工招标工作，在不降低设备技术标准和工程质量的情况下，降低工程造价。在工程竣工投运前，调通中心对施工单位提交的工程竣工资料（包括工程测试资料、配线资料、随工验收记录、工程预算、工程洽商资料、洽商预算、工程监理资料、工程竣工图纸等）进行严格审核，针对工程的特殊性，采取随工验收、阶段性验收等方式，确保工程施工质量。实现工程管理由现场型、经验型向科学管理型转变，提高工程实施的整体效率，保质保量地完成各类建设任务。

（张晓丹）

【安全生产】 全年未发生电力生产人身轻伤及以上事故，未发生北京市电力公司统计和考核的一类障碍及以上事故，未发生 110kV 及以上恶性误操作、误调度、误整定事故，实现电网安全、现场安全双达标。

深化对电网和通信网的风险管控，建立多部门联合的风险管控体系和风险会商发布机制，严格控制电网、人员、设备、环境和用户风险，分析控制电网三级及以上风险 507 项、发布通信网风险提示 72 项。完善北京电网调控一体化管理制度，建立标准化管理体系，印发《北京电网调度系统反违章指南》便携式手册，开展北京市电力公司调度系统安全整治活动，组织调控运行专项互查，规范调控专业管理。开展调度系统内控机制建设，以国网调度系统安评工作为抓手，开展安全保障能力自查及整治工作，全年共计自查整改问题 50 项。共有 50 座 220kV 及以上变电站接入网控中心，15 个地区电网调控中心完成组建和投运，没有发生“误调度、误操作”事故。

采取九大举措确保现场安全：① 强化安全责任制的落实，签订安全责任书及“十个必须”承诺书；② 加强制度建设，修编印发《调度通信中心有限空间作业安全工作规定》、《调度通信中心作业现场安全风险防控工作管理规定》、《调度通信中心领导干部、管理人员生产现场到岗到位实施细则》、《北京电力调度通信中心月度安全生产分析会实施细则》；③ 强化班组安全风险分析，采取周风险分析和日风险会商两种形式，加强作业现场安全风险管控；④ 认真执行标准化作业程序，严格落实“两票三制”、“十条禁令”、“十个必须”、“井下作业安全管理规定”；⑤ 强化现场监督检查，全年调通中心领导现场检查 144 次，各部门领导、管理人员、安监人员检查 1159 次，发现违章 2 次、纠正不安全现象 2 次；⑥ 检查督促外来人员安全管理规定的落实，规范各类人员作业行为；⑦ 突出防范人身伤亡和“三误”事故，开展安全供电大检查、百日安全、专项安全检查等系列活动；⑧ 组织安规、调规培训考试，开展风险管控教育、有限空间作业安全培训，提高防护知识和安全知识；⑨ 加强安全文化建设，全年共编发月度安全生产简报 12 期、百日安全活动简报 5 期、刻录《电网安全》32 张，《安全生产月宣传片》27 张。

■ 3 月 12 日，调通中心举办“工作票签发人、工作负责人、工作许可人安规考试。(高国鑫　摄)

（赵　霞）

【经营管理】 2010 年，调通中心完成北京市电力公司下达的各项经营指标，并获得“北京市电力公司财务预算管理先进单位”的称号。

推进财务集约化工作。北京市电力公司部署了财务管控模块建设工作，并于 7 月正式上线。通过对 SAP、远光集团账务和财务管控模块 3 个系统数据的手工核对工作，在三者一致的基础上，顺利实现 SAP 系统与财务管控模块的对接，实现远光集团账务向财务管控模块的过渡。

巩固清产核资的工作成果。年初修订《调度通信中心固定资产管理办法》，对固定资产的各级保管及使用部门在台账登记、资产清查上提出具体要求，实现了资产的动态管理，确保账卡物相符。自 8 月起，财务处组织对固定资产进行全面细致地盘点，并对涉及机务运行处、自动化处、线务运行处的 6 个站点和机房进行随机抽查，共核对实物资产 600 余条，资产账务信息与设备台账和实物达到了一一对应，确保了资产信息的准确性。

工程财务过程管理。深化应用 ERP 系统，提升工程财务管理的过程管控，实现工程概算、资金预算的事前控制；抓住工程项目转资这一源头，建立确保移交资产账实相符的工作机制，加强对存量资产的管理，建立确保新增资产始终清晰的长效机制。

现金流预算管理。提高现金流量管理水平，深化和细化资金集中管理和预算集约调控，将现金流预算与业务预算相结合，以北京市电力公司下达的年度预算为准绳，编制年度现金流量预算，对全年各项财务收支做出全局性、基础性的安排，力图明细到各具体项目并全年保持一致。在财务管控系统中建立月度现金流量预算编审流程，确保月度现金流量预算的准确和公司考核的资金计划指标的完成。

落实北京市电力公司多经企业整改精神。根据北京市电力公司开展主多分开工作的要求，对主多资产互占情况进行清理，理顺了资产占用关系，对互占的相关资产履行手续，签订了租赁合同。加强对多经企业的经营管理，防范经营风险，修订《调度通信中心多经公司资金审批管理办法》，并制定《调度通信中心多种经营企业审计管理办法》。

“小金库”治理工作。根据北京市电力公司“小金库”治理工作要求，结合调通中心“小金库”治理工作方案，对各处室进行了检查。在日常报销工作中按照逐级审核、分级管理的原则，逐一审查报销工作，核实业务真实性，防止利用虚假经济事项转移资金形成“小金库”。全面梳理多经企业的清理情况，避免滞留账外资产情况的发生。

（于纪青）

【科技进步】 2010 年，调通中心新立科技项目“北京电网经济调度运行策略研究”、“北京电网分布式电源的策略研究”2 项，新立群众性技术创新项目“光纤接头盒小型化改造”1 项。

调通中心作为主要研制单位的“奥运电力保障体系及技术支持系统的研究”项目获得北京市科学技术成果三等奖；“调控一体化技术支持系统的研究与建设”获得国家电网公司科技成果三等奖；获得北京市电力公司科技成果奖6项，其中“调控一体化技术支持系统的研究与建设”获得一等奖，获二等奖3项，分别是：“北京电网电厂管理系统研究与建设”、“标准化间隔在综合检修中的应用性研究”、“北京电网两级调度一体化DTS系统的开发与应用”；获三等奖2项，分别是：“北京电网分布式电源的策略研究与应用”、“北京电网气象信息系统的研究与建设”。

有4篇科技论文获得北京市电力公司2010年度科技论文奖，其中，一等奖2篇，分别是：“北京电网低压合环问题分析”、“分布式电源接入配电网的规划研究”；二等奖1篇“北京电网多元分布式电源准入容量研究”，三等奖1篇“大电网电压自动控制运行风险及防控措施”。

2010年，调通中心“标准化间隔的应用性研究”、“北京电网参数管理系统的研究与建设”、“北京电网电厂管理系统的研究和建设（二期）”3个科技项目通过科技信息部组织的结项验收。

调通中心获得北京市电力公司“科技信息先进单位”荣誉称号。组建“韦凌霄创新工作室”，并被北京市电力公司评为“示范性创新工作室”。

（赵　钢）

【优质服务】 落实国家电网公司“三公”调度“十项措施”，听取发电企业意见，及时调整工作方式，为发电厂及用户提供优质、高效的服务，调查满意度达到100%。消除配网安全隐患，配合市政府、丰台供电公司完成纪念世界反法西斯战争胜利65周年宛平城周边86处“三线”隐患整治工作。深化“党员服务团队”活动，开展“亲情走访”活动，对26个基层单位进行专程现场指导。在北京市电力公司本部机构改革中，“党员服务团队”完成284部办公电话的装机、移机、改号工作。

（蒙建新）

【党建与精神文明建设】 党建工作。开展思想政治工作同业对标。坚持政治理论学习，班子成员带头上讲堂。制定《党支部标准化作业指导书》，从班子建设、党员管理、支部创新等方面规范支部工作。连续四年开展争做“五型”（学习型、模范型、关爱型、敬业型、贡献型）党员活动，提高党员自身素质。认真开展创先争优活动。

■ 7月1日，调通中心党委召开建设“学习型党组织”庆祝建党89周年 暨表彰大会。（张福义　摄）

精神文明建设。开展“学以致用、引领发展”建设学习型党组织大型主题活动，从“学习型领导干部”、“学习型党支部”和“学习型党员”三个层面开展学习型党组织建设。积极开展西城区文明单位共建工作，在“八一”建军节来临之际，到武警某支队进行慰问，邀请西长安街街道办事处参加调通中心举办的乒乓球赛，增进企业与街道之间的友谊。

（蒙建新）

电缆公司

【概况】 电缆公司是北京市电力公司35kV及以上高压电缆线路和城近郊电力隧道的直属专业管理单位。截至2010年底，共管辖高压电缆线路1200.13km；电力隧道634.95km，电缆网设备规模在国内居于前列。电缆公司为公司、处室/工区、班组三级管理模式。下设6个职能管理处室，3个生产管理处室，3个工区以及新闻中心、多经公司两个部门。

2010年，电缆公司未发生人身、设备、电网事故；未发生火灾、交通安全、信息网络安全、施工机械损坏以及停电事故，完成三个百日安全生产长周期。

地址：朝阳区望京北路9号

邮编：100102
电话：64620092

■ 电缆公司领导班子。左起：副经理黄仁乐，副书记郝永林，书记穆怀山，经理刘维刚，副经理李钢，副经理李华春。

（李东学 摄）

【人力资源】 截至2010年底，电缆公司共有职工179人，其中，具有高级职称11人，中级职称30人；研究生及以上学历19人，本科学历62人；高级技师6人，技师22人，高级工64人。电缆公司人才当量密度达99.34%。全员培训率、持证上岗率、高技能人才比例均达到100%。全年共举办各类培训班1600余人次。

生产专家担任竞赛考评员，开发培训题库，指导重点项目并参与科研攻关。管理人员及生产技术人员参与北京市电力公司电力建设工程造价管理知识竞赛、配电网技术标准“五统一”设计专业比赛以及法律顾问诉讼专业知识竞赛等活动。近30人参加了班组长培训。110名职工参加北京市电力公司输电电缆专业生产人员轮训班。41名职工取得10kV电缆接头安装工入网作业证。22人分别通过了电力电缆工、电气试验工技能鉴定。7名职工取得专科及以上后续学历，7人分别被认定为助理工程师或工程师，4人被评为中级工程师，6人获得高级工程师职称。

开展大学生训练营，引导做好职业生涯规划。以提高“执行力”和“团队建设”为主题组织管理人员培训班。围绕“高效团队的领导力和执行力”及“绩效管理实务”对中层干部进行集中培训。

建立干部梯队和关键岗位梯队，提拔中层干部5人，聘任管理岗2人。对近几年入企大学生进行调整，安排担任班组技术员、质量员，承担科技攻关小组核心职能。组织劳务人员业务轮训及考核。

实施岗位动态管理和全员绩效考核。召开管理干部测评大会，组织管理岗位人员述职，开发绩效管理信息系统，分解下达指标和工作任务，对各部门和各岗位履职情况进行客观考评。2010年荣获北京市电力公司人力资源管理先进单位。

【电网建设】 推进设备消隐改造，更换64组存在家族性缺陷的G&W终端。针对在运行的81组G&W终端采取加温的安全运行保护措施，保障了设备平稳度冬。对6.8km老旧砖混电力隧道进行结构加固和综合整治，改善设备运行环境。完成了充油电缆缺陷改造等大型技改项目。

■ 7月27日，北京市电力公司副总经理刘润生（左一）查看八宝一二隧道防火设施。（张 铭 摄）

组织实施了玉泉营、望京等3项220kV变电站110kV电缆切改工程和弘善等3项110kV送电工程，完成十里河隧道设施改迁、城良110kV架空线路入地两项轨道交通配套迁改工程。固定资产投资计划完成率超过99%，110kV大型技改工程竣工率、竣工决算率达到100%。

【安全生产】 开展“知风险、明措施、抓落实、保安全”百日安全活动，启动安全生产大检查和安全生产隐患排查，组织秋检安全集中警示教育以及安全生产事故回头看专题活动，编制印发《电缆公司安全管理标准化手册》，提高了全员安全素质和业务水平。

对113名工作负责人、工作票签发人、停发电工作许可人进行培训和考核。组织15家施工企业主要人员开展了现场安全管理、有限空间作业专项安全教育培训工作。对临时参加工作的人员以及施工企业、厂家技术人员进行专项指导，提高现场危险因素识别和防护能力。

加强有限空间作业规范化管理。拍摄完成《电力电缆有限空间作业示范片》，得到北京市电力公司、北京市安监局的认可。完善有限空间专用工器具管理，对气体检测仪登记建档、定期检验并落实管理责任。

执行现场到岗到位制度，电缆公司领导班子、各级管理人员全年检查现场700余次。从生产一线抽调3名经验丰富人员组成专职巡检组，对各生产现场进行不间断巡视，检查重点现场31处。电缆公司2个生产工区、4个一线班组获得无违章工区、班组称号。

装设反外力警示牌，张贴保护电力设施宣传画，发放250余份电力设施保护宣传手册。开展消防设施排查，组织200余人次参加消防安全警示教育，在11月9日“消防日”之际进行“消防灭火及自救逃生演习”。全员签订交通安全责任书，参与交通安全知识答题活动。开展车辆隐患排查整治。参与北京市电力公司车辆管理同业对标，控制单车成本定额，压降交通违法率。

截至年底，累计安全生产长周期达到3111天，荣获北京市电力公司安全生产管理先进单位、北京市公安局内部安防工作先进集体、北京市电力公司消防安全工作先进单位、朝阳区交通安全先进单位等多项称号。

【生产管理】 制定并颁发《电缆公司设备生产工作计划管理办法》，理顺了停、发电工作配合流程。加强基改建工程管理，执行竣工档案归档管理办法。编制《电缆公司应急管理实施细则》，对应急预案进行补充修订。制定隧道应急抢修预案，部署专业隧道施工队伍承担土建抢修和应急抢修的任务。

建立多部门联合风险管控体系，应用OMS风险管控模块，明确风险管理流程，全年完成286项风险管控任务。制定并颁布《电缆公司物资管理办法》，完善物资采购申请流程。开展库房物账梳理和盘点工作，清理处置废旧物资。开发应用物资管理系统，规范出入库管理制度，优化库存结构。

履行《电缆公司状态监测工作管理办法》，综合运用超声、DMS等高压电缆局部放电检测新设备，对存在家族性缺陷的G&W终端进行局部放电普测，重点监测政治保电相关线路和新发电电缆线路，全年完成了873组电缆接头测试任务，对状态异常设备进行紧急处置，保证电缆网状态可控、在控。

开展监控网络建设，新安装监控井盖717套，敷设测温光缆128km，安装接地电流采集装置178组。对监控井盖进行试点改造，对接地电流系统和光纤测温子系统进行改进，监控系统各项误报警数值降低了3/4。建立监测数据传输和分析标准，试点应用隧道无线通信装置和监控系统多维可视化功能。完善监控中心各项管理制度，提升精益化管理水平。电缆网运行监控系统荣获2010年“感知北京”示范工程最佳成效项目。

3月30日，电缆精益化管理会参会人员观摩局部放电检测技术。（李东学　摄）

组建3支护线队，加强电缆网环境风险管控。实施隧道在线监控，及时处置9处隧道渗漏水、道路坍塌险情，对3起非法开井、私自入沟行为及时报警并快速响应。落实了335项隧道施工配合任务。建设检修质量管理体系和技术体系，完成8项事故抢修以及64项日常停电处缺工作。采用竣工试验和定期检测相结合的方式，应用状态监测手段对施工及检修质量把关，完成主网电缆接头局部放电测试和35kV及以上变频谐振试验。开展故障诊断车应用培训。利用SF_6气体处理设备进行变联电缆试验，具备独立开展110kV及以下所有电压等级电缆主绝缘耐压试验的能力。

电缆公司运行人员对电缆终端进行测温。（李东学　摄）

【经营管理】 根据电缆公司业务发展需要，成立新闻中心，将电缆网运行监控中心按生产工区给予定位。重新明确各生产工区职责，改进生产业务流程。

落实“五五”普法规划，设立普法阵地，创办网络专栏，7月24日，举办了法治专题知识竞赛。启动依法治企专项活动，从合同授权、资金管理等八个方面排查防控风险。颁发了涉及安全生产、工程建设、经营管理等各领域的30余项制度规范。制定《电缆公司劳务用工管理规定》，明确用工要求。执行工程招投标管理规定，制定并颁布《电缆公司工程管理办法》。

细化分解业绩考核、同业对标和经营管理三类指标，制定并颁布考核机制，完成年度经营管理任务和业绩考核指标。加大资金成本项目管控力度，将70余项预算指标分解到各部门。依托SAP系统，加强预算控制与监督。深化资金集约化管理，全面上线并启用集中支付系统。

【科技与信息化】 围绕主营业务开展技术攻关。开展“高压电缆终端绝缘油老化分析及在线监测研究”，制定了防止电缆终端内绝缘油裂化的具体措施，成功研制高压电缆终端内绝缘油补充及在线检测装置，被评为北京市电力公司技术改进二等奖。“电缆隧道结构安全在线监测系统研究及应用”项目建立了隧道结构检测及可靠性鉴定方法，荣获国家电网公司科技进步二等奖。“高压电缆故障解剖台”、“高压电缆夹层封堵辅助装置”等10项新技术获得专利并在生产实践中取得应用成效。“GIS终端环氧套升降平台”、“便携式测温光缆敷设装置”等5项群众性创新成果和3项科技成果，促进了专业生产的效率提升，多个项目在北京电力行业QC成果发布会和北京市电力公司QC成果发布会上获奖。完成20篇科技论文的收集及评审，出版了《电缆公司2010年度科技论文汇编》。

■ 群众性创新成果——检查井扶梯在下井作业中得到应用。
（李东学 摄）

建立了公司电子设备、办公仪器和信息系统台账，实施内网改造、IT设施升级、机房软硬件优化。完成海量存储平台的前期调研和方案制定。应用ERP、PMS、GIS、人力资源管理等信息系统促进各业务流程协调统一。通过执行内外网隔离要求、定期开展网络设备巡检，实现网络安全指标全部达标。

【党建与精神文明建设】 加强“四好”领导班子建设，电缆公司领导带领党员干部学习党的基本理论并撰写心得体会，《大力倡导学习之风》、《全面做好安全管理工作、确保公司稳定发展》等10余篇文章在公司内部报刊上刊登。以“创先争优”活动为抓手，加强党组织建设，设立了“党员先锋岗”，征集了102份党员承诺，落实了8项党委承诺。提炼了“‘四强四优’奋争先 永当电缆守护神”等4项党支部创新成果。深化爱国主义教育，组织全体党员参观八路军冀热察挺进军司令部旧址。

贯彻执行“廉洁从业准则”，构建廉政建设惩防体系。以“学制度、促廉洁、保发展”为主题开展专项活动，宣贯“红线”制度要求。开展“识风险、抓防控、促精品、保安全”活动，梳理细化廉政风险点，将物资管理纳入“反违章”体系，实现管理闭环。做好“小金库”专项整治，围绕工程建设领域专项治理开展效能监察。

开展“双十”先进典型选树和宣传。开展“优秀企业形象”大讨论，启动“忠诚企业 服务首都”主题活动和“四强四优”创建活动。抓好团青队伍建设，形成“抓培训 强素质 炼团队 促建设”团建创新成果。搭建新闻宣传平台，创建《北京电力电缆报》，记载企业发展进程。

开展标准化班组建设工作，提高生产一线管理水平和综合实力。维修办公楼等基础设施，改造生产工区房屋。关注职工身心健康，开展“健康列车”系列活动，组织登山和体操比赛。走访慰问困难职工和离退休职工，保持和谐稳定的发展局面。

（吴艳云 刘 媛）

电能计量中心

【概况】 北京市电力公司电能计量中心（简称“计量中心”）是北京市电力公司的直属二级单位，同时经北京市质量技术监督局授权为“北京市电能表计量检定中心”（与北京市电力公司电能计量中心合署办公）。主要负责北京市电力公司电能计量专业业务管理；负责按照国家计量方针、政策、法律法规和北京市电力公司相关规定，管理北京市电力公司最高电能计量标准以及电能计量标准器具的量值传递；负责开展电能计量器具的集中采购、检定、配送和结算工作；负责开展北京市电力公司购电关口和内部考核关口及220kV客户计量设备的管理及运行维护等工作；同时在质量监督、技术应用和技术支持等方面发挥支撑作用。

■ 计量中心领导班子。左起：总工程师张松，副主任张宏宾，党委书记兼纪委书记张丽萍，工会主席李之彧。（史　强　摄）

计量中心下设3个专业处室（运行管理处、资产管理处、技术发展处），5个通用处室（行政办、政工办、劳动人事处、财务处、安全监督处）和3个生产工区（运行工区、表计检定工区、互感器检定工区）。

2010年，计量中心荣获“北京市电力公司文明单位”、“北京市电力公司先进单位”、“北京市电力公司安全生产管理先进单位”称号，计量中心党委被评为北京市电力公司“先进基层党组织”。

地址：北京市丰台区莲花池西里28号
邮编：100161
电话：63128602

【人力资源】 截至2010年底，计量中心共有员工337人。其中，全民职工91人，集体职工37人，劳务派遣人员101人，退休职工108人。全民职工具有专科及以上学历者占78.02%；具有初级及以上职称者占64.84%，其中副高级以上职称者10人。

组织开展北京市电力公司计量专业调考及相关专业培训，计量中心获得调考团体第一名。开展全员素质培训和管理人员技能培训，4人取得高级工程师资格，5人取得工程师资格，6人完成高一等级学历教育（其中新增硕士1人、本科2人、专科3人）。组织实施全员绩效管理工作，印发全员绩效管理办法、绩效目标管理办法、年度绩效目标等文件，在计量一体化调度监控平台中配套开发绩效管理信息系统，以月、周为节点督办目标的完成。规范劳务人员管理，编制劳务人员管理办法、劳务人员薪酬管理办法，年内新增、变更劳务人员全部按照标准履行相关手续。

【安全生产】 全年未发生电力生产人身伤亡事故，未发生电网、设备事故，未发生35kV及以上输变电设备一类障碍，未发生火灾事故，未发生负同等及以上责任造成人身死亡、重伤的重大及以上交通安全事故，未发生信息安全事故，未发生谎报、瞒报、迟报、漏报人身、电网、设备事故。完成三个百日安全生产长周期，实现连续安全生产5192天。

开展国家电网公司新《安规》等专题培训及考试，重新修订到岗到位管理制度、各岗位安全生产职责、安全风险管理实施细则。制定安全生产标准化工作实施方案，开展“小作业现场安全生产标准化实践与创新”课题研究，修订标准化作业指导书、设备操作手册。开展春季安全生产大检查、百日安全、全国安全生产月、安全生产事故回头看等活动，落实安全措施。

推广国家电网智能电能表应用。6～7月，在大兴供电公司选取22户居民更换智能表，进行相关系统联调现场测试。8月20日开始，先后在怀柔、顺义、朝阳、海淀四个供电公司开展小规模运行，期间解决了无线采集装置对安装位置的敏感性、电能表与采集装置频点干扰等技术问题，修正了智能电能表改造及电费结转等系统流程。11月开始在全公司范围内大规模推广应用。截至年底，累计安装运行智能表57 637具。

对计量中心电能表检测实验室进行改扩建，新增“采集终端自动检测”、“微功率无线测试”等试验项目。完成电能表检定设备的升级改造，启动双班检定工作机制，缓解了2010年电能表检定能力不足的问题。开展互感器局部放电试验项目，完成了试验结果的初步统计和分析。

全年共检定电能表 471 199 具 (其中国家电网智能电能表 146 449 具)、互感器 18 568 台，配送电能表 593 241 具、互感器 17 432 台、计量箱 71 351 个、开关断路器 511 338 个、采集器及集中器 5337 台。

■ 9 月，计量中心检定人员正在对国家电网智能电能表进行功能模块测试。(刘　佳　摄)

关口电能表周期校验率 106.9%，二次导线压降测试率 102.2%，验收新建及改造变电站 32 座、关口 348 路，现场测试 110kV 及以上互感器 618 台，处理关口计量异常 63 起，追补非直接责任关口差错电量 409.5 万 kWh。

【经营管理】 梳理国家电网公司统一招标电能表后北京市电力公司新的采购模式，形成“来料及时调度、供货快速响应”的供应机制。制定年度计量设备供应应急预案和供应方案，加强对北京市电力公司各级计量库存的监控与分析，平衡属地公司需求计划，重点保障北京市保障性住房及抢修用表供应。开展拆旧电能表返修工作，缓解国家电网表计换型带来的故障备品储备问题。完成 2.3 亿元计量采购成本任务。

继续开展异常表计的检测和分析，重点分析高、新技术的窃电方式，先后为 9 个供电公司检测异常表计 46 具，为查处窃电、挽回电量损失提供数据支持。组织开展在运计量设备监督抽检工作，共抽检表计 7546 具，重点规范随机抽样、样品保管、检测、数据分析的信息化管理。组建工程巡检组，对计量工程的前期准备、安全质量管理、工程进度进行重点巡检，保证计量改造工程的实施。

通过中国合格评定国家认可委员会的监督评审，持续按照《检测和校准实验室能力认可准则》要求开展工作。梳理计量资产质量管理流程，明确由样品检测（到货前验收）、质量监督、到货验收、抽检验收、全检验收组成的产品质量验收流程以及样品比对、质量抽检、运行监督抽检、故障分析组成的产品质量管控手段。

开展“法制电网”依法治企专项活动，成立“重大决策”、“财务管理”、“招投标管理”“工程管理”、“多经管理”、“电网建设”、“劳动用工”、“合同管理”八个专项工作小组，梳理出风险控制要点 64 条，对存在的隐患和问题进行详细分析，全面落实整改。开展所辖多经企业的清理和整顿工作，重点对主多分开、职工持股、收入分配、施工企业挂靠队伍等方面的问题进行自查和梳理。

■ 10 月 25 ~ 26 日，中国合格评定国家认可委员会专家对计量中心体系文件、作业指导书、相关记录、报告进行检查。(刘　佳　摄)

【科技进步】 配合国家电网智能电能表的推广，制定国家电网系统内首个微功率无线采集产品的企业标准，编制智能电能表密钥管理系统建设方案，完成制卡机房建设、公司制卡业务接收以及密码设备的部署工作。编制和修订电能表、互感器、计量箱、封印等 11 项计量设备技术标准，以及《电能计量设备应用指导纲要》等 6 项计量工作管理标准。围绕计量核心技术，承担公司级科技项目两项、群众性创新项目两项，获得北京市电力公司科技成果奖三项、群众性创新成果奖两项，其中“微功率无线通信技术在用电信息采集系统的研究与应用”获北京市电力公司科技成果一等奖。取得具有自主知识产权的国家专利 7 项，其中 5 项为发明专利。

完成计量专业一体化调度监控平台监控展示子系统、指令调度子系统、运行管控子系统、资产管控子系统、集中检定数据分析子系统的开发和建设工作。分析 SG186 营销业务应用系统与原有营销信息系统差异性，完成上线前培训和上线前数据割接工作。

【党建与精神文明建设】 制定计量中心党委加强党的建设三年规划实施细则，开展争创“四强”党组织活动，将创建工作纳入对党支部的具体考核中，按期完成各党支部换届选举工作。开展“‘忠诚企业、服务首都’暨‘忆传统、学先进、见行动’”主题教育活动，活动涵盖老职工讲计量、收集老物件、制作宣教片等内容。计量中心“忆优良传统，学先进典型，向坚强智能电网建设迈出坚实一步”成果荣获北京市电力公司精神文明建设创新成果二等奖。制定《中心企业文化建设三年规划》，结合“塑文化、强队伍、铸品质”供电服务提升工程，开展为销售量增长献计献策活动。制定反腐倡廉工作考核办法，组织学习“红线制度”。开展“小金库”专项治理和“识风险、抓防控、促精品、保发展”活动，强化内控监督。

推进班组标准化建设。“马振强创新工作室”入选北京市电力公司十大示范性创新工作室，三相表检定班被评为北京市电力公司“红旗班组”，并推荐为北京市安康杯竞赛优秀班组；单、三相表检定班被评为北京市电力公司“工人先锋号”。开展“快乐生活，快乐工作”主题活动，通过趣味长走、心理健康辅导讲座、三十年工龄女工活动和为退休职工“送温暖”等活动，离退休工作获得北京市电力公司先进单位称号。

中心团委开展“知形势、明使命、强信念、同发展”及“今天我是雷锋”主题活动，开展“珍爱生命，拒绝违章”安全生产大讨论，举办多媒体作品设计大赛，在政工网搭建“计量青年”网站。计量中心团委获北京市电力公司“五四红旗团委”称号，检定团支部获国家电网公司“五四红旗团支部”称号。

（张　平）

客户服务中心

【概况】 北京市电力公司客户服务中心（简称客服中心）成立于2001年7月，是北京市电力公司直属二级单位，与北京市供用电建设承发包公司合署办公。客服中心是北京市电力公司客户服务业务管理中枢，承担北京市电力公司客户服务业务的专业管理职责。具备95598热线服务、客户报装服务管理、用电安全服务管理、营业窗口管理、市场开发和需求侧管理功能；负责客户报装工程资金概算审核、审批，负责工程、设备合同的签订，资金的收支及结算管理。承担北京市电力公司主干配电网建设资金统一管理职责，集中管理主干配电网建设资金。

客服中心共有领导班子成员6人，下设行政办公室、政治工作办公室、劳动人事处、财务处、监察室、综合服务处、客户服务处、服务监督处、科技处、需求侧服务处、合同预算处、招标服务处、投标服务处、信息服务处（95598工区）、电力展示厅15个处室。

地址：北京市东城区东打磨厂街1号

邮编：100062

电话：63129035

【人力资源】 截至2010年底，客服中心共有全民职工128人。其中，具有大专及以上学历125人，占总数的97.66%；中级及以上专业技术资格76人，占总数的59.38%。人才当量密度100.6%。除全民职工外，另有劳务派遣员工138人，其中在95598工区工作的有135人，电力展示厅工作的有3人，其用工来源全部为银杰劳务派遣。

开展教育培训，举办工程造价、科技论文写作、信息安全、安全生产、95598热线服务知识和技能比武竞赛，参赛359人次。开展供电监管条例、中层干部绩效管理实务等系列培训12期。职工参加各类专业培训2755人次，累计培训学时达11 824小时，培训率100%，客服中心全年投入教育经费26.75万元。

【安全生产】 建立健全安全应急体系，建立政治活动供电保障工作制度，制定灾害性天气应急预案，制定全国“两会”、国庆、十七届五中全会保电方案，组织梳理重要客户基础信息，圆满完成政治供电保障任务，实现零事故。开展重要客户用电安全评价，组织专家对21世纪饭店等重要客户进行用电安全评估。组织各供电公司用电安全负责人与地铁运营公司沟通交流，公司系统用电安全服务人员获地铁用电督察证。

【经营管理】 2010年，组织完成北京市电力公司工程招标548项，中标金额11.12亿元，节约资金1.7亿元，招标节资率为10.92%，公开招标率为100%。组织完成客户工程招标982项，中标金额14.01亿元。北京市供用电建设承发包公司2010年预收工程款9.47亿元，预付工程款8.59亿元。成立资金清理工作小组，对城区、朝阳、海淀、丰台、石景山等区域1996～2009年底前未决算的2055项客户工程逐户进行清理，结算挂账工程458项，压缩在建工程资金约13.89亿。

北京市供用电建设承发包公司规范授权管理，下发《北京市电力公司10kV客户报装工程授权管理规定》等文件，组织客户报装工程合同承办人员培训及取证考试，编写《关于基层供电公司客户服务工作的指导意见》、《10kV客户工程投资参考手册》。

【95598热线】 2010年，客服中心对热线服务进行多项创新，包括公司系统集中报修、第一时间人工接话、增加值班坐席、调整值长岗位组成，收到良好效果。95598热线全年受理客户来电243.8万次，人工接听量同比增加49.27%，人工接听率达85.92%。处理非紧急救助中心及市政管理平台转派工单10 201件，为客户应急送电卡服务5459件，收到客户表扬3149件，客户满意率99.84%，实现全年无服务质量责任投诉。迎峰度夏期间，热线最高单日总呼入量达5万余次，最高半小时累计呼入达3518次。中继线扩容至270话路，更换UPS电池，为提高接话能力提供硬件保障。通过《北京晚报》等新闻媒体向社会发布高压停电计划共计1579路次。

【客户服务】 实施客户经理制，带动"以客户为中心、以市场为导向、全员服务"模式的形成。2010年，由客服中心负责组织、协调的客户重点工程共计188项，完成投产送电项目35项。解决27个居民住宅小区的"临时代永久"问题。完成市住保办制定的年底入住的保障性住房项目的配套电源建设工作，共计24个项目竣工送电。按期实现轨道交通"新城五线"外电源工程送电，共计完成25个总配电室的送电工作，保障轨道交通"新城五线"年底顺利通车运营。35kV及以上客户用电报装工作由属地供电公司转到客服中心进行管理。完成环铁110kV变电站增容、906工程110kV变电站新装等项目的供电方案编制、图纸审核等工作。成功组织北京市电力公司非规范居民小区配电设施改造48项工程的初设及概算审核，对项目实施情况进行管控和协调。协调北京市电力公司各相关部室、基层公司，组织协和医院、9155、08工程、国家电网信息容灾中心、北京市委搬迁临时用电等重要客户重点项目的用电工程。

制定2010年"阳光报装、诚信服务"行动计划，强化对用电报装服务工作关键环节的管控力度。对10kV及以上客户进行100%服务质量回访，成功完成

■ 12月14日，客服中心客户经理在地铁大兴线天宫院站对客户进行回访并了解客户安全用电情况。（彭志军　摄）

回访1979件。收到客户回邮的用电报装服务质量反馈函298封。对北京市电力公司所属营业窗口的服务质量进行明察暗访。共对16个供电公司的60余个供电营业窗口进行服务质量监督检查200余次。营业窗口视频监控平台正式投入运行，朝阳、海淀、通州、门头沟和密云供电公司的近40个营业窗口的视频信号接入，加强了北京市电力公司服务窗口管理。召开属地供电公司客户服务中心主任座谈会，定期将客户投诉建议中反映较为集中、社会反响较为强烈的问题报送北京市电力公司有关领导和部门，编制配电网事故、故障分析月报，为北京市电力公司其他专业提供信息支撑。

【科技进步】 2010年，完成国家电网公司重大科技项目"北京电力展示厅建设"，完成北京市电力公司项目"北京地区居民住宅负荷模型研究"，获北京市电力公司科技成果一等奖，完成电子化招标平台建设。申报专利1项、群众性创新成果1项、典型经验3项，其中"电力市场开拓新举措典型经验——北京电力展示厅的建设与运营"被上报国家电网公司。"便携式电力科普流动展项"获北京市电力公司群众性创新成果奖。科技论文获北京市电力公司二等奖、三等奖共4篇。举办技术讲座，宣传推广节能技术与产品，宣传科学用电、节约用电知识，推广需求侧管理技术，提供技术咨询与服务。DSM网站改版建设。发行电子杂志《节能与电力需求侧管理》。

北京电力展示厅1月投入运营，累计接待社会各界来宾275批次，4006人。其中外宾5批次，31人。成为大学生实习基地，学生社会实践的第二课堂、社区文化建设基地。北京电视台、北京日报等多家社会媒体及行业媒体争相报道。

1月4日，北京电力展示厅落成开始试运营。（彭志军　摄）

【党建与精神文明建设】 开展“知识创造价值、责任引领发展”学习型党组织建设工作，落实创先争优活动。开展企业文化建设，开展“我为营销售电做贡献”专题活动，评选“服务明星”和“优秀服务团队”，巩固文明单位创建成果。取材于热线拍摄的专题片《用青春编织光明热线》荣获北京市“百姓爱心故事奖”。落实党风廉政建设，建立党风廉政情况沟通月报制度，梳理廉政风险事件库，开展“工程建设领域专项治理”效能监察和“小金库”专项治理工作。工会共青团组织开展劳动竞赛、合理化建议、职工建家及青年志愿活动。

2010年，客服中心荣获首都文明单位、国家电网公司文明单位、北京市2010年住房保障工作先进单位等称号，95598热线荣获北京市国资委模范集体、北京市信访办优秀单位等称号。“奥运之光”青年志愿者服务队荣获国家电网公司青年志愿服务先进集体称号。

（韩新惠）

重要客户服务中心

【概况】 重要客户服务中心成立于2010年4月，按照《关于成立重要客户服务中心的通知》京电人〔2010〕15号文件精神，重要客户服务中心按公司二级单位管理，专职负责建立公司层面的品牌服务队伍，主要针对党政军首脑机关、重要部委等办公、驻地和重点医院等重要客户开展差异化服务。

地址：前门西大街41号
邮编：100031
电话：63121358

【筹建工作】 重要客户服务中心从2010年2月开始筹备筹建工作。编制《重要客户服务中心建设方案》，形成重要客服中心建设的指导性文件。会同北京市电力公司人力资源部等相关部门和单位，对重要客户服务中心的定位、职责以及与相关部门和单位的界面划分进行认真研究，细化明确主要服务职责。从北京地区1138户重要客户中，初步遴选49户服务对象，收集领导驻地33户。按照高素质、高标准要求，选聘业务骨干充实到重要客户服务中心，确保筹备筹建工作的顺利开展。配合北京市电力公司人力资源部门，完成了人员公开招聘各项准备工作。

【人力资源】 按照北京市电力公司京电人〔2010〕15号《关于成立重要客户服务中心的通知》的要求，重要客户服务中心人员编制20人，其中领导班子成员5人，一般管理岗位编制8人，生产岗位编制7人。下设综合处、协调处和1个服务队。截至2010年底，重要客户服务中心到岗在册职工6人，占计划编制人员的33.3%。其中全民职工6人。全民职工中，大专及以上学历6人，高级职称5人。

注重综合素质的培养，全员培训率100%。重点加强配电网规划与建设相关技术、开关设备、备用电源等电气技术知识的培训力度，提升人员技术水平。

【重要客户服务工作】 积极开展品牌推介和服务渠道建设，与重要客户建立高层次、常态化的沟通联系机制。通过主动有效的服务，逐步建立与重要客户的良性互动关系，差异化服务初见成效。6～12月，重要客户服务中心先后走访了党中央、军队办公地点以及重点医院等客户28户，协助解决客户遇到的相关困难，宣传差异化服务理念，代表北京市电力公司广泛征求客户意见和建议，并在客户走访的基础上完成了《重要客户供电服务情况调研报告》的编写，为北京市电力公司制定重要客户服务策略提供了有益参考。

筹划重要客户安全供用电系统评估工作，巩固提升客户内部用电可靠性水平，消除客户供电隐患。结合北京地区实际，针对每个客户的特点，量身定制专家团队，从500kV电网系统到客户重要低压终端负荷进行详尽分析。首次将评估工作延伸到客户内部低压设备、敏感负荷，增强了客户信息的全面性以及保障工作的主动性。

召开公司层面重要客户差异化服务座谈会。宣传服务举措，介绍电网外力破坏形势及风险管控工作，倾听客户声音，共商合作共赢。来自党政军首脑机关的12家在京重要客户代表，以及北京市电力公司领导及相关部门、单位参加了座谈，增进了北京市电力公司与重要客户及政府部门的相互理解，为今后深层次的配合进行了有益的铺垫。

■ 11月17日，重要客户服务中心在城区供电公司组织召开“城区重要客户系统评估工作启动会”，全面启动重要客户安全供用电系统评估工作。

积极开展各项客户日常供电保障服务工作。组织协调了中纪委干部职工住宅小区外电源工程、中办一局08工程、总参906工程、协和医院扩建、中宣部外电源等多项工程，解决重点工程中跨专业、跨部门的难点问题。8～12月，承担世界武博会、“21世纪论坛”等驻会保障合计1158h，累计现场驻会保障16人次，值班人数119人次；参加各类保障活动36次，其中承担临时性活动保障12次，圆满完成各项政治供电保障任务。强化重要客户服务中心在客户内部应急服务工作中的主导地位，会同海淀公司和城区公司高效完成了总后勤部管理局外电源故障和国务院机关事务管理局内部故障应急服务。

■ 12月28日，重要客户服务中心组织召开了“北京市电力公司重要客户差异化服务工作座谈会”。

【党建与精神文明建设】 组织开展学习《关于认真做好创先争优活动公开承诺、领导点评、群众评议工作的通知》要求活动，具体落实公开承诺工作。

加强党风廉政、精神文明宣传教育，开展干部述职述廉和民主测评工作。开展2010年度党风廉政考核测评工作。重要客户服务中心为全员党员单位。加强宣传报道工作，共刊发《重要客户服务中心动态》24期，《重要客户服务中心工作简报》31期，在北京电力报刊物上共登载各类投稿2篇。

（程　宏　魏妍萍）

信　息　中　心

【概况】 根据《关于成立北京市电力公司信息中心的通知》（京电人〔2009〕53号）文件的要求，2009年底成立北京市电力公司信息中心（简称信息中心），是北京市电力公司所属二级单位。

信息中心负责北京市电力公司信息化建设、应用推进、信息系统和网络安全运维、信息安全管理、信息设备和资产管理、信息专业技术管理、信息技术培训等工作。信息中心下设六个处室：综合处、财务资产处、运行管理处、工程建设处、技术中心、运维中心及华商科技一个集体企业。2010年，荣获国家电网公司“2010年度信息化深化应用专项工作先进集体”称号。

地址：北京市南四环西路188号总部基地11区17号楼
邮编：100070
电话：63123600

（赵　勇）

【人力资源】 截至12月底，信息中心全民职工26人，其中硕士研究生学历9人，大学本科学历11人；有高级职称10人，中级职称6人，初级职称10人。

加大员工队伍综合素质和业务能力的培养力度，并聘请专业教授进行授课，拓宽思路，全面提升员工思想意识和业务素质。

（赵 勇）

【信息化建设】 2010年，信息中心承担北京市电力公司信息化建设项目56个，资金总额1.99亿元。截至年底，43个在建项目投产运行；成本性项目资金完成率为100%，科技项目资金完成率为100%，资本性项目资金完成率为90%。

■ 9月19日，北京市电力公司ERP人力资源系统应用推进工作会。（官 丽 摄）

信息化支撑人财物集约化管理取得成果。8月16日ERP人力资源管理系统在36家单位成功上线；ERP财务模块完善细化了48个会计集中核算与前端业务协同点，建立PMS、OMS等设备系统与ERP系统协同监管机制；ERP物资模块完成物资监造等4个业务类22个功能点的物资集约化管控开发测试任务并成功上线运行。

信息系统深化应用着眼于北京市电力公司基建、生产、营销三大主营业务以及人财物管理，共实现6大业务领域683项业务点的功能完善，处理业务与技术电话13 337个，有效保障了业务顺畅、数据准确，为各项管理决策提供真实、可靠的信息支持 。

开展系统功能比对与数据梳理工作，完成4轮次全北京市电力公司数据迁移测试；完成726项需求差异分析并制定整改策略；完成数据问题梳理714项，至5月底，已完成476项修改工作。国家电网营销系统于10月1日顺利上线运行，实现了新老系统的平稳过渡，为实现营销发展方式和管理方式的转变搭建了统一的技术平台。完成本部门户高可用性建设，构建第三套门户集群环境，满足门户系统*N*-1高可用性的系统要求。

■ 6月23日，ERP系统剩余物资调拨流程讨论会。（赵 勇 摄）

智能电网信息化项目取得进展。北京市电力公司CIM模型被国家电网公司采用作为SGCIM原型，为“一中心多平台”建设奠定技术平台。电网空间信息辅助支持平台（GIS系统）完成三维引擎的开发测试工作，依据国家电网规范完成GIS平台深化应用方案的编制工作并率先通过国家电网公司评审。海量实时数据管理平台顺利完成平台需求调研、需求分析、概要设计和详细设计，并搭建测试环境开展测试。

（官 丽）

【系统运维】 信息中心系统运维范围：69个公司级信息系统、517台服务器、8721台内网终端、1351台外网终端、1280台交换机、1162台安全设备以及33家各级门户网站等运维技术支持工作。

开展信息运维体系建设研究，并结合信息运维服务管理系统，深化落实国家电网公司运维标准，梳理规范信息系统维护工作。逐步完善北京市电力公司信息系统运行监控（IMS）功能，实现所有信息设备、平台软件和业务应用系统的全覆盖。

建立运行分析机制、信息运行隐患排查机制和停机检修调度机制。全面梳理信息系统的隐患和缺陷，重点改造存在单点故障隐患的系统，建立信息系统缺陷和隐患消除知识库。

顺利完成全国“两会”期间信息安全保障工作，各级保障人员按照标准化作业值守，完成保障各专业信息系统的正常运转，通过24小时在线监控，对来自公司外部和内部的各类攻击和渗透进行积极防御，整体情况正常，未见大规模攻击和问题发生，圆满完成了全国“两会”期间网络信息安全保障任务。

2010年2月，C2机房顺利投运，总面积517m^2。按照A级机房进行设计，分区管理划分布线区、网络区、存储区、设备区。机房所运行的系统包括：造价系统、安全数据库、交易系统、外网监控、招投标管理系统、北京电网地理信息系统、外网邮箱、IMS、基建管控、投资计划。

（解思江）

【经营管理】 狠抓基础管理。深入研究并初步制定项目建设、运维、经营等各项管理制度，明确管理流程与部门岗位职责分工。梳理并优化运维、信息化建设项目管理流程，推进项目建设闭环管理。编制运维、信息系统建设技术规范，推行标准化监控，实施日汇报制度，加大运行值班人员培训力度，建立信息系统运行监视和问题处理联动机制。针对IT行业管理模式，对软件公司开展调研工作。探索软件企业专业化管理体系，着手建立一套过程管理体系。

推动管理创新。针对管理模式的重大改变，以发展、提高为目标，突出建设、运行、经营三条主线，借鉴国际先进企业管理理念，吸纳其他网省公司成功经验。创新工作协调和业务集中决策等机制，完善专业管理、技术支撑、人才保障和技术服务四个体系，按照优化业务流程，加强业务协同、强化专业管理三个步骤，整体提升了信息中心管理能力。

（赵　勇）

【科技进步】 2010年，信息中心承担国家电网智能电网项目——“海量实时数据管理平台的研究与建设”，实现了将实时数据与管理数据相融合。承担“移动作业平台研究与应用”项目，建立了统一的移动作业应用平台，为不同业务应用的移动作业提供统一的技术支撑与应用支撑。信息中心与公司本部职能部门合作的“北京市电力公司工程造价管理系统”、“单台车辆核算管理在ERP中的实践”2个项目获得北京市电力公司科技进步奖。

（官　丽）

【智能电网】 2010年，信息中心致力于建设信息高度共享、业务深度互动、覆盖面更广、集成度更高、实用性更强、安全性更好的系统，为北京市电力公司智能电网建设项目提供了良好的信息化支持平台，全面支撑智能电网的可持续发展。构建了以一体化平台为核心的信息系统基础架构，形成了公司级的信息资源整合平台。

海量历史实时数据管理平台作为国家电网智能电网试点项目，自上线运行以来，为各类实时信息提供高效的存储与访问，实现生产管理数据与调度实时数据统一展示，更好地为生产业务服务；北京电网运行指挥系统（IOSS）作为信息中心第一个自主研发的项目，与各专业智能运营平台共同形成了一体化的生产运行支撑体系，完善业务分析规则，提升电网故障应急处置能力；电网GIS平台作为国内第一家基于SOA架构的企业级电网GIS平台，实现了对电网结构及设备基础数据的一体化管理，并以服务调用的方式为其他业务应用提供电网空间信息，被国家电网公司评为科技成果一等奖；数据中心则是“SG186”工程一体化平台的重要组成部分，为业务系统的建设提供统一、标准的数据模型，实现了跨主题域的信息共享和交互，保障了各部门间的业务应用协同工作。

（叶　妍）

【党建与精神文明建设】 落实北京市电力公司党风廉政建设和反腐败工作、企业文化和队伍建设各项工作。加强党的先进性建设，成立信息中心党支部、党小组。认真开展创先争优活动。加强党风廉政建设，严格落实“三重一大”等各项制度，认真分析廉洁风险，开展廉政教育，提高员工廉洁从业的自觉性，努力构建教育、制度、监督并重的惩治和预防体系。

（赵　勇　李　江）

试验研究院

【概况】 北京市电力公司试验研究院（简称试研院）是北京市电力公司的直属单位，是北京电力公司的技术监督执行机构、主要的技术支持与技术服务及科技研发单位。主要开展的工作内容如下。

在智能配电网、城市电网风险管理与控制、电能质量方面开展技术研发、技术支持与服务，负责技术标准研究、设备试验检测，电网灾害预警与防范、电能质量监测与评估；在高压电气设备性能试验与检测、故障诊断与状态评价、绝缘配合及过电压等方面开展研究，负责输变电设备的运行评价、新技术的研究与应用，状态检修的技术支持、技术监督，以及重要关键设备的试验与诊断工作；在电动车、新能源发电等领域为建设、运营和产业化发展提供技术支持与服务，负责新能源装备的试验检测和性能评估、技术标准研究等；负责电网环境监测、污染治理，以及电气设备化学介质化验、分析的技术研究，提供相关技术监督、技术支持与服务；负责主、配网设备与材料、业扩用户入网设备与材料的质量检测与分析工作，为设备订货技术标准制定、入网质量把关提供技术支持与服务；负责输电、变电、配电等领域带电作业，以及应急发电的技术研发、技术监督和技术支持。承担城近郊复杂配电带电作业及重要用户的备用/应急电源保障任务。

试研院始终坚持“服务首都电力事业”的基本理念，在北京市电力公司科技创新体系中发挥着主力军作用。电能质量、化学等6个专业实验室于2007年初通过CNAS实验室认可，所出具的检测、校准结果获国际承认。连续两年获得全国电力职工技术成果奖，获得2009年度北京市科技技术协会“金桥工程”优秀项目二、三等奖，获得2010年度国家电网公司科技进步三等奖、北京市电力公司科技成果奖等奖项。

■ 试研院领导班子。左起：总工程师常晓旗，副院长韩良，党委副书记（主持党委工作）李伟，院长王鹏，党委副书记兼纪委书记罗准，副院长周洪。（宋雨昕 摄）

试研院设有9个职能处室，8个研究单位，1个多经总公司。

地址：北京市南三环中路30号

邮编：100075

电话：63677123

【人力资源】 截至2010年底，试研院在册职工198人，其中博士5人、研究生20人，本科以上学历占比38%；高级职称14人、中级职称24人。

全年共举办智能电网、新能源技术、继电保护二次知识、发电厂基础知识等各类培训班共计75次，全员培训率和人才当量密度均达100%。

1月，组织中层干部培训班，召开中层干部考核测评大会，对24名现任中层干部开展政治素质、领导力、执行力等十个方面的民主测评考核工作。5月，举办北京市电力公司配网状态监测技术培训班，来自通州、昌平、大兴、顺义、城区等基层单位共计60余人参加培训。10月，承办北京市电力公司电气试验工技能鉴定的实操考核工作，并编写国家电网公司电气试验工种轮训教材，共计完成电气试验专业3个级别160余人的轮训工作。

【电网建设】 推广利用各种技术经验，为北京市电力公司提供技术服务。在世博会保电前夕，依靠奥运保电和多年来积累的专业经验，承担华东地区3座特高压、5座超高压变电站（换流站）1360个绝缘盆子的跨区域状态检测工作，成功排除干扰误判2起。完成北京市电力公司信息安全技术监督任务。针对北京电网薄弱环节，开展2010年雷击跳闸分析等多个专项调查研究分析，完成东北旺3号变压器故障等43项主配网专题事故分析和反措制定。首次开展发电厂设备状态检测工作，对北京市重点工程、京能太阳宫热电厂设备进行状态检测。试研院设备质量检测中心新增变压器温升试验及开闭器、熔断器等多种设备检测项目，年度累计完成主配网设备、材料的检测4977件，发现不合格产品131件，为北京市电力公司避免直接经济损失900多万元。

【安全生产】 2010年，试研院未发生电网、设备事故，未发生火灾事故，未发生一般施工机械设备损坏事故，未发生有重大社会影响的停电事故，未发生同等以上责任的一般交通事故，未发生信息安全事故。实现连续三个百天安全生产长周期，累计连续安全生

■ 11月20日，试研院带电作业中心参加国家电网公司10kV配网带电作业现场观摩会并进行演示。（高天宝 摄）

产2063天，创造了连续四年安全管理无事故的纪录。提出“业务拓展与安全管理同步延伸”的工作思路。建立完善规章制度，强化安全生产责任制落实。结合“百日安全”、“秋检警示教育”等专题活动，对发电、带电作业开展隐患排查和治理，对充电设备检测、实验室建设开展作业风险管控。全年各专业累计完成电气设备试验1872次，变压器油、SF_6气体化验4641次。完成各类重大任务保电和应急抢险任务150项，带电作业172项，其中复杂带电作业125项。

【经营管理】 按照北京市电力公司统一部署，推进多经企业规范整合工作，对所属三个集体企业进行了注销和资产清查。在职工持股、“三指定”、挂靠队伍等方面进行规范管理。

2月，为进一步加强变电检修专业化、集约化管理，试研院负责的主变压器检修业务及其涉及的全民人员120人调整至变电公司。备品备件、仓储管理业务及其涉及的9人调整至物流服务中心。同时，试研院撤销主变压器工区、检修工区，转型定位为北京市电力公司技术开发、技术监督、技术服务、技术信息和人才培养中心。4月，为解决试研院主营业务中容易出现的八方面突出问题，启动依法治企专项活动，对主营业务法律风险进行全面排查和整改，结合业务调整情况梳理管理类、安全类、技术类、科研类制度共计40余项，重新修订和补充计划管理等规定近20项，修订和新增电力突发事件等预案6个，新增实验室管理体系文件5个，企业经营管理更加规范。8月，ERP人力资源项目正式上线，实现对人员信息、薪酬保险、教育培训等业务的动态管理。9月，试研院实验室体系通过中国合格评定委员会第三次监督评审，质量检测等7个信息管理平台正式投入运行，信息化应用领域进一步扩大。

【专业建设】 2010年，按照发展规划，稳步推进专业建设和机构整合，先后成立了供电设施评价工作小组、新能源筹备组等新机构。优化科研资源配置，将原有的状态监测中心、电能质量室、电测实验室分别整合至理化工区、配网技术研究中心、设备检测中心。近30名专业对口、学历水平较高的科研人员先后调整到重要科研岗位，提升重点发展领域的科研实力。

在配网技术方面，筹建智能配电网设备检测评估实验室，开展北京市电力公司配网自动化的研发技术支持、试点运行分析和智能配电设备检测等工作。针对敏感用电设备供电问题，自主研发高精度电压跌落模拟发生装置，开展电能质量电磁暂态仿真分析和电压跌落风险辨识。参与华中园、左安门等智能小区试点项目，完成国家电网公司重大课题“10kV城市配电网网架结构与经济型研究”。自主研究检测方法，按期完成城区41台配网自动化控制装置和京西宾馆27台ATS的检测任务。

在设备评价方面，履行北京市电力公司设备评价工作办公室的职责，开展设备评价，编制北京市电力公司设备评价技术标准、导则、管理规定等文件30余项。研发分析决策系统，在北京市电力公司层面建立科学有效的设备状态评价管理体系和信息平台。根据城市电网供电设备运行状态诊断评估的特点，开展国家电网公司带电检测实验室建设工作，构建GIS、变压器、电力电缆、配网设备的带电检测仿真实验平台，为北京市电力公司加强智能电网建设和输变配电设备的管理、评价提供有力支持。

在新能源发展方面，结合北京市电力公司2010年5座充电站、120个充电桩的建设任务，建设电动汽车实验大厅，开展技术攻关和设备检测评估。开发了处于国内领先水平、满足不同车型需求的动力电池快速换装系统，解决了充换分区、换装定位等关键性技术难题，已在航天桥、大屯等电动汽车换电站中成功运用。具备电动汽车充电机和充电桩检测能力，完成大型充换电站用充电机680个充电模块的检测任务。

【科技进步】 完成北京市电力公司“十二五”科技发展规划的编制任务。完成“极端气象与电网运行相关性分析”等16个重大科研攻关项目。公开发表论文9篇；4项专利获授权，荣获北京市电力公司级别以上科技奖项19项，其中“电力设备带电检测技术体系应用研究”、“运行变压器绝缘油和“SF_6气体过滤技术的研究”分别荣获国家电网公司2010年度科学技术进步二等奖和三等奖，“电动汽车充电对电网的影响及有序充电研究”成功申报国家“863计划”。“移动变压器有载开关带电滤油装置”荣获“首都职工优秀创新成果奖”和第二届全国电力职工技术成果三等奖，并入选北京市总工会举办的“北京力量”优秀成果展。“测试接线整理器的研制”荣获北京市第57届QC成果发布二等奖。“移动式变压器有载开关带电滤油装置”入选北京市总工会举办的“北京力量”优秀成果展。

【党建与精神文明建设】 开展“创先争优”和“四强四优”主题教育活动，营造“积极向上、争当先进”的氛围，完善并建立试研院党员“先锋档案”长效机制，打造具有试研院特色的党建品牌。开展“学制度、促廉洁、保发展”活动，先后进行廉洁文化进家庭、廉政知识竞赛等教育活动。推进效能监察、工程建设领域突出问题和“小金库”专项治理工作，窗口服务单位和重点岗位廉政监督力度加大。推进“统一优秀企业文化”等主题教育活动，弘扬企业核心价值观，宣传试研院“尊重知识、尊重人才、争当专家”的特色文化。青年合唱团荣获北京市电力公司团委“唱响青春　共铸明天”合唱比赛优秀组织奖。在北京市电力公司反腐倡廉知识竞赛决赛中荣获三等奖。

11 月，调整党团组织机构工作，将原来五个党支部调整为六个党支部，并进行支部改选。

■ 6 月 30 日，试研院举办庆祝建党 89 周年暨“庆七一、颂党情、赞祖国”歌咏比赛。（宋雨昕　摄）

（陶诗洋）

北京电力经济技术研究院

【概况】 北京电力经济技术研究院（原北京电力设计院，简称经研院），2010 年 8 月，依据《关于北京电力设计院更名的通知》京电人〔2010〕35 号更名，是北京市电力公司的全资子公司。经研院具有国家甲级送变电工程设计、甲级送变电工程咨询、乙级电力行业设计、乙级勘察岩土工程、乙级电子通信、乙级工程测量、丙级火力发电等资质。主要从事 500kV 及以下电压等级的送变电工程设计咨询、城市电网规划设计咨询、电力经济与能源研究工作。通过了质量、环境和职业健康安全管理体系的认证，是国家科技企业档案管理一级达标单位、中国电力规划设计协会常务理事单位、中国水利电力质量管理协会电力分会理事单位。

■ 经研院领导班子。左起：总工程师张凯，纪委书记赵海涛，副院长郑利纺，北京市电力公司副总工程师兼院长杨超，党委书记王志慧，副院长夏泉，工会主席王江，总会计师尚颖。

经研院设置院长办公室、政治工作处、监察审计处、经营计划处、技术质保处、劳动人事处、财务处七个职能处室，变电室、送电室、土建室、系统室、技经室、勘测室六个设计专业室，信息中心（辅助生产处室）和经济研究中心。

地址：北京市西城区广安门车站西街 15 号

邮编：100055

电话：63678500

【人力资源】 截至 2010 年底，经研院共有职工 165 人，其中全民职工 135 人，集体职工 30 人；高级职称 47 人，中级职称 43 人；硕士及以上学历 23 人，本科学历 81 人；拥有国家各类注册执业资格 45 人次，占职工总数的 27.27%；拥有中国电力规划设计行业协会资深专家 1 人，国家电网公司专家 1 人，北京市发展改革委评标专家 4 人，北京市评标专家 13 人，北京市电力公司评标专家 27 人。

修订《北京电力经济技术研究院设计师等级评定管理办法》，共评出院一级设计师 4 名，二级设计师 5 名，三级设计师 24 名；制定《北京电力经济技术研究院研究师等级评定管理办法》。截至 2010 年底，经研院共开展各类专业技术和管理方面的培训 70 余次。

【设计任务】 全年共完成 500kV 输电项目初步设计 7 项，施工图设计 4 项；220kV 可行性研究 14 项，初步设计 101 项，施工图设计 118 项；110kV 可行性研究75项，初步设计186项，施工图设计209项；35kV及以下可行性研究12项，初步设计26项，施工图设计38项；通信工程可行性研究10项、初步设计79项、施工图设计40项；专项工程可行性研究11项、初步设计8项、施工图设计4项，用户供用电咨询63项，迁改移咨询32项，电力规划、研究课题、专项报告等研究28项。完成各类项目共计1065项，共出版图纸1781卷册。测量专业全年完成线路测量540km、终勘定位470km，测量面积23km^2。勘察专业全年完成变电站初勘项目22项、详勘项目16项，完成线路可研初勘项目33项、线路详勘项目46项；外埠工程完成线路初勘、详勘15项，完成变电站初勘、详勘6项，完成外埠水文和地质调查4项。

完成一批代表性工程：500kV海淀输变电工程、220kV菜市口输变电工程、京沪高速铁路配套李营牵引站外电源、魏善庄牵引站外电源、220kV团河输变电工程；完成回龙观增容、大兴扩建、高丽营扩建、草桥扩建等度夏工程；完成望京东、高立庄、土沟、中门寺等重点输变电工程；完成110kV廊坊黄甫输变电工程、110kV唐山丰南城西输变电工程和康官营220kV输变电工程等。

【安全生产】 完成北京市电力公司下达的各项安全生产指标，全年未发生任何人身、设备、火灾及交通等各方面的安全生产事故，未发生因设计质量原因造成的安全生产事故。截至12月底，已连续实现3072天安全生产无事故。

开展安全生产月活动和安全生产事故回头看活动，制订《北京电力设计院安全生产月活动方案》和《北京电力经济技术研究院安全生产事故回头看活动方案》。组织安全规程的培训考试。组织员工到北京市民防灾教育馆进行防灾减灾教育培训。开展消防演习活动。组织专职司机进行交通安全知识答卷活动。

【经营管理】 经研院以北京电网工程设计为根本，以华北电网工程设计为补充，以新能源、智能电网、电力管道、电动汽车充电站及附属设施业务为市场开发重点，以参与国家电网公司特高压线路设计为提升，完善与市场竞争相适应的经营管理机制，完善与招投标机制相适应的市场开发体系。对内以经研院综合信息管理系统平台为载体，为经营情况、生产决策及优化人力资源提供科学依据；对外埠设计市场实施以项目管理为核心，以专业管理为基础的项目管理方式，建立由项目经理（设总）对计划、质量及成本进行分解和控制，提高水平，降低成本。被评为北京市电力公司2010年度发展策划管理先进单位和基建管理先进单位。

【科技进步】 正式立项科技项目34项，承担外部课题18项，包括“高压电缆线路适用性研究以及线路系统设计和应用研究”、“高压电缆线路和电网的可靠性及保护方式等研究”、“输变电工程降低可听噪声研究”、“复合材料杆塔应用研究”等国家电网公司重点科技攻关项目12项；“改善电网建设外部环境深化研究”、“2010年典型造价研究”两项国家电网公司政策研究；“提高变压器利用率研究”、“北京电网空间布局研究”等北京市电力公司研究课题5项。配送式变电站、钢结构建筑、紧凑型线路、高强钢钢管塔技术、超大截面电缆、隧道盾构技术、节能环保新材料等在工程设计中得到应用。

在参加全国电力行业“四优”（优秀勘测，优秀设计，优秀标准设计，优秀计算机软件）评比中，“大钟寺110kV变电站工程”、“朝阳500kV变电站220kV线路切改工程”、“一体化的高压电缆网运行监控平台”、“垡头220kV送电”等四项工程分别获得全国电力行业优秀工程设计一、二、三等奖。“北京市电力公司输电网智能运营系统工程可行性研究报告”获得2010年北京市优秀工程咨询成果三等奖。“城南500kV变电站”、“太阳宫热电厂接入孙河”、“地安门220kV变电站”、“南梨园110kV变电站”、“西湖110kV送电”获得国家电网公司优秀工程设计奖。“北京地区电力建设工程地质信息管理系统”、“国家电网公司输变电工程通用设备（2009年版）”、“浅埋暗挖与盾构隧道技术经济对比分析”、“提高变压器利用率研究”、“钢结构在110kV变电站设计中用研究”、“10kV符合材料绝缘杆塔的研制”分别获得北京市电力公司科技成果一、二、三等奖。“在地下变电站中采用涂层钢筋解决电磁涡流问题”获北京市电力公司群众性创新成果奖。

2010年，经研院员工在各级刊物发表论文13篇，其中，国内核心刊物5篇，一般刊物3篇，各类会议期刊5篇。“北京电网电力变压器经济运行研究”等6篇论文参加北京市电力公司2010年度优秀科技论文评比，获一等奖1篇、三等奖1篇。《北京电网建设管理模式探讨》、《北京电网投资共建模式的风险研究》等三篇论文获北京市电力公司政研类论文二等奖和三等奖。

2010年标准化项目立项28项。参与国家、电力行业、国家电网公司及北京市电力公司的技术标准编制及修订工作，承担国家标准《电动汽车充电站设计技术规范》的主要编制工作；承担电力行业标准《电力隧道设计规程》主编工作，参加国家电网公司“通用设备”、“初步设计深度规定”和“施工图设计深度规定”等标准的编制及“标准配送式变电站（110kV）B-1-2、B-1-4 设计方案”编制工作和国家电网公司通用设计 110kV 部分组长单位工作，其中国家电网公司和北京市电力公司的编制工作已按进度计划于年内结项，完成《供配电设计手册》部分章节的编写任务。完成实用新型专利申报一项，四项正在评审中。

【党建与精神文明建设】 开展“四强四优”、“党员身边无事故”等主题创先争优活动。完成党支部调整和支委换届选举工作。组织开展“十佳”表彰评选、“双十”评选等活动，树立以北京市劳动模范吴江为代表的一批先进典型。组织开展为灾区捐款、与延庆县沈家营镇新合营村帮扶共建等多项社会公益活动，蝉联 2010 年度宣武区精神文明单位荣誉称号。

加强党风廉政建设，建立健全工作标准和制度；开展“学制度、促廉洁、保发展”主题教育活动，组织开展反腐倡廉知识竞赛，廉洁文化作品征集和反腐倡廉知识网上竞答活动，实现廉政宣教工作的“大覆盖”；积极推进“协同预防”机制建设，推进工程建设领域突出问题专项治理工作，开展治理“小金库”工作，建立廉政风险事件库，被评为北京市电力公司 2010 年度党风廉政建设工作优秀单位。

■ 10 月 11 日，经研院与延庆县沈家营镇新合营村开展帮扶共建工作。

（张 健）

培训中心（党校）

【概况】 北京市电力公司培训中心（党校）（简称培训中心）隶属北京市电力公司，是北京市电力公司职工教育、人才培养的基地，担负着北京市电力公司党政领导干部、管理人员和生产人员培训，职工技能鉴定工作，同时还为公司各种会议提供优质的服务。

2010 年，完成《培训中心（党校）2010 ～ 2012 年建设与发展规划》的编制，提出培训中心近期内要达到的建设和发展目标，为建设一所功能齐备、具有先进水平的培训中心勾画出蓝图。

2010 年，培训中心被北京市政府授予“首都文明单位”光荣称号，荣获石景山区“热心公益事业奖”，荣获北京市电力公司行政办公先进单位、政策研究工作优秀组织奖等光荣称号。

地址：北京市石景山区模式口三号院

邮编：100041

电话：63679500

【人力资源】 培训中心现分为模式口、清河、大雁楼三个校区，总部设在石景山模式口校区。共设置 13 个处室，职工总数 141 人。其中，全民职工 122 人，集体职工 19 人。全民职工中，具有本科学历及以上的人员占总人数的 50%。

组织开展合同承办人、公文写作、档案管理、管理工作规范等管理知识方面的培训，组织有关人员参加交通安全知识、健康知识等讲座。开展包括财务技能、办公软件操作、后勤服务业务技能练兵活动。组织开展职工职业技能比赛、厨师烹饪技能大赛等岗位技能竞赛活动。结合全员绩效管理工作，组织实施培训中心中层干部培训工作。

【培训工作】 全年完成管理人员培训共 22 273 人次，生产人员培训共 10 607 人次。完成 28 个工种的鉴定组织工作。先后承担了北京市电力公司 10kV 电缆接头工入网作业培训、酒店物业管理培训班、SG186 营销业务应用系统培训、劳务人员技能专项培训、支部书记培训、入党积极分子培训、配电线路等四个工种轮训、农电工安全知识轮训、新入企员工培训等重点班次的培训任务。完成北京市电力公司职代会、综产工作会、审计工作会等重要会议的接待服务工作。承担北京市电力公司电力工程造价管理知识竞赛、法律顾问诉讼专业知识竞赛、厂站端调试检修专业竞赛、配电网技术标准“五统一”技术比赛、北京市工业和信息化职业技能竞赛变电检修和调度员技能竞赛的组织工作。

■ 8月10日，SG186营销应用系统上线培训。

先后组织举办通州、昌平、房山、密云等供电公司的进网作业电工培训班。组织举办大兴、丰台、平谷供电公司及输电公司和调通中心的管理人员培训。协助路灯管理中心、计量中心、调通中心、昌平供电公司、试研院等单位开展员工培训。

全年共收到95份主办单位的评估意见，其中，76份对全部评估项目都给予“好”及“很好”的评价。组织对127个培训班次、8456人次进行学员评估，总体平均满意率由2009年的85%上升到93%以上。

■ 6月23日，电缆接头工学员参加实操训练。

【经营管理】 调整工作职责，将培训的组织实施与后勤服务保障、培训协调管理等工作分离。实现物资采购、车辆安排、会议服务等方面的集中管理，初步理顺专业分工。

对成本预算指标进行分析和分解，提出成本控制目标，增强成本支出的计划性。在加强预算管理、细化管理流程方面，采取了一系列有力措施。对北京市电力公司下达的预算指标实行限额管理，明确各项费用的权责归属，严格费用支出审批手续；明确预算管理流程和归口管理部门，成本、费用的管理得到加强，资金计划的执行率每月都达到98%以上。

制订制度、明确要求，规范物资采购、日常维修、车辆维修、工程建设招投标等方面的工作流程和工作制度。开展机动车及交通安全内部同业对标，杜绝用车的随意性，降低成本，提高效益。对餐厅、卫生保洁、绿化养护等工作实行业务外包。

【优质服务】 对模式口校区餐厅实行劳务外包，将餐饮服务工作交由专业管理团队承担，并与管理团队就提高培训学员餐和员工餐的水平进行多次研究和沟通，逐步形成较为全面的管理规范，摸索出与专业管理团队共同做好后勤服务的一套经验和做法。积极配合培训班和会议的工作要求，努力提升餐厅服务水平。

■ 1月7日，培训中心餐饮服务新貌。

2010年，后勤服务方面普遍遇到员工流失、新招聘人员业务不熟练等困难。在采取资源统一协调等措施的同时，加强对新招聘人员培训、业务外包、推行“一岗多能”等措施，完成国家电网公司和北京市电力公司多次重要会议及培训。

筹措资金对新修缮的3幢学员公寓客房的家具等进行更新。对大雁楼客房及餐厅设备、模式口活动操场和大门修缮工程相继完工、新建南院一号教室。

【课题研究】 2010年，组织《对开展2010年新员工入职培训的几点认识》、《公司生产技能人员配电线路等四个专业职业能力培训需求分析》、《发挥培训评估效能监察作用 提升培训服务水平》、《规范内部管控提升服务品质》等课题的研究。《北京市电力公司生产技能人员配电线路等四个专业职业能力培训需求分析报告》获得北京市电力公司2010年政策研究自主上报优秀论文。荣获北京市电力公司2010年度政策研究工作优秀组织奖。群众性技术创新活动成果《提高矿泉水灌装合格率》获得北京市电力公司“电缆杯”第七届QC成果发布总决赛二等奖、《程控模拟抄表台的研制》获得优秀奖。

【党建与精神文明建设】 组织开展“忠诚企业、服务首都”主题教育活动、“四强四优”创建活动和“讲成绩、讲努力、讲未来，定目标、定计划、定措施”的“三讲三定”活动。组织进行首次全员培训工作，并继续开展中层干部培训，促进员工素质的不断提升。高度关注员工的思想动态，有针对性地开展工作，确保培训中心的稳定，确保培训工作的正常进行。认真落实好“小金库”专项治理的工作要求，开展“学、促、保”活动。

（卢　焰　娄　强）

物流服务中心

【概况】 2010年，北京电力物流服务中心（以下简称物流服务中心）以党的十七大精神为指导，在国家电网公司建设“一强三优”现代公司的发展目标及北京市电力公司“大局、可靠、法治、两效”八字工作方针的指引下，贯彻执行“四三二一”的工作思路。通过对招标计划、采购、储运、监造、财务管理、信息管理等工作进行流程梳理和再造，逐步形成涵盖履约催货、配送仓储、监造验收、现场服务等多种业务类型的专业化物流服务体系，进一步将现代物流体系建设向纵深推进。全面完成2010年北京市电力公司下达的各项工作目标及任务。

2010年，物流服务中心先后对主要业务处室的内部机构进行了调整，优化业务流程，共设置职能处室7个、业务处室4个、序列外部门1个。

地址：北京市西城区樱桃二条七号
邮编：100054
电话：63679252

【人力资源】 截至2010年底，物流服务中心职工200人，其中全民职工189人，集体职工11人。研究生及以上学历4人，大学本科学历61人；副高级及以上专业技术资格6人，中级专业技术资格22人。高级技师9人，技师79人，高级工63人。

2010年，物流服务中心人才当量指标统计人数为189人，人才当量指标96.06%。其中在岗职工163人，全年培训达到40课时以上的人员163人。全员培训率100%，持证上岗率100%。

【物资供应】 全年共组织招标229批次，中标金额13.96亿元，中标价与平均报价差额1亿元，节约率为6.66%。组织退运物资网上竞价138次，成交金额2300.55万元，同标底相比，竞价增加收益473.48万元。共组织签订物资采购合同2911份，合同金额18.77亿元，其中，签订国家电网公司招标合同240份，金额7.113亿元，支付货款累计24.578亿元。所管工程项目706项，申请、支付工程物资资金43.78亿元。组织催货89次。开展监造工作（110kV及以下）共计86个批次，涉及46项工程，包括变压器40台，组合电器120套。在监造工作中发现问题共计26起。履行设备到货质量跟踪，对海淀、玉泉营、南站、李营、桃洼等18个重点变电站进行到货设备质量跟踪，配合处理各类设备问题38起。

应急保障突击队在国家电网应急物资储备库中组装应急冲锋舟。
（金　萍　摄）

接收国家电网公司应急物资15 194件，接收北京市电力公司应急物资91件。参与2010年青海玉树地震救援，两次接上级命令，完成国家电网公司应急物资调用任务。组建应急保障突击队，配合国家电网公司和北京市电力公司进行8次应急物资演练。

完成国家电网公司在物流中心区域试点的两项工作任务：① 建设国家电网北京应急物资储备仓库；② 物资合同服务大厅的建设并投入运行。

【安全生产】 全年未发生人身轻伤以上上报事故，未发生设备、防火防盗事故，实现安全生产7996天，安全防火10 920天，交通安全11 120天。

一线班组签订人身安全责任书166份，签订现场作业安全管理“十条禁令”承诺书166份。与二级单位签订安全生产、防火责任书各15份，安全授权委托书13份。全年共召开安全生产工作会1次，月度安全工作例会11次、新建立安全制度6项，会议纪要11项。开展“安全伴我行”和“珍爱生命，远离违章”为主题的演讲比赛。举办新安全规程考试，全员244人均参加了考试。其中，管理人员52人参加考试。全员平均成绩98分。将“百日安全”活动与学习实践科学发展观活动相结合，将物资安全理念引入安全生产全过程管理，结合工作特点，开展以“电力物资安全是首都电网安全的第一关口”为主题的安全大讨论活动。

完成北京市电力公司下达的各项电网建设与运营服务任务，确保了基建、消隐、配网等大宗物资招标采购配送任务的完成。

获北京市电力公司消防安全管理先进单位，1人获得个人嘉奖。

【经营管理】 以预算管理为基础，使经营有序、预算可控、严控超支、讲求效益。年初给各责任处室分解下达各项经营指标，并与各处室签订经营责任状和经营风险责任状，加强经济活动分析，对各项财务指标的统计、分析，坚持实行月度经济活动分析制度，确保实现企业年度各项经营目标。完成对下属多经公司华光公司、远能线材厂的清算注销。完成鸿运鑫商务中心的注销。

推进ERP财务系统应用及管控系统、现金流预算系统上线，利用信息手段增强辅助决策支持能力，促进财务管理由核算型向管理型转变，实现账表一体化，提高财务信息披露的时效性，有效规避中心经营风险。

7月，进行风险稽核自查工作，制订相关的财务管理制度，并明确会计凭证、会计账簿和经营报告的处理程序，未发现重大违规事项和重大财务风险。

开展“小金库”专项治理工作，将“小金库”治理工作纳入日常的经营管理中，形成长效机制。组织完成优质服务廉政建设行风监督员的拟聘，制订管理办法；中心纪委与47家供应商代表签订了廉政守纪“双向互保”协议，完成供应商廉政档案的建立。

在工程建设领域突出问题专项治理效能监察工作中，选取琉汤35kV线路改造工程和枣树林35kV变电工程，以招标、资金使用、物资管理、合同履行等为重点提出存在问题及解决措施建议，形成专项工作调研分析资料。在海淀500kV站、西北旺220kV站及大兴九龙110kV站建设并投运物资项目部。

【科技进步】 完成对物资信息管理系统、MIS系统、华龙网站后台服务器、RA认证服务器等应用系统功能模块的新增和修改，根据评标计分方式的变化，增加物资系统的分档计分法的评标、最低价中标法、年度综合计分法等模块，新上线的模块满足了国家电网公司在评标环节的调整要求。解决中心分支机构的网络OA通信问题，在燕郊国家电网公司应急库实现光纤接入，网络带宽达到日常业务拓展的需求。组织撰写科技及管理论文58篇。《规范ERP系统操作流程管理的几点建议》获北京市电力公司三等奖。编写出版《电网技术与管理课题研究专集》。

【优质服务】 以推广物资项目部到各重点工程现场为起点，提高项目负责人的服务水平。按期完成北京市电力公司物资合同服务大厅的建设任务并通过检查验收，投入运行。合同服务大厅采取“一站式”窗口化服务模式，打破业务处室与职能处室间的条块分割，实现合同订单下达、签约资料准备、合同文本制作、供应商签署、法律审核、甲方签章、合同领取、货款支付的全流程集中办理。

鲁敬荣获北京市电力公司“十大首都电力之星”荣誉称号；肖健荣获北京市电力公司“真诚服务、岗位创新”服务之星荣誉称号。

【党建与精神文明建设】 开展“学制度、促廉洁、保发展”主题教育实践活动，推进廉洁文化建设，形成防范“违章”和廉洁风险的长效工作机制，党风廉政建设的执行力和影响力得到提升，惩防体系建设迈出坚实步伐。编制《北京电力物流服务中心员工入企廉政教育知识试题》。组织学习《反腐倡廉“红线制度”选编（三）》，开展“学促保”知识竞赛活动。《物流领域诚信体系建设效能监察》获得北京市电力公司三等奖。开展“忠诚企业、服务首都”主题教育活动，开展“顾大局、抓两效、我尽责”主题活动，成立“共产党员服务队”。结合开展“顾大局、抓两效、我尽责”主题活动，组织全体党员开展“责任—使命”大讨论活动。全体党员积极踊跃参加讨论，包括党政一把手在内共有50名党员交了征文，并以“责任—使命”为题，编辑成册，供中心全体员工学习交流。按照发展预备党员程序，全年发展党员、预备党员转正实行“票决制”，发展新党员5名，预备党员转正5名。团委组织开展“英语角”和“图书角”活动。组织“青春光明行”主题日活动。开展工会标准化建设，开展“主题月”和“优质服务、诚信服务”为主题的2010年度“服务之星”十佳人物评选系列宣传教育特色活动。荣获北京市电力公司先进基层党组织荣誉称号。荣获北京市电力公司先进基层工会荣誉称号。荣获北京市电力公司离退休工作先进单位荣誉称号。

■ 7月，物流服务中心成立“共产党员服务队”。

（金 萍 摄）

（任博翰）

物业管理中心

【概况】 北京市电力公司物业管理公司（简称物业公司）成立于2004年6月，注册资金1000万元人民币，是北京市电力公司授权的二级单位，具有独立法人资格，实行独立核算，自主经营，自负盈亏的运行模式。

物业公司的主要经营业务：按照北京市电力公司的要求，为北京市电力公司提供全方位的后勤保障服务；按照北京市电力公司系统及职工住宅物业小区的需要，提供相关服务产品，主要包括办公楼，职工住宅小区的物业管理服务，供暖系统的运行、维修及安装；职工的班车运行服务；机关的用餐服务；办公场所及生产厂房的装修改造，同时根据市场的需求进行各类电力工程及工业民用建筑工程建设。

物业公司设有行政办公室、政治工作办公室、劳动人事处、财务处、经营处、工程管理处、安监处、综合管理中心及监察室9个职能部门。有机关物业一部、机关物业二部、小区物业部、输电物业部、朝阳物业部、石景山物业部、华明电气安装公司、绘都建筑公司、美好装饰公司、汽车运输公司、锅炉安装公司、大众汽车修理公司、机关食堂、青年公寓及医务室15个二级单位。

地址：宣武区西城根3号

邮编：100054

电话：63126860

【人力资源】 截至2010年底，物业公司有在册职工233人，其中全民职工115人，集体职工118人。聘用职工420人。大专及以上学历56人；高级职称1人，中级职称10人；中、高级工144人。

加大培训资金投入，强化企业各类人员培训，全员培训率100%。重点加强土建施工企业专业技术人员培训的力度。组织多期一级建造师取证及专业工程师上岗培训班，共计17名建造师和185名专业技术及经济管理人员参加培训。

【安全生产】 针对物业公司各专业工种多，生产服务过程危险点多的特点，坚持针对性强注重效果的安全生产教育和组织技术培训，强化在建项目施工安全的现场组织领导，坚持隐患治理，注重安全风险控制，把安全工作落实到一线班组，提升整体安全素质水平。严格执行“安全第一，预防为主”方针，把安全生产放在第一位。开展安全教育活动，组织现场负责人进行作业前的风险教育，培训学习安规制度，考试合格后上岗，合格率100%。

全年未发生轻伤及以上人身安全事故；未发生机械设备事故；未发生造成社会影响的人员责任事故；未发生上级认定的交通、火灾、治安、保卫各类案件；实现2010年度第26个百日安全生产目标。

土建装修竣工工程有模式口培训中心装修、聂各庄220kV变电站改造、燕郊仓库改造、西单华商食府装修改造、变电站平改坡及渗漏治理等共计19项。在施工程有左安门培训中心装修、顺义华中园智能小区改造、大兴仓储物流基地建设等5项。完成小区职工宿舍防水 6582m^2，完成汛期房屋漏雨抢修及平日小区维修 7292 人次。

【经营管理】 2010 年，在集体企业规范整合中，由于机构设置的规范和调整，职工队伍思想波动，相关土建装修工程转移，物业公司经营面临诸多困难。为此，物业公司积极开拓业务，寻找市场，控制成本支出，主要经营业务收入 34 600 万元。

根据北京市电力公司要求，物业公司应自主筹措资金 3247 万元，购置 187 辆办公用车和生产用车。针对该项工作，物业公司成立专门工作组和专题职代会议决制，3 天时间内将华夏运输公司由 20 余万元注册资金增至 890 万元。保证了资金安全，规避了廉政风险。

在为北京市电力公司所属 6 个单位提供物业服务的基础上，继续为朝阳供电公司、输电公司提供物业管理服务。在北京华商电动车动力科技有限公司成立时，自主调解困难，保证正常服务工作。

2010 年，北京市电力公司将物业公司拟规范为 4 个集体企业。2010 年 8 月，华明电气安装公司开始进行规范整合。2010 年 12 月 1 日，华明电气安装公司经理王广富与 46 名职工的生产及行政关系划转到北京华商电动车动力科技有限公司。同时，物业公司 368 名退休职工中的 93 名退休职工亦划过去，并完成资金、资产及相关工程的清算审计工作。

【优质服务】 2010 年，物业公司完成北京市电力公司机关物业、右安门老年活动站、西站协会楼各项物业服务工作。在全国“两会”期间，制定各种应急预案，确保消防、安防各项工作安全有序。

配合北京市电力公司机构调整部署，所属机关食堂继续以优质全方位的服务支持改革。机关食堂实行零点式售饭方式，根据要求供应每日三餐，品种达到每天主食 30 余种，菜品 50 余种，并且设有特色、民族餐厅及预约外卖服务。完善各项食品卫生管理制度，配备专职或兼职的食品卫生管理人员，监管食品及其加工过程、加工场所。制定服务标准，规范服务准则，提高工作质量。被北京市电力公司授予“工人先锋号”荣誉称号。完成北戴河休养点的服务接待任务，全年接待 18 期，接待休养人员 2158 人次。

继续改善物业宿舍小区居民的居住环境。制定维修计划积极申请改造资金，保证宿舍楼和平房设施维修工作的正常完成。完成小区职工宿舍防水 6582m^2，完成汛期房屋漏雨抢修及平日小区维修 7292 人次。

年度供暖季工作中，锅炉公司所属 46 处、42 万 m^2 的供暖任务维修工作量大，点多面广，运行方式复杂，同时由于集体企业规范整合，抽调人员做好运行安排，确保居民和办公人员的正常良好的生活和工作秩序。共出动车辆 520 余次、处理各类事故 1300 余起。

【党建与精神文明建设】 物业公司党委贯彻执行北京市电力公司党委的各项工作部署，参加北京市电力公司组织的各项党建活动。配合北京市电力公司进行的集体企业规范整合。在庆祝建党 89 周年“争优创先”活动中，党员张伟生、张书欣、王卫东、党务干部李伟及管理党支部获得北京市电力公司党委表彰。2010 年，培养发展新党员 5 名，8 名预备党员按期转正。参加地区城乡共建文明单位建设，物业公司连续七年被评为西城区精神文明单位称号。

（袁　敬）

北京电力工程公司

【概况】 北京电力工程公司（简称工程公司）是北京市电力公司下属的全资子公司，下设 6 个分公司（送电安装分公司、变电安装分公司、电缆安装分公司、土建隧道建设公司、试验中心及物流中心）及 1 个子公司（北京电力先行实业公司），主要从事电网建设及其相关服务。

工程公司具有国家电力工程施工总承包一级资质，具备承装、承修、承试国内外电力设施一级资质，房屋建筑工程施工总承包三级资质，可以承揽各种电压等级送变电工程和变电站的建筑施工任务。具备年施工 220kV 及以上电压等级线路工程 700km、年敷设 110kV 及以上电压等级电缆 400km 的施工能力，其中包括架设 200km 城市复杂环境下的架空输电线路和年安装、调试 28 座 110kV 及以上电压等级变电站的施工能力。工程公司是北京市科学技术委员会认定的高新技术企业，拥有商务部批准的对外经济合作经营资格。

在城市电网建设及电网改造、多回同塔并架线路架设、长距离张力放线、户内型变电站组合电器安装、垂直敷设高压电力电缆垂直敷设、大截面高压电力电缆施工技术方面处于国内领先水平。工程公司已经从单一服务首都电网建设的施工单位提升为服务全国电网建设的网省级送变电施工企业。

地址：北京市丰台区南四环西路 188 号总部基地 8 区 8-14 号楼
邮编：100070
电话：63678123

【人力资源】 截至 2010 年底，工程公司共有正式职工 555 人，其中高级职称 25 人、中级职称 66 人；高级技师 6 人、技师 27 人、高级工 269 人。劳务派遣人员 479 人，其中高级职称 2 人、中级职称 13 人；高级技师 2 人、技师 1 人、高级工 81 人。

1 月 30 日，工程公司组织电缆专业人员向外国专家学习电缆安装及试验技术。（刘贵福 摄）

制定年度教育培训计划 149 项，全年共完成 82 项，培训 3423 人次。推荐国家电网公司级优秀专家 2 人，申报技能初、中、高级工 109 人，申报技师 2 人；技术类申报初级职称 33 人，其中 31 人取得资格，社会统考取得中级职称 5 人，申报中级职称 6 人、高级职称 9 人；取得一级建造师执业资格 11 人、注册安全工程师执业资格 1 人、质量工程师执业资格 2 人、监理工程师执业资格 1 人。

建立绩效目标明确、组织管理顺畅、评价体系科学、激励约束有力的《北京电力工程公司全员绩效管理办法》，构筑"纵向到底、横向到边、不留死角、无缝连接"的综合考核评价体系，全年共 100 人参加北京市电力公司生产技能人员轮训培训工作，并全部通过考试。根据国家电网公司对特高压人才的需求，派遣 5 人参加国家电网公司特高压知识培训。

【工程建设】 全年共完成输电架空线路 252.66km，其中特高压 15.57km、500kV73.25km、220kV85.35km、110kV78.48km、变电投产主变压器容量共计 66 万 kVA；电缆敷设共计完成 102.86km。编制《北京电力工程公司工程项目标准管理流程》，规范工程管理的各项工作。编制下发《劳务供方评审管理办法》、《北京电力工程公司大型设备、工器具管理办法》、《北京电力工程公司废旧物资管理办法（试行）》、《北京电力工程公司进一步理顺资产管理的办法》等一系列文件，筛评与工程公司具有劳务合作关系的供方队伍，规范了废旧物资管理等方面工作。承建的 750kV 宝鸡二电厂—宝鸡送变电线路工程是"进军"陕西市场的第一项工程，该工程于 2009 年 11 月 26 日开工，于 2010 年 12 月 20 日顺利竣工。

12 月 3 日，工程公司承建的宝鸡二电厂—宝鸡送变电线路施工现场。（马少羿 摄）

截至 2010 年底，基建工程共计 59 项，其中 110kV 及以上竣工发电工程 35 项，在施及待开工 110kV 及以上工程 17 项（北京 11 项，外埠 5 项，国外 1 项），待开工项目 7 项，见下表。

2010年110kV及以上竣工发电工程35项

序号	项目名称	竣工投产时间
1	堰上 220kV 变电站工程	2008 年 10 月 ~ 2010 年 1 月 8 日
2	大房Ⅲ回 500kV 线路工程	2009 年 3 月 ~ 2010 年 1 月 10 日
3	周营子—营子Ⅱ回 220kV 线路工程	2008 年 10 月 ~ 2010 年 1 月 10 日
4	施贤 500kV 抗冰加固线路工程	2009 年 9 月 ~ 2010 年 1 月 16 日

续表

序　号	项　目　名　称	竣工投产时间
5	玉泉营 220kV 送电工程	2009 年 11 月～ 2010 年 2 月 9 日
6	G&W 电缆抢修工程	2010 年 1 月～ 2010 年 3 月 26 日
7	太阳宫热电厂接入望京工程	2009 年 12 月～ 2010 年 4 月 11 日
8	软件园 110kV 站扩建工程	2009 年 11 月～ 2010 年 4 月 27 日
9	李营牵引站外电源城发入地 110kV 电缆工程	2010 年 3 月～ 2010 年 4 月 27 日
10	京石客专 500kV 线路改造工程	2010 年 1 月～ 2010 年 5 月 30 日
11	朝阳门 220kV 扩建送电工程（西大望—朝阳门）	2010 年 5 月～ 2010 年 6 月 23 日
12	呼伦贝尔 500kV 送出输电线路工程	2009 年 6 月～ 2010 年 6 月 30 日
13	张集铁路旧堡牵引站 110kV 线路工程	2010 年 1 月～ 2010 年 8 月 30 日
14	华周科技 110kV 线路迁改工程	2010 年 7 月～ 2010 年 8 月 31 日
15	东升—中关村 110kV 送电工程	2010 年 7 月～ 2010 年 9 月 24 日
16	丽仓 110kV 线路切改工程	2010 年 5 月～ 2010 年 9 月 24 日
17	亦庄东（堰上）220kV 站 110kV 切改工程	2010 年 8 月～ 2010 年 9 月 26 日
18	国贸三期 110kV 送电工程（广渠门—国贸）	2010 年 8 月～ 2010 年 9 月 27 日
19	广州滨海 110kV 变电站工程	2009 年 10 月～ 2010 年 9 月 30 日
20	广州尖山岭 110kV 变电站增容改造工程	2009 年 8 月～ 2010 年 10 月 15 日
21	文化园 110kV 输变电工程	2010 年 8 月～ 2010 年 10 月 31 日
22	高钢 110kV 线路迁改工程	2010 年 7 月～ 2010 年 11 月 5 日
23	望京（城太破入望京）220kV 送电工程	2010 年 10 月～ 2010 年 11 月 16 日
24	阜石路 110kV 线路迁改工程	2010 年 9 月～ 2010 年 11 月 30 日
25	义和庄 110kV 送电工程	2010 年 10 月～ 2010 年 12 月 3 日
26	亦庄东（堰上）220kV 变电站 220kV 扩建工程	2010 年 10 月～ 2010 年 12 月 15 日
27	通惠 220kV 输变电工程	2010 年 11 月～ 2010 年 12 月 20 日
28	东坝东 220kV 变电站工程	2010 年 9 月～ 2010 年 12 月 20 日
29	轨道交通亦庄线外电源工程（6 项）	2010 年 3 月～ 2010 年 12 月 20 日
30	宝鸡 750kV 送出线路工程	2009 年 11 月～ 2010 年 12 月 20 日
31	上清一、二 220kV 线路改造工程	2010 年 11 月～ 2010 年 12 月 31 日
32	安左、安堡 220kV 线路迁改工程	2010 年 6 月～ 2010 年 12 月 31 日
33	吕门 220kV 线路迁改工程	2010 年 10 月～ 2010 年 12 月 31 日
34	庙城 110kV 变电站工程	2010 年 10 月～ 2010 年 12 月 31 日
35	永和庄 110kV 输变电工程	2010 年 10 月～ 2010 年 12 月 31 日

【技术装备】 工程公司拥有24台28t及以下大型进口张力机、牵引机，可以展放各种类型的输电导线；拥有6套真空滤油机、6台真空机组和7台SF_6回收装置等变电安装装备，能够满足各种室内变电站的安装需要；拥有放缆机259台，可以满足各种电压等级大截面电缆的放缆施工任务；拥有大型电缆运输、起重车辆53部。

由工程公司研发的双轴电缆车，通过专家技术鉴定，并投入工程实际使用；工程公司可以从事500kV及以下各种电压等级的电压试验，拥有国内首套从德国引进的海德堡高压试验设备。为满足不同地域、不同环境施工需要，工程公司购置引进用于状态监测的OWTS、DMS、Techlmp三套设备；工程公司还购置了轻型落地式回转双平臂钢抱杆、浮筒以及ϕ1040大直径半挂胶放线滑车等设备，可以解决输电工程近电组塔、稻田地运输、展放大截面导线等施工难题。

【安全生产】 2010年，工程公司贯彻执行国家电网公司和北京市电力公司关于安全生产工作的一系列指示精神，组织参与和开展“百日安全”、“基建安全主题活动”、“安全大检查”、“安全月”、“承发包工程专项检查”、“安全生产事故回头看”等系列安全活动，坚持“安全第一、预防为主、综合治理”的方针，坚持落实各岗位安全生产责任制，充分发挥安全组织保证体系与安全监督管理体系的作用，以开展安全活动为契机，在全公司范围内开展反违章和安全施工生产专项整治活动，确保安全形势的基本稳定。

截至2010年底，实现安全生产365天，实现三个安全一百天，安全纪录累计1461天。未发生人员重伤及以上事故，未发生性质恶劣的人身轻伤事故，未发生重大施工机械、设备损坏事故，未发生重大电网、环境污染、垮坍塌事故和职业病例。

2010年，完成在岗全员安全生产规程制度培训及考试工作。完成安全生产考核证书取证、复审118人次，进网作业证复审76人次，特种作业证复审76人次。2月25日在模式口培训中心集中组织举办项目经理、工程技术人员、专职安监人员、班组长等管理人员参加的安全管理培训班，通过安全教育培训活动的开展，提高了作业人员的安全意识和安全操作技能。安监部门结合“输变电工程施工安全常识及标准化作业多媒体宣教片”及配套“口袋书”为主要培训材料，开展针对一线施工人员和各级安全管理人员的培训工作，增强施工人员作业过程中“三不伤害”意识，提高工程现场人员的安全意识、技能和水平。

贯彻落实《国家电网公司建设工程施工分包安全管理规定》要求，对2010年使用的分包队伍重新进行了梳理，并进行严格的资质审查，确定49家施工队伍作为2010年的分包队伍。对于目前已进入施工现场的分包队伍签订了《安全协议》，进一步明确安全责任和管理目标。

结合“知风险、明措施、抓落实、保安全”主题活动，开展项目部（班组）亲情安全展板等特色活动，进一步提高基层单位项目部及班组安全管理工作。举办主题演讲竞赛活动，以发生在身边的真实典型事故案例为基础，向大家讲述着安全的重要性，达到了现身说法、警钟长鸣的作用。

■ 6月18日，工程公司工会组织的安全生产巡回演讲走进海淀500kV变电站工程现场。（刘贵福　摄）

【经营管理】 2010年，工程公司参与投标工程项目共计75项，其中500kV项目工程2项，全部中标，中标率100%；220kV项目工程31项，中标15项，中标率48.39%；110kV项目工程25项，中标21项，中标率84%；10kV项目工程17项，中标7项，中标率41.18%。

由于2010年国家控制基建项目投资规模，送变电行业普遍施工任务不饱满，特别是外埠工程项目市场份额大幅下降。在北京地区电力工程基建投资规模下降38%的情况下，工程项目新签订合同同比上升0.02%，市场份额占有率得到巩固和加强。初步建立“全面集中、统一管控”的资金管理体系。规范整合民营和集体企业，加强集体资产的监督管控力度。开展成本控制，加大对车辆使用管理力度，优化配置办公用车，成本控制收效显著。

【工程创优】 开展500kV海淀变电站工程示范项目部建设工作；承建的220kV地安门变电站、220kV望京变电站、220kV 堰上变电站顺利通过国家电网公司优质工程检查；完成国家电网公司向家坝—上海 ±800kV 特高压直流输电线路工程、南方电网公司云南—广州 ±800kV 特高压直流输电线路工程创国家优质工程配合准备工作。

2010 年，在工程创优阶段严格抓管控：① 推广国家电网公司“强化工程创优前期策划工作”、“样板引路”等成熟经验，提高工程创优前期策划水平。及时总结向家坝—上海 ±800kV 特高压直流工程和朝阳 500kV 变电站工程经验，并在送电 500kV 及以上电压等级送电工程、220kV 及以上电压等级变电站工程中实施。② 推广和应用国家电网公司标准工艺（文本、光盘）。各专业 110kV 及以上电压等级工程全部按照国家电网公司标准工艺的要求组织了施工和检验。③ 强化《工程建设强制性条文汇编》、《工程建设反事故措施汇编》的贯彻实施，开展消除质量通病活动。加大工程公司（分公司）级质量检验深度和频度，加强对分包队伍的质量管控，加强项目部技术文件资料的收集、整理和建档工作，确保各类技术文件和施工过程管理资料的真实性、准确性和及时性。④ 结合《国家电网公司施工项目部标准化工作手册》，开展施工项目部标准化建设宣贯工作，对不同层级、不同专业人员进行针对性培训和工作指导，并以海淀 500kV 变电站工程为施工项目部标准化示范工程，完成项目部层次技术质量管理制度范本的汇编工作。

【科技进步】 修订《北京电力工程公司专家委员会 (专家库) 章程》，并通过程序确定了新一届技术专家委员会人选，同时完成 2010 年工程公司内部生产技能体系专家评聘工作。

完成北京市电力公司级群众性创新成果 8 项，完成内部群众性创新成果 3 项，向北京市电力公司申报“电缆调直加热装置开发”科技项目成果，向国家知识产权总局申报专利 2 项。获北京市电力公司级优秀科技论文 2 篇，公开发表科技论文 4 篇。编制企业级工法 8 个，其中《非开挖电缆保护管敷设施工工法》推荐为国家级工法，《110kV 及以上电力电缆敷设施工工法》、《SF_6 气体绝缘变压器安装施工工法》推荐为电力行业工法，《隧道内电力电缆敷设典型施工工法》推荐为国家电网公司工法，提高了工程公司在业内的技术影响力。

完成 QC 小组活动成果 5 项，获国家级优秀成果奖 2 项，北京市级二等奖 1 项。借助工作室科研成果为重点工程提供技术支持，针对工程公司承建的锦屏—苏南 ±800kV 特高压直流输电工程浙 B 标段、西宁—格尔木 750kV 交流输电工程 IX 标段、海淀 500kV 变电站工程等重点工程的新环境、新设备、新标准和新要求，开展特高压直流工程大截面导线架线工艺、河网地区运输、高寒地区基础冬期施工、拉 V 塔组立、500kV 变压器安装、500kV 组合电器安装、500kV 变压器和组合电器试验等技术难题的调研，支持开展技术攻关，为重点工程的顺利实施提供了技术支持。

举办碳纤维导线施工工艺培训，解决了新型导线在工程中首次应用的技术问题，指导了工程的实施；开展盾构施工技术研究和设备采购工作。启动盾构机采购及施工技术研究，成立专门工作组，分设盾构机主设备小组、辅助仪器设备小组、辅助大型机械设备小组、辅助工器具小组、土建设备小组、加工设备小组等开展工作。开展盾构机技术调研，深入厂家调研 2 次，邀请专家、厂家技术人员交流 16 次，召开专题会议 20 余次，为开展盾构施工进行技术准备。

【党建与精神文明建设】 印发《北京电力工程公司中层干部理论学习管理办法》，并将理论学习纳入年底中层干部考核。在全体党员中开展“勤俭办企业、党员作贡献”主题活动，引导广大共产党员争做“勇于担当，甘于奉献”的传播者、实践者、示范者。把创先争优活动与争创“四强四优”活动，与工程建设、安全生产、经营管理等有机结合起来，引导基层党组织和广大共产党员在服务企业发展中创先进、争优秀。

2010 年，工程公司发生的廉政事件对全体员工产生了严重影响。工程公司党委建立健全“四项工作机制”：① 开展“学制度、促廉洁、保发展”主题教育实践活动，办好“四个课堂”，做好“四进”工作。② 健全监督联控机制，加强内控管理，开展关键工作环节的过程监督。③ 开展“小金库”专项治理，做到各部门各单位不留死角，整改工作落实到位。组织开展

■ 工程公司在北京市电力公司第八套广播操比赛中以总分第一的成绩获得团体一等奖。（李燕楠　摄）

"四统一优秀企业文化"竞赛、优秀企业故事征集等活动；举行"热爱祖国、服务电网、忠诚企业、打造品牌"升旗仪式，在企业内部营造"建设统一的优秀企业文化"浓厚氛围，促进企业文化落地。工程公司在北京市电力公司第八套广播操比赛中以总分第一的成绩获得团体一等奖。

全年出版《北京电力工程公司报》19 期，《北京电力工程杂志》4 期，对外发布宣传稿件 222 篇，全年宣传投稿 600 余篇。

开展"号、手、队、岗"创建活动，在重点工程项目部成立青年突击队。开展青年"五小"竞赛活动，引导广大青年员工树立创新意识，进行创新实践，提高创新本领，服务企业发展。

（马少羿）

北京市路灯管理中心

【概况】 北京市路灯管理中心（简称路灯管理中心）是北京市电力公司和北京市市政市容管理委员会双重领导下的财政全额拨款事业单位。作为北京市电力公司长期派驻在北京市基础设施运维一线的服务队伍，路灯管理中心负责北京市城六区路灯的运行维护和服务管理工作，并承担着为首都经济社会发展及政治文化活动提供道路照明保障的重要使命。截至 2010 年底，路灯管理中心管辖路灯 20.9 万盏，灯杆 16.2 万基；管辖路灯变压器 1958 台，配电室 68 座，路灯供电线路 5654km。灯盏数、总功率与 2009 年同期相比分别增长 7% 和 6%。

路灯管理中心领导班子。左起：总工程师佟岩冰，副主任孙怡瑛，副主任李维仁，主任代玉坤，党委书记张洁，副主任王健，工会主席兼纪委书记张连山。

路灯管理中心先后荣获"首都文明单位标兵"、"国家电网公司文明单位"、"北京市电力公司文明单位"、"北京市电力公司先进基层党组织"、"北京市电力公司党风廉政建设工作优秀单位"、"北京市电力公司优质服务先进单位"、"北京市电力公司安全生产管理先进单位"等多项荣誉称号。

地址：北京市丰台区方庄路 2 号
邮编：100078
电话：67612255

【人力资源】 截至 2010 年底，在册全民职工 202 人，集体职工 29 人，劳务派遣员工 125 人。全民职工中，具有大专及以上学历的职工 105 人，具有中级及以上专业技术职称的职工 36 人，具有技师和高级技师等级的职工 19 人。

对内部机构进行重组：运行管理处优化线路运行、夜间带电检修班组设置，增设质量监察、技术安全、生产信息三个职能科室；撤销施工管理处，成立检修管理处；机械管理处更名为车辆管理处。加强干部队伍建设，选拔任用 7 名中层干部。颁布《挂职锻炼管理暂行规定》，形成人才培养锻炼的常态机制，选拔 6 名青年人才挂职锻炼。全年完成管理、生产人员调整 19 人次，引入新员工 38 名。推进全员绩效管理工作，颁布《员工绩效考核管理办法》。实施分层次全员培训，针对管理人员举办"沟通技巧"、"时间管理"等内容的系列培训讲座；对新入企员工进行专业技术培训，并组织生产技能人员专业轮训。4 月 23 日，举办路灯管理中心第六届职工技能大赛，共计 247 人参赛。

5 月 12 日，102 个行政村路灯改造工程施工现场。

【工程组织】 完成 102 个行政村路灯改造项目，该项目是政府委托的为百姓办实事的惠民工程。该项目于 2009 年 9 月招投标，当年10月开始实施，2010年10月31日全面完工。项目涉及朝阳、海淀、丰台等区的337条道路，在该项目中，路灯管理中心组织安装各类灯具11 007套、路灯线路375km，解决了城乡结合部居民夜间出行难问题。

此外，全年组织路灯工程72项，解决百姓来信装灯51项。推进北二环电缆改造、阜石路二期、蒲黄榆路等重点工程完成路灯架空入地勘察工作。解决原有的电源与工程不同步问题，缩短了工程竣工周期。

【设备管理】 按照运行检修规程完成路灯在运设备的巡修工作完成柱上变压器小修、箱式变压器和配电室清扫检修。全年累计更换光源42 769盏，镇流器10 475个，处理变压器隐患缺陷927处。全年初验工程505项，复验工程315项，工程复验合格归档292项。完成"两节"、"两会"、首届世界武搏会等保电任务12项，道路照明平均亮灯率高于98%。

6月9日～9月底，完成天安门广场和长安街253基华灯、6000余盏灯的检修清洗工作。会同中国建筑科学研究院建筑工程质量监督检验中心对华灯灯杆进行受力检测，检验灯杆安全状态，为维护管理提供依据。

8月11日，完成GIS数据录入工作。历时两个多月，对照9400多张图纸，对路灯电源、架空线路、电缆、灯杆、工井等设备属性信息逐一核查，共完成1900余组、60余万条资产信息的录入。12月22日，完成城区主要市政道路灯杆上悬挂设施的清查工作，涉及市区各级道路196条，共清查出3085处灯杆上悬挂设施，包括监控摄像头、交通指示牌等。

从5月开始，北京市夜景照明监控系统的后台监控设备逐步从北京市市政市容委平移到路灯中心。下半年配合系统建设单位，对市属44个桥区及重要地区103家业主单位的460余处监控终端进行检修测试并逐步接收。11月9日，北京市电力公司办公大楼夜景照明的5个控制终端、23个控制节点实现远程控制，进入远程监控试运行阶段。

【安全生产】 分层次签订"安全双向互保、风险抵押责任书"和"十条禁令"承诺书，将安全责任落实到人。执行领导干部和管理人员到岗到位等规定，对施工单位资质、安全协议签订、现场安全措施落实情况进行了严格审查。修订完善危险点分析和控制措施，颁布《调度工作管理办法》，防止交叉作业带来的安全风险。开展"知风险、明措施、抓落实、保安全"百日安全、"安全生产事故回头看"等活动。针对频发的路灯电缆失窃事件加大技防投入，4月27日起在北辰东路、北京南站、安宁庄东路等地区安装40路断线报警装置。

分别于3月26日和9月17日，组织全体职工进行安规考试。3月11～12日对承揽路灯工程的施工单位的法人代表、工作票签发人、工作票负责人进行了安全培训和考试。5月21日，组织触电急救知识讲座。6月2日，组织各处室联合开展迎峰度夏应急演练。11月12日开展火灾防控知识讲座，并举办小型消防运动会，100余名职工参加。

未发生人身轻伤及以上事故，未发生设备事故，未发生火险不安全现象，未发生治安不安全现象，未发生甲方责任的交通事故。截至12月底，取得了连续安全生产无事故3165天，连续25年无甲方事故交通安全长周期，实现安全行车9227天。连续8年被评为"北京市交通安全先进单位"，车辆及交通安全同业对标连续8个季度保持第一。

【经营管理】 1月27～28日，召开一届八次职工代表大会暨2010年工作会、政工会，职工代表55名、列席代表3人参加会议。全年共颁布和修订管理制度35项，涉及设备运行检修、工程管理、优质服务、生产技术、经营管理等方面。加强预算资金管理，做好资金筹划和绩效管理工作开展"小金库"及假发票专项治理工作，开展自查自纠、宣传教育，并组织两级领导干部签署承诺书。

开展"法治电网"依法治企专项活动。3月29日，邀请北京市电力公司审计部就"依法治企"做专题培训。6月29日，举办法律知识讲座。9月28日，在北京市财政局关于节电器应用项目的绩效考评中，路灯中心以97.58分的成绩，获得"优秀"评级的考评结果。

【优质服务】 加强优质服务体系建设，优化调整故障报修与紧急故障抢修、业务咨询、业扩报装、投诉建议、信访等工作流程，建立路灯服务月报制度。在故障报修、业务咨询等服务工作中全流程推广使用PDA系统，提高了工作效率。编制修订优质服务管理办法共16项，全面提升服务规范化水平。改革完善应急抢修体系，建立分区域综合抢修的新模式，缩短抢修半径，并与北京市市政市容委等建立了快速的协调处理机制，提升突发事件应急处理能力。

提出"物联网应用暨业务信息系统及运行环境升级改造"项目，进行充分的前期调研和论证，并向北京市市政市容委上报了详细方案。

全年共受理故障报修 16 089 个，其中紧急故障抢修 2793 个，受理业务咨询 1893 个，均在承诺时间内处理完毕，客户满意率达到 100%。处理人大建议、政协提案、群众来信共计 142 件，均在规定时限内妥善办理完毕。

6 月 11 日，与广外街道开展了路灯共建活动。北京市电力公司党委书记郭要斌、副总经理郭炬和宣武区副区长范宝出席启动仪式并加入到现场装灯队伍的行列。

■ 6 月 11 日，路灯中心与广外街道开展路灯共建活动。图为北京市电力公司党委书记郭要斌与宣武区副区长范宝组立灯杆。

【科技进步】 研发并推广使用 3G 远程光敏监测系统。组织开展变功率灯具的安装和测试，实施了路灯节电器安装二期项目，完成路灯变压器 94 台节电器安装。配合北京市电力公司制定关于配网自动化项目路灯太阳能系统接入方案，配合北京市市政市容委完成了 LED 路灯试点项目阶段性实施。

结合节能降耗要求，编制《"十二五"路灯节能工作方案》。组织技术人员参加《北京道路照明发展指导意见》、《北京道路照明专项规划》、《北京市道路照明技术规范》的编制工作。开展技术创新活动，全年共完成专利申报 1 项，在《城市照明》杂志发表科技论文 4 篇。自主完成"变功率灯具应用研究"、"道路照明开关灯时刻表研究"、"路灯节电器的应用"及"路灯单灯控制与管理系统研究"等科技项目 4 项。

【党建与精神文明建设】 组织两级中心组学习 43 次。开展"双培养、双融入"主题活动。以"票决制"发展党员，2010 年票决制转正、发展党员各 5 名，6 个党支部的目标考核优秀率均达到了 100%。以"学制度、促廉洁、保发展"和"小金库"专项治理为载体，落实反腐倡廉长效机制建设。

精神文明、思想政治工作多项指标位居北京市电力公司同业对标前列。开展"忠诚企业、服务首都"主题教育活动。7 月 1 日，组织共产党员服务队、青年突击队队员 50 余人，冒雨清洗检修华灯及步道灯。全年在《人民日报》、《北京日报》、《国家电网报》等媒体发稿 627 篇。

开展学习型组织建设活动，搭建中心"分层级、全方位"的学习教育体系。组织"一大"会址参观学习，为广大职工搭建学习交流的平台。

（陈壬贤）

北京华商电动车动力科技有限公司

【概况】 北京华商电动车动力科技有限公司（简称电动车动力公司）是北京市电力公司下属全资子公司，主要负责充电站运营、电池租赁配送、充换电设备租赁及与电动汽车相关的服务工作。按照北京市电力公司京电人〔2010〕16 号文件精神，电动车动力公司于 2010 年 4 月 30 日成立，下设综合管理部、安全技术质量部、网络运营部、客户服务部、财务部 5 个职能部门。截至 2010 年底，电动车动力公司全民员工 10 人，其中，硕士研究生学历 5 人、大学本科学历 3 人；副高级及以上专业技术资格 6 人，中级专业技术资格 2 人。

地址：北京市丰台区南四环西路 188 号 11 区 16 号楼
邮编：100070
电话：63123875

【主要工作】 落实北京市电力公司决策部署，扎实推进各项工作，做好充电站运营准备，确保电动车动力公司的稳步启动。

建章立制，确保规范起步。编制完成《电动车充（换）电站管理规范》、《电动车充（换）电站竣工验收规范》、《电动车充（换）电站现场工作安全规程》和《电动车充（换）电站客户服务准则》等运行安全管理制度，以实现充电站运营规范管理。制订《北京华商电动车动力科技有限公司员工考勤管理办法》、《北京华商电动车动力科技有限公司劳务派遣人员薪酬支付办法》、《北京华商电动车动力科技有限公司劳动防护用品管理实施细则》、《北京华商电动车动力科技有限公司车辆及交通安全管理办法》等内部管理制度，实现规范运转。

■ 12月21日，电动车动力公司提前向延庆城南充电站派驻值班人员。

做好运行准备。了解充电站生产业务及运转方式、客户需求、充电站建设进度等内容，开展充电站运营管理调研，研究确定充电站生产运行模式；确定招聘需求，开展劳务派遣人员招聘；分层分批进行理论与现场实践相结合的岗前培训；开展生产装配配置；提前派驻人员前往建设过程中的航天桥、北土城充电站熟悉设备；提前派驻值班人员前往北京市首座为电动出租汽车提供充电服务的延庆城南充电站开展运行前期准备工作。

梳理业务流程和部门管理职能，明晰界面和责任，确定各管理部门及岗位的工作标准和工作职责。分析研究政策及电动车行业发展情况，开展北京地区电动车充电站运营模式和定价策略研究工作；配合北京市电力公司营销部和财务资产部完成北京地区电动汽车充电设施充电服务价格分析和关于北京市电动汽车电池运营方案。

■ 11月1日～12月8日，电动车动力公司召开第一期充电站工作人员岗前培训。

（谢　华）

人物及先进集体

RENWU JI XIAN JIN JI TI

2010年北京市电力公司管理的领导干部名单

姓　名	单位（部门）名称	职　务
王常平	北京市电力公司	公司副总工程师
杨　超	北京市电力公司	公司副总工程师兼北京电力经济技术研究院院长
董凤宇	北京市电力公司	公司副总工程师
何家建	北京市电力公司	公司副总工程师
贺建平	北京市电力公司	公司副总工程师、主持通州供电公司行政工作
千银辉	北京市电力公司	公司副总工程师兼国家电网公司企业管理协会北京市电力公司分会秘书长
李　滨	北京市电力公司	公司副总经济师
金建民	北京市电力公司	公司副总工程师
张铁恒	办公室	主任
屈宪军	办公室	副主任
白　晶	办公室	副主任
朱博智	办公室	秘书处处长
王大为	办公室	总值班室处长
武永军	办公室	综合处处长
刘志欣	办公室	档案馆处长（兼职）
马林峰	发展策划部	主任
邓　华	发展策划部	副主任
李　臻	发展策划部	副主任
邱吉多	发展策划部	综合计划处处长
娄奇鹤	发展策划部	电网规划处处长
范在丛	发展策划部	投资计划处处长
林立新	发展策划部	企业管理处处长
高逸峰	发展策划部	工程前期管理处处长
李景中	人力资源部	主任兼人才交流服务中心（社会保险中心）主任
冯海全	人力资源部	副主任
李一鸣	人力资源部	领导干部处处长
冀　强	人力资源部	人事处处长
汪海涛	人力资源部	绩效管理与分配处处长
张白茹	人力资源部	教育培训处处长
王桂哲	人力资源部	体改处处长
邹伟平	财务资产部	主任
杜爱霞	财务资产部	副主任
张　钺	财务资产部	副主任
郭　捷	财务资产部	资产管理处处长
张　晔	财务资产部	资金管理处处长
陈守军	安全监察部	副主任（主持工作）
石凤岗	安全监察部	副主任
李新儒	安全监察部	安全监察处处长
牛进苍	生产技术部（政治供电办公室）	主任
郭建府	生产技术部（政治供电办公室）	副主任

续表

姓　　名	单位（部门）名称	职　　务
孙　白	生产技术部（政治供电办公室）	副主任
马　锋	生产技术部（政治供电办公室）	技术管理处处长
王彦卿	生产技术部（政治供电办公室）	生产运行处处长
赵进科	生产技术部（政治供电办公室）	技术改造处处长
魏世岭	生产技术部（政治供电办公室）	配电管理处处长
刘庆时	生产技术部（政治供电办公室）	智能处处长
邱建军	基建部	主任
彭　勇	基建部	副主任
蔡红军	基建部	副主任
张　靓	基建部	建设处处长
董　毅	基建部	技术经济处处长
刘玉珍	基建部	安全质量处处长
吕　鑫	基建部	综合处处长
杨　卫	基建部	附属设施建设管理处处长
王　罡	营销部	主任
史景坚	营销部	副主任
刘晓民	营销部	副主任
崔晓丹	营销部	新能源处处长
乔宏克	营销部	服务处处长
王艳松	营销部	营业处处长
李海涛	营销部	技术处处长
刘春凤	营销部	综合处处长
王　诜	营销部	农电处处长
邴冬燕	科技信息部	主任
李　飞	科技信息部	副主任
沈　琪	科技信息部	科技环保处处长
赵　蔚	科技信息部	信息管理处处长
朴天高	物资部（招投标管理中心）	主任
秦　帅	物资部（招投标管理中心）	副主任（负责筹备华龙招标代理公司）
杨志东	物资部（招投标管理中心）	综合计划处处长
苏　喆	物资部（招投标管理中心）	招标管理处处长
沈　雷	物资部（招投标管理中心）	物资管理处处长
佟　欣	审计部	主任
俞学军	审计部	副主任
张　强	审计部	经营审计处处长
高　蕴	审计部	投资审计处处长
范广栋	审计部	综合审计处处长
梁红强	监察部	公司纪委副书记兼监察部主任
胡新参	监察部	副主任
李汉成	监察部	一处处长
沈春雷	监察部	二处处长
李国祥	监察部	三处（纠风办）处长
吕　彬	思想政治工作部（公司团委）	主任

续表

姓　名	单位（部门）名称	职　务
高连杰	思想政治工作部（公司团委）	副主任兼公司团委书记
艾　亮	思想政治工作部（公司团委）	综合处处长
张　炜	思想政治工作部（公司团委）	组织处处长
李　萍	思想政治工作部（公司团委）	宣传处处长
左芳芳	思想政治工作部（公司团委）	青年工作处处长兼团委副书记
王淑平	离退休工作部	主任
刘　磊	离退休工作部	副主任
徐艳岚	离退休工作部	系统管理处处长
纪士凯	离退休工作部	机关退休工作处处长
徐　驰	北京电力调度通信中心	主任、通信自动化公司经理
唐涛南	北京电力调度通信中心	副主任、通信自动化公司副经理
郑广君	北京电力调度通信中心	副主任、通信自动化公司副经理
李　杰	北京电力调度通信中心	调度处处长
赵　瑞	北京电力调度通信中心	运行方式处处长
孙伯龙	北京电力调度通信中心	继电保护处处长
高　鹏	北京电力调度通信中心	电力通信处处长
韦凌霄	北京电力调度通信中心	自动化处处长
杨　静	北京电力调度通信中心	综合管理处处长
谢　迎	北京电网电力交易中心	主任
王蔚丽	北京电网电力交易中心	副主任
张　丽	北京电网电力交易中心	市场处处长
刘　彬	北京电网电力交易中心	交易处处长
肖兴立	政策研究及法律事务部	副主任（主持工作）
赵海峰	政策研究及法律事务部	副主任兼法律处处长
赵　云	对外联络部	主任兼新闻中心（报社）主任（社长）
冷　冰	对外联络部	新闻处处长
魏士峰	对外联络部	联络处处长
李顺平	机关工作部（机关党委）	主任兼机关党委书记
赵先阳	机关工作部（机关党委）	副主任兼机关工会主席
赵俊颖	机关工作部（机关党委）	综合处处长（兼职）
李咏新	机关工作部（机关党委）	考核处处长
林　克	电力公安保卫部	主任
王继永	电力公安保卫部	副主任
邱立志	电力公安保卫部	电力设施保卫处处长
郝振昆	电力公安保卫部	防火安全管理处处长
孙绍兴	产业管理部	主任
曾　翼	产业管理部	副主任
葛　岩	产业管理部	发展规划处处长
陈晓燕	产业管理部	经营考核处处长
史宝钢	公司工会	公司工会副主席
唐娅静	公司工会	公司工会副主席
张海生	公司工会	工会办公室主任
徐瑞华	公司工会	生产保护部处长

续表

姓　　名	单位（部门）名称	职　　务
陈　莹	公司工会	生活女工部处长
李　建	公司工会	宣教文体部处长
冯爱玲	人才交流服务中心（社会保险中心）	人才交流处处长
李　宝	人才交流服务中心（社会保险中心）	社会保险处处长
张兴义	超高压工程建设管理中心（定额站）	副主任（主持工作）
张　瑜	超高压工程建设管理中心（定额站）	项目一部经理（处长）
杨宝杰	超高压工程建设管理中心（定额站）	项目二部经理（处长）
周　宏	新闻中心（报社）	副主任（副社长）
陈　洁	新闻中心（报社）	编辑部处长
滕　建	新闻中心（报社）	影像部处长
宣丽娜	新闻中心（报社）	网络宣传部处长
曹　瑾	新闻中心（报社）	新闻采访部（记者站）处长
马继泉	行政管理中心	主任
张明军	行政管理中心	副主任
李　梅	行政管理中心	房产处处长
郭长旺	行政管理中心	综合处处长
杨云峰	电费管理中心	主任
王　健	电费管理中心	副主任
潘玲娇	电费管理中心	业务管理处处长
王　沁	电费管理中心	综合分析处处长
刘　恒	人才交流服务中心（社会保险中心）	挂靠（借调北京市建设委员会进行重点工程建设，机关副主任待遇）
关　涛		（挂职北京市热力集团有限公司总经理助理）
贾海生	城区供电公司	经理
高迎君	城区供电公司	党委书记
兰宝民	城区供电公司	副经理
李　捷	城区供电公司	副经理
孙　兵	城区供电公司	副经理
马　强	城区供电公司	纪委书记
屈桂琴	城区供电公司	工会主席
刘　磊	城区供电公司	总工程师、重要客户服务中心筹备组副组长
赵洪磊	朝阳供电公司	经理
孙兴泉	朝阳供电公司	党委书记
阎立坤	朝阳供电公司	另行安排工作（清欠朝阳供电公司三产遗留问题）
洪延风	朝阳供电公司	党委副书记兼纪委书记
马　磊	朝阳供电公司	副经理
陈　阳	朝阳供电公司	副经理
邱明泉	朝阳供电公司	副经理
关瑞利	朝阳供电公司	总工程师
王　晖	朝阳供电公司	总会计师
周　彤	海淀供电公司	经理
李　军	海淀供电公司	党委书记
徐于海	海淀供电公司	副经理

续表

姓　名	单位（部门）名称	职　务
马殿敏	海淀供电公司	纪委书记
陈　岩	海淀供电公司	总工程师
周　斌	海淀供电公司	总会计师
陈　平	丰台供电公司	经理
张玉海	丰台供电公司	党委书记（主持纪委工作）
赵化明	丰台供电公司	副经理
辛　放	丰台供电公司	副经理
陈晓东	丰台供电公司	副经理
安开泉	丰台供电公司	工会主席
陈斌发	丰台供电公司	总工程师
邓　雪	丰台供电公司	总会计师
王春燕	石景山供电公司	经理
韩殿锁	石景山供电公司	党委书记
曹广月	石景山供电公司	副经理
于泽贤	石景山供电公司	副经理
曹　昆	石景山供电公司	副经理
史珊玫	石景山供电公司	纪委书记
阎　澍	亦庄供电公司	经理
朱　岩	亦庄供电公司	党委书记
马永刚	亦庄供电公司	副经理
黄　锦	亦庄供电公司	副经理
刘德坤	亦庄供电公司	副经理
朱　青	亦庄供电公司	工会主席兼纪委书记
卢立军	亦庄供电公司	总工程师
齐小伟	通州供电公司	党委副书记（主持党委工作）
柳　军	通州供电公司	党委副书记兼纪委书记
戴　宁	通州供电公司	副经理
陈士军	通州供电公司	副经理
樊功成	通州供电公司	工会主席
尚　博	通州供电公司	总工程师
杨文生	昌平供电公司	经理
周　游	昌平供电公司	党委书记
李宝华	昌平供电公司	党委副书记兼纪委书记
林　泉	昌平供电公司	副经理
李　梁	昌平供电公司	副经理兼工会主席
简朝阳	昌平供电公司	副经理
吴金玉	昌平供电公司	总工程师
李　铮	门头沟供电公司	经理
郑丽红	门头沟供电公司	党委书记
王立平	门头沟供电公司	纪委书记兼工会主席
应立军	门头沟供电公司	副经理
孙镇华	门头沟供电公司	副经理
胡立平	门头沟供电公司	副经理

续表

姓　名	单位（部门）名称	职　务
周　宇	门头沟供电公司	总工程师
越海军	房山供电公司	经理
牛　磊	房山供电公司	党委书记
刘大龙	房山供电公司	另行安排工作
谢连富	房山供电公司	副经理
杨一坚	房山供电公司	副经理
魏宽民	房山供电公司	副经理
张铁英	房山供电公司	纪委书记兼工会主席
李　岩	房山供电公司	总工程师
李殿军	大兴供电公司	经理
王宝华	大兴供电公司	党委书记
宋振秋	大兴供电公司	副经理
周松霖	大兴供电公司	副经理
程晓春	大兴供电公司	副经理
曲啟春	大兴供电公司	纪委书记
王　刚	大兴供电公司	工会主席
宋　鹏	大兴供电公司	总工程师
李晓辉	平谷供电公司	经理
张　伟	平谷供电公司	党委书记
蔡小京	平谷供电公司	副经理
张心阳	平谷供电公司	副经理
王学军	平谷供电公司	副经理
金　学	怀柔供电公司	经理
李长海	怀柔供电公司	党委副书记（主持党委工作）
杨　青	怀柔供电公司	副经理
李自强	怀柔供电公司	副经理
张凤坚	怀柔供电公司	工会主席兼纪委书记
肖文清	怀柔供电公司	总工程师
孙永鑫	密云供电公司	经理
张　琪	密云供电公司	副经理
杜国成	密云供电公司	工会主席兼纪委书记
丁雪松	密云供电公司	总工程师
邵晓明	顺义供电公司	经理
关幼辉	顺义供电公司	党委书记
范国平	顺义供电公司	副经理
黄德弟	顺义供电公司	副经理
袁国强	顺义供电公司	副经理
冯立祥	顺义供电公司	纪委书记
马登祥	顺义供电公司	工会主席
陈长胜	顺义供电公司	总工程师
唐如海	延庆供电公司	经理
祝秀山	延庆供电公司	副经理
吕永生	延庆供电公司	副经理

续表

姓　　名	单位（部门）名称	职　　务
宋永强	延庆供电公司	工会主席
赵红星	延庆供电公司	总工程师
石　工	输电公司	经理
邹跃中	输电公司	党委书记
杨　志	输电公司	副经理
马延民	输电公司	副经理兼工会主席
常立智	输电公司	副经理
陶晋生	变电公司	经理
陈　爽	变电公司	党委书记
赵　红	变电公司	党委副书记兼纪委书记
吕广耀	变电公司	副经理
盛宇军	变电公司	副经理（2008 年 9 月赴藏挂职）
涂明涛	变电公司	副经理
刘　音	变电公司	副经理
吴宝山	变电公司	工会主席
苑画舫	变电公司	总工程师
曹新社	通信自动化公司	党委书记
郑　雪	通信自动化公司	工会主席
刘　琼	通信自动化公司	总工程师
刘维刚	电缆公司	经理
穆怀山	电缆公司	党委书记
郝永林	电缆公司	党委副书记兼纪委书记
李　钢	电缆公司	副经理
黄仁乐	电缆公司	副经理
李华春	电缆公司	副经理
张丽萍	电力电能计量中心（北京市电能表计量检定中心）	党委书记兼纪委书记
张宏宾	电力电能计量中心（北京市电能表计量检定中心）	副主任
李之彧	电力电能计量中心（北京市电能表计量检定中心）	工会主席
张　松	电力电能计量中心（北京市电能表计量检定中心）	总工程师
王德斌	客户服务中心（北京市供用电建设承发包公司）	主任（经理）
赵　磊	客户服务中心（北京市供用电建设承发包公司）	党委书记
任自勇	客户服务中心（北京市供用电建设承发包公司）	副主任（副经理）
王　燕	客户服务中心（北京市供用电建设承发包公司）	纪委书记
朱　洁	客户服务中心（北京市供用电建设承发包公司）	总工程师
臧　勇	物流服务中心	主任
石宝印	物流服务中心	党委书记
马凤铁	物流服务中心	副主任
周　毅	物流服务中心	纪委书记兼工会主席
张学哲	物流服务中心	总工程师
黄　磊	重要客户服务中心	主任
刘　鹏	重要客户服务中心	副主任
王　鹏	试验研究院	院长
李　伟	试验研究院	党委副书记（主持党委工作）

续表

姓　名	单位（部门）名称	职　务
罗　准	试验研究院	党委副书记兼纪委书记
韩　良	试验研究院	副院长
周　洪	试验研究院	副院长
常晓旗	试验研究院	总工程师
王志慧	北京电力经济技术研究院	党委书记
郑利纺	北京电力经济技术研究院	副院长
夏　泉	北京电力经济技术研究院	副院长
赵海涛	北京电力经济技术研究院	纪委书记
王　江	北京电力经济技术研究院	工会主席
张　凯	北京电力经济技术研究院	总工程师
尚　颖	北京电力经济技术研究院	总会计师
顾联军	培训中心（党校）	主任（常务副校长）（主持党委工作）
周　矗	培训中心（党校）	党委副书记兼纪委书记
赵　龙	培训中心（党校）	工会主席
李　蕴	北京电力工程公司	经理
靳福东	北京电力工程公司	党委书记
成志锋	北京电力工程公司	另行安排工作
赵天旺	北京电力工程公司	党委副书记兼纪委书记
孙长清	北京电力工程公司	副经理
戴富华	北京电力工程公司	副经理
刘　健	北京电力工程公司	总工程师
陈　颖	北京电力工程公司	总会计师
梁和平	物业管理公司	经理
陈若星	物业管理公司	党委书记兼纪委书记
张伟生	物业管理公司	副经理
张书欣	物业管理公司	副经理
崔　蔚	物业管理公司	工会主席
孙树泉	北京电力实业开发总公司	总经理兼北京市华商伟业资产管理有限公司筹备组组长（副职待遇）
孙一民	北京电力实业开发总公司	副总经理兼北京市华商伟业资产管理有限公司筹备组副组长（副职待遇）
代玉坤	北京市路灯管理中心	主任
张　洁	北京市路灯管理中心	党委书记
李维仁	北京市路灯管理中心	副主任
王　健	北京市路灯管理中心	副主任
孙怡璞	北京市路灯管理中心	副主任
张连山	北京市路灯管理中心	工会主席兼纪委书记
佟岩冰	北京市路灯管理中心	总工程师
李云山	国家电网公司企业管理协会北京市电力公司分会	常务副秘书长（正职待遇）、北京电力行业协会副理事长
韩国庆	国家电网公司企业管理协会北京市电力公司分会	副秘书长（正职待遇）、科协秘书长
陈有立	国家电网公司企业管理协会北京市电力公司分会	副秘书长（副职待遇）、北京电力行业协会副秘书长
齐立军	国家电网公司企业管理协会北京市电力公司分会	副秘书长（副职待遇）、科协副秘书长
方旭升	国家电网公司企业管理协会北京市电力公司分会	副秘书长（副职待遇）、北京电力行业协会副秘书长
付军美	信息中心	主任

续表

姓　名	单位（部门）名称	职　务
李　瑛	信息中心	副主任
金江远	北京华商电动车动力科技有限公司	总经理
李佳铭	北京华商电动车动力科技有限公司	副总经理
赵　飞	北京华商电动车动力科技有限公司	副总经理
张洁民	北京市华商伟业资产管理有限公司	副总经理（副职待遇）
岳国荣	北京华商电力管道有限公司	总经理
蔡有军	北京华商电力管道有限公司	副总经理
杨建伶	北京华商电力管道有限公司	副总经理
郭国平	华商电力公司（筹备处）	主任（副职待遇）
李继东	华商电力公司（筹备处）	副主任（副职待遇）
胡蕴鑫	华商电力公司（筹备处）	副主任（副职待遇）
岳　辉	华商电力公司（筹备处）	副主任（副职待遇）
郑国奎	华商电力公司（筹备处）	副主任（副职待遇）
张家华	北京吉北电力工程咨询有限公司	负责筹备组建党委（正职待遇）
戴宝生	北京吉北电力工程咨询有限公司	总经理（副职待遇）
郝长智	北京吉北电力工程咨询有限公司	副总经理（副职待遇）
刘　博	北京吉北电力工程咨询有限公司	工会主席（副职待遇）
张海洋	北京华商三优新能源科技有限公司	总经理（副职待遇）
张　平	北京华商三优新能源科技有限公司	副总经理（副职待遇）
彭　涛	北京华商三优新能源科技有限公司	副总经理（副职待遇）
王心宁	华商广联设计公司（筹备处）	主任
冷志铎	华商广联设计公司（筹备处）	副主任（副职待遇）
黄　迅	北京银杰供电民用电有限公司	总经理（副职待遇）

北京市电力公司退二线干部名册（2010年全年，含年内退休）

单位（部门）名称	姓　名	职　务	原职务名称	备　注
公司本部行政管理中心	张贺庆	退二线工作	农电学会办公室主任	2010 年退休
电缆公司	姜绿先	退二线工作	北京电力试验研究院副院长	2010 年退休
朝阳供电公司	姚　红	退二线工作	工会主席	2010 年退休
培训中心（党校）	刘玉良	退二线工作	党委副书记兼纪委书记	2010 年退休
公司本部行政管理中心	张学增	退二线工作	科协秘书长	2010 年退休
大兴供电公司	陈若频	退二线工作	党委书记	2010 年退休
物资公司	王冠荣	退二线工作	党委书记兼纪委书记	2010 年退休
变电公司	王兵志	退二线工作	工会主席	2010 年退休
综合产业管理中心	杜红旗	退二线工作	工会主席	2010 年退休
丰台供电公司	杨凤兰	退二线工作	工会主席	2010 年退休
北京电力行业协会	袁增义	退二线工作	副理事长	2010 年退休
北京电力行业协会	张伯廉	退二线工作	副秘书长兼标准化部主任	2010 年退休
公司本部行政管理中心	王以京	退二线工作	协会管理办公室主任兼科协秘书长兼农电学会办公室主任	2010 年退休
朝阳供电公司	朱玉凤	退二线工作	党委副书记兼纪委书记	2010 年退休
通州供电公司	阎　莉	退二线工作	工会主席	

续表

单位（部门）名称	姓　　名	职　　务	原职务名称	备　　注
石景山供电公司	高玉春	退二线工作	党委书记兼纪委书记	
房山供电公司	李爱民	退二线工作	工会主席	
史志办公室	陈利民	退二线工作	史志办公室副主任	
物业管理公司	丁占营	退二线工作	工会主席	
怀柔供电公司	卢康铭	退二线工作	党委书记兼纪委书记	
北京电力试验研究院	金小岗	退二线工作	党委副书记兼纪委书记	
输电公司	阎长起	退二线工作	工会主席	
城区供电公司	王喜元	退二线工作	党委书记兼纪委书记	
海淀供电公司	杜小东	退二线工作	党委书记兼纪委书记	
北京电力行业协会	郭谊力	退二线工作	副秘书长	
丰台供电公司	阎东生	退二线工作	党委副书记兼纪委书记	
北京电力工程公司	陈临年	退二线工作	工会主席	
大兴供电公司	李建生	退二线工作	党委书记	
公司本部行政管理中心	张路加	退二线工作	公司工会副主席	
公司本部副三总师	乔　海	退二线工作	公司副总工程师	
物业管理公司	潘根生	退二线工作	副经理	
协会管理办公室	方建国	退二线工作	主任兼科协秘书长兼农电学会办公室主任	
公司本部行政管理中心	王阿鹿	退二线工作	公司工会副主席	
培训中心（党校）	吴建明	退二线工作	党委书记（党委副书记）	
北京电力行业协会	于梦华	退二线工作	副秘书长	
变电公司	王士华	退二线工作	党委书记	
客户服务中心（北京市供用电建设承发包公司）	蹇爱民	退二线工作	原电力工程管理中心党总支书记	
房山供电公司	王志刚	退二线工作	党委书记	
房山供电公司	薛福军	退二线工作	党委副书记兼纪委书记	
客户服务中心（北京市供用电建设承发包公司）	王家维	退二线工作	原客户服务中心党总支书记	
电力电能计量中心（北京市电能表计量检定中心）	李文增	退二线工作	副主任兼工会主席	

国家电网公司优秀人才名单

专业管理专家

张　凯　郑广君　张　锦　陈斌发

工程技术专家

陈光华　韦凌霄　张文新　肖永立　苑画舫

生产技能专家

徐建义　马振强　李岳东　黄渤瑜　刁文刚　南　洋　彭新立　张国春　李路华　王月鹏

华北电力技术院专家名单

专业管理院级专家

潘玲娇

专业管理一级专家

李　勤　李海涛　张　丽　陈红顺　纪　斌　张　瑜　李熙钦　滕　龙　沈　雷　董　谦

工程技术院级专家

夏　泉　姚　翔　苑画舫　张文新　张学哲　周作春　贾云华　刘　琼　肖永立

工程技术一级专家

李　红　王　伟　刘庆时　陈　林　郝建勋　白　晶　何　莹　周　彤

生产技能一级专家

张彦平　徐向东　赵　颖　侯铁栓　王月鹏　张重仁　张国春　刘大立　孙一山

2010年北京市电力公司荣获的先进荣誉称号

全国文明单位
全国“安康杯”优胜企业
首都文明单位标兵五连冠
全民健身活动优秀组织先进单位
北京市交通安全先进单位
首都全民义务植树先进单位
北京市人道公益事业杰出贡献奖
北京市人口和计划生育工作先进集体
北京市企业景气调查通报表扬单位
北京市建设项目水土保持示范单位
北京市国资委系统信息工作先进集体
北京市机要文件交换工作优秀集体

国家电网公司纪检监察工作先进集体
国家电网公司团青宣传工作先进集体
国家电网公司环境保护工作先进单位
国家电网公司财务调考组织工作突出单位
国家电网特高压直流输电示范工程先进单位
国家电网公司品牌建设工作先进单位
国家电网公司品牌推广工作先进单位
国家电网公司信访稳定工作先进单位
国家电网公司第二次经济普查先进单位
国家电网报读报用报先进单位
中国电力报社先进记者站

中央企业红旗班组：丰台供电公司青塔操作队
　　　　　　　　　怀柔供电公司输变电工区集控站
北京市模范集体：客户服务中心“95598”服务工区
北京市“安康杯”竞赛优胜单位：密云供电公司、调度通信中心
国家电网公司先进集体：丰台供电公司、输电公司、调度通信中心
国家电网公司工人先锋号：变电公司试验监测处状态监测班、平谷供电公司金海湖供电所

全国劳动模范：肖永立（变电公司）

北京市劳动模范：李向昕（丰台供电公司）
　　　　　　　　吴　江（北京电力经济技术研究院）
　　　　　　　　薛　强（电缆公司）
　　　　　　　　贾希阁（平谷供电公司）
　　　　　　　　李建成（调度通信中心）
国家电网公司劳动模范：陈保华（怀柔供电公司）
　　　　　　　　　　　刘丽艳（大兴供电公司）
中央企业先进职工：王月鹏（昌平供电公司）
国家电网公司优秀班组长：韩晓昆（变电公司）
　　　　　　　　　　　　贾希阁（平谷供电公司）
国家电网公司优秀服务之星：冯丽利（海淀供电公司）
国家电网公司服务之星：陈牧云（城区供电公司）
　　　　　　　　　　　胡正杰（延庆供电公司）

全国电力职工技术成果二等奖、三等奖（注①）
第七届全国电力行业职业技能竞赛优秀组织奖、团体三等奖
国家电网公司科学技术进步奖
国家电网公司科学技术进步奖一等奖、二等奖（注②）
国家电网公司优质工程（注③）
国家电网公司优秀设计奖（注④）
国家电网公司青年志愿服务活动优秀组织奖
全国亿万职工健身活动月优秀组织奖
北京市安全生产月活动优秀组织奖、最佳实践活动奖
北京市“百姓爱心故事”奖
北京市共青团“达标创优”竞赛活动组织奖
首届北京市职工羽毛球比赛团体第一名
中国电力体协桥牌联赛团体第六名、双人赛第二名
中国电力体协职工羽毛球友谊赛季军

公司机关

北京市公安局集体三等功：保卫部
全国电力设备管理先进个人：牛进苍
北京市公安局个人三等功：邱立志
北京市人道公益事业杰出贡献奖：李国华
北京市企业景气调查通报表扬个人：臧　源
北京市维护首都国家安全工作个人嘉奖：刘慧敏

北京市人口和计划生育工作先进工作者：崔津平
首都绿化美化积极分子：马继泉、崔津平
国家电网公司纪检监察工作先进个人：杜仲荣　吴世平　陈婷婷
国家电网公司青年志愿服务先进个人：张　炜
国家电网公司团青宣传工作先进个人：左芳芳
国家电网公司环境保护工作先进个人：沈　琪
国家电网公司市场开拓工作先进个人：王洪彪
国家电网公司营销信息化工作先进个人：姚　斌
国家电网公司优秀国际信息员：王　茜
国家电网公司品牌建设工作先进个人：王　磊
国家电网报社优秀记者：冷　冰　曹　瑾
中国电力报刊协会优秀新闻工作者：陈　洁
全国电力系统工会优秀通讯员：张海生

城区供电公司

首都文明单位
国家电网公司文明单位
北京市公安局集体嘉奖
国家电网公司“降本增效、青年争先”活动先进集体
全国质量信得过班组：配电运行工区配电组 QC 小组
北京市国资委群众心目中的好党员：罗　春
北京市公安局个人嘉奖：谷　峰

朝阳供电公司

首都文明单位
全国青年文明号创建单位：客户服务中心营业厅
北京市公安局集体嘉奖
北京市公安局个人嘉奖：董伯钧
国家电网公司“降本增效、青年争先”活动先进个人：马晓东

海淀供电公司

国家电网公司文明单位标兵
国家电网公司“五四红旗团委”
北京市公安局集体嘉奖
北京市第十三届运动会突出贡献单位
全国青年文明号创建单位：客户服务中心营业厅
全国电力行业质量信得过班组：电缆工区检修班
全国优秀质量管理小组：配电工区“我要安全”QC 小组
北京电力行业 QC 小组一等奖：生产技术“三节约”QC 小组
北京市国资委群众心目中的好党员：冯丽利
北京市公安局个人嘉奖：王宝诚
全国电力行业质量管理小组活动卓越领导者：周　彤、齐小伟

丰台供电公司

首都文明单位标兵
国家电网公司文明单位
电力行业电力设施保护先进单位
华北区域电力安全生产先进单位
国家电网公司“五四红旗团委创建单位”
国家电网公司“电网先锋党支部”：用电营销党支部
北京市“三八”红旗集体：客户服务中心营业厅
全国电力行业质量管理小组一等奖、全国优秀质量管理小组：生产技术处“降噪”QC 小组

石景山供电公司

首都文明单位
国家电网公司“五四红旗团支部创建单位”：用电团支部
北京市公安局个人三等功：董金新

亦庄供电公司

首都文明单位
国家电网公司文明单位
北京经济技术开发区文明单位
全国青年文明号创建单位：客户服务中心营业厅
中央企业优秀党务工作者：朱　岩
国家电网公司青年志愿服务先进个人：张　涵

通州供电公司

首都文明单位标兵
国家电网公司文明单位
首都绿化美化花园式单位：漷县供电所
通州区文明单位：漷县供电所
国家电网公司“降本增效、青年争先”活动先进个人：杨延志

昌平供电公司

首都文明单位标兵
北京市交通安全先进单位
国家电网公司“降本增效、青年争先”活动先进集体：变电工区保护班
国家电网公司“五四红旗团支部”：变电团支部
昌平区绿化美化先进单位：十三陵供电所

门头沟供电公司

全国精神文明建设工作先进单位
首都文明单位标兵
北京市交通安全先进单位
北京市单位内部安全保卫集体三等功：保卫处
首都文明单位：龙泉供电所

房山供电公司

首都文明单位标兵
北京市交通安全先进单位
房山区文明单位
国家电网公司“五四红旗团委创建单位”
首都绿化美化积极分子：苑　光

大兴供电公司

首都文明单位标兵
北京市交通安全先进单位
国家电网公司“电网先锋党支部”：营销党支部

平谷供电公司

全国精神文明建设工作先进单位
首都文明单位标兵
北京市交通安全先进单位
北京市内保先进单位
国家电网公司文明单位标兵
平谷区文明单位
国家电网公司“五四红旗团支部创建单位”：用电团支部
国家电网公司青年志愿服务先进集体：“奥运之光”青年志愿者服务队

怀柔供电公司

首都文明单位标兵
首都平安示范单位
北京市交通安全先进单位
怀柔区文明单位
怀柔区经济和社会发展贡献先进单位
电力行业电力设施保护先进单位
电力行业电力设施保护先进个人：柳东生

密云供电公司

首都文明单位标兵
国家电网公司文明单位
首都绿化美化先进单位
密云县交通安全先进单位
全国质量信得过班组：城区供电所 QC 小组

顺义供电公司

首都文明单位标兵
北京市交通安全先进单位
国家电网公司文明单位标兵
国家电网公司纪检监察工作先进集体
国家电网公司“新农村电气化建设先进单位”
顺义区安全生产先进企业
顺义区思想政治工作先进单位
顺义区先进纪检监察组织
电力行业电力设施保护先进单位
国家电网公司纪检监察工作先进集体：纪委、监察部
国家电网公司“降本增效、青年争先”活动先进个人：潘新征

延庆供电公司

首都文明单位标兵
北京市公安局个人二等功：杨茂林
延庆县交通安全优秀管理干部：赵荣民

输电公司

北京市交通安全先进单位
丰台区文明单位
国家电网公司“五四红旗团委”
北京市公安局集体三等功：保卫处
北京市优秀质量管理小组：生命标尺 QC 小组
丰台区安全生产工作先进个人：周静玉

变电公司

北京市公安局集体嘉奖
国家电网公司“五四红旗团委创建单位”
国家电网公司“电网先锋党支部”：北效运行管理处党支部
国家电网公司“五四红旗团支部”：管理团支部
北京市公安局个人嘉奖：沙　斌

调度通信中心

西城区精神文明建设先进单位
北京市模范职工小家：机务分会
国家电网公司纪检监察工作先进集体：纪委、监察部
国家电网公司“电网先锋党支部”：调度党支部
北京市工业系统职工广播体操比赛三等奖
国家电网公司精神文明建设创新奖三等奖

电缆公司

北京市内部单位安防工作先进集体
北京市公安局集体嘉奖
全国质量信得过班组：高压运行一班 QC 小组
北京市国资委群众心目中的好党员：薛　强
北京市公安局个人嘉奖：王燕泽

电能计量中心

国家电网公司“五四红旗团支部创建单位”：检定团支部
北京市公安局个人嘉奖：王小玲

客户服务中心

首都文明单位
国家电网公司文明单位
国家电网公司“五四红旗团支部创建单位”：“95598”第二团支部
国家电网公司青年志愿服务先进集体：“奥运之光”青年志愿者服务队
北京市优秀共青团员：吴　洋
国家电网公司优秀青年志愿者：吴　洋
国家电网公司青年志愿服务先进个人：程　蕾

物流服务中心

全国优秀质量管理小组、“兖矿国泰”杯全国 QC 小组成果发表赛一等奖：“速腾”QC 小组

试验研究院

国家电网公司科学技术进步奖三等奖：运行变压器绝缘油 /SF_6 气体带电过滤技术的研究
国家电网公司科技成果三等奖：移动式变压器有载开关带电净油装置

北京电力经济技术研究院

全国电力行业用户满意企业
全国电力行业实施卓越绩效模式先进企业
信用 AAA 级电力勘测设计企业
宣武区文明单位

培训中心

首都文明单位
热心公益事业奖

北京电力工程公司

北京市“五四红旗团支部”：电缆安装公司
全国优秀质量管理小组：电缆安装公司 QC 小组“探索号”QC 小组
北京市公安局个人嘉奖：谷洪儒

物业管理公司

首都文明单位
西城区文明单位

北京市路灯管理中心

首都文明单位标兵
国家电网公司文明单位
电力行业电力设施保护先进单位
北京市公安局集体嘉奖
北京市公安局个人嘉奖：许立海
首都绿化美化积极分子：张连山

注：① 全国电力职工技术成果二等奖、三等奖：
二等奖：电缆公司　电力隧道侦查机器人
三等奖：试验研究院　变压器有载开关带电净油装置
② 国家电网公司科学技术进步奖一等奖、二等奖：
一等奖：计量、抄表和收费标准化建设研究
二等奖：生产管理系统
电力设备带电检测技术体系应用研究
城市智能化配电网研究与应用
电缆隧道结构安全在线监测系统研究及应用
③ 国家电网公司优质工程：地安门、亦庄东、望京、玉泉营 220kV 变电站工程
④ 国家电网公司优秀设计奖：地安门 220kV 变电工程、城南 500kV 变电站工程、太阳宫电厂接入工程

2010年北京市电力公司先进单位、先进集体和先进个人

先进单位（10 个）

丰台供电公司	大兴供电公司
平谷供电公司	密云供电公司
石景山供电公司	调度通信中心
输电公司	北京电力经济技术研究院
试验研究院	电能计量中心

安全生产管理先进单位（11 个）

电缆公司	输电公司
丰台供电公司	海淀供电公司
城区供电公司	调度通信中心
平谷供电公司	密云供电公司
北京市路灯管理中心	电能计量中心
昌平供电公司	

优质服务先进单位（10 个）

城区供电公司	海淀供电公司
丰台供电公司	石景山供电公司
大兴供电公司	平谷供电公司
密云供电公司	输电公司
客户服务中心	北京市路灯管理中心

公司本部先进部室（10个）

办公室　思想政治工作部
财务资产部　机关工作部
审计部　政策研究及法律事务部
营销部　人力资源部
发展策划部　安全监察部

先进集体（59个）

公司机关：办公室秘书处　营销部营业处　机关工作部综合处　思想政治工作部宣传处（党委宣传处）
城区供电公司：生产技术处　配电运行工区　崇文供电所
朝阳供电公司：财务处　检修处　计量中心
海淀供电公司：调度所　人力资源处　营业站
丰台供电公司：客户服务中心　办公室　调度所
石景山供电公司：计量工区　配电工区
亦庄供电公司：变电工区　工程建设处
通州供电公司：城区供电所　变电工区
昌平供电公司：生产指挥中心　调度所
门头沟供电公司：客户服务中心　调度所
房山供电公司：营销处　生产技术处
大兴供电公司：变电工区　营销处
平谷供电公司：客户服务中心　调度所
怀柔供电公司：生产技术处　电费结算中心
密云供电公司：调度所　财务资产处
顺义供电公司：办公室　调度所
延庆供电公司：营销处　生产技术处
输电公司：运行工区
变电公司：试验监测处　生产技术处
调度通信中心：工程管理处　通信线务运行处
电缆公司：高压检修工区
电能计量中心：行政办公室
客户服务中心：客户服务处
物流服务中心：储运处
试验研究院：检测中心　试验研究处
北京电力经济技术研究院：送电室
培训中心：大雁楼
北京电力工程公司：送电安装公司　变电安装公司安全监督处
物业管理公司：北京华商绘都建筑有限责任公司　机关物业部
北京市路灯管理中心：运行管理处

工人先锋号（34个）

城区供电公司：调度所调度控制中心
朝阳供电公司：奥运村营业所内勤班
海淀供电公司：线路工区带电班
丰台供电公司：计量工区运行维护班
石景山供电公司：调度所调控运行班
亦庄供电公司：调度所保护班
通州供电公司：西集供电所
昌平供电公司：路灯管理中心检修班
门头沟供电公司：调度所自动化保护班
房山供电公司：客户服务中心用电检查班
大兴供电公司：安定供电所
平谷供电公司：变电工区检修班
怀柔供电公司：客户服务中心营业班
密云供电公司：变电工区操作运行班
顺义供电公司：线路工区带电作业班
延庆供电公司：客户服务中心营业厅
输电公司：检修工区检修一班
变电公司：城区运行处长椿街运维队
调度通信中心：通信机务运行处中心站
电缆公司：高压运行工区运行一班
电能计量中心：表计检定工区单相表检定班
客户服务中心：信息服务处九班
物流服务中心：招标处计划管理科
试验研究院：理化工区试验二班
北京电力经济技术研究院：北京金电联供用电咨询有限公司
培训中心：培训服务处设备管理班
北京电力工程公司：电缆安装公司施工五队
物业管理公司：机关食堂
北京市路灯管理中心：检修管理处检修二班

注：根据《评比办法》第三章十二条规定，客户服务中心“95598”服务工区、怀柔供电公司输变电工区集控站、丰台供电公司变电工区青塔操作队、变电公司试验监测处状态监测班、平谷供电公司金海湖供电所直接评为公司工人先锋号。

红旗班组（28个）

城区供电公司：线路工区运行四班　配电工区广场基地站　客户服务中心营业厅
朝阳供电公司：检修处自动化班
丰台供电公司：变电工区青塔操作队　配电工区试验检修班
石景山供电公司：配电工区运行班
通州供电公司：变电工区开关班　用电检查工区检查科
昌平供电公司：线路工区带电作业班　十三陵供电所
房山供电公司：变电工区试验班

大兴供电公司：客户服务中心客户服务部
平谷供电公司：营销处电费科　金海湖供电所
怀柔供电公司：输变电工区操作队　庙城供电所　输变电工区输电班
密云供电公司：计量中心综合科
顺义供电公司：配电工区小区运行班
延庆供电公司：线路工区小区运行班
输电公司：检修工区检修四班
变电公司：试验监测处状态检测班　继保自动化处继自五班　西便门运行处朝阳门操作队
调度通信中心：调度处市调班　通信线务运行处运行三班
电能计量中心：表计检定工区三相表检定班

注：根据《关于开展北京市电力公司班组标准化建设劳动竞赛活动的通知》规定，以上28个红旗班组同时授予公司工人先锋号。

建功立业标兵（10名）

公司机关：李　戎
朝阳供电公司：刘　颖
调度通信中心：赵　瑞
通州供电公司：张树明
输电公司：张　雷
城区供电公司：陈牧云
北京市路灯管理中心：杨　旭
变电公司：孙　杰
北京电力经济技术研究院：李　伟
平谷供电公司：王向群

先进生产者（197名）

公司机关：张铁恒　吕　彬　邹伟平　李顺平　佟　欣　肖兴立　王　罡　李景中　马林峰　陈守军　李新儒　张　丽　张海生
城区供电公司：于宏海　王　昕　张晶晶　刘咏梅　吴大伟　张欣然　张　喆　朱　君
朝阳供电公司：蔡伯华　姚保庆　刘金涛　陈东平　龙国梅　李　娜　刘　刚　王　涛　石兆昆　宋宏伟　常　杰
海淀供电公司：杨　洋　董立刚　吴　钢　郭大勇　王　鹏　高　磊　陈同良　程　伟　张　杰　刘晓妤　王丰淳
丰台供电公司：陈　平　崔国胜　夏　楠　尉　娜　陈军良　李　红　杨淑瑶　刘岳松　刘元丽
石景山供电公司：王春燕　王占龙　李亚锜　邓晓睿
亦庄供电公司：刘　念
通州供电公司：李玉祥　郭兆光　刘　学　武　建　马　超　庞百璋　武建国　周联通　刘国栋
昌平供电公司：王　朴　李艳滨　张春来　王文光　陈海燕　王文宸　门凤峥　宋文莲　金　鑫
门头沟供电公司：薄晓东　历光亮　王洪涛　张一林
房山供电公司：马　良　李果雪　马长立　宋　宪　窦春红　常　颖　李爱东　杨雪娇　杨东升
大兴供电公司：李殿军　曹金山　邢红军　王文岑　徐瑞林　张洪昆　刘殿礼　刘　玥　刘　兵
平谷供电公司：李晓辉　王西中　杨凤海　陈玉仲
怀柔供电公司：陈保华　汪　洋　候武艺　白小静　周海珍　曹秋林
密云供电公司：孙永鑫　丁德义　任自然　张　强　张义忠　陈凤海　郭艳华　杨秋霞
顺义供电公司：王志刚　胡建明　魏宇鹏　王　培　茹满玲　李　宁　段华锋　王金龙
延庆供电公司：何彦彬　王恩军　胡　仲　杨建明　孙金柱
输电公司：石　工　蔡星全　刁宏宇　邓　磊
变电公司：胡永强　李　连　王　伟　张晓光　辛守峰　陈东巍　魏晓明　李　辉　阎维生　张　昂　赵海龙　李宝国
调度通信中心：徐　驰　董　宁　李金友　何　明
电缆公司：钱　华　张　铭　张成忠
电能计量中心：张丽萍　龚　辉　张建新
客户服务中心：闫　伟　张　雪　张艳伟
物流服务中心：闫　阳　韩　伟　任广杰
试验研究院：王　鹏　王晋昌　刘　晨　李　杰　迟忠君
北京电力经济技术研究院：夏　泉　陈　凯
培训中心：滕　龙　王梦阳
北京电力工程公司：秦志刚　孙家兴　郭艳凤　韩寿山　高　展　李　华　石淇文　马　静　徐晓辉　杨永斌
物业管理公司：傅　欣　徐荣京
北京市路灯管理中心：何跃进　赵　杰

注：根据《评比办法》第三章十二条规定，变电公司肖永立、丰台供电公司李向昕、北京电力经济技术研究院吴江、电缆公司薛强、平谷供电公司贾希阁、调度通信中心李建成、王卫、张印宝、周运斌、大兴供电公司刘丽艳、昌平供电公司王月鹏、城区供电公司王迈、顺义供电公司张宝亮、电能计量中心王杰良直接评为公司先进生产者。

文明单位标兵（5个）

调度通信中心　　丰台供电公司
平谷供电公司　　客户服务中心
亦庄供电公司

文明单位（11个）

调度通信中心　　丰台供电公司
平谷供电公司　　客户服务中心
亦庄供电公司　　大兴供电公司
电能计量中心　　密云供电公司
输电公司　　试验研究院
北京市路灯管理中心

党风廉政建设工作优秀单位（11个）

石景山供电公司　　调度通信中心
大兴供电公司　　密云供电公司
试验研究院　　北京电力经济技术研究院
变电公司　　平谷供电公司
北京市路灯管理中心　　门头沟供电公司
客户服务中心

十大首都电力之星

海淀供电公司：冯丽利
城区供电公司：史　永
大兴供电公司：于秀玲
平谷供电公司：张心阳
物流服务中心：鲁　敬
变电公司：肖永立
客户服务中心：郑冬雪
石景山供电公司：岳　辉
调度通信中心：李建成
电缆公司：薛　强

十大优秀团队

海淀供电公司生产技术处
城区供电公司电力巾帼服务队
平谷供电公司带电作业班
通州供电公司西集供电所
大兴供电公司共产党员服务队
北京电力工程公司乌兰～格尔木750kV输电线路工程IX标施工项目部
北京市路灯管理中心客户服务中心
亦庄供电公司配电工区
朝阳供电公司先锋电力服务队
顺义供电公司带电作业班

党风廉政建设工作优秀领导干部（21名）

石景山供电公司：韩殿锁　王春燕
调度通信中心：曹新社　徐　驰
大兴供电公司：王宝华　李殿军
密云供电公司：金　学　孙永鑫
试验研究院：李　伟　王　鹏
北京电力经济技术研究院：王心宁
变电公司：陈　爽　陶晋生
平谷供电公司：张　伟　李晓辉
北京市路灯管理中心：张　洁　代玉坤
门头沟供电公司：郑丽红　李　铮
客户服务中心：赵　磊　王德斌

2010年北京市电力公司工会先进集体和先进个人

先进基层工会（10个）

城区供电公司工会　　海淀供电公司工会
调度通信中心工会　　物流服务中心工会
丰台供电公司工会　　亦庄供电公司工会
大兴供电公司工会　　试验研究院工会
怀柔供电公司工会　　平谷供电公司工会

工会先进工作者（16名）

屈桂琴　马　强　郑　雪　马殿敏　朱　青　王　刚
周　毅　张凤坚　冯立祥　吴宝山　郝永林　赵　磊
赵　龙　王　江　杜国成　阎　莉

2010年北京市电力公司获省部级以上先进人物介绍

全国劳动模范——肖永立

肖永立，男，汉族，1972年出生，北京市人，高级工程师，国家电网公司优秀专家人才，华北电力技术院院级专家。1994年参加工作，现任变电公司继电保护自动化处副主任。

由他主持、参与编写的《变电站综合自动化系统》等5项专著及多项科技成果，为北京电网自动化专业的起步发挥了关键的技术奠基作用。

2005年荣获“北京市经济技术创新标兵”称号；2006年荣获“中央企业知识型先进职工”称号，同年获得“首都劳动奖章”；2008年5月获得“全国五一劳动奖章”；2010年被国务院授予“全国劳动模范”荣誉称号。

北京市劳动模范——李向昕

李向昕，男，汉族，1962年出生，山东掖县人，中共党员，工程师。1978年参加工作，现任丰台供电公司客户服务中心主任。

在客户服务岗位上，李向昕执著追求“真动脑、真情感、真规范、真质量、真办事、真满意”的六真服务理念。他大胆创新，率先在营业厅推出了“客户服务代理制”，让客户在“一站式”服务中享受到“上帝”的尊严，受到当地政府和社会的好评。

2006年荣获“全国用户满意服务明星”称号；2007年荣获“首都电力之星”、“供电营业服务之星”称号；2008年荣获国资委“优秀共产党员”称号；2009年荣获“首都劳动奖章”；2010年被北京市政府授予“北京市劳动模范”荣誉称号。

北京市劳动模范——吴江

吴江，男，汉族，1976年出生，辽宁沈阳人，中共党员，工程师。2000年参加工作，现任北京电力设计院变电室主任工程师。

吴江作为年轻的主设人，开拓性地完成了国内第一座500kV全户内变电站——朝阳500kV变电站的设计任务，填补了我国电网建设领域的空白，该设计获得国家优质工程银质奖、全国电力行业优秀设计成果一等奖、全国电力行业优秀工程咨询一等奖等多个奖项，其中采用的“单项主变压器66kV侧汇流母线GIS气管设计”获得国家专有技术。

2007年荣获“北京市经济技术创新标兵”称号；2008年荣获国家电网公司“奥运电力保障工作先进个人”称号；2009年评为“中央企业青年成长成才身边的榜样”；2010年被北京市政府授予“北京市劳动模范”荣誉称号。

北京市劳动模范——薛强

薛强，男，汉族，1977年出生，山东滕州人，中共党员，高级工程师。2000年参加工作，现任电缆公司生产技术处处长。

薛强凭着对电网自动化运行监控和状态检测技术知识的积累，率领他的团队组织实施了国内首座电缆网运行监控中心建设工作，彻底改变了传统的电缆网维护模式，使北京地区612km电力隧道和1007km主网电缆的自动化管理达到了国内领先水准。

2007年、2009年荣获北京市科学技术协会“优秀青年工程师”称号；2008年荣获国家电网公司“奥运电力保障先进个人”称号；2006年、2008年荣获“北京市电力公司先进工作者”称号；2010年被北京市政府授予“北京市劳动模范”荣誉称号。

北京市劳动模范——贾希阁

贾希阁，男，汉族，1961年出生，北京市平谷区人，中共党员，银杰公司职工，农网配电营业高级工。1984年参加工作，现任平谷供电公司金海湖供电所所长。

贾希阁熟悉并掌握农村电力技术，精于管理，不断出台优质服务新举措。由他撰写的《金海湖供电所营销管理》作为典型经验成为北京市电力公司培训教材。他还将学习实践科学发展观理念贯穿到生产管理的全过程之中，制定了《供电所精益化管理手册》，完善了《事故防范三级预警和事故处理三级预案》，建立供电所局域网和办公自动化系统，实现了供电所一日工作标准化自动考核。

2007年、2008年荣获“首都十大电力之星”称号；2007年、2009年荣获“优秀共产党员”称号；2009年率领供电所荣获北京市电力公司“十大优秀团队”称号；2010年被北京市政府授予“北京市劳动模范”荣誉称号。

北京市劳动模范——李建成

李建成，男，汉族，1974年出生，北京市人，中共党员，银杰公司职工，通信线务专业高级工。1997年进入北京供电局调度所工作，现任调度通信中心通信线务运行处组长。

1997年从海淀农村被招聘到北京供电局调度所，在线路队担任电光缆运行、检修工作。他带领他的团队对所辖的400多km线路按规程规定进行全方位、多角度、多轮次的巡查，针对季节性特点开展特巡，及时消除各种缺陷，保证了电力通讯网的安全可靠运行。

2007～2009年连续三年荣获调通中心生产技能比赛一等奖；2008年荣获国家电网公司“奥运电力保障先进个人”称号；2010年被北京市政府授予“北京市劳动模范”荣誉称号。

重要讲话和重要文件

ZHONG YAO JIANG HUA HE
ZHONG YAO WEN JIAN

重 要 讲 话

深入贯彻八字方针　全面加强基础工作
推动公司“十二五”科学发展

——总经理朱长林在北京市电力公司二届一次职工代表大会暨2011年工作会、政工会上的工作报告（摘要）

（2011年1月18日）

一、2010年及“十一五”工作回顾

2010年是“十一五”收官之年，也是公司按照“大局、可靠、法治、两效”工作方针，深入推进“两个转变”的重要一年。面对复杂环境和艰巨任务，公司上下坚决贯彻国家电网公司的决策部署，全面落实公司一届六次职代会暨2010年工作会、政工会各项要求，锐意进取、扎实工作，取得了显著成绩。

2010年，公司完成售电量715.84亿kWh，同比增长10.79%，超额完成年初制定的700亿kWh售电量目标。完成营业收入435亿元，同比增长13.51%。实现利润11.08亿元，同比增加18.66亿元。完成固定资产投资66.25亿元，公司资产总额达到677.74亿元，同比增长5.14%。全年共新增35kV及以上变电容量389万kVA，新建35kV及以上线路132km、电缆142km。220kV及以下线损率完成6.66%，同比下降0.1个百分点。当年电费回收率达到100%。

一是安全生产保持稳定局面。建立多部门联合风险管控体系和风险会商发布机制，严格控制电网、人员、设备、环境和用户风险，成功分析控制三级及以上风险477项，并建立了重要用户外电源安全管理常态机制。深入推行安全监督审计，大力开展隐患排查治理，对作业过程的安全管控能力稳步提高。初步建成状态检修工作体系，输变电设备的运行状况明显改善。深入推进调控一体化工作，50座220kV及以上变电站接入监控，15个地区电网调控中心组建投运。配网管理水平不断提升，10kV配网永久性故障次数同比下降4.03%，用户平均故障停电时间同比下降19.76%。整合运行指挥资源，建立高效顺畅的信息传递和应急处置机制，应急值班工作获得国家电网公司肯定。电网成功经受住了夏季1666万kW历史最大负荷的考验，公司圆满完成政治供电任务179项，累计保电天数295天。

二是电网规划建设顺利推进。结合首都世界城市建设和新能源、智能电网发展方向，圆满完成了“十二五”电网规划编制工作。500kV海淀变电站、220kV菜市口变电站等重点工程前期工作取得重大突破。工程建设水平显著提高，500kV兴都变电站、220kV太阳宫电厂接入工程获得国家电网公司优秀设计奖。坚持基建安全巡检，大力整改隐患，基建安全形势保持长期稳定。规范开展招投标工作，全年累计完成集中规模招标38.94亿元，节约采购资金2.62亿元。技经工作“三步走”体系作为典型经验在国家电网公司进行推广。自主研发国内首个智能微网控制和管理系统，完成国家电网公司智能电网7个试点项目。完成1.17万户居民“煤改电”工作。积极推动政企共建投资模式，全年共争取政府共建资金10.58亿元、垫资1.31亿元。

三是经营管理水平稳步提高。加大增供扩销力度，超额完成700亿kWh售电量目标。大力开拓新能源市场，电动汽车充电站建设取得良好开局。成立政治供电办公室和重要客户服务中心，重要用户差异化服务工作深入推进。初步建成“六统一、五集中”的财务集约化管理体系，高分通过国家电网公司验收。落实地区独立购电权，直接购电量由14亿kWh增至229亿kWh。购网电价机制调整取得重大突破，购网电价每kWh降低约1.7分，全年减少购电费用9亿元。圆满完成了本部机构改革和规范供电公司机构设置、定岗定编工作，优化了工作流程和人员结构。深化全员绩效考核，员工工作积极性进一步增强。深入调查和优化配置了房产、土地、车辆等资源。规范整合民营和集体企业，对集体资产的监督管控得到加强。开展“法治电网”依法治企专项行动，法律风险得到有效排查整改。

四是“三个建设”不断加强。落实加强党的建设三年规划，深入开展创先争优活动，党的建设全面

加强。大力开展“学制度、促廉洁、保发展”主题教育活动，深入推进工程建设领域突出问题和“小金库”专项治理工作，廉政监督力度不断加大，惩防体系建设迈出坚实步伐。加大干部培养、交流力度，各级领导班子和干部队伍得到有效充实。创新“四好”班子考评模式，干部考核评价更加科学。“本部建设年”活动初见成效，机关工作作风明显改善。实施本部全员培训，加大法律、财务等紧缺专业人才培养力度，人才队伍进一步充实。试点推行职员职级序列，拓宽了人才成长通道。落实企业文化和队伍建设三年规划，深入开展“忠诚企业、服务首都”主题教育活动。完善新闻宣传和品牌传播体制机制，强化舆情监测，组织“电靓京城、温暖民心”品牌传播活动，进一步提升了公司品牌的社会认知度。加大先进典型培育选拔力度，变电公司肖永立同志被授予全国劳动模范称号，公司95598服务热线优秀事迹荣获北京市“百姓爱心故事奖”，受到各级表彰的先进典型数量达到历史最高水平。

总体来看，一年来，在“八字方针”的指引下，公司沿着年初既定的工作路线稳步前进，较好地实现了各项年度发展目标。公司作为子公司的管理架构不断完善，干部职工管理行为更加规范，经营意识显著增强，迈出了从生产型企业向生产经营型企业转变的第一步；电网发展理念进一步转变，与城市发展和客户需求贴合更加紧密，配网和农网发展得到高度重视，建设和管理力度不断加大，主、配、农网发展协调性明显加强。

伴随着2010年工作的圆满完成，公司“十一五”发展也画上了圆满的句号。回首过去的五年，公司发展的成就令人鼓舞。

五年来，北京电网发展实现重大跨越。公司“十一五”累计投入建设资金438.56亿元，是“十五”期间的3倍，新建110kV及以上变电站120座、输电线路1883km，增加变电容量3927万kVA，比“十五”末增加88.14%，基本扭转了迎峰度夏期间电力供应紧张、设备过载严重的被动局面。北京电网初步形成5大分区供电格局，抵御重大事故和自然灾害的能力得到增强，可以确保1座500kV站全停不垮网；各供电分区以220kV双环网为主干，并深入到负荷中心区，具备较强的供电支撑能力。电网装备水平和智能化程度进一步提高，装备GIS设备的变电站占变电站总数的49.24%，220kV及以上变电站监控系统覆盖率95%，110kV及以上继电保护装置微机化率99.26%，数据通信网覆盖率100%，在线监测、可视化调度、电缆网集中监控等先进技术得到广泛应用。

五年来，首都供电保障始终坚强有力。电网安全风险管控能力显著增强，“十一五”安全生产事故数比“十五”下降34.67%。运行管理模式不断优化，公司在国内率先建设的调控一体化、配网自动化和检修专业化模式运转日渐成熟，状态监测、带电作业等先进技术得到广泛应用，建成了组织健全、预警及时、反应迅速、方案完备的应急体系。全网供电可靠率从“十五”末的99.897%提高到99.978%；城市户均停电时间从2005年的9小时降低到1.9小时，达到国内领先水平。作为“十一五”发展的标志性成果，公司创造了奥运供电保障“零失误、零事故”和建国60周年庆典供电保障“电网零闪动、设备零故障、供电零差错”的历史最好成绩，公司被党中央、国务院授予“北京奥运会、残奥会先进集体”荣誉称号，被国家电网公司评为“奥运电力保障功勋单位”，荣获首都中华人民共和国成立60周年庆典活动筹办工作最佳保障奖。

五年来，公司经营管理水平显著提升。子公司体制改革基本完成，人、财、物集约化程度不断加深，资源配置更为优化，运营管控更加有力。信息化建设迈上新台阶，全面完成“SG186”工程建设任务，基本建成了“纵向贯通、横向集成、运转高效”的企业级一体化信息管理平台。科技创新取得多项重要成果，获得中国电力科学技术二等奖2项，国家电网公司科技进步成果一等奖3项、二等奖4项、三等奖7项；在电网监控、配网自动化、状态监测等方面积累了一定的技术优势。企业经营效益逐年稳步提升。“十一五”期间，公司售电量年均增长7.92%，五年累计增长46.41%。220kV及以下线损率比“十五”末降低0.64个百分点，当年电费回收率连续5年达到100%。理顺电价机制工作不断取得新进展，“十一五”期间电价共调增9.85分/kWh，为公司增加销售收入120亿元；五年中还累计争取到政府财政补贴13.33亿元，为公司发展拓宽了资金来源。

五年来，公司优质服务形象日益凸显。客户用电报装服务流程不断完善，客户经理、客户代表制实施范围不断扩大。政治供电和重要客户服务责任更明确、标准更健全，逐步走向专业化和常态化。公司积极履行社会责任，累计完成18万户平房居民“煤改电”接入工作，为349个小区解决了“临时代永久”问题。建成新农村电气化区（县）10个，电气化乡（镇）106个，电气化村1544个，对北京市农村居民生活水平提升发挥了重要作用。增设售电网点3723个，数量比“十五”末增加了78%。推出了应急电卡、爱心电卡等多项亮点举措，居民用电更加方便快捷。公司连续四年实现了“零责任投诉”，连续三年在北京市行风、政风测评中位列第一名。

五年来，企业发展氛围保持团结和谐。领导班子建设和干部队伍作风建设不断加强，领导干部政治思想水平和推动公司科学发展的能力进一步提高，公司领导班子多次荣获国家电网公司“四好班子”荣誉称号。创先争优活动蓬勃开展，学习型党组织和党员队伍建设初见成效。党建创新力度不断加强，构建了党支部创新工作平台，基层党组织的凝聚力、战斗力和创造力不断提高。党建品牌建设深入推进，建立“共产党员服务队”23 支，党员示范岗、党员责任区的作用日益凸显。党风廉政建设和反腐败工作始终坚持标本兼治、综合治理、惩防并举、注重预防的方针，建立健全“系统宣教、责任落实、内控监督、协同预防”四项工作机制，着力构建公司教育、制度、监督并重的惩治和预防腐败体系，有效维护了企业的政治安全、经济安全和形象安全。公司坚持依靠职工办企业，努力为员工的健康发展创造有利条件，广大员工对公司战略的认同度越来越高，企业发展的凝聚力不断增强。新闻宣传和品牌建设工作全面加强，外部舆论环境明显改观，品牌美誉度不断提升。公司荣获了“全国五一劳动奖状”和全国文明单位荣誉称号。

认真总结公司“十一五”发展的经验，我们深切感受到：只有始终坚持集团化运作，在国家电网公司“一强三优”战略体系下谋划公司工作，才能找准正确的发展方向；只有始终坚持服务大局，把确保首都安全供电和支撑北京经济社会发展作为工作的首要出发点，才能充分体现公司的发展价值；只有始终坚持求真务实，立足于公司和电网实际，不断夯实基础工作，才能保证发展的步伐稳健；只有始终坚持依法治企，牢固树立法制观念，严格遵守各项政策法规，认真执行各项规章制度，才能最大程度地防范和化解风险，保证企业决策的科学性和经营管理的规范性；只有始终坚持企业定位，突出效益（经济效益和社会效益），提升效率，才能实现公司的可持续发展；只有始终坚持争创一流，用清晰明确、不断超越的目标激励员工，才能推动企业的不断进步；只有始终坚持以人为本，用事业凝聚人、用文化感染人，才能形成强大的发展合力。

二、认清形势，统一认识，明确公司下阶段工作方向

站在“十二五”发展的新起点上，我们欣喜地看到：我国经济社会发展在国际金融危机的严峻环境下依然保持了强劲的势头，总体向好；北京市继续坚定地展开中国特色世界城市建设的蓝图，发展步伐更加稳健；国家电网公司“一强三优”现代公司建设进入最后冲刺的五年，世界一流电网、国际一流企业目标宏伟；随着“两个转变”的推进，北京电网和公司发展水平、干部员工能力和素质不断迈上新的台阶。这些都将成为我们推动公司“十二五”科学发展的强劲动力。

但是，我们也要清醒地认识到，我们的进步是与过去的工作水平纵向比较而言的。要在“国内一流、国际水准”现代电力企业战略框架下，科学设定“十二五”发展目标，准确把握阶段工作重点，我们必须把企业放到国内、国际大环境中去比较，更加全面地分析公司发展面临的形势，更加准确地把握公司经营管理的实际水平。

第一，公司“十二五”发展机遇与挑战并存。

一是国家宏观经济形势不确定因素较多。“十二五”期间，在总体向好的大趋势下，我国转变经济发展方式任重道远，资源环境约束强化，民生改善需求迫切，经济调控的深度和难度明显增加，容易加剧各方面的利益冲突，导致各类不确定性因素的出现。公司必须密切关注宏观经济发展动向，把握发展重点，努力使电网发展与环境资源、民生需求协调统一，并处理好投资与回报的关系，做好应对政策风险、市场风险、财务风险的准备，才能抓住机遇，推动企业的健康可持续发展。

二是首都发展对供电工作要求更加全面。北京市提出打造“国际活动聚集之都、世界高端企业总部聚集之都、世界高端人才聚集之都、中国特色社会主义先进文化之都、和谐宜居之都”，面向“十二五”所确立的重点发展任务多数都与电网发展息息相关，如：在经济建设方面，要优化城市产业布局，推进城乡经济社会发展一体化；在城市建设方面，要提高科学规划能力，节能降耗，提高生态环境建设水平；在发展社会事业和改善民生方面，要加快保障性安居工程建设，确保首都安全稳定等等。这其中的任何一方面工作对我们而言都既是机遇又是挑战，需要认真研究，积极应对。

三是政府监管和社会监督的压力越来越大。目前电网企业职工高收入等问题依然是社会舆论的焦点，政府对客户工程“三指定”、“小金库”以及工程建设领域突出问题等方面的检查频度、力度还在不断加大。电网建设也越来越多地受到征地、拆迁、环评等因素的约束，建设环境日趋复杂。“十二五”期间，随着电价机制、电力市场和能源管理体制方面改革的深入推进，公司面临的政府监管和社会监督压力将不

断加大。公司在依法合规解决历史遗留问题的同时，还要以此为契机，不断强化依法治企工作深度、广度，消除薄弱环节，建立长效机制，进一步规范公司的经营管理工作，适应法治社会建设的要求。

四是“五大”体系建设给我们带来大量的体制改革与管理改进任务。国家电网公司将在今年试点，明年开始推广实施“五大”体系建设，以改变目前多层级、长链条、“小而全”、“小而散”的管理体制，重点要做实省公司、做优地市公司、做精县公司。这预示着公司未来在变革组织架构、创新管理模式、优化业务流程等方面还要做大量的工作。我们应结合公司实际和“三集”深化应用情况，密切跟踪试点工作进展，提前开展“五大体系”重点问题研究，为下一步“五大体系”建设奠定基础。

五是全面建设智能电网需要我们在技术和管理上实现更多的创新与突破。国家电网公司将在“十二五”期间基本完成坚强智能电网的建设任务。公司前期已经开展了包括智能用电小区、电动汽车充电站在内的大量的智能电网建设试点工作，取得了一定的经验。但是要真正形成具有北京电力特色的成果，还需要进一步提高自主研发能力，下大力气在关键技术和主要装备上实现突破。尤其是国家电网公司将电动汽车充电服务列为公司主营业务，我们需要进一步加快建设充电服务网络，为电动汽车业务发展打好基础。同时，智能电网建设将对旧的生产和服务模式带来较大的冲击，需要我们提前做大量管理上的准备工作。

第二，公司的经营管理水平距离“国内一流、国际水准”还有不小的差距。

在国家电网系统内部比较，公司尚未进入标杆行列。公司成为省级公司时间不长，真正按照子公司模式独立自主经营只有一年多，与其他省级电力公司相比，运营经验相对缺乏。“十一五”期间，公司也曾经进入国家电网系统同业对标的标杆行列，但是由于没有完善的经营机制和扎实的管理基础作为支撑，难以保持领先地位。根据国家电网公司新发布的同业对标数据，公司在26个省电力公司中排名第8，安全管理、资产经营、电网运行、电网建设专业未能进入专业标杆行列；在全部114项可比指标中，公司仍有38项指标排在国家电网系统平均水平以下；尤其是在13个资产经营指标中，公司只有3个指标（资产负债率、销售收入三年平均增长率、每万元电网资产运行维护费）超过国家电网公司平均水平。

与国际知名的电力公司相比，我们的差距更为明显。公司选取了74家具备一定影响力的国际电力公司，以其核心指标平均值作为“国际平均水准”来比照，在20项指标中，公司有11项处于落后位置，包括终端能源市场比重、资产收益率、单位资产输配电总成本、配网结构合理水平、客户报装平均办理时间等等。如果与北京市建设“世界城市”的对标对象东京、纽约、伦敦的电力公司相比，我们除了单位售电量输配电成本占优外，在电网质量、供电可靠性、资产效率和客户服务品质等方面都存在不小的差距。其中，东京在国际影响力、地理环境、产业分布、用电特征等方面与北京最具可比性，但是东京电力终端能源市场占比是我们的2倍，单位客户利润是我们的5倍，用电报装平均时间为我们的1/10，户均停电时间仅为我们的1/50。

第三，以“八字方针”来衡量，公司工作还存在明显不足。

在“大局”方面，不足主要体现在电网发展与首都城市发展未能紧密融合。公司与政府在电网发展和城市发展上的协同配合日益加强，但深入性和及时性仍显不足；公司自身研究政策的能力不强，对首都发展有关政策的把握不到位，对政策制定缺乏影响力；电网规划与城市发展规划契合度不够、缺乏前瞻性，执行受到诸多制约，电网发展存在大量的被动和短期行为。目前，北京电网整体容载比过高，经济性较差；而热点地区电源紧张，结存容量居高不下，对重点项目支撑能力不足；配网、农网发展明显滞后；电网建设与城市环境也存在不协调之处。

在“可靠”方面，不足主要体现在对客户的安全供电还存在诸多隐患。10kV及以下配电网还没有建立统一规划、建设和管理的机制，结构不合理、设备水平低、维护力量不足等问题尚待解决，已经成为影响供电可靠性提升的“瓶颈”。农村地区电气化水平偏低，电力建设和管理缺乏统一标准，不能很好地满足新农村发展的需要。政治供电和部分重要客户用电已经要求做到“零闪动”，公司在规划、技术、管理等方面都需要相应加强。在安全管理方面，人员责任和设备质量造成的事故仍然时有发生，对于外力破坏还没有找到有效的防范手段。

在“法治”方面，不足主要体现在经营管理不规范，蕴藏着较大的风险。公司管理体制不断发生变化，但是配套的制度体系建设没有跟上，出现了不少制度真空；公司整体法治意识不强，部分干部职工遵章守制意识薄弱，“自转”的惯性还很强，对制度执行不到位；多种经营、劳务用工、客户工程、员工收入等方面问题历史成因复杂，解决起来需要一个过程；公司监督考核机制还不够完备，部分单位内部管控机制还不健全。“小金库”清理、“三指定”治理以及近几年公司发生的违法违纪案件，都深刻反映出公司相关管理不到位、执行力不强、依法治企水平不高的问题。

在“两效”方面，不足主要体现在管理协同能力和经营创效能力亟待提升。公司本部整体协调能力不强，部门间横向沟通不足，一体化管理信息平台应用还不熟练，跨部门业务流转不畅，没有形成管理合力；基层单位管理机构有待进一步优化，业务管理模式也没有实现统一。“办企业、重效益”的意识还未深入人心，成本控制不严，无意识的浪费现象还比较严重；经营计划性不强，预算执行刚性不够；公司自身技术研发能力不足，市场开拓方面办法还不多。电网近几年投资建设规模大、速度快，但资产收益率水平低；电网运维投入大，设备利用率低，主要设备的平均寿命仅为国际先进水平的一半左右。

综上所述，公司目前仍然处在子公司独立经营的起步阶段，最根本和最急迫的问题还是基础工作薄弱的问题。这些问题不解决，公司的工作就很难满足首都建设“世界城市”和国家电网公司建设“一强三优”现代企业的要求。因此，在“十二五”期间，公司的首要任务还是强化管理、夯实基础，打造体制先进、机制完善、管理高效、保障服务和经营创效能力强的现代电力企业。

三、明确目标、把握重点，推动公司“十二五”科学发展

为尽快解决子公司独立自主经营的高要求与相对薄弱的基础工作之间的矛盾，不断提升保障服务和经营创效能力，公司将“十二五”期间的总体发展思路确立为：贯彻落实国家电网公司“十二五”发展部署，坚持“大局、可靠、法治、两效”工作方针，紧紧围绕首都“世界城市”建设对电力的需求，全面加强基础工作，不断提高发展质量，进一步推进“两个转变”，保障公司科学发展。

“十二五”发展的目标是：总体工作水平达到“国内一流”，实现公司发展方式由生产型向生产经营型转变，建立适应子公司体制要求的高效运营管理体系；实现电网发展方式由主网为主向主配农网协调发展转变，建设有首都特色的高可靠城市智能电网。

具体目标包括：

一是电网发展要有新跨越，主、配、农网实现统一规划、统一建设、统一管理，500kV 变电容量达到 3361 万 kVA，220kV 变电容量达到 4788 万 kVA，110kV 变电容量达到 5291 万 kVA，35kV 变电容量达到 162 万 kVA，主网九大分区相互支援，10kV 配网形成以环网为主、放射网为辅的网架结构。电网能够应对 2700 万 kW 最大用电负荷冲击，根本解决电网局部重载和部分区县容载比过高的问题。

二是安全供电要有新标准，安全生产事故数比“十一五”期间降低 50% 以上，城市供电可靠率达到或接近东京水平；全网户均停电时间降低到 60 分钟以内，城市核心区户均停电时间降低到 5 分钟左右，政治供电和重要客户用电做到“零闪动”。

三是优质服务要有新提升，客户用电报装平均办理时间由目前的 64.9 天缩短到 35 天左右；五环以内，抢修到达现场不超过 30 分钟，服务满意度在首都公共服务行业继续保持领先地位。

四是经营管理要有新突破，2015 年售电量达到 1200 亿 kWh，净资产收益率由目前的 3.62% 提高到 4% 左右，资产负债率控制在 70% 以下。成为并保持国家电网系统同业对标综合标杆，各专业均有成果进入国家电网公司典型经验库。

五是“三个建设”要上新水平。党组织的凝聚力和战斗力进一步增强，公司廉政风险得到有效管控；人力资源结构明显优化，各专业均有具备行业知名度的领军人物；干部员工队伍心齐风正，团结奋进、争创一流的氛围更加浓厚；公司保持全国文明单位荣誉，品牌价值进一步提升。

实现“十二五”发展目标，必须牢牢把握住“一个中心、三个推进”，使电网和公司的发展基础更实、步伐更稳、质量更高。

“一个中心”就是要以深入贯彻落实“八字方针”为中心。“八字方针”是公司认真总结历史发展经验，深入思考自身性质和定位的智慧结晶；是公司充分发挥能源支柱作用，服务首都经济社会发展的自觉要求；是公司提升经营管理水平，建设“国内一流、国际水准”现代电力企业的必然选择。公司发展的实践充分证明，“八字方针”的提出符合国家电网公司建设“一强三优”现代公司的总体要求，符合首都建设“世界城市”的发展需要，符合北京电网和公司发展的实际特点，符合公司广大干部员工的长远利益，是公司坚持的基本工作方针，对公司“十二五”发展将会起到全面的指引作用。

“三个推进”是指：

（一）推进电网全面协调发展，确保首都安全供电

为首都安全供电是公司的生存之本和责任之基。确保首都安全供电必须从电网规划、建设、管理、服务全过程着手。电网规划要保证超前性、全面性、科学性，提前掌握首都城市发展规划方案，充分利用好

输电走廊、电力管沟、变电站站址等资源，统筹考虑主、配、农网规划，统筹考虑首都用电智能化的需求、新能源接入的影响和电网与城市环境的协调，细分发展区域，合理配置容量，逐步解决电网整体容载比过高、设备利用率低，而局部地区供电紧张的问题。电网建设要把握好安全、速度、质量和效益的关系，突出质量核心地位，确保“零缺陷移交”。电网管理要以风险管控为主要着力点，通过严细管理、强化问责，减少人员责任风险和外力破坏风险，通过深化应用电网自动化、智能化技术不断提升供电可靠性。重要客户和政治供电服务要实现由运动式、突击式向常态化、系统化转变，重点解决好电压跌落、瞬时停电等问题，将供电质量提升到新的水平。

（二）推进公司规范高效运营，全面提高发展质量

效益是企业追求的最终目标，是企业长远发展的保证。作为首都供电企业，我们追求的不仅是经济效益，还包括社会效益。提升效益同样需要公司在规范管理、科学运营和优质服务等方面作全方位的努力。公司上下都必须牢固树立效益意识。在管理上要结合“三集五大”体系建设，对公司核心业务体系和工作流程进行统筹优化，建立集中统一、权责明晰、高度协同的组织架构和规范、高效、顺畅的运行机制，同时要增强管理刚性，切实解决管理中计划不准确、预算不精细、调整不严肃、考核不严格等问题。在经营上要以优化配置资源为核心，深化人、财、物集约化工作，对内科学理财，依法理财，对外积极拓展终端能源市场，力争“十二五”期间公司主要经营指标有较大改观；同时要加强对集体资产的管理，面向市场做强做大集体企业，使集体企业成为公司重要的效益增长点，并争取能有一至两家优质集体企业适时运作上市。在服务上要树立“客户是衣食父母”的观念，一方面着力解决严重影响公司形象的“三指定”等问题，另一方面大胆创新，针对重要客户和普通居民用户不断推出服务新产品，打造服务亮点，凸显公司优质服务形象。

（三）推进“三个建设”不断加强，保障企业健康发展

干部员工队伍是企业发展最重要的资源。公司“十二五”发展必须依靠干部员工队伍素质的提升来支撑。抓好“三个建设”是全面提升队伍素质，推进企业健康发展的重要保障。党建工作要面向领导班子、基层党组织和广大党员，发挥组织优势，教育和带动全体干部员工创先争优，为公司“十二五”发展争做贡献。党风廉政建设要以各级领导干部、关键岗位人员为关注重点，不但要抓好制度完善，明晰廉政“红线”，更要抓好制度落实，确保对廉政风险管控到位；不但要抓好廉政宣教工作，真正触及灵魂，发挥警示和震慑作用，更要抓好廉政监督机制建设，使廉政监督关口前移，深入到公司运营管理全过程中去。队伍建设既要站在公司全局分析“十二五”发展对人力资源的需求，制定和实施好人力资源规划；又要充分考虑员工个人发展需求，帮助员工制定和实施好职业生涯规划。在这两个规划的基础上，加强培训，强化激励，引导员工成长为公司真正需要的人才，重点解决一线技能人才短缺、技术领军人物匮乏的问题和市场化用工风险突出的问题。企业文化建设要按照国家电网公司“四统一”要求，以贯彻“八字方针”为主线，认真总结公司发展的历史经验和优良传统，积极选树各条战线的先进典型，大力宣传公司负责任、可信赖的品牌形象。

公司“十二五”发展任重道远，对全体干部员工的意志品质和能力素质提出了严峻挑战，我们必须坚持求真务实的态度，发扬“努力超越、追求卓越”的精神，团结协作，攻坚克难，一步一个脚印，一年一个里程碑，扎实推进各项工作，争取更大的发展进步。

四、2011 年工作思路和重点工作

2011 年是“十二五”发展的起步之年，做好全年工作，对于公司圆满实现“十二五”发展目标至关重要。公司 2011 年工作的总体思路是：以党的十七届五中全会精神为指导，贯彻落实国家电网公司 2011 年“两会”工作部署，坚持“大局、可靠、法治、两效”工作方针，夯实基础，努力完成“8031”工作目标，争取蝉联全国文明单位，为公司“十二五”发展开好头、起好步。

“8031”工作目标的具体内容为：

力争完成售电量 800 亿 kWh，确保完成售电量 785 亿 kWh；

实现政治供电“零闪动”、安全生产“零死亡”；

完成利税 30 亿元，其中利润 10 亿元以上；

完成投资 100 亿元。

重点做好以下工作：

（一）下移安全管控重心，筑牢安全生产根基

把握影响安全生产实效的关键因素，从源头和基础抓起，落实安全生产责任，推进生产管理精益化，强化生产过程安全管控，确保安全生产风险可控、在控。

夯实安全管理基础。深入推进安全监督审计，严格落实以各单位行政正职为核心的各级安全生产责任

制。进一步明晰基建、营销、农电和信息安全管理责任，针对专业特点，同步开展危险源辨识、风险评价和控制，切实做到安全与生产同布置、同要求、同对待。全面构建安全生产过程管控体系，加强安全隐患排查治理，强化作业过程风险管控，确保制度与反措的落实，实现安全管理水平的新提升。加强反外力工作考核，建立线下隐患联合管控机制和警企联合保护电力设施常态工作机制。推动《北京地区高压用户用电安全规范》出台，确保用电安全管理有法可依、有章可循。

推进生产管理精益化。认真开展电网稳定性分析，及时弥补薄弱环节，确保电网稳定运行。深化调控一体化和专业化检修工作，明确调控运行与输电、变电、配电运行的职责范围，强化运行单位责任，逐步实现运维一体化。细化设备评估标准，开展供电设施评价，加强设备运行数据统计、异常分析工作，制定状态检修技术标准和工作流程。加强设备全寿命周期管理，优化技术管理及监督体系，提升技术管理水平。提高配网运行巡视质量，加大配网设备和环境隐患的排查整改力度。以配网自动化为抓手推进智能配网建设。加强综合检修管理，统筹考虑设备状况和施工需要，最大限度减少设备重复停电次数。

提升应急反应和处理能力。进一步完善公司应急值班体系功能，理顺应急管理职责和工作机制，充分发挥信息中枢和综合协调平台作用。加强公司通信系统建设，增强抗干扰、抗灾害能力。针对首都稳定要求和交通现实状况，细化预案体系，整合公司内外部应急保障资源，合理设置应急抢修网点，努力提高信息共享水平，不断提升与党政军有关部门的应急联动和协作能力。加强应急演练，及时查找漏洞，提升应急实战能力。

（二）围绕区域发展需求，提高规划建设水平

落实主配农网协调发展理念，提高规划工作的主动性，促进电网规划与城市规划的深度融合，确保电网建设进度和质量，充分支撑北京经济社会发展。

超前规划电网发展。与各级政府建立有效的互动交流机制，及时准确地掌握北京城市发展规划和各区县、功能区发展规划布局，将电网规划纳入到城市发展规划中。争取建立有利于公司长远发展的电网投资体制。推广输变电工程分阶段实施的策略，租、征、借多措并举，争取提前落实更多“十二五”规划站点用地；依托架空线入地工作，主动服务、超前规划和利用好五环内的管沟资源。主动参与电厂规划选址，引导电厂有序接入。

高效推进重点工程项目。全年计划投产 110kV 及以上变电容量 299 万 kVA，送电线路和电缆 194km。加快实施大兴、回龙观、草桥、高丽营 220kV 变电站扩建工程，确保度夏前全面竣工。加快解决 2010 年度夏、度冬期间电网暴露出的问题。积极配合政府做好京沪高铁、轨道交通等重点工程配套输变电项目建设。精心组织实施配网和农网建设与改造工程，确保配网和农网投资收到实效。

不断提高工程建设水平。深化工程标准化建设工作，规范各类设计标准和设计方案，确保工程通用设计应用率 100%，提高工程预控能力。建立标准、规范的建设流程，强化工程里程碑计划的刚性管理。整合招标平台，进一步规范招标管理。深化应用工程造价管理系统，提升技经工作水平。提高工程科技创新能力和新技术应用水平，全方位、全过程提高工程建设质量，打造精品工程。

（三）强化经营效益意识，提升供电服务水平

以市场为导向、以客户为中心，进一步增强效益意识和服务意识，强化经营管控、细化营销管理、不断开拓市场，纵深推进差异化服务，打造服务亮点，不断提升供电服务品质。

强化内部经营管控。以同业对标为抓手，认真查找差距，分解落实责任，不断改进经营管理水平。实行综合计划“四统一”，做好执行情况的抽样检查。推进财务集约化管理深化应用。加强项目预算和标准成本管理，提高预算集约调控水平。完善公司一级账户资金收支管理模式，提高资金集约化管理水平。深化输配电价测算研究，做好推行居民阶梯电价工作。继续推进配网用户资产接收工作。调整融资结构，优化公司资金流曲线，降低资金成本，提高资金运转效率和效益。完善内控制度，加强全面风险管理，构建风险防控体系。深入研究农电工作存在的问题，稳步推进农电管理模式调整。

确保主营业务收入增长。进一步优化营销管理体系，落实营销工作责任。全面推进线损“四分”管理，做好线损分析和异动普查，加大打击窃电工作力度。加快报装接电速度，深入分析结存难点，将问题分解到站、线，引导电网规划调整，使潜在市场尽快转化为公司效益。加强缴费终端服务管理，拓展银电联网代扣、网上自助等缴费方式，加快电费资金回笼。推进“以电代煤、以电代气、以电代油”项目的实施，提升终端能源市场占有率。

拓展新的效益增长点。尽快落实 2011 年充电设施建设项目，确保各项支持政策落地，逐步形成电动汽车运营和服务网络体系。实施电动车实路测试

项目试点工程。深入推进合同能源管理。做好延庆、平谷新能源基地等试点项目并网工作，引导新能源有序接入。拓展能源服务市场，实施好国家电网公司智能楼宇、智能园区和智能需求侧管理项目，建立智能需求侧能效管理平台，为客户提高整体用能效率。

推进差异化服务工作。实现公司调度、电网、营销和客户用电信息的共享，打破公司内部专业和区域壁垒，逐步形成跨专业、跨区域的协同服务机制。建立重要客户用电“健康档案”，确保重要客户安全用电状况可控、在控。推出安全用电评估、电力效能诊断等差异化服务产品，制定重要客户用电突发事件应急预案，全面提升服务品质。

打造供电服务亮点。深入推进“塑文化、强队伍、铸品质”供电服务提升工程。加强公司自有服务网点建设，完善服务功能和工作标准；研究推出基于网络应用的新型服务产品，充分利用社会资源开展购售电服务，建立用电便民服务网络化体系。研发智能化故障报修处理系统，进一步提升用电咨询、报修服务工作效率。继续做好24小时售电和应急送电卡等便民服务举措。坚持内外结合开展服务监督工作，进一步促进服务质量的提升。

（四）依法合规经营企业，保障公司健康运行

适应市场化运营要求，完善公司治理，进一步解决影响企业健康运行的突出问题，建立依法治企长效机制，着眼长远开展政策研究，增强企业可持续发展能力。

深化依法治企工作。深入开展“法治电网”依法治企专项活动，对公司法律风险进行全面评估，建立法律风险防控体系。推进规章制度管理规范化建设，编制规章制度汇编，开展制度执行情况调研，促进制度进一步完善。加强预算管理，强化预算分析与考核，有效增强预算执行刚性。细化合同审核标准，严把合同管理关口。启动“六五”普法工作，开展涉电典型诉讼案例宣讲，提升公司干部员工法制意识。围绕“三指定”、农电管理、党风廉政和干部作风等方面的突出矛盾和问题，认真开展排查治理工作，严格规范供电所管理和服务行为。

改革用电报装管理。打破传统报装区域界限，大力开展同城报装，试点开展“147”收费，规范业扩市场。积极推行10kV客户典型供电方案，统一对客户开展设计、咨询服务。采取集中框架招标、客户自主选择的方式为客户用电工程提供设备，并做好供应商后评价工作，把好配网设备质量关。严格对施工招投标的管理，提高市场透明度，加强对评标专家和投标企业的监督，严禁“围标”、“串标”、“虚假招标”等现象，坚决杜绝“三指定”行为。严密跟踪和考核施工效率和质量，促进客户工程施工质量的持续提升。

强化内部审计监督。健全审计机构，加强队伍建设，提高审计工作能力。完善审计工作机制，明确职能定位，明晰职责界面，统筹运用审计资源，提升审计效率。创新审计思维，将审计监督融入业务职能管理，加大协同监管力度，保证审计效果。强化审计成果运用，认真整改审计发现的问题，加强考核，提升审计价值。

加强集体企业管理。按照国家电网公司统一部署，稳步推进主多分开工作，按规定做好股权清退。健全公司集体资产监督管理体系，完善集体企业法人治理结构，加强内控机制建设，强化审计监督，确保依法合规经营。全面加强集体企业业绩考核工作，不断增强集体企业综合实力，提升市场竞争能力和经济效益，实现又好又快发展。

提高政策研究水平。深度研究与公司发展相关的宏观形势、政府或行业政策、法律法规。在政府层面，重点研究电价、利税、电网发展投资机制、电力设施保护等方面的政策。在国家电网公司层面，重点研究“三集五大”、智能电网建设、农电管理、新能源发展、节能减排等方面的课题。在公司层面，重点研究公司战略支撑体系建设、电网发展规划、劳务用工管理、产业管理等方面的制度和机制。力争拿出高质量的研究成果，并根据公司工作推进情况，及时研究重点难点问题解决方案，为公司决策和发展提供政策支撑。

（五）提升员工队伍素质，增强公司发展动力

以促进“八字”方针有效落实、支撑公司长远发展为目标，着力增强员工“五种意识”和“五种能力”，规范用工管理，构建组织优化、结构合理的人力资源管理体系，建立激励员工成长成才的机制，全面提升员工队伍的政治素质、专业素质和文明素质，不断增强公司发展能力。

加强员工思想教育。深化“本部建设年”活动，进一步提升本部的领导力、创新力、执行力。深入开展“平凡孕育伟大，劳动奉献光荣”主题教育活动，继续举办“双十”评选，大力选树先进典型，弘扬“诚信、责任、创新、奉献”的核心价值观和“努力超越、追求卓越”的企业精神，强化员工大局意识、争优意识、法治意识、效率意识和效益意识。增强统筹协调能力、学习能力、解决问题的能力、执行能力和风险管控能力，努力把“忠诚企业，服务首都”的

意识转化为员工的自觉行动。

推进全员绩效考核。加快建立逐级考核、分层负责的全员绩效管理体系，实现全员绩效制度建设完成率、全员绩效管理工作覆盖率、全员绩效评价结果应用率三个百分之百。优化薪酬结构，加大绩效薪酬比例，充分发挥激励作用；建立向一线倾斜的薪酬分配机制，合理确定各单位管理层与生产一线的收入分配关系。

规范劳务用工管理。建立劳务用工引进、培训、考核、晋升、退出的统一管理模式。控制总量，提高质量，严把劳务用工入口关。以加强安全意识、业务能力为重点，强化培训工作，提升劳务人员职业素质。构建技能评价体系，实行劳务人员技能水平动态分级评定。探索建立技术等级、职称评定、职务晋升的管理机制，畅通劳务人员职业发展通道。明确劳务派遣单位和用工单位的管理职责，切实提高劳务人员管理水平。

加速专业人才培养。适应公司发展需求，制定公司人力资源发展规划，优化公司人力结构。继续推行职级序列，培养和打造技术拔尖人才和专业领军人物。构建经营、管理、技术和技能四类人才的职业发展通道，形成能力提升和职位晋升相结合的双通道晋升模式。建立梯次合理，专业齐全的专家队伍，提高专家的创新能力。加快实训基地建设，提高技能培训、鉴定工作实效，培养实践型、应用型高技能人才。扎实推进学分制管理办法，将脱产培训、在职自学及科研创新相结合，提高全员的整体素质。

（六）加强科研和信息化工作，提升创新支撑能力

坚持以科技创新提升电网技术水平，以信息系统应用提升公司管理水平，大力开展SG-ERP信息工程建设，深化技术支撑体系建设，有效提高公司科研创新能力和信息化工作水平。

提升科技创新能力。整合公司科技人才、设备资源，加快“两院一中心”的研究体系建设，形成从公司运营需求出发、以自主研发为主、以成果应用为最终目标的科技项目产出机制。根据公司自身特点，重点围绕政治供电、应急管理、电缆运维、配网自动化等开展研究，培育一批具有自主知识产权的项目，培养一支高素质的科技人才队伍。面向生产实际，加速推进科技成果转化和新技术应用，全面提升科技创新投入产出效率，为公司和电网发展提供有力的技术支撑。

提高信息化管理水平。围绕国家电网公司“三集五大”体系和坚强智能电网建设要求，加强一体化信息平台建设，改造信息网络，建设容灾中心，优化应用集成平台，应用空间信息辅助支持平台，为企业信息化提供灵活、安全、可靠的技术支撑。完善十大业务应用建设，扩展信息系统覆盖面，增强业务融合，提高信息系统实用化水平。加强信息系统运维和安全防护，健全信息系统运维服务体系，深化应用层的安全基础建设，增强安全防护技术手段，提高信息安全积极防御能力。

（七）发挥党组织政治核心作用，推进公司科学发展

以迎接建党90周年为契机，深化创先争优活动，加强党的先进性建设，强化廉政监督工作，为企业发展保驾护航。

加强领导班子和干部队伍作风建设。以思想政治建设为重点，按照“四好”标准，不断加强各级领导班子建设。坚持贯彻民主集中制，落实“三重一大”民主决策制度。按照德才兼备、以德为先的原则，把握干部培养、选拔、考核、监督四个重点环节，引导干部队伍尤其是青年干部牢固树立正确的世界观、人生观、价值观。弘扬深入基层、调查研究、脚踏实地、心系群众的良好作风，引导干部真正做到“想干事、能干事、干成事、不出事”，打造素质高、作风好、领导力强、执行力强的优秀干部队伍。

深化创先争优活动。以迎接建党90周年为契机，开展“学党史、强信念，明形势，做贡献”主题系列活动，充分调动基层党组织和广大党员的参与积极性，高标准、高质量完成创先争优公开承诺、领导点评、群众评议各项规定任务，将创先争优活动主动融入到公司安全生产、电网建设、经营管理和深化改革等重点工作中。继续推进学习型党组织建设，深化党建品牌建设，加强党员示范岗、党员先锋队，党员责任区建设，通过深入开展创先争优活动，努力形成组织创先进、党员争优秀、企业上水平、职工提素质的良好局面。

加强党风廉政和反腐败建设。加快构建“三化三有”特色惩防体系，建立健全“责任落实、系统宣教、内控监督、协同预防”四项工作机制。以“反思教训、完善监控”为主题，围绕廉洁风险点，深入开展教育实践活动；以保证“三重一大”制度落实为重点，深入执行纪委书记报告制度，强化监督责任；以党风廉政建设责任制为抓手，督促各级领导干部和职能部门履行“一岗双责”，加强监督检查，强化制度执行落实；以继续推进工程建设领域突出问题、“小金库”及“三指定”问题治理工作为载体，不断深化

公司反腐倡廉工作。

（八）打造优秀企业文化，凝聚企业发展合力

落实国家电网公司企业文化建设“四统一”要求，党政工团齐抓共管，弘扬企业核心价值观，大力宣传公司品牌，努力实现蝉联全国文明单位称号的目标，为推进公司发展营造和谐氛围。

推进统一的优秀企业文化建设。以核心价值观的宣贯为重点，推动“四统一”的优秀企业文化落地，丰富企业文化传播形式，发挥企业文化引领作用，不断增强企业的软实力和凝聚力。大力开展先进典型的挖掘、选树与宣传，努力打造能代表公司形象的有影响力的先进典型，带动员工队伍素质的整体提升。围绕“忠诚企业，服务首都”主线，深入开展精神文明创建活动，努力实现蝉联全国文明单位工作目标。

大力传播公司品牌形象。整合公司新闻宣传资源，创新工作模式，构建公司新闻宣传联动工作体系。完善对外联络机制，搭建与各类媒体紧密互动的平台。扩宽品牌传播渠道，策划实施具有社会影响、传播持久的品牌活动，扩大公司品牌影响力。加强舆情监测，提高突发事件新闻应急处置能力。完成品牌标识标准化建设目标，全方位提升公司品牌知名度、认知度和美誉度。坚持履行社会责任，创新开展社会公益活动。

充分发挥工会、共青团的作用。支持工会组织独立负责地开展工作，全面履行好四项职能。落实职代会制度，深化“厂务公开”工作。围绕职工素质提升，加大班组标准化建设和打造职工创新工作室工作力度。坚持党建带团建，落实“两个全体青年”要求，深化“五强五优五模范”创先争优、学习型团组织创建活动，启动“青春关爱行动”，完善“号、手、岗、队”创建工作和青年志愿者服务活动管理机制，发挥共青团组织的突击队作用。

确保企业稳定大局。坚持以人为本，紧密结合公司改革发展，加强对员工的人文关怀和心理疏导。关注员工在主多分开实施过程中的思想波动，做好宣传引导工作。切实解决员工关心的热点难点问题，引导员工树立勇于进取、健康向上的工作生活理念。关注劳务人员的思想和生活。做好离退休工作，把组织的关怀及时送到老同志身边，鼓励老同志发挥余热。落实信访维稳工作责任，调动一切积极因素，促进企业和谐发展。

加强员工队伍建设　全面提高企业素质　确保公司“十二五”开局之年工作任务圆满完成

——党委书记郭要斌在北京市电力公司二届一次职工代表大会暨2011年工作会、政工会上的总结讲话（摘要）

（2011年1月19日）

一、会议的基本情况及主要收获

这次会议是以党的十七届五中全会精神为指导，认真落实国家电网公司二届一次职代会暨2011年工作会议部署，深入分析公司当前及“十二五”发展面临的内外部形势，全面谋划公司“十二五”发展战略及部署2011年重点工作的一次重要会议，对于进一步统一全体干部员工的思想和行动，纵深推进“国内一流、国际水准”现代电力企业建设具有重要意义和深远影响。会议具有“精简高效、求真务实、发扬民主”的特点，是一次继往开来、凝聚力量、团结务实、催人奋进的大会。会议取得了圆满成功。

会上朱长林总经理作了题为《深入贯彻“八字方针”全面加强基础工作 推动公司“十二五”科学发展》的工作报告，系统回顾了“十一五”期间公司上下深入学习实践科学发展观，坚决落实国家电网公司党组和北京市委、市政府的决策部署，锐意改革，拼搏进取，扎实工作，实现公司和电网的跨越式发展的辉煌历程；认真总结了公司贯彻“大局、可靠、法治、两效”工作方针，保障和推动公司及电网全面协调可持续发展的七条基本经验；深刻分析了公司“十二五”时期面临的形势和任务，明晰了公司“十二五”发展目标、发展途径及2011年工作思路和工作重点。与会代表一致认为，朱总的报告统揽全局、立意深远，贯穿了解放思想、创新发展的精神，内容丰富，重点突出，要求明确，催人奋进，具有很强的针对性和可操作性，是“十二五”公司发展和电

网发展的行动纲领，是指导当前和今后一个时期公司工作的重要文件。

会议传达了国家电网公司2011年“两会”精神；表彰了国家电网公司劳模、公司先进单位、文明单位等先进集体和先进个人；听取了《北京市电力公司第一届职工代表大会工作情况和第二届职工代表大会筹备情况的报告》；审议通过了有关综合计划和预算执行情况等5项决议；印发了《关于深入贯彻“八字方针”全面加强基础工作的意见》和《关于进一步加强员工队伍建设确保“十二五”开局之年各项任务圆满完成的意见》等重要文件。公司领导与朝阳供电公司等4个单位代表签订了年度业绩考核责任书。城区供电公司等5个单位作了大会发言，职工代表宣读了《倡议书》。会议期间，各位代表以饱满的热情、认真负责的态度，围绕会议内容展开热烈讨论，积极建言献策，提出了很好的意见和建议，体现了强烈的使命感和责任感。对这些意见和建议，办公室、思想政治工作部要做好整理和归纳，对其中的重大问题，公司将组织力量，深入研究，认真解决。

二、准确把握会议精神，全面落实会议部署

会议对公司当前形势有四点基本共识：一是“十一五”期间，经过全体干部员工的团结拼搏，公司取得了优异成绩，综合实力大幅提升，子公司运营模式初步形成。二是公司当前正处在深化“两个转变”，规范整合，提高发展质量的攻坚期，建设首都特色高可靠城市智能电网的关键期。三是公司基础工作依然薄弱，经营管理水平距离“国内一流、国际水准”还有很大差距，以“八字方针”来衡量，公司工作还有明显的不足，发展任务非常艰巨。四是“十二五”期间，首都建设中国特色世界城市，国家电网公司推进“三集五大”体系，全面提高企业素质，新的形势给公司发展带来了机遇，也带来了前所未有的挑战。为了确保“十二五”发展开好头、起好步，圆满完成公司2011年的工作任务，我再强调四点意见：

（一）切实转变思想观念，提高思想认识

思想决定行动，推进公司“十二五”科学发展首先要做到统一思想，正视差距，励精图治。朱总在报告中，针对公司当前实际工作水平和存在的突出问题进行了客观分析，求真务实，实事求是。公司上下要充分认识到，公司目前仍然处在子公司独立经营的起步阶段。在国家电网系统内部，公司尚未进入标杆行列。与国际知名的电力公司相比，我们的差距更为明显。公司虽然有敢打、善打硬仗的优良传统，但在精严细实抓基础工作方面尚有欠缺。经过奥运、国庆60周年保电等重大政治任务的洗礼，公司员工的整体素质有了明显提升，但与“国内一流、国际水准”现代企业的要求还存在较大差距。朱总在报告中指出，公司当前乃至整个“十二五”期间，最根本和最急迫的问题还是基础工作薄弱的问题。这些问题不解决，公司的科学发展就无法保障。因此，公司上下必须切实转变思想观念，增强责任感和紧迫感，正视困难和挑战，集中精力抓好员工队伍建设，夯实基础工作，确保公司战略目标的实现。

（二）切实把握发展思路，促进公司规范运营

本次会议明确了公司“十二五”总体发展思路是，贯彻落实国家电网公司“十二五”发展部署，坚持“八字方针”，紧紧围绕首都世界城市建设需求，全面加强基础工作，不断提高发展质量，进一步深入推进“两个转变”，保障公司科学发展；明确了“十二五”期间公司总体工作水平要达到“国内一流”的目标。对于2011年的总体工作思路和重点工作，朱总在报告中指出，要全面贯彻落实国家电网公司2011年“两会”工作部署，坚持“八字方针”，夯实工作基础，努力完成“8031”工作目标，力争蝉联全国文明单位。思路和目标已经明确，这就需要我们共同努力去实现。在这里，我再重点强调一下“八字方针”的坚持与贯彻。“八字方针”是公司基于自身定位和发展现状，把握企业根本属性和发展需求而确立的基本方针，是公司开展各项工作必须遵循的基本原则。我们必须以“八字方针”为引领，全力实现公司发展方式由生产型向生产经营型的转变，电网发展方式由主网为主向主配农网协调发展的转变，以科学发展的态度主动融入首都“十二五”发展大局。

（三）切实深化创先争优活动，加强党的先进性建设

在党的基层组织和广大党员中深入开展创先争优活动，是中央的统一部署。2011年，公司各级党组织要以迎接建党90周年为契机，充分发挥政治核心作用，全力推进创先争优活动。

一是加强领导班子和干部队伍建设。深刻认识思想政治建设是各级领导班子和领导干部队伍建设的核心和灵魂，坚持以思想政治建设为重点，以创建“四好”领导班子为载体，努力提高各级领导班子和领导干部队伍的整体素质和领导能力。坚持德才兼备、以德为先的原则，把握干部培养、选拔、考核、监督四个关键环节，在广大干部中弘扬深入基层、调查研究、脚踏实地、心系群众的良好作风，引导干部真正

做到“想干事、能干事、干成事、不出事”。各级领导干部必须强化抓班子、带队伍的政治责任，一级抓一级、一级带一级，在创先争优活动中切实发挥示范表率作用。

二是加强基层党组织和党员队伍建设。根据公司改革需要，要及时建立、调整、健全基层党组织。加强对创先争优活动的组织领导，坚持高标准、高质量完成好年度公开承诺、领导点评、群众评议等规定任务，抓出特色，抓出实效，要形成组织创先进、党员争优秀、企业上水平、职工提素质的良好局面。继续推进学习型党组织建设，全面推进党建品牌建设，加强党员服务队、党员示范岗、党员责任区建设。在全体共产党员中深入开展“学党史、强信念、明形势、做贡献”主题教育活动，牢固树立党员的宗旨意识、创新意识和先锋意识，用创先争优的实际行动，喜迎建党90周年。

三是加强党风廉政和反腐败建设。认真学习贯彻中纪委十七届六次全会精神，加快“三化三有”特色惩防体系建设，深入推进教育、制度、监督、纠风、改革、惩治各项工作。围绕“反思教训、完善监控”主题，以领导干部和关键岗位为重点，深入开展党风廉政和廉洁从业教育。进一步强化落实党风廉政建设责任制，强化制度执行落实。以“三重一大”制度为主线，健全完善并严格执行一系列监督制度和内控措施，加强对领导干部特别是主要领导干部的监督，确保权力正确规范行使。各党委要全力支持纪委行使职权，充分发挥纪检监察部门的职能作用，严明党的政治纪律，为推动公司科学发展提供坚强的政治保障。

（四）切实以“忠诚企业，服务首都”主题教育活动为主线，巩固全国文明单位创建成果

深入推进“忠诚企业，服务首都”主题教育活动，努力提升员工队伍的政治素质、专业素质和文明素质，全面促进企业素质的提高，巩固全国文明单位创建成果。

一是大力弘扬“诚信、责任、创新、奉献”的企业核心价值观，全面开展员工思想教育。引导员工树立正确的世界观、人生观和价值观，强化大局意识、争优意识、法治意识、效率意识和效益意识，努力让“忠诚企业，服务首都”成为员工的自觉行动。

二是大力开展先进典型选树。积极弘扬“平凡孕育伟大，劳动奉献光荣”理念，继续开展“双十”评选活动，加大先进典型选树宣传力度，打造有突出影响力的公司先进集体或个人，通过先进典型的带动效应，提升员工队伍素质。

三是贯彻“人才强企”战略，落实“职工素质提升工程”。建立健全员工素质教育体系、技能人才培养体系和创新成果应用体系，重点建设专家型人才队伍，带动公司专业技术人才队伍建设。稳步推进人才职业发展通道建设，深化全员绩效管理，完善劳务用工管理。

四是深化文明创建活动。结合全国文明单位新一轮申报评选，坚持面向基层、面向员工，广泛开展文明创建活动。调动广大员工的积极性和创造性，紧密结合安全生产、优质服务等公司中心工作，深化开展精神文明建设创新工作。加强企业文化环境建设，丰富企业文化传播形式，促进国家电网“四统一”优秀企业文化全面落地。

三、会议要求

（一）认真传达贯彻会议精神

这次会议是总结“十一五”工作，展望“十二五”发展，部署2011年各项工作的会议，是公司改革、发展进程中一次十分重要的会议，公司各部门、各单位要高度重视，将领会、落实会议精神作为当前的首要任务来抓。

一要迅速准确传达会议精神。公司各级领导干部要加强对朱总所作工作报告的学习和研究，准确领会报告内涵和精神实质，同时要统筹兼顾安排好各项决定和其他会议文件的学习贯彻。各部门、各单位要认真组织，全面、准确、迅速地将会议精神传达到每一名员工，要把广大干部员工的思想和行动凝聚到会议决策和部署上来。各单位要于2月16日前将本次会议贯彻落实情况报办公室和思想政治工作部。

二要全面贯彻会议部署要求。公司各单位要以贯彻这次会议精神为主线，围绕公司“十二五”和2011年工作重点任务，制定好本部门和本单位工作计划，明确责任分工，采取有效措施，认真开好公司各专业工作会和各单位职代会、工作会和政工会，统筹安排好全年工作。

三要加大会议精神的宣传力度。各单位要充分利用各种载体大力宣传此次会议精神，深化广大员工对公司决策部署的认识，进一步统一思想、振奋精神、凝聚力量。同时，各单位要注重与各区县党委、政府以及相关委办局的沟通，结合本次会议精神，汇报本单位的年度工作计划，争取理解和支持，营造良好的外部环境。

（二）做好春节和全国“两会”的供电保障工作

春节临近，节后全国“两会”也将召开，各部

门、各单位要高度重视，及早部署，提前安排，妥善组织好各项保障工作。

一要切实加强安全生产工作。各级领导要高度重视春节和“两会”期间的安全供电工作，积极组织，及早部署。要加强值班，严格落实责任制，及时消除隐患，严防安全事故的发生。同时要做好消防保卫、交通安全等方面防范工作，保障各项安全措施落实到位。

二要切实加强优质服务工作。95598 热线要保证畅通，24 小时送卡服务等便民措施要执行到位。各供电公司 24 小时人工售电网点要保证不间断服务。要组织好抢修工作，保障抢修速度，减少客户停电时间。要加强节日期间重要用户的服务工作，做好重要用电客户的用电安全服务和应急抢修准备。

三要周密安排好节前各项工作。要落实节日慰问工作，关心员工生活，帮助员工，特别是为困难员工和离退休同志解决实际困难，把温暖送到员工身边。要处理好来信来访，做好稳控工作，妥善处置和化解各种矛盾，确保公司和谐稳定局面。要严格执行中央关于廉政建设和反腐败工作的各项规定，反对铺张浪费和大手大脚等奢靡之风，倡导广大干部员工过一个健康向上、欢乐祥和的节日。

全面加强基础管理　推进体制机制创新
为实现“国内一流、国际水准”战略目标提供人才支撑和组织保障

——副总经理常世平在北京市电力公司 2011 年人力资源工作会议上的报告（摘要）

（2011 年 4 月 28 日）

一、2010 年人力资源工作回顾

2010 年，人力资源工作在公司党委的正确领导下，深入贯彻“大局、可靠、法治、两效”工作方针，夯实基础，规范管理，狠抓落实，全面完成了各项工作目标。公司获得国家电网公司系统人力资源同业对标专业排名第 3 的好成绩，连续 4 年成为人力资源标杆单位。全员劳动生产率实现 118.35 万元 / 人，供电企业综合劳动效率指数达到 91.83%，人才引进指数实现 1.08，供电企业生产一线结构性缺员解决比例完成了阶段性目标，上述四项指标均位列国家电网公司系统第 1 名；人才当量密度达到 95.63%，位列国家电网公司系统第 2 名；人事费用率为 4.68%，较 2009 年降低 0.36 个百分点，位列国家电网公司系统第 4 名，较上年度提升了 2 名；技能竞赛调考成绩为 2945 分，位列国家电网公司系统第 8 名。总结 2010 年的工作，主要在以下几个方面取得了可喜成绩：

一是干部队伍建设不断加强。领导干部的岗位交流力度加大，通过竞聘、选聘、挂职等方式，全年共完成干部调整 216 人次，各单位领导班子得到有效充实，干部队伍结构进一步优化。“四好”班子创建考评模式得到完善，采取与党风廉政建设联合考核的模式，规范考核程序，实现信息共享，全年完成干部测评 328 人次，干部考核评价体系更加科学、全面。干部选拔任用监督机制进一步健全，积极贯彻落实“四项监督制度”，试点开展干部选拔任用“一报告、两评议”，确保选人用人程序更加规范。后备干部推荐和考察工作计划性增强，明确了后备干部推荐选拔标准，完善了民主推荐、组织考察、会议确定、意见征求等工作流程，后备干部选拔培养更加规范。干部队伍培养得到加强，选派 8 人到国家电网公司总部挂职，选派 5 人参加北大、清华 EMBA 委托培养，培养方式更丰富，培训效果更明显。

二是组织体系进一步优化。圆满完成公司本部机构规范调整工作，管理构架得到优化，各部门职责重新规范，以往存在的界面不清、流程交叉、责任缺位等问题得到系统梳理和有效整改，实现了职能与业务分开。完成供电公司职能处室设置及管理岗位编制调整工作，规范了供电公司职能机构设置和岗位编制，明确了各专业管理职责，促进了公司上下沟通协调。积极开展专业化管理优化整合工作，将原试验研究院土变检修等业务调整到变电公司，整合了公司检修专业资源，基本建成运检一体化的管理体系；成立信息中心、重要客户服务中心等单位，进一步加强公司在信息建设、重要客户服务方面的专业化管理。积极为新能源建设提供组织支撑，成立华商电动车动力科技有限公司，推进公司拓展电动汽车充电市场，有效促

进了北京智能电网建设和清洁能源发展。着力推动产业发展，成立华商管道、华商伟业等10家公司层面集体企业，为公司规范和加强集体企业经营管理提供了组织保障，同时积极探索产业发展管理模式，与主营业务形成有益互补。

三是劳动用工管理进一步规范。有效控制用工总量，按照国家电网公司新版定员标准，严格测算核定生产岗位用工，加强劳务派遣人员规范管理，对于超员单位限制聘用劳务人员，劳务派遣人员入口得到严格管控。完善用工管理制度和管理模式，制定人员借用、职级序列、挂职锻炼等管理办法，有效规范了人员使用和培养管理，为人才成长搭建了发展通道；重新定位银杰公司，明确劳务人员、派遣公司、用人单位三者之间的权利义务，加强了对劳务用工的规范管理，积极规避用工风险。加强员工入口管理，在全民职工入口管理方面，严格落实招聘计划，重点遴选符合公司主干专业、紧缺专业需要的高素质毕业生，抢占人才资源，新进员工素质起点进一步提升，结构更加合理；在劳务人员入口管理方面，加强对各单位劳务人员招聘计划管理，细化各专业岗位招聘标准，开展企业需求与就业培训相统一的“定制培训”，进一步提升新进人员素质。推进本部岗位竞聘，根据国家电网公司文件要求对本部机构和岗位进行了规范，处长及一般管理人员全部以竞聘或选聘的方式重新上岗，公司本部共聘任处长84人，一般管理人员248人，本部干部职工更加年轻化、知识化，队伍结构和素质得到明显改善。

四是全员绩效考核深入开展。进一步完善对所属单位及其负责人的绩效管理机制，以公司战略为出发点，在全面分析安全保障、运营效益、优质服务、同业对标、人才培养等方面的短板和关键问题的基础上，优化所属单位及其负责人业绩考核指标体系与流程，合理拉开企业负责人绩效薪金水平，为提升企业经营管理效率和效益奠定了基础。初步搭建全员绩效管理体系，印发了全员绩效管理工作指导意见，推进各单位制定全员绩效管理规章制度，建立“绩效经理人”制度，初步实现了员工绩效考核结果与评优评先、岗位晋升、人才培养等工作紧密挂钩。

五是科学合理的收入分配格局初步形成。加强对所属单位负责人薪酬管理，制定了所属单位负责人薪酬管理办法，明确薪酬结构和计发标准，建立了负责人及部分典型岗位薪酬收入定期报告制度，实现了对所属单位负责人薪酬的集约化管控。加强工资总额管理，修订完善工资总额预算管理办法，工资总额分配的结构、原则和预算管理工作流程进一步规范；根据绩效考核结果确定不同单位之间人均工资水平，进一步健全激励约束机制。规范和加强表彰奖励管理工作，制订了表彰奖励管理办法，明确责任部门和工作流程，规范了表彰项目和奖励标准。完善劳务人员人工成本核定标准，按照劳务用工总量计划、实际用工人数和分专业用工标准水平核定人工成本预算，劳务人员成本分配更加合理。

六是人才培养取得显著成效。加强制度建设，研究制定了学分制管理办法并试点实施，初步建立学分制管理支持系统，为学分制的推广实施打下基础。加强评优及专家选拔活动，建立公开、公正、公平的专家推荐选拔程序，初步形成优秀专业人才脱颖而出的机制。2010年共有80人分别获得市级、华北电网级和公司级优秀工程师或优秀青年工程师称号，9人被推荐为国家电网公司级专家。加强培训资源管理，推进兼职教师队伍建设，共聘任15个专业130名兼职教师；制定实训基地发展规划，推动培训基地建设。积极开展人才队伍建设，创新培训方法，加大公司本部员工培训力度。举办本部员工培训班4期，培训人数189人，不断提升本部管理人员素质；围绕公司发展战略，加强法律、财务等紧缺专业人才的培养力度，200余名专业人才参加了培训；着力打造高技能人才队伍，围绕公司重点工作，完成了装表接电、配电线路、输电电缆和电气试验4个专业题库的开发和轮训考核工作，在国家电网公司技能竞赛及调考中取得了较好成绩。

七是社会保险管理水平进一步提升。积极消除管理隐患，加强对企业补充医疗保险的规范管理，完成了医疗补助金个人账户清退工作。主动超前谋划，针对北京市推迟发布年度社会平均工资情况，及时准确完成各项保险的基金收缴、待遇支付工作，降低了对各项日常工作的影响。深化系统应用，在社保信息系统中增加离退休人员统筹外养老金管理功能，并实现了与ERP系统数据的实时对接；按照公司机构改革总体部署，实现了住房公积金和住房补贴管理的职责调整和平稳过渡。完成企业年金市场化移交工作。经过周密准备与筹划，与年金管理机构确定并实施了资产划转方案，明确各自的权力和责任，实行“钱账”分离，搭建起企业年金市场化运作的基本框架。

八是人力资源信息化建设取得重大进展。深化应用国家电网公司人力资源管控系统，将定员、企业负责人薪酬、教育培训、人才报表四个模块应用于实际管理中，人资管控系统的专业管理模块已基本完成；成功完成ERP人力资源系统上线工作，并全面推广和应用，规范、整合ERP各项人力资源数据并与财务、党团、离退休等业务环节有效集成。

二、深刻认识公司当前人力资源工作面临的形势和任务

2011年初，刘振业总经理在国家电网公司二届一次职代会暨2011年工作会上指出，要大力实施人才强企战略，全面提升队伍素质和企业素质；在国家电网公司反腐倡廉工作会暨二季度工作会议上，刘总进一步指出，一些单位在机构编制、招聘人员、发放工资福利等方面存在问题，要继续深化、细化、精益化，实现对人财物的全程管控、全面覆盖。2月21日，针对当前人力资源管理中存在的一些突出问题，国家电网公司通过电视电话会议部署了人力资源工作专项治理检查活动。4月中旬，国家电网公司召开了2011年人力资源工作会议，深入分析了“十二五”人力资源工作面临的形势，明确了方向、目标和任务，提出了进一步强化管理的工作要求。国家电网公司上述要求，对我们准确把握今后一段时期人力资源工作面临的形势，全面做好各项工作，具有十分重要的指导意义。

当前公司进入快速发展时期，机遇与挑战并存。客观分析公司改革和发展面临的内外部形势，作为公司重要支撑的人力资源工作，如何适应新形势、应对新挑战，任务还十分艰巨。一方面，公司人力资源现状与国家电网公司要求仍存在一定差距。国家电网公司对组织机构设置、定岗定员、收入分配、绩效考核、人才选拔培养、信息化建设等工作提出了更高要求，需要我们加快步伐，迎头赶上。另一方面，人力资源工作与公司发展要求不完全适应。一些干部职工对人力资源管理的认识和理解不够全面，管理理念和思维方式有待突破，运作模式和工作方法上有待创新。我们要在“国内一流、国际水准”的战略指引下，全面总结过去的工作和经验，深入分析目前存在的问题和困难，科学谋划未来发展方向和目标，这是我们做好今年及今后一段时期人力资源工作的前提和基础。

（一）国家电网公司“三集五大”体系建设对组织架构和管理模式变革提出了新要求

国家电网公司将以“三集五大”体系建设为重点，深入推进发展方式转变，人力资源管理需要围绕规划、建设、运行、检修、营销等业务领域，全面推动组织变革，创新管理方式。2011年国家电网公司已确定重庆、江苏公司为“三集五大”体系建设试点单位，在积累相关经验后在国家电网公司系统推广实施。公司需要按照“三集五大”体系建设要求，密切关注试点单位工作进展，进一步优化组织机构、业务流程和人员配备，强化专业化管控，提高运营效率和效益，实现业务管理由条块分割向协同统一、分散粗放向集约精益方式的转变。但公司在人力资源集约化管理体系建设中仍然面临许多问题和困难。一方面，人力资源管理基础仍较为薄弱，对人力资源现状分析掌握不透，不能准确预测并把握电网发展与公司发展对人才总量及结构的需求；管理制度与管理标准仍有缺失，管理手段较为单一；人员基础数据、资料不完整，信息化作用发挥不充分，不能有效实施动态管理。另一方面，人力资源集约化管理水平不高，分专业的条块管理现状一时难以改变，不能适应人力资源管理整体提升的要求，尚未形成人才引进、培养、考核、激励一体化的人力资源管理体系，激励和约束体制机制亟待创新。

（二）实现“两个转变”要求人才队伍建设要迈出新步伐

为了推动“国内一流、国际水准”发展战略的实现，公司提出了深化“两个转变”的目标，即实现公司发展方式由生产型向生产经营型转变，建立适应子公司体制要求的高效运营管理体系；实现电网发展方式由主网为主向主配农网协调发展转变，建设有首都特色的高可靠城市智能电网。实现“两个转变”对人才总量和人才素质提出了更高要求。从人才总量需求看，“十二五”期间，公司35kV及以上变电容量将达到1.36亿kVA，是“十一五”末的2倍；售电量预计达到1200亿kWh，是“十一五”末的1.7倍，电网资产的成倍增长、售电量的快速增加需要我们在不断优化组织模式的基础上探索新型人才引进与配置模式，以满足电网发展对人才总量的需求。从人才素质需求看，“十二五”期间，北京城市供电可靠率要达到东京水平，智能电网建设全面展开，新能源发展初具规模，公司发展方式需要从生产型转到更加注重效益和价值的生产经营型上来，专业优秀管理人才相对匮乏的现状已开始显现，有的已经到了很严重的程度。同时随着集约化、市场化的发展，公司也迫切需要一批懂技术、会经营、善管理的复合型人才。这些需要我们在人员管理上要不断优化结构，快速提升素质和能力。

（三）劳动用工管理法制化进程要求公司深入研究劳动用工管理模式问题

随着《劳动合同法》、《劳动合同法实施条例》等一系列法律法规的深入贯彻和公司法治化建设的逐步推进，劳动用工管理面临着更严峻的挑战。全民与劳

务派遣二元用工管理体系曾为公司引进技能人才发挥了重要作用，但随着公司的快速发展及人力资源管理的逐步规范，目前二元用工管理的法治问题逐步显现。尤其是农电管理中多种用工形式的存在，极易引发“混岗”、“同工不同酬”等多种问题，给公司安全生产、日常运营带来较大风险。

（四）国家对职工收入分配监管力度的不断加大要求公司进一步规范薪酬分配管理问题

“十二五”期间，国家对垄断行业工资总额和工资水平的双重调控政策将进一步加强，国家电网公司对企业负责人、省公司本部、地市公司本部工资管控将更加严格，管控重点也由工资总额转向工资总额、工资结构、工资水平并举，实行薪酬收入定期报告制度。目前部分单位对公司收入分配制度执行仍不够严格，各单位内部各类人员的分配关系不合理，薪酬和绩效管理关联度不高，向关键岗位、骨干人才和生产一线的倾斜力度不够。

（五）推进主多分开和集体企业规范管理需要公司深入研究关联问题

随着主多分开工作在地市公司层面的不断推进以及规范集体企业要求的不断落实，涉及的业务、机构、资产、人员、待遇等一系列问题需要研究和处理。一方面，要认真研究和落实好国家和国家电网公司的有关政策和要求，规范操作，确保调整过程中业务、机构、人员的平稳过渡，确保队伍稳定，确保管理不出现真空，确保国有资产和权益；另一方面，要进一步研究新的劳动组织形式和机构管理体制，研究专业优化重组和业务委托模式问题，做好回归主业人员的安置和转岗培训工作。同时要密切跟踪国家有关政策，加强管理，规范运作。

分析当前面临的形势，公司人力资源工作任务艰巨、责任重大。同时，我们也应该看到，近年来公司发展和人力资源工作成绩得到了国家电网公司和政府部门的充分肯定，公司的发展能力、综合实力和社会影响力全面提升，内部的凝聚力、执行力和创造力不断增强，为人力资源工作进一步突破传统体制束缚、推进管理变革创造了良好条件。机遇大于挑战，我们要迎难而上，积极做好当前的各项工作，同时要深入研究谋划“十二五”期间的人力资源工作，科学制定并实施“十二五”人力资源规划和人才发展规划。

三、2011 年人力资源工作思路和重点工作

（一）工作思路

深入贯彻国家电网公司“三集五大”体系建设和人力资源各项工作要求，以公司发展战略和深化“两个转变”为中心，按照“大局、可靠、法治、两效”的工作方针，深入推进集约化、规范化、精益化建设，进一步完善“战略协同、调控有力、标准统一、运转高效”的人力资源管理体系，促进人力资源优化配置，为公司加快实现“国内一流、国际水准”现代企业目标提供人才支撑和组织保障。

2011 年主要目标是：继续保持国网系统人力资源同业对标综合评价标杆地位。全员劳动生产率达到 131 万元 / 人，人才当量密度达到 96.05%，人事费用率控制在 4.87% 以内，供电企业综合劳动效率指数、人才引进指数保持 A 段水平，竞赛及调考成绩至少保持 B 段水平。

（二）工作重点

1. 加快编制公司“十二五”人力资源规划和人才规划，以科学规划引领人力资源工作

一是依据公司发展战略、总体规划，加快编制完善与公司和电网发展相适应、与各专项业务发展规划相协调的人力资源发展规划和人才规划，明确今后五年人力资源管理工作的总体思路、发展目标、重点任务和主要措施，为人力资源管理水平的提升确立行动纲领。二是各单位要围绕公司“十二五”人力资源规划，组织专门力量，着手研究编制本单位人力资源和人才发展规划，形成高效协同、有机衔接的人力资源规划体系，将规划的目标、任务层层分解，增强计划编制的科学性、先进性、适应性和可操作性。三是做好规划的适时动态调整。根据发展环境的变化和公司新的任务需求，对规划的内容、范围进行调整，定期对规划实施情况进行深入分析，滚动修订，有效指导公司人力资源管理工作。四是健全规划执行和监督体系，引领人力资源管理相关业务的开展。充分调动各方面重视支持人力资源工作的积极性和主动性，在制度保障、资金投入等方面狠抓落实，确保各项规划任务的完成。将规划的实施情况纳入人力资源绩效考核评价体系，定期组织分析评估，宣传推广规划实施中的典型经验、做法和成效，提升公司人力资源管理水平，促进公司健康持续发展。

2. 强化干部基础管理，全面提升两级干部管理规范化水平

一是提高干部基础信息综合利用效率。有效整合班子建设、干部管理等核心业务的工作成果，实现对干部选拔、培养、使用、考核、监督、退出等工作的一体化管理，并通过模拟任免实现干部选拔前期的反复推敲和科学验证，为领导决策提供科学

全面、简单灵活的信息支撑。二是实现对基层单位干部管理工作的集约管控。充分利用信息化手段，加强对基层干部基础信息、重点管理环节的集约管控，优化工作流程，提升基层单位干部工作的管理水平。三是规范公司两级干部选拔任用程序，在进一步落实公司党委直管干部选拔任用工作记实要求的基础上，全面加强对基层单位干部选拔任用程序的监督检查和责任追究，对干部推荐、考察、酝酿、研究、决定、公示等环节进行全过程规范，确保公司上下两级在干部选拔任用工作中能够做到标准一致、程序统一。

3. 理顺管理职责界面，提升组织运营效率

一是进一步理顺公司本部部门间管理职责界面，加强横向沟通协作。根据国家电网公司人财物集约化管理要求，结合本部机构改革回头看调研中发现的问题，进一步优化本部机构和岗位设置，理顺本部部门之间职责界面，提升组织运营效率。二是深化专业组织体系规范工作。在规范所属单位职能处室设置的基础上，进一步向纵深推进，完成专业公司和其他单位的职能处室与岗位规范工作；建设管理现代化、资源集约化、效益最大化的物资管理体系；配合业扩改革开展相关单位组织机构调整；结合农电管理深化工作，推动供电公司供电所的规范调整。三是加强对所属单位管理模式的研究，建立符合公司实际的母子公司、母分公司、集体企业经营管理模式，充分调动所属单位工作积极性，提升精益化管理水平。四是深入研究人力资源体系建设，根据公司发展战略定位，依托人力资源管理咨询项目，在学习国际先进电力企业管理模式基础上，结合国家电网公司“五大体系”建设，做好“国际水准”下人力资源管理支撑体系建设项目研究工作。五是加强制度建设，研究制定机构、岗位管理办法，明确各单位内设一级机构新增、调整等由公司统一审批，为实现机构、岗位规范管理提供制度支撑。

4. 夯实基础，推进人员配置与使用管理

一是加强全口径定员管理。各单位要加强对定员应用的深化管理，推进制定对各工区、供电所的定员分配办法，超员单位要严格控制劳务用工；加强对保安、后勤等专业定员研究，推进非定员范围内单位的定员核定，实现全口径定员管理。二是制定人员入口管理办法，对人员招聘需求、招聘专业、分配原则等进行规范；制定员工健康管理办法，加强对员工身体和心理健康管理；完善岗位动态管理、重点岗位交流等办法，加强人员配置规范管理，充分发挥岗位交流对员工的激励作用；加大对重点人事管理制度执行情况及管理不规范情况的监督检查力度，促进各单位提升人事管理水平。

5. 持续改进，深化全员绩效管理

一是优化调整所属单位及其负责人业绩考核办法，根据公司重点任务的变化，优化调整对所属单位及其负责人的考核指标，促进公司重点工作的顺利完成。二是全面推进全员绩效管理工作，指导本部全员绩效管理工作，发挥绩效管理对本部员工的激励作用；按照夯实基础管理、强化工作效果、深化绩效管理内涵三阶段，建立起逐级考核、分层负责的全员绩效管理体系，实现绩效管理3个百分百，即2011年底前，全员绩效制度建设、全员绩效管理工作覆盖率、全员绩效评价结果应用均达到100%。三是加强全员绩效管理支撑体系建设，建立“内训师—绩效经理人—员工”三位一体的培训体系，促进绩效管理理念深入人心，保证全员绩效管理的落地与实施，并实现闭环管理；推进全员绩效管理信息化建设，逐步实现绩效合同签订、绩效过程监控、绩效评价、档案保存等工作的信息化。四是研究制定人力资源专业考核评价办法，根据人力资源战略管理目标和要求，设置合理的人力资源专业管理指标评价体系，加强对人力资源专业的集约管控，进一步提升人力资源集约化管理水平。

6. 优化结构，加大薪酬分配的调控力度

一是进一步完善对企业负责人薪酬管理，坚持薪酬与业绩挂钩、先考核后兑现的原则，合理确定薪酬水平，完善薪酬激励与约束制度，完善负责人薪酬定期报告制度，加强对所属单位负责人薪酬的集约化管控。二是调整薪酬分配结构，充分体现薪酬的激励作用，实现薪酬动态管理，加大绩效薪酬所占比例，并能够根据岗位变化和绩效结果进行浮动。三是建立向生产一线倾斜的薪酬分配机制，结合岗位评价结果，合理确定各单位职能管理与生产一线收入比例，坚持向一线、向关键岗位倾斜。四是加强所属单位职能处室的薪酬管理，根据所属单位职能处室编制，对其工资总额和发放水平实行“双控”。

7. 多措并举，加大人才培训、培养力度

一是以“十二五”人力资源规划为引领，制定教育培训规划，推进培训、培养与公司战略发展相适应的管理、专业技术和技能人才队伍建设。二是将教育培训软硬件建设作为重点，建立专、兼职相结合的高水平教师队伍，建设与网省公司发展相适应的实训基地，增加培训设施投入。三是扎实推进学分制，将脱产培训、在职自学及科研创新相结合，全面提升员工队伍整体素质。四是稳步推进人才发

展通道建设，树立“职级”序列通道示范标杆，培养各专业拔尖人才和领军人物；建立各类人才库，构建针对不同人才的职业发展通道。五是贯彻“人才强企”战略，选拔聘任公司各专业专家，着力构建一支梯次合理、专业齐全、运转高效的公司专家队伍。六是加快高技能人才培养步伐，重点加强技师、高级技师培养，科学编制培训方案，规范技能鉴定流程，实现鉴定工作的科学化、标准化。通过以赛促培、建设学习型班组等多种方式提高技能人员整体素质。

8. 规范用工管理，畅通劳务用工职业发展通道

一是控制劳务用工总量。通过统一招聘审批，对超员单位的劳务用工进行“瘦身”，加强年度、季度、月度招聘计划管理，规范工作流程。二是提高招聘质量，广开招聘渠道、建立人才储备、提高准入标准、分层分类开展入企培训，加强对招聘各环节的审查，确保招聘质量。三是进一步规范劳务人员薪酬管理，加强对各单位劳务人员薪酬总量管理及各单位劳务人员薪酬发放水平的管理。探索“分配与效益关联、薪酬与贡献挂钩”的“岗位效能薪点工资制”，实现岗变薪变、工资能增能减的动态分配机制。四是加强人才培养，通过比赛和实施劳务人员高技能培训计划，选拔和培养劳务用工拔尖人才；制定有针对性的专项培训计划，培养一批技术扎实、状态稳定的劳务用工队伍。五是畅通劳务用工职业发展通道建设。完善劳务派遣人员的统一岗位序列，构建与岗位等级相适应的技能评价体系，形成科学合理的劳务人员岗位晋升通道；建立劳务用工引进、培训、考核、晋升、退出的统一管理模式，畅通职业发展通道。

9. 继续加强社会保险管理，提升保障水平

一是依法履职、规范运营企业年金。根据投资业绩排名，实行新增缴费差额分配制度，有效引导投资管理人积极进行年金投资运作，在确保安全性和流动性的前提下，实现年金基金的稳健增值。二是平稳有序，推进社会保险属地化管理。在确保管理质量不降低的前提下，强化业务培训，促使各单位社保管理专责掌握区县社保业务流程，确保社会保险属地化管理变革不影响企业和职工的切身利益。三是依法合规，修订相关管理办法，与基本医疗保险制度紧密衔接，修订企业补充医疗保险管理办法，保障职工及退休人员的合理就医水平。四是夯实基础，完善保险管理系统建设，开发社会保险信息管理系统第三期，新增住房公积金、住房补贴、补充年金账户、统筹内养老金、年金受托流程等功能。完善保险结算直接兑付功能，搭建全业务一体化的保险系统平台。五是加强管控，规范借用人员保险费用，借出到集体企业、多经企业全民员工的社会保险、企业保险及公积金、住房补贴等费用，由实际借用企业承担。

10. 以业务需求为导向，全面推进人力资源信息化建设

一是根据国家电网公司人力资源管理信息化建设要求，有步骤、有计划推进实施部署工作。5 月底前完成人力资源信息规范化实施，接受国家电网公司考核验收；7 月底前完成 ERP-HR 系统与人资管控系统业务模块的数据接口工作；年底前实现与国家电网公司 ERP-HR 系统的数据贯通和业务协同，搭建全面、实用、灵活、安全的信息化新平台。二是在深入研究梳理公司人力资源专业管理需求的基础上，开展系统功能二次开发和业务模块完善工作。力争在 2011 年底基本建成“三全四化”（全口径、全过程、全业务，管理规范化、业务流程化、专业协同化、功能实用化）的人力资源管理信息系统，有效支撑人力资源集约化管理。三是加强对基础信息真实性和准确性的核查。开展信息系统维护考核评价工作，采用公司抽查、系统自动过滤等方式，对各单位基础信息进行考核评价，促进信息维护的完整性、及时性和准确性。四是采取公司统一和各单位自行申请组织相结合的方式，强化信息系统的应用培训，扩大系统的应用范围，提高专业人员操作水平。

11. 加强人力资源队伍自身建设

人力资源队伍建设决定了公司系统人力资源管理工作的水平，“十二五”期间公司人力资源工作承担着艰巨繁重的任务，需要不断加强人力资源自身队伍建设。一是要进一步转变观念，改变人力资源管理与公司发展战略和其他专业脱节、缺乏全局意识的现状，树立纵向战略协同、横向支撑协作、对外开放创新、对内提升进取的意识。二是要改进工作方式，积极研究政策，深入调查分析，实现人力资源管理从总量控制向总量与结构管理并重转变，从事后控制向事前计划控制、事中流程控制与事后结果控制相结合转变，从条块管理向一体化管理转变。三是不断提高从业人员综合素质，培养复合型人才。积极加强对现有人力资源队伍的专业培训和业务交流，引进重点院校人力资源管理专业优秀人才，选拔熟悉业务、具有丰富实践经验的一线人员，加强人力资源后备人员培养，打造一支业务精湛、爱岗敬业、综合能力强的人力资源管理团队。

落实八字方针　打造企业品牌　努力提升公司软实力

——副总经理郑林在北京市电力公司2011年品牌建设和新闻宣传工作会议上的讲话（摘要）

（2011年3月1日）

一、开拓创新，助力公司圆满完成“十一五”目标和2010年工作任务

2010年，公司品牌建设和新闻宣传工作紧密围绕公司中心任务，积极倡导“大新闻”意识，大力传播国家电网品牌价值理念，以“三建三新”为抓手，提升外联宣传工作整体水平，为公司健康稳定发展营造了良好的内外部舆论环境。

（一）品牌建设管理实现新突破

一是顺利完成职能整合工作。以成立对外联络部为标志，公司实现了新闻宣传、社会责任和公益活动等品牌建设业务的统一管理，建立起自上而下的专业组织体系，形成了整体联动、优势互补的管理新模式。二是强化管理职能，提高服务公司大局能力。创新工作载体，通过《舆情周报》、《新闻特报》为公司决策提供全方位的信息服务，通过《品牌建设工作月报》搭建了业务交流平台，职能管理作用得到有效发挥。三是加强基础管理，提高工作质量和效率。完善新闻发言人制度，建立公司本部新闻宣传工作规则，强化了各部门之间的协作配合机制。理顺业务流程，明确对内对外宣传模式，工作规范化、标准化水平明显提升。通过职能整合，优化了公司品牌建设和新闻宣传工作布局，建立了全新的工作机制，在较短时间内迅速适应了公司工作要求，形成了良好的专业发展态势。

公司各单位充分发挥主动性，通过自办载体、行业和属地媒体，宣传公司品牌形象，取得良好效果。通州公司与《通州时讯》密切合作，报道企业支持新城建设，受到政府赞扬。调通中心发挥专业优势，充分利用《中国电力报》、《国家电网报》等媒体展示了公司发展取得的成就。

（二）品牌策划能力显著提升

一是建立新闻策划机制。以策划统领新闻宣传工作，建立了“年策划为基础、月策划为指导、周策划为重点”的常态策划机制；突出专题策划，聚焦公司工作亮点，全年先后策划了“八字方针”在一线、本部建设年等28项主题传播，全面展示了公司发展成就和管理创新。二是丰富品牌传播手段。围绕公司重点工作，精心选择内容，突出企业特色，组织了以“电靓京城，温暖民心”为主题的品牌传播活动，受到新华社、北京日报、人民网等40余家媒体持续跟踪报道，初步形成了具有一定社会影响的公司品牌效应。三是策划重大事件新闻报道，产生广泛社会影响。围绕迎峰度夏、智能电网建设等重大新闻题材，大力开展对外宣传，及时为主流媒体提供新闻稿件和素材，形成规模声势，提高了公司品牌的认知度和美誉度。2010年召开新闻发布会（通气会）13次，累计在各类媒体发稿3462篇，其中中央媒体1464篇，有力促进了公司内质外形建设。

公司各单位积极尝试开展新闻策划，取得了初步成效。城区公司配合市公司落实“煤改电”等专题宣传，大兴公司在属地策划实施“共产党员服务队”宣传活动，变电公司倡导“新闻宣传动车组”理念，这些策划主题突出，角度新颖，形式丰富，提升了公司新闻宣传工作的整体水平。

（三）新闻应急与危机管理能力明显增强

公司高度重视企业危机管理工作，不断完善品牌风险防范。一是完善日常与专项舆情相结合的监测机制。建立了覆盖全公司的网络通讯员队伍，及时反馈主流媒体意见，评估舆情发展态势，变被动应对为主动引导；《舆情专报》和每周舆情监测已成为公司决策的重要信息支持。二是主动开展突发事件新闻应急处置。针对北京地区发生的停电事故、外力破坏等突发事件，第一时间协调社会媒体，主动引导舆论。2010年完成突发事件新闻应急143次，向社会媒体提供新闻通稿（口径）150余条，有效维护了企业形象。三是初步建立了高效顺畅的对外联络机制。积极向市委宣传部、行业新闻宣传主管部门汇报沟通，加强与新华社、北京日报、北京电视台等主流媒体的业务合作，组建外部专家队伍，构建起第三方话语联盟，建立了多元化的对外联络渠道。

公司各单位品牌维护意识不断增强，朝阳公司、海淀公司、丰台公司、路灯中心、输电公司等单位，主动配合市公司开展新闻应急处置，有效维护了公司

利益和品牌形象。

（四）舆论引导作用得到充分发挥

公司坚持正确舆论导向，切实发挥桥梁和纽带作用，扎实做好对内宣传。一是提高公司自办新闻载体水平。办报办刊水平不断提高，宣传报道的权威性、指导性和贴近性实现较大提升。完成了公司内外网站首页改版和视频点播系统软硬件升级工作，公司新闻的时效性和影响力进一步增强。二是做好重大主题宣传。组织了全国“两会”供电保障、重要客户差异化服务和财务集约化等专题宣传，有力推进了公司重点工作的开展。三是弘扬企业主旋律。结合“劳模年”活动，挖掘提炼先进典型，广泛深入报道了全国劳模肖永立、通州西集供电所等先进事迹，引导广大员工紧紧围绕公司发展目标奋斗拼搏，营造了积极向上的舆论氛围。

总体来看，在“八字方针”指引下，公司品牌建设和新闻宣传工作面貌发生了显著而深刻的变化，搭建了公司、基层单位和员工之间的联系平台，成为宣传和树立公司形象的重要窗口。回首过去五年，在公司领导的重视和关怀下，新闻宣传工作组织机构逐步健全，制度体系日益完善，队伍素质不断提升，成为提高公司软实力、助力公司改革发展的重要力量。五年来，公司新闻宣传工作始终坚持正确舆论导向，坚持“三贴近”原则，在北京奥运会供电保障、国庆60周年供电保障等重大历史事件中，培养了一支政治素质高、工作作风硬的新闻宣传队伍，取得了优异的成绩，作出了突出贡献！

二、认清形势，树立信心，谋求品牌建设和新闻宣传工作新发展

公司作为服务首都的公用事业企业，深化品牌建设，加强新闻宣传工作，提升企业软实力，争取社会的广泛认可、信任与支持，是一项艰巨而复杂的长期任务。必须准确把握公司的行业特征和地域特点，认清内外部形势，找准工作定位。

要正视经济社会深刻变革对品牌建设和新闻宣传工作带来的新挑战。随着经济社会的深刻变革、思想观念的深刻变化和利益格局的深刻调整，社会公众思想活动的独立性、选择性、多变性明显增强。网络、手机等新兴媒体的快速发展，极大改变了社会舆论的传播方式，人们获取信息和反映诉求的渠道日趋多样化。电力作为经济社会高度依赖的能源行业，政府监管和社会监督的力度不断加大，我们所处的舆论环境日趋复杂，行业垄断、收入分配等话题仍然是当前社会公众和媒体关注的焦点，客观上要求我们必须以更加主动的工作，更加开放的姿态、更加灵活的方式，积极引导社会舆论，有效化解舆论风险，维护公司利益，促进公司发展。

要正视国家电网公司进入新的发展阶段对品牌建设和新闻宣传工作提出的新要求。经过“十一五”的快速发展，国家电网公司已经站在了新的历史起点。“十二五”是国家电网加速发展的重要战略机遇期，将加快建设坚强智能电网，创新管理体制和运行机制，向国际化企业迈进，到2015年，基本建成“一强三优”现代公司，初步建成世界一流电网、国际一流企业。在新的发展阶段，实施品牌引领战略，建设与公司硬实力相匹配的软实力，这是公司发展再上新台阶的应有之义，是营造良好发展环境的内在要求，是事关公司长远发展的战略任务，是提升公司综合实力的重要保证。

要正视首都发展对品牌建设和新闻宣传工作赋予的新使命。公司地处首都，位于国家电网公司总部所在地，既承担服务城市运行和保障民生的社会责任，又履行展示国家电网公司窗口形象的义务，具有重要的示范和引领作用。当前，北京市正在围绕建设“世界城市”目标，全力推动人文北京、科技北京、绿色北京战略，城市发展进入全面加速期。首都无小事，我们要更加清醒地认识所承担的责任和使命，既要全方位加强正面宣传，彰显公司服务首都、服务民生的企业形象，又要强化舆情监控，防止被恶意炒作。

要正视公司改革发展对品牌建设和新闻宣传工作部署的新任务。今年公司“三会”提出围绕“一个中心”，深化“两个转变”，加快“三个推进”，实现“四项目标”的工作主线。在不久前召开的公司第3次党政联席会上，朱长林总经理对进一步加强品牌建设和新闻宣传工作作出重要指示，强调品牌建设和新闻宣传工作是公司工作的重要组成部分，要创新工作理念，发挥资源优势，提升队伍素质，更好地适应公司和电网发展的需要。我们必须围绕公司工作主线和朱总的指示，把握工作规律，创新工作模式，科学引导舆论，把广大员工的思想凝聚到公司的发展意志上来。

面对新形势、新格局、新挑战，以“八字方针”来衡量，公司品牌建设和新闻宣传工作还存在明显不足。在“大局”方面，不足主要体现在，按照国家电网公司部署的品牌塑造、品牌引领、品牌升华三个阶段的工作任务，从公司层面把握大局的意识和能力尚需强化，谋划有公司特色的主题传播活动能力亟待提高。在“可靠”方面，不足主要体现在，对外传播的影响力与公司需求的契合度不强，缺乏能够代表公司形象、有社会影响力的品牌载体，社会公众对公司形象和企业价值理念的认知形象不具体、不深刻、不持久，需要进一步提高新闻传播的客观性、准确性、及时性、有效性。在"法治"方面，不足主要体现在，基础管理还较为薄弱，公司品牌建设工作与其他业务相比，起步较晚，公司管理体制优化调整也对制度建设和机制建设提出了新的更高的要求，目前，公司品牌建设和新闻宣传工作制度体系尚不完备。在"两效"方面，不足主要体现在，在提升公司软实力的作用中，品牌建设和新闻宣传的资源还没有完全整合到位，专业队伍的整体工作能力和执行效率有待提升。

公司品牌建设和新闻宣传工作直接服务于公司中心工作，要创造新业绩，需要我们有强烈的责任感和使命感，做公司发展战略的坚定实践者和推动者。在工作中，要增强大局观念，秉承专业精神，强化学习意识，提升创新能力，不断提高工作的质量与效率。

大局观念是做好品牌建设和新闻宣传工作的根本保证。作为公司整体工作的重要组成部分，大局是面，专业是点，没有面的概念，就找不准点的位置，就不能准确传达和表现公司的决策部署和目标要求。"大新闻"意识就是大局观的具体体现。树立大局意识要始终以推动公司"两个转变"为重、以事业为重，坚持"公转"，防止"自转"，杜绝"空转"，禁止"不转"，在大局中把握工作的方向，找准服务公司发展的关键点，体现专业工作的价值。

专业精神是做好品牌建设和新闻宣传工作的质量保证。专业精神要求从业者对工作执著于专业的规范、要求和品质，对自己所从事的工作进行深入的研究，做到精益求精，执著地追求最高水准。新闻宣传工作业务性强，要求高，必须熟练掌握基本技能，以专业的素养达到专业的品质。品牌建设和新闻宣传作为公司系统的一个专业体系，我们作为其中的一员，要坚定信心，持之以恒，努力将这一专业做精做强。

学习意识是做好品牌建设和新闻宣传工作的方法保证。坚持学习既是一种工作态度，也是一种工作方法。要与时俱进，树立终身学习的理念，在学习中思考，在思考中实践，在实践中再学习，形成良性循环。我们所承担的工作和使命，常常要面对新的形势、新的任务、新的问题，这就要求我们必须通过学习掌握新知识、新方法，总结经验，探索规律，以此不断融入大局、保持专业精神、提高创新能力。

创新能力是做好品牌建设和新闻宣传工作的发展保证。创新是在实际工作中灵活有效运用知识理论，不断提出和取得新思想、新理论、新方法和新成果的能力。品牌建设和新闻宣传工作的基本要求就是要不断推陈出新，以新方法、新形式、新面貌，实现新影响。随着北京建设世界城市步伐的加快，公司推进"两个转变"力度的加大，要求广大外联宣传人员必须练好基本功，在创新中成就专业品质，提升专业整体水平，使我们始终保持发展的激情和动力。

三、夯实基础，扎实推进，开创"十二五"起步之年新局面

公司2011年品牌建设和新闻宣传工作的总体思路是：深入落实"八字方针"，树立"大新闻"理念，以实施国家电网品牌战略为引领，以服务公司发展大局为中心，以构建内外部和谐舆论环境为重点，以整合公司新闻宣传资源为依托，实施"三基"（基础、基层、基本功）工程，完善对外联络机制，创新新闻宣传模式，提升公司品牌价值，全面夯实基础工作，为公司又好又快发展发挥推动作用。

为圆满完成2011年品牌建设和新闻宣传工作任务，实现既定目标，我们要重点抓好以下工作：

（一）实施"三基"工程，提升工作质量

针对基础薄弱问题，公司决定在品牌建设和新闻宣传系统开展以"基础、基层、基本功"为重点的"三基"工程，全面提升工作质量。

夯实管理基础：就是要完善制度体系，明确工作标准，规范业务流程。要健全品牌建设和新闻宣传相关制度，逐步构建涵盖公司品牌建设和新闻宣传整体业务的制度体系，在制度执行与绩效考核中明确工作标准，规范品牌建设和新闻宣传的工作流程，做到规范、有序、顺畅，全面提升公司品牌建设和新闻宣传的规范化水平。

加强基层建设：就是要以各单位新闻宣传机构为核心，加强组织建设，建立资源互济、统筹运作的业务体系。在部分单位试点建立记者站，组建基层特约通讯员队伍。建立业务垂直管理体系，通过"下派上挂"的方式，加大人员交流力度。推广联合报道工作模式，开展深度报道，实现优势互补。

提高业务基本功：就是要求外联宣传人员具备专业素质和能力，确保工作质量和效率。要以岗位职责为重点，加强公司各级外联宣传人员的业务培训，不断提高"口才、笔才、谋才、艺才、干才"能力，培养和造就在国家电网公司系统、行业系统乃至社会媒体中有影响力的记者。

基础是提升与发展的前提，各单位要认真开展"三基"工程，做到不轻视、不敷衍、不取巧，确保通过"三基"工程的实施，建立起优良的专业体系、优质的专业资源、优秀的专业队伍。

（二）完善外联机制，提高品牌影响

对外联络是拓展外部联系渠道，争取政策与信息资源的重要方式。北京市委市政府和国家电网公司相关部门、社会和行业媒体、有公共话语影响力的专家学者、知名人士等，都是我们联系合作的对象。我们要以开放、真诚的心态，与他们建立和谐、合作关系，不断优化公司的外部环境。一要完善外联机制。巩固和扩大与主流媒体的合作，通过新闻发布会、媒体答谢会、社会活动等形式争取获得更多权威信息和话语权，为公司决策营造有利的舆论环境。与政府和国家电网公司主管部门建立定期汇报制度，畅通联系渠道，积极主动争取工作支持。二要有效利用媒体资源。中外媒体云集北京，丰富的媒体资源既是公司的优势，也是舆论风险所在，我们要根据各类媒体的受众特点和操作规则，建立媒体档案，有针对性地输出信息。要加大在中央级媒体的投稿力度，力争在行业媒体保持领先地位，提高公司品牌影响力。

（三）整合新闻资源，创新传播模式

为了更有效地发挥公司新闻宣传工作的整体合力，要实行集约化管理，塑造公司新闻载体的专业、权威、悦读形象。对公司现有的新闻载体进行资源整合，《北京电力报》增扩版面，开辟基层专版，满足基层单位宣传需求。《北京电力》杂志增加思想性、研究性和经验性文章，提高刊物的品质。公司内外网络要进一步提高公司新闻宣传的及时性和有效性，内网重在规范基层单位网页的版式，外网注重提高客户服务功能。视频新闻要围绕公司阶段性、重点性工作，提高专题片的制作质量，加大在《国网动态》的投稿力度，继续加强与中央和地方电视台的沟通合作。通过新闻资源整合，要搭建起“统一载体、统一声音、统一形象、统一品牌”的企业形象展示平台，建立平面、影像和网络相互支撑的联动传播模式，增强内宣实力。

（四）加强宣传策划，提升品牌价值

把策划作为提升品牌价值的重要手段，一要打造公司持久品牌形象。总结“电靓京城，温暖民心”品牌传播活动的经验，继续扩大其影响，围绕可直接提升服务公司发展的重点工作，深化活动主题内涵，丰富活动内容和形式，逐步将“电靓京城”这一传播载体，打造成具有北京电力特色和持久社会影响力的企业品牌形象。二要塑造“电靓京城”品牌传播载体。策划“履行社会责任，确保政治供电”主题传播活动，全面展示公司在政治保电方面取得的成功经验；结合庆祝建党90周年和公司先进典型选树工作，策划“共产党员服务队”等品牌传播活动，发挥典型育人、典型引领的作用；开展公众开放日活动，宣传智能电网与特高压建设，展示北京电网发展成就；以节能减排、绿色电力、爱心公益、社会责任等为题材，策划具有广泛影响的公益活动。三要推进基层单位策划工作。建立基层单位新闻线索报告制度，拓宽新闻信息资源，深化新闻宣传的广度和深度，使公司的新闻宣传更有价值，传播更有力量。

（五）强化处置能力，提高品牌维护水平

树立“风险防范是品牌建设第一保障”的观念，为公司稳定发展保驾护航。一要强化舆情监测。推进覆盖电视、广播、报刊和网络的专业化实时舆情监测工作，洞悉不同利益群体对公司重大事件、重要决策的认知和态度。发挥公司舆情日报、周报和重点舆情专项报告的信息综合作用，发挥公司网络通讯员和职能部门的专业优势，加强对舆情的超前研判和分析预测，为公司规避舆论风险和经营风险提供支持。二要提高新闻应急处置能力。修订公司突发事件新闻应急处置工作预案，编制包括典型案例、工作流程为主要内容的新闻应急工作手册，将新闻应急融入公司整体应急体系，保证信息传递的及时性和持续性。贯彻“大新闻”理念，加强各单位、各专业间的协作配合，建立新闻宣传把关制度。坚持“一口对外”原则，完善新闻发言人制度。

（六）加快标识推广，实现“双百”目标

按照“统一规划、统一标准、统一招标、统一预算、统一实施”原则，理顺标识标准化工作机构，明确各级工作职责，合理制定工作方案，有序推动计划的落实，力争今年3月底具备迎接国家电网公司检查验收条件，实现品牌标识必要项目使用率100%、应用规范率100%的建设目标。要加强基层单位相关人员的培训和管理，建立一支涵盖公司所属各单位的标识评价专家队伍。定期组织开展品牌标识应用与维护的监督检查工作，形成长效管理机制。

（七）履行社会责任，创新公益活动

企业社会责任是企业竞争力的体现，企业公益活动作为企业社会责任感的良好表现方式，也是赢得政府认同、打造企业品牌影响力的有效途径。要结合公司的特点和实际情况，将公司公益活动与社会需求相结合，打造具有北京电力特色的社会公益品牌。一是结合公司服务首都经济社会发展工作大局，开展社会责任专题研究，挖掘公司经典履责案例，组织人员编制具有首都特色、体现公司价值理念的专题社会责任报告。二是健全公益活动管理制度，研究制定公司公益工作重点项目。探索建立公益活动和志愿服务的互动平台，塑造具有一定社会影响的公益活动品牌。三是加强公司对外捐赠管理，将对外捐赠支出纳入公司年度预算，统筹管理，充分利用国家电网公司公益基金，开展具有北京地域特色的公益活动。

夯实基础　开拓创新　推动营销服务工作又好又快发展

——副总经理李百顺在北京市电力公司2011年营销工作会议上的讲话（摘要）

（2011年2月18日）

一、2010年及“十一五”营销服务工作回顾

2010年，营销战线全体干部员工，在公司正确领导下，围绕贯彻落实“八字方针”，夯实基础，规范经营，开拓市场，强化服务，营销服务工作取得了长足进步，成功蝉联国家电网公司同业对标营销专业标杆单位。全面完成了各项营销经营指标，全年新增报装接电容量552.26万kVA；公司售电量完成715.84亿kWh，同比增长10.79%；应收电费504.25亿元，同比增长16.07%；售电均价704.42元/MWh，同比提高32.06元/MWh；当年电费回收率达到100%；220kV及以下线损率完成6.66%，同比下降0.1个百分点；市场占有率累计完成98.13%，同比增长0.455个百分点。供电服务承诺兑现率100%。

一是市场开拓工作取得成效。2010年，公司上下加大市场开拓工作力度，努力增收增效，确保了700亿kWh售电量目标的超额完成。持续开展“保热点、压结存”专项工作，与规划、基建、生产、调度等部门协作，累计消化热点用电需求102万kVA，增加售电量约6.11亿kWh。组织开展了“反窃电、促降损、强管理”专项行动，累计查处违约用电、窃电1504起，累计追补电量1031万kWh，完成普查收入3972万元，同比增长30.77%。继续推广电能替代，全年建成蓄冷空调、地源热泵项目共计114项，累计增加电量约3.67亿kWh。实施居民“煤改电”约1.16万户，预计采暖季增加电量约0.45亿kWh。

二是“三指定”专项治理有效开展。按照国家电监会和国家电网公司统一要求，公司强势启动“三指定”专项治理活动，成立领导小组，周密制定工作方案。全面开展自查自纠，主动抓好问题整改；为确保自查自纠取得实效，先后组织开展了2个轮次的检查和抽查，覆盖面达100%；针对检查出的具体问题，逐一制定并落实整改措施。按照纠建并举的原则，梳理和修订12项管理制度和技术标准，基本建立了防范“三指定”现象发生的长效机制。

三是电费业务管理水平不断提升。银电联网代收业务持续推广，截至2010年底，归集到公司一级账户的电费资金由2009年底的9%提高到40%左右，预付电费比重达到30%，充分发挥了电费资金效益。电费法律风险防范与法律救济体系日趋完善，通过运用律师函、诉讼等法律手段，成功回收欠费187.8万元，赢得债权支持1011.7万元。积极参与电价政策研究，制定了居民阶梯电价实施应对措施。全面开展电价稽查工作，电价执行抽查误差率由2009年的万分之0.9降至万分之0.2，电费电价政策执行水平进一步提升。

四是计量专业精益化管理深入推进。按照国家电网公司统一要求，编制了用电信息采集建设（2010～2014年）5年规划及2010年建设方案，明确了今后五年的工作目标和计划；编制了配套的现场作业指导书，修订、完善了11项相关技术标准，计量技术标准体系日趋完善。采取现场巡检等方式，加强了计量施工现场的管控，确保工艺、质量、安全得到有效落实。在大兴、朝阳、海淀等单位试点建设的基础上，完成了8.7万具智能电能表推广应用。加强新技术研究与应用，研制了插接式表箱，既简化现场安装工作，也有效提高了防窃电技术水平。

五是供电服务品质充分彰显。以“塑文化、强队伍、铸品质”供电服务提升工程为载体，制定并落实以三大主题、10项活动为主要内容的活动实施方案，并贯穿于全年服务工作。2010年，完成了1047个高危及重要客户的供用电安全隐患排查和评估，促进了客户侧安全用电水平的提升。按照老旧小区三年改造计划，积极配合北京市政府，全面启动了2010年48项改造工程，惠及5.4万户居民。城区公司巾帼服务队、朝阳公司先锋服务队等23支基层服务队开展进社区、进企业、进校园电力服务活动，充分彰显了公司服务民生的企业形象。深入开展第三方明查暗访工作，持续提升营业窗口服务质量。完成了2个农村电气化区县、16个电气化乡镇、164个电气化村的创建

工作，电力服务“三农”的水平进一步提升。

六是电动汽车充电站建设取得突破。2010年，是公司开展电动汽车充电设施建设的第一年，公司各部门、各单位积极配合，努力克服建设过程中遇到的一系列问题，为拓展公司电动汽车充电服务市场迈出了坚实一步。全年开工建设集中式换电站3座，分布式充电站16座。首个为电动出租车服务的延庆城南充电站投入商业运行，首个为电动环卫车服务的航天桥大型换电站基本建成。政策公关取得重大突破，充电站建设土地由政府无偿划拨，项目审批进入政府“绿色通道”，同时政府承诺对充电设备建设投入给予一定的资金补贴。技术研发取得实质进展，自主研发了RGV穿梭机、助力手加堆垛机方式的充换电设备，以及具有北京特色的交流充电桩和计量计费系统模块。开展了充换电设备技术标准、充电站运营模式、电池租赁模式及结算价格策略的研究，为充电站示范运营打下了基础。12月29日，北京市人民政府与国家电网公司签署新能源汽车充电设施建设等战略合作协议，奠定了公司在北京地区电动汽车充电设施建设的主导地位。

七是智能用电服务实现良好开局。公司认真落实国家电网公司智能电网试点建设任务。完成了顺义华中园电气智能小区示范项目建设，建成了国内首个智能微网控制系统，实现了多种能源形式的综合利用，并申报了5项实用新型专利；启动了左安门智能公寓建设。选取朝阳、丰台6700户开展了电力光纤入户试点，项目已被北京市经信委列入北京市信息化提升试点工程。开展了智能小区和电力光纤入户商业运行模式的课题攻关，研究成果得到了国家电网公司的认可。

八是信息化建设有序推进。2010年6月，新的用电信息采集系统正式上线，目前采集客户达48.6万户，实现采集电量497亿kWh，占全年售电量的70%。完成了线损管理系统的开发与应用和售电系统的升级运行。10月2日，顺利完成了国网SG186营销业务应用系统整体切割上线运行，系统日处理业务工单1.6万个，实现了对620万客户的用电信息动态管理，为营销基础业务的开展提供了坚实的信息技术支持。

九是营销队伍素质进一步提升。组织编制了营销计量、电费等专业国家电网公司生产技能人员培训题库。开展了计量、电费、信息系统应用等专业培训，参加人员共计4000余人次；全年有470人参加了计量、电费电价专业调考；组织评选了“十佳服务之星”、“优秀服务之星”等一批先进人物，有效调动了一线员工学习钻研业务的积极性和争先创优的工作干劲。

回顾2010年，营销战线广大员工以“大局、可靠、法治、两效”工作方针为指导，敢于迎接挑战，勇于拼搏奉献，善于攻坚克难，全面完成了营销服务各项年度工作任务，为公司圆满实现“十一五”发展目标作出了重要贡献。

过去的五年，公司营销系统紧紧围绕公司发展目标，认真贯彻落实科学发展观，抓改革、强管理，抓市场、促效益，抓服务、树形象，抓基础、促发展，基本实现了“用电管理”向“营销服务”的转变，初步建立了适应公司发展要求的营销组织模式、管理方式、标准化体系和技术支撑体系。

五年来，我们努力增供扩销，加强基础管理，确保了公司发展质量和效益不断提升，为公司发展提供了有力支撑。公司累计增加营业户数289万户，新增接电容量2855万kVA，售电量增加226.92亿kWh，年均增长率为7.95%；售电均价提高131.87元/MWh；应收用户电费总额增加224.31亿元。持续开展营业普查、反窃电等专项活动，查出窃电案件2742起，追补电费和违约使用电费1.42亿元。推广运用电能计量装置通用设计，实施计量资产全生命周期管理，累计投入计量改造资金21亿元，电能表年检定能力达到50万具以上，计量故障率低于1‰。市场占有率由“十五”末期的96.28%上升至98.13%；推广热泵应用面积2500万m^2，累计增加售电量约10亿kWh；推广蓄冷项目约100项，转移高峰负荷约8万kW。

五年来，我们坚持内强素质、外塑形象，客户服务水平持续提升，充分彰显了公司作为国家电网公司在首都的服务窗口形象。连续5年组织开展优质服务主题活动，持续开展年度服务品质评价和第三方服务满意度评价，供电服务薄弱环节有效改进。供电营业规范化服务窗口达标率100%。建成新农村电气化区（县）10个，电气化乡（镇）106个，电气化村1544个。累计完成18万户平房居民“煤改电”接入工作，为349个小区解决了“临时代永久”问题。增设各种售电网点3723个，基本覆盖了街道、社区及乡镇、农村。深化客户安全用电服务，客户周检排查率，整改通知送达率、督导率达100%。95598热线在国家电网系统率先开通英语服务，成为公司优质服务的亮丽名片；同时被纳入北京市非紧急救助中心系统，并与北京市政府“12345”热线、“110”、“119”、“北京市政管理平台”等保持24小时联动，成为保障首都社会经济有序运行的重要组成部分。北京电力展示厅建成并投入运行，成为社区文化建设和大学生的实习基地，中、小学生社会实践的第二课堂，社会影响不断扩大。公司连续四年实现了“零责任投诉”，连续三年在北京市行风、政风测评中名列各行业第一名。

五年来，我们积极开拓创新，新型业务迅猛发展，初步实现了由单一供电服务向能源综合服务的业务拓展。电动汽车充电站建设迈出了坚实步伐，在本市电动汽车充电服务市场占据了主导地位。针对典型客户、典型行业开展了节能诊断、节能服务工作，为公司开展合同能源管理积累了宝贵经验。智能用电服务项目运营模式研究取得初步成果，建成全国第一个智能用电小区。开展了光纤到户试点，积极服务国家“三网融合”战略在首都的顺利实施。组织编写了分布式光伏发电并网技术标准，开展了燃气“三联供”等应对策略研究，为公司开展新能源项目应用打下了良好基础。

二、“十二五”营销服务面临的形势及奋斗目标

展望“十二五”，机遇大于挑战，我们必须深入分析公司发展面临的新环境、新形势、新情况，认真查找自身存在的差距与不足，科学制定“十二五”营销服务发展目标，锐意创新、奋发图强，为公司“十二五”发展作出新的贡献。

（一）正确认识北京所处的发展阶段和未来发展方向，全面融入首都经济社会发展

2010年，北京市在提出建设“人文北京、科技北京、绿色北京”的基础上，明确到2050年建成世界城市。公司作为服务首都发展的能源支柱企业，必须全面融入北京建设世界城市的发展战略，进一步提高供电服务品质。一是重要客户服务水平需要进一步提升。随着世界城市的建设和首都的特殊地位，公司在重要用户、重大活动供电保障与服务上的任务数量会越来越多，标准会越来越高。公司2011年工作会提出要实现政治供电“零闪动”，对我们进一步加强重要客户服务工作提出了明确要求。二是电力客户普遍服务基础需要进一步夯实。全社会对电力的依赖程度会越来越大，未来首都服务业将得到更大发展，居民生活用电量将大幅提升。根据2010年与东京、巴黎等世界先进城市电力公司的对标情况，反映出公司在客户服务品质上与国际平均水准存在较大差距，电力客户普遍服务水平还有很大的提升空间。

（二）科学认识低碳经济发展对电力市场的影响，在促进自身发展的同时积极服务节能减排事业

随着环境和气候变化问题日益受到重视，国家提出大力发展低碳经济，首都也顺势加快了“绿色北京”建设步伐。低碳经济对电力市场具有多重影响，对于公司经济效益的提升既是机遇，也是挑战。从挑战方面来看。随着地区经济结构的调整，劣势产业的淘汰退出会直接损失公司既有的售电市场；天然气等其他能源形式的快速发展将对公司的传统售电市场构成有力竞争。在电动汽车充电市场，公司面临着传统汽车能源供应企业对网点投资经营权的激烈竞争。国家将在“十二五”期间加大对电力需求侧管理力度，在全社会范围内大力推进节能项目应用，同时从售电量、最大用电负荷两方面对电网企业提出了明确的节约电力电量指标，这将对公司售电市场造成一定影响。从机遇方面来看。低碳经济的发展，为供电企业由单纯的电力供应服务向能源综合服务领域延伸提供了广阔的发展前景。“十二五”期间，清洁能源应用、电动汽车充电服务、分布式能源项目建设与运营、合同能源管理等将在我国得到快速发展，这对电网企业实现转型发展提供了难得的发展机遇，同时也是公司营销工作转型发展的契机，我们必须积极参与市场竞争，为公司培育新的效益增长点。

（三）科学认识公司所处的发展阶段和努力方向，进一步提升营销服务工作水平

对照公司发展任务，认真分析发展现状，公司营销工作在基础管理等方面存在着很多问题和不足，需要我们在“十二五”期间努力加以解决。从整体来看，营销服务工作水平还不能完全满足“八字方针”的工作要求。主要表现在：营销专业工作服务于公司发展全局的能力不足，工作质量和效率还不能完全实现可控在控，经营服务理念、业务技能水平与客户需求和公司经营发展要求存在一定差距。公司在对外服务和经营中还存在不规范行为，不能很好地适应日益增大的监管力度和社会舆论压力。营销管理和业务链条过长，影响整体运作效率的提升。计量装置的技术水平和健康状况有待进一步提升。从专业工作来看，基础工作的根基还不够牢固。具体表现为：营业计收风险不断增加，现有电费管理模式和手段不能满足安全、可靠、快速的电费业务发展要求；电费资金集约程度有待进一步提高；电费稽核机制不健全，难以有效规避经营风险。计量业务集约不充分，专业一线工作人员较为缺乏，技能水平不高。信息化手段对营销工作的支撑作用没有得到充分发挥，精益化管理水平需进一步提高。报装结存容量较大，相应的公司内部管理与服务机制需要进一步完善。农村电气化水平整体偏低，农村低压电网建设与改造投入不足，农村供电所管理薄弱问题较为突出。

基于上述分析，公司“十二五”营销发展目标是：按照国家电网公司统一部署，全面建成“大营销”体系。实现电量自动采集、电费预付结算、业务

在线监控、服务实时响应。到2015年，售电量达到1200亿kWh；市场占有率提高到98.30%以上；当年电费回收率达到99.9%以上；建成“全覆盖、全采集、全费控”的采集系统；电动汽车充电服务网络基本建成；服务质量在首都公共服务行业处于领先地位，营销服务工作总体水平达到“国内一流”。

三、2011年工作思路和重点工作计划

2011年，是公司全面实施“十二五”发展规划的开局之年，起好步、开好头至关重要。围绕公司“十二五”营销发展目标，为认真贯彻落实公司二届一次职工代表大会暨2011年工作会、政工会和国家电网公司2011年营销工作会精神，公司2011年营销服务工作的总体思路是：深入贯彻落实“八字”方针，夯基础、强队伍，巩固提高营销专业工作水平；拓市场、压结存，确保完成年度经营任务；重开拓、抢机遇，加快发展营销新型业务；抓改革、促管理，坚决杜绝“三指定”行为；塑品牌、树形象，全面提升客户服务水平。

主要指标：

——售电量努力争取完成800亿kWh，确保完成785亿kWh；

——当年电费回收率完成99.9%以上，应收电费余额占月均应收电费的比重控制在2.0%以内；

——500kV及以下线损率完成6.55%以下；

——供电服务十项承诺兑现率100%；

——完成2个智能用电项目的试点建设任务；

——用电信息采集总体覆盖率达到30%，推广应用智能电能表110万只。

根据上述工作思路和量化目标，重点做好以下九个方面的工作：

（一）全面夯实基础，提高营销基础管理水平

以强化基础管理、加强风险防范、提高资金效益为主线，以同业对标为抓手，认真查找短板，提高电费回收、电价执行和计量专业工作水平，为公司经营提供基础保障。一是建立电力销售分析体系。通过整体与局部、过程与结果、纵向与横向相结合的方法，加强对售电量、均价、线损率等经营指标的跟踪分析与预控；拓展分析维度，挖掘数据价值，发挥经营决策支撑作用。二是夯实电费回收工作基础。进一步落实电费回收责任，强化风险预警与管控，继续推广电费分次结算和担保方式防范回收风险，深化应用律师函、诉讼等法律催收手段，确保电费资金及时足额回收。三是努力提升“量、价、费”管理水平。有效利用信息系统支撑，提高电费发行效率与电费核算水平；试点开展电费资金一级账户集约管理，进一步提高资金规模效益；认真研究居民阶梯电价出台后对公司带来的影响，充分考虑首都的特殊性和复杂性，做好实施前的各项准备工作。继续做好电价执行现场稽查，不断提高电价执行水平。四是提高计量专业管理水平。优化计量设备的采购、检定、配送和库存管理流程，提高公司计量资产的使用效率；加强在运计量资产检测与分析，提升计量装置健康水平；加强现场安全、质量、工艺控制，保质保量完成110万具智能表的安装及用电信息采集建设。五是强化线损管理。推广线损管理系统的实用化，加强线损异动的过程管控，加大技术降损投入，全面推行线损“四分”管理。六是加大营业普查力度。加强营业普查的常态管理，明确任务和要求；加强防窃电技术的研究与应用；进一步加大与公安部门联合开展反窃电活动的力度，形成打击窃电的高压态势，有效规范用电秩序。七是加强营销电子档案管理。制定、完善相关管理办法，明确管理职责、流程，实现营销电子档案实时动态更新，促进营销基础管理水平的提升。

（二）全力开源挖潜，实现年度售电量目标

800亿千瓦时售电量是公司确定的2011年主要工作目标之一，公司各部门、各单位要高度重视，努力开拓市场，确保这一目标的实现。一是加强激励约束。公司将制定专项奖励办法，加大考核力度，对各单位分解下达“业扩报装接电容量”指标，定期对标排序各公司报装接电速度、累计新发电客户新增售电量，考核各单位市场开拓进度和质量。二是加快报装接电速度。深化“保热点、压结存”工作，千方百计压降结存容量，将结存难点细化到具体的变电站、供电线路。针对高负载变电站、开闭站、线路，在优先满足客户报装需求的基础上，加强需求侧管理，实现“先接后控”。三是各公司要认真总结2010年度夏期间重点地区报装需求、用电特性，认真分析95598热线反映的配网过负荷、低电压等故障报修信息，为配网规划提供决策支持。四是密切关注终端用能市场的发展变化。要加大地源热泵、蓄冷空调、电采暖等电能替代项目的推广力度，完善“绿色通道”服务机制，不断提高电力在终端能源市场的比重。

（三）努力抢占先机，拓展公司新的市场空间

一是加快推进电动汽车充电服务设施建设。在做好北京地区充电设施“十二五”建设规划的基础上，建设完成换电站9座、分布式充电站12座、电池集中式充电站1～2座、安装交流充电桩1000个；按照换电为主、插充为辅，集中充电、统一配送的基本运营模式，做好已建成充换电站的运营工作。按照国

家电网公司要求，试点建设电动汽车智能充换电服务网络运营管理系统；积极开展北京—天津城际互联电动汽车示范项目建设。二是落实国家节能减排要求，积极发展节能服务产业。一方面，公司将以专业公司和研究单位为依托内聚力量，建立企业（楼宇）用能计量分析试验室，推广多种节能措施应用方案，不断完善合同能源管理商业发展模式，形成自身技术优势、产品优势。另一方面，以政府部门和社会协会为依托外拓市场，推动专业公司的节能认证，争取相关扶持政策，积极开展合同能源管理，快速提升公司在首都节能市场的份额。按照国家电网公司要求，公司层面已成立了华商能源管理公司，以合同能源管理为主开展节能服务工作。2011年各公司要组建节能服务小组，在公司统一部署下开展区域内的用能诊断和节能服务。年内，要结合智能用电技术，完成2到3个合同能源管理的示范项目，树立品牌，提高专业公司社会影响力。三是推进国家电网公司智能用电和智能需求侧管理试点项目建设，建立智能需求侧和能效管理平台。继续开展燃气“三联供”、太阳能等新型能源利用方式的研究。

（四）坚持多措并举，坚决杜绝“三指定”行为

国家电监会已经决定将“三指定”专项治理延长到2011年，下发了关于对重点抽查发现问题进行整改的通知，国家电网公司也提出了明确的工作要求。公司将严格按照国家电监会和国家电网公司的统一部署，在全面总结以往检查治理经验的基础上，进一步深化“三指定”治理工作。各单位要充分认识解决“三指定”问题的必要性和重要意义，增强责任感和紧迫感，确保治理工作取得实效。一是要加强组织领导，深化自查自纠。各单位要对照电监会“三指定”重点抽查发现的问题，举一反三，认真整改，彻底消除薄弱环节。二是加强对客户报装业务流程的管控，确保信息公开，保障用户权益，提高服务质量和效率。三是严明纪律、加强考核。公司将建立内控监督机制，加大检查督导力度，严肃处理违规、违纪的单位和个人，确保责任落实、措施到位、整改彻底，坚决杜绝“三指定”行为。四是通过体制改革、机制完善、流程再造，建立有效杜绝“三指定”问题的长效机制。

（五）持续提升品质，树立服务优质的良好形象

深入开展“塑文化、强队伍、铸品质”供电服务提升工程，充分彰显公司作为国家电网公司在首都的服务窗口形象。一是着力打造首都电力党员服务队，统一形象设计、统一服务内容，提升服务品质，树立鲜明形象。大力推进供电服务进居委会、进社区、进乡村、进街道，开展用电咨询、上门检测、户内检修、电炊推广等便民服务。建立社区服务档案，拓展爱心卡服务内涵，加强对孤寡病残等特殊群体的贴心服务。二是着力塑造服务一流、影响广泛的95598服务品牌。升级硬件系统，完善服务功能，建立应急机制，提高服务效率，进一步提升95598在社会上的知名度和美誉度。三是提高重要客户服务水平。完善常态化服务机制与信息沟通渠道，为重要客户建立用电经验交流平台。深化与通讯、金融、卫生、地铁等行业客户的合作，提供“定制”的电力服务，建立互利共赢的合作机制。四是继续做好24小时售电和应急送电卡等便民服务，继续推广银电联网代扣、网上自助等缴费方式，研究充值卡缴费的应用，扩充客户缴费渠道，使客户缴费更加便捷。

（六）加大科技创新，深化营销信息化应用

高度重视营销信息化建设工作，提高营销信息化的整体实用化水平。一是认真解决SG186营销业务应用系统推广过程中存在的问题，顺利完成国网实用化验收。二是结合营销业务和管理需要，稳步开展一体化互动缴费平台、95598互动网站等营销信息化的研究及建设工作。三是建设覆盖公司和供电公司的两级营销稽查监控体系，实现对营销关键指标、工作质量的集中监控与稽查。四是密切跟踪智能用电服务技术发展与应用，结合老旧小区改造、新建小区，提前做好光纤到户试点小区的选点，制定、完善技术标准及商业运营模式，为今后大规模推广奠定基础。五是组织开展微功率无线互联互通技术、非典型楼宇采集模式、光纤采集技术等关键技术研究工作，全面提高用电信息采集技术水平。

（七）加强政策研究，营造公司良好发展环境

一是要进一步加强与政府和有关部门的紧密沟通，继续推动“147”政策的出台；选取符合条件的区域，开展试点建设工作，为政策出台后的全面执行积累经验。二是按照北京市、区（县）两级政府和电力公司三方投资政策和建设方式，继续组织推进2011年北京地区“老旧小区”配电设施改造，有效缓解公司低压配网投资不足的问题，实现各方利益的共赢。三是继续推动《北京地区高压用户用电安全规范》地方性标准的出台，实现用电安全服务工作有法可依、科学发展。四是在促进落实建设阶段各项政府支持政策的同时，积极争取政府对电动汽车充电设施运营的政策支持，推动其商业化运营取得实效。

（八）强化规范管理，促进农网健康发展

农村电网是北京电网的重要组成部分，农电工作是公司工作的重要内容，农电队伍是公司发展的重要力量。我们要更加重视农电工作，公司已成立新农村

电力建设办公室，以全面加强农电管理，提升电力对“三农”的服务水平。一是要加强调查研究，全面了解掌握农电管理现状，深入开展县供电企业突出矛盾和问题排查治理，提出有针对性措施，切实加强农电专业化管理。二是结合新一轮农网改造升级工程，加大对农村电网的投入力度，着力解决农村配电网整体运行水平较低，配电变压器过负荷严重，配套供电能力与农村经济发展水平不匹配的问题，基本实现主、配、农网协调发展。三是加强农村供电所管理，找准定位、理顺流程、规范管理，完成农村供电所的标准化建设工作。加大农村供电所成本投入，切实解决供电所运营成本不足的问题。

（九）注重人才培育，适应营销服务发展需求

紧密结合工作实际需要，务求实效地做好营销服务人员培训培养工作。一是大力开展专业“创先争优”活动，举办“供电服务技能大赛”、评选供电服务窗口“微笑大使”，大力营造比学赶帮的工作氛围。二是加强专业人才的培养和储备，特别是针对新能源推广、智能用电等新技术的应用，通过课题研究、讲座、选送培养、实践操作等方式，培养一批技术骨干和专业管理人才，满足公司发展的需要。三是继续开展电费、计量、业扩、农电等专业抽调考，加强95598话务人员培训，提升各专业人才业务技能与服务水平。四是加强营销队伍作风建设和廉政建设，大力营造“干事、干净”的廉政氛围，坚持廉洁从业，围绕营销领域廉洁风险点，深入开展教育实践活动；持续强化对业扩报装等领域的内外部监督，杜绝影响公司形象的行风事件，有效防范营销领域违法违纪现象的发生。

坚定信念　夯实基础　为公司“十二五”科学发展提供坚强保障

——副总经理刘润生在北京市电力公司2011年安全生产工作会上的报告（摘要）

（2011年1月25日）

一、2010年安全生产工作回顾

2010年，公司生产系统以“八字方针”为指导，深入贯彻落实国家电网公司有关安全生产工作的各项部署，统筹实施安全管理、生产管理、调度运行、风险管控、信息建设、应急值守等各方面工作，圆满完成了全年安全生产任务，安全生产形势总体平稳，安全生产的精益化水平稳步提升。

公司全年未发生重大安全生产事故。发生人身死亡事故1起，死亡1人，发生人身轻伤事故1起，轻伤2人；发生电网设备事故7次，同比上升75%；发生设备一类障碍98次，同比增加19次，同比上升24%（其中输电设备一类障碍84次，同比上升20%，变电设备一类障碍14次，同比上升56%）；吊车碰线或其他机械车辆施工外力破坏52次，同比上升40%；配网永久性故障路同比减少4.03%，全口径用户平均停电时间为4.613h/户，同比下降10.25%；主网停电工作计划同比降低20.12%；公司信息系统未发生运行事故，信息网络可用率达到99.999%，信息系统可用率达到99.998%。

（一）把握管控重点，安全管理扎实有效

2010年，公司生产系统牢牢把握安全生产管控重点，创新安全管理手段，突出安全过程管控、加快安全标准建设，安全管理基础得到了进一步夯实。过程管控初见成效。充分调动各专业安全管控资源，紧密贴合电网调度、倒闸操作、现场检修等安全生产关键环节，进一步加大安全生产过程管控力度，基本消除了以上关键环节的安全监督死角，全过程抓安全的工作理念和方法已初步形成；履责审计日臻完善。建立健全公司安全审计工作机制，完成了面向输电、变电、电缆和16个供电公司的安全监督审计工作，有效促进了基层单位安全管理责任的落地，进一步加快了安全管理的规范化、标准化进程；隐患治理逐步深化。全面开展了电网事故隐患排查整治工作，针对每项隐患落实期限、责任、资金、措施和应急预案，隐患整改率达到国家电网公司A段指标，有效提升了设备设施健康水平；事故“回头看”实现闭环。针对公司典型事故案例，对暴露出的关键问题，着重从管理上抓措施，从执行上抓落实，通过对事故“回头看”的闭环管理，督促反事故措施真正落实到位；安全活动取得实效。大力开展百日安全、安全大检查、调度系统专项治理、安全生产月活动，全员关注安全的氛围日渐浓厚，并荣获“全国安全生产月活动优秀单位”、北京市安全生产月活动“优秀组织奖”及“最佳实践活动奖”等荣誉称号。

（二）主配网协调发展，生产管理规范有序

2010年，公司深入实施电网设备状态检测与检修，全过程优化生产管理，有效提升公司生产管理效能，圆满完成了各项生产任务，全面实现了国家电网公司主要生产考核指标要求。深化状态检修，初步建立了输变电设备状态监测和状态检修工作体系，有效降低了设备过修（试）、停电次数和停电时间，主网停电工作安排同比降低31%；加强生产运行管理，扎实开展标准化作业、缺陷治理、隐患排查等工作，有效降低了设备运行风险。深入推进输电、变电、电缆运营监控平台建设，进一步提升PMS和GIS系统的应用广度和深度，稳步推进生产管理的精益化进程；强化配网运行管理，完成低压配网、隧道及管井实物资产统计、整理工作，为公司各项决策提供依据。全面规范和实施中压架空配电线路带电作业工作。落实重要客户供电设施差异化运维措施。实施东、西城配电自动化试点工程建设，配网运行管理水平不断提升；规范政治供电工作，大力推进政治供电标准化建设，健全工作标准和管理流程，初步形成覆盖筹备、保障、总结等三个阶段的标准化管理机制，有力保障了公司全年各项政治供电任务的圆满完成。

（三）突出风险管控，电网运行平稳可靠

2010年，公司深化电网运行分析，强化安全风险管控，加强厂网协调，积极推进调控一体化进程，确保了电网安全稳定运行。深入推进安全风险管控，初步建立了安全风险管控体系，完善了面向安全、生产、调度、反外力、保客户等五个领域的风险分析和管控机制，健全风险会商及发布流程，加大措施执行环节的监督力度，风险管控成效日益显现。稳步推进调控一体化，前瞻性地思考和实践“大运行”管理模式，加快推动公司调控一体化运行机制和两级调控中心建设，截至目前，北京市调已实现对50座220kV及以上变电站的运行监控，15个地区调控中心组建完成，并按照统一的规范和标准开展调控运行管理。扎实开展二次专业管理，建立健全智能电网配电通信、配电自动化的技术、管理体系。持续推进二次专业现场工作标准化作业。深入开展继电保护设备及二次回路隐患排查和状态评估工作，二次专业管理水平不断提升。深入开展重要客户外电源管理，全年完成1045个重要客户外电源梳理，深入开展重要客户外电源安全分析，实现重要客户基础信息、外电源隐患、保护接口定值的信息化管理。积极推进重要客户外电源隐患治理，初步形成了重要客户外电源管理常态机制。

（四）强化应急处置，值班管理规范高效

适应公司值班、应急管理的集约化发展，全面加快公司值班和应急体系建设进程，在突发事件处置中较好地发挥了信息中枢和指挥协调作用。对于值班工作，顺利完成公司总值班室和各供电公司值班机构调整工作，统一明确了值班职责和运行模式。全面加强值班基础管理，重新规范值班业务处置程序和工作标准，重点加强重大事项报告和突发事件协调处置工作。拓展值班管控领域，建立政治保电、冬季值守、配网停电等值班机制，有效增强公司对于重要时期、关键环节工作情况的掌控和协调能力，特别是冬季应急值守工作模式得到了国网公司领导肯定。初步建成覆盖公司内外部的信息搜报网络，定期汇总、编报值班信息，为公司决策提供信息支撑。对于应急工作，梳理和完善公司应急管理模式和工作职责。针对突发事件，初步建立了分级应对、协调联动的处置机制，强化了信息传递和人员到岗要求。梳理公司应急装备情况，结合冬季应急工作需求，组织完成首批度冬应急物资采购；举行“煤改电区域供暖用电保障”、“冬季输电线路抢修”、“应急后勤保障”等综合演练活动。针对北京市交通拥堵的实际问题，开展“平安夜”应急通行专项测试，研究破解应急通行难题。加强公司应急培训工作，举办公司应急装备应用培训。

（五）丰富反外力手段，电网环境持续改善

2010年，公司坚持专群结合、政企联动、多措并举的原则，全面加强反外力工作力度，电网运行环境得到一定程度的控制。广泛开展群众护线工作，多形式多渠道开展电力设施保护宣传，提高了社会公众的电力设施保护意识。对外力事故高发的416条输电线路沿线广泛开展了群众护线工作，共有607名群众护线员上岗到位，发现和报告了大量外力异常信息，群众护线取得实效。深入推进政企联动护线，积极推进北京市地方电力设施保护立法工作，协助市发改委编制了《北京市电力设施保护管理办法》草案。针对反外力工作的季节性特征，动员全市公安内保“三电系统”广泛开展护线行动，政企联动反外力工作格局逐步形成。持续治理树线矛盾，全年共修剪和砍伐输电线路保护区内树木近7万棵，进一步消除了外力事故隐患，输电线路安全运行水平有所提高。

（六）建立服务机制，重要客户管理稳步推进

2010年，公司内部初步搭建起了重要客户服务平台，重要客户服务机制不断完善。在服务中逐步建立了与重要客户的良性互动关系，重要客户服务品牌日益彰显。大力加强服务能力建设，规范了服务组织模式及资源调配机制。完成了重要客户的外电源系统梳理和客户内部基础用电信息资料整理和安全隐患排查，为每个重要客户建立了基础信息档案，逐步建立

了客户服务专业化、一体化技术支持系统，重要客户的服务能力逐步增强。有效开展对外服务，与重要客户建立了高层次、常态化的沟通联系机制。以客户内部系统安全评估为手段，向客户提出隐患整改建议，巩固提升客户内部用电可靠性水平。及时向重要客户提供供电应急服务。通过以高品质的服务工作，赢得了客户满意，提升了公司品牌效益。

（七）注重创新实践，科技信息管理成效显著

进一步加快科技创新和信息建设步伐，较好地满足了公司及电网发展对科技、信息的支撑需求。扎实推进科技创新工作，公司有9个重大项目列入了国家电网公司的“十二五”科技规划。2010年获得国家电网公司科学技术进步二等奖两项，科学技术进步三等奖两项。建立了2011年科技项目储备库，组织完成“提高主变压器利用率策略的研究”等六项专题研究。扎实推进信息化建设工作，组织编制了以SG-ERP为架构的“十二五”信息化发展规划。全年完成信息化建设项目32个、系统维护项目41个。大力开展ERP、PMS、基建管控、营销系统等二十个系统的成功上线和深化应用工作，支撑公司人财物集约化管理。公司信息化建设成效显著。

（八）完成试点任务，智能电网建设稳步推进

建立了智能电网工作体系，加强组织领导，明确职责分工，智能电网建设工作进展顺利。智能电网试点建设任务和研究任务按期完成，圆满完成了国家电网公司下达7个试点项目任务，其中，智能电网调度技术支持系统和配电自动化试点工程分别通过国家电网公司的验收和预验收。完成了《坚强智能电网建设对经济社会的影响分析》和智能小区商业运营模式研究专项课题研究。积极宣传智能电网建设相关政策法规，普及智能电网知识。在电动汽车充电站建设和光纤到户建设上争取到优惠政策支持。确定了公司智能电网规划，按照国家电网公司统一部署，编制完成《北京电网“十二五”电网智能化规划》，明确了今后五年智能电网建设项目和投资规模并进一步将2011年推广项目和菜市口、左安门、未来科技城等三项综合示范工程纳入公司2011年综合计划。

二、深刻认识安全生产面临的形势和要求

（一）深刻认识当前安全生产面临的主要形势

当前，公司和电网发展全面深入推进，国家对企业安全生产监管力度进一步增强，首都经济社会发展对供电可靠性的要求越来越高，安全生产面临新的形势。

一是国家对企业安全生产的监管力度进一步加大。2010年，国务院发布了《关于进一步加强企业安全生产工作的通知》，今年初，国家安监总局和国资委下发了《中央企业安全生产禁令》，国家对于加强安全基础建设，强化责任落实，严格安全监管的要求进一步提高，对违反相关规定，造成安全生产事故的处罚和责任追究更加严格。

二是首都经济社会发展对供电保障工作提出更高要求。当前北京市正着力打造“人文北京、科技北京、绿色北京”，推动“世界城市”建设，对首都高可靠性供电保障工作提出了更高的要求。同时，国家政府机关、重要客户以及相关部门对重大活动保电要求越来越高。首都的特殊地位决定了政府部门、电力监管机构、新闻媒体对电网安全的关注度也远高于一般网省公司，在安全方面出现小的问题，其影响极有可能被成倍放大，甚至影响到公司的生存发展，影响到整个国家电网公司的形象。

三是国家电网公司“三集五大”建设为生产体系变革带来机遇和挑战。国家电网公司在今年的职代会上明确，“十二五”期间要着力深化“三集”工作，建设“五大”体系，北京公司作为2011年非试点单位，要准确把握好“大运行”和“大检修”体系建设的实质，深入总结实施调控一体化和专业化检修的成功经验，加强基础管理工作，实现整体保持、局部优化、加强跟踪、重点研究，为公司下一步深化建设“五大”体系打下良好基础。

四是智能电网建设对安全生产管理工作提出新要求。国家电网公司明确提出“十二五”期间实现坚强智能电网建设目标。同时，随着特高压电网建设以及风能、太阳能等清洁能源的大规模发展，电网的运行特性和结构将发生重大变化。给公司安全生产管理工作带来了新的课题，迫切需要公司在体系机构、电网及设备运行管理、技术管理、人员素质提升等方面超前思考，积极探索，做好相关准备工作。

五是公司发展对巩固安全生产基础的要求更加紧迫。当前，公司正处在不断深化“两个转变”进程，加快实现“国内一流、国际水准”发展目标的关键时期，公司体制机制和管理方式正在发生深刻变化，迫切需要稳定的安全生产局面为公司和电网发展提供保障，这对公司安全保障能力不断增强、安全生产状况持续改善提出了更严格、更紧迫的要求，需要我们克服各种不利因素的影响，坚定信念，迎难而上，夯实基础，确保电网持续安全稳定运行，为公司改革发展提供保障。

（二）深刻分析公司安全生产工作存在的主要问题

一年来，公司安全生产总体形势保持稳定，但安

全形势依然严峻，安全生产还没有完全实现“可控、能控、在控”，发生电网、人身、设备事故的风险始终存在，安全生产基础工作还不够牢固，主要体现在以下五方面：

安全管理方面。2010年，公司带电作业发生了人身死亡事故，变电运行发生了人身轻伤事故，发生的6次变电设备事故中的4次是有人员责任的带“误”事故，事故反映出公司安全生产基础依然薄弱，尤其是在安全生产责任制落实、管理制度补充和完善、人员技能水平提升、规程制度现场落实方面需要加大管理力度。

在电网安全方面，一是电网结构还存在薄弱环节。局部地区电网结构比较薄弱，度夏期间存在线路和设备重载甚至过载问题，特别西北部电网，在三相永久性短路故障情况下，甚至存在电压失稳风险。二是电网运行环境日益恶劣，电网运行风险日益增加。市政迁改、轨道交通建设等不仅本身增加了电网外力破坏的几率，威胁电网运行安全，也为电网运行方式安排带来更多不确定性。

在生产管理方面，一是随着变电站无人化和专业化检修工作开展，变电站运行管理出现弱化趋势，消技防等生产辅助设施管理存在空白点。二是在带电作业、调控一体化、专业化检修等新业务管理方面，相关标准、规范制定和修订相对滞后。三是配网管理在规划建设、运行管理、检修质量、故障抢修等方面工作亟需加强。四是应急能力还不能完全适应首都特殊地位的要求，应急物资管理、应急装备水平和应急队伍建设等方面还需加强。

在调度管理方面，一是调控一体化工作有待深入，运行管理和安全管控机制还需进一步规范。二是发电厂并网管理和机网协调管理仍显薄弱，技术监督体系需要进一步健全。三是调度运行、继电保护专业安全监督管理工作有待加强，同公司监督体系还未实现全面有效对接。四是电网经济运行工作需要强化，电网方式分析对电网规划与建设的指导作用需要加强。

在员工队伍方面，一是劳务人员已逐步成为公司一线员工的主力，部分劳务人员素质参差不齐，归属感不强，责任意识较差，存在较大的安全风险。二是部分从事技术管理及监督的人员缺乏实践经验，水平不高，技术管理及监督体系支撑能力不足。三是员工培训缺乏实训基地，培训手段不多，培训形式相对单一，一线员工整体素质不高。

在深入分析安全生产工作面临挑战的同时，我们也要清楚的看到做好安全生产工作的有利因素：一是公司的坚强领导和科学决策，为下一阶段安全生产工作统一了思想认识，明确了努力方向和奋斗目标。二是公司有一支作风优良、善打硬仗的干部职工队伍，在历次重大政治活动和日常生产工作中经受了各种锤炼，积累了丰富的经验，敢于战胜任何困难。三是公司科技和信息化工作不断加强，新技术广泛应用，安全管理的信息化手段不断丰富，设备质量和健康水平不断提高，为安全生产提供了物质保障。

三、2011年安全生产工作主要思路和重点工作

在刚刚结束的公司二届一次职代会暨2011年工作会、政工会上，公司明确了“十二五”发展目标，并对2011年各项工作进行了全面部署，对安全生产工作提出了具体要求和量化指标。我们要紧紧围绕公司发展的总体战略，认真贯彻“八字方针”，落实公司2011年工作思路和重点工作要求，进一步理清安全生产工作的总体思路，即：以继续深化风险管控为抓手，控制电网风险；以开展供电设施评价为抓手，控制设备风险；以深化安全生产过程管控为抓手，控制人员风险。打造两个中心（安全评价中心、供电设施评价中心），突出三方面工作（电网风险管控工作、应急管理工作、政治供电工作），筑牢一个基础（安全生产基础），实现政治供电“零闪动”、安全生产“零死亡”，全面提高公司安全生产水平，为公司实现“十二五”规划良好开局奠定坚实基础。

打造两个中心是公司2011年乃至“十二五”期间夯实公司安全生产基础，提升安全管理水平的重要手段，具体包括：

打造安全评价中心，促安全管理基础工作上台阶。为有效落实安全生产责任制，深化安全生产过程评价和安全监督审计工作，提高安全生产管理人员和一线人员安全技能水平，依托试验研究院，有效利用公司专家资源，建立公司安全评价中心，重点开展三方面工作：开展安全监督过程评价，建立安全评价专业化平台和专家档案库，健全各专业标准和查评依据，实现评价工作标准化；定期组织专家对各单位安全生产过程指标、安全管理情况进行综合评价诊断，推动各项规章制度和反事故措施的落实，实现安全过程评价规范化。开展安全监督审计工作，进一步完善监督审计办法，制定审计方案和工作计划，对审计出的主要问题跟踪监督落实，实现安全监督审计规范化；组织专家开展综合会诊巡检，健全巡检工作标准，实现安全监督专业综合会诊及巡检常态化。开展安全技术等级资格认证工作。把安全技术等级作为公司从事安全生产人员工作岗位及职务聘任的必备条件，明确不同岗位所对应的安全技术等级，各等级应

具备的安全知识和安全技能，动态和周期考评相结合，实现安全生产岗位“人员准入”。促进人员培训工作的开展和培训效果的提升，激发员工主动学习技术和业务知识的热情，切实提高工作负责人的组织管理和现场安全控制能力，提高员工的安全意识和技能水平。

打造供电设施评价中心，促设备基础管理工作上台阶。为解决变电站无人化、专业化检修所带来的运行维护、设备管理工作弱化的问题，满足开展状态检修和状态运行工作的要求，从根本上提高供电设施的运行可靠性，有效降低设施故障率和事故率。2011年，公司将分两个阶段在各专业公司及16个供电公司全面开展供电设施评价工作，同时依托试验研究院，建立公司供电设施评价中心，为供电设施评价工作提供技术和管理支撑。重点开展三方面工作：开展状态检测管理工作，开发应用在线监测、带电检测新技术，开展在线监测装置、相关仪器仪表检测和检定，制定状态检测技术标准，对各运维单位的设备检测状态工作进行技术培训、监督、指导，汇总分析各类设备状态信息，建立设备状态评价档案，定期出具分析评价报告，实现状态检测管理规范化。开展供电设施评价工作，健全完善供电设施评价和技术监督管理制度体系，充分利用公司内部人才技术优势和设备设施资源，推进公司供电设施评价管理工作，体现专业管理完善、技术支撑得力、创新能力突出的特点，做到技术支撑业务流程化，技术监督制度化，技术管理集约化，提高设备状态管控能力。开展异常设备诊断分析工作，参与公司设备异常和故障的调查分析，定期开展设备异常和故障的诊断工作，提出整改措施并跟踪落实情况。全面开展资产全寿命周期管理，为资产全寿命周期管理决策系统的上线运行、维护和使用评价做好人才和技术储备。

突出三方面工作是公司今年安全生产工作的着力点，具体包括：

突出风险管控。目前，公司风险管控工作在“建体系、知风险、明措施”方面已初见成效，一年多来的实践证明，风险管控工作对于前移安全关口，提高各级管理人员安全意识，有效防范各类安全风险起到了至关重要的作用。要继续将风险管控工作推向深入，必须继续在抓落实上下工夫，将各项管控措施落实到位。一要进一步完善人员、电网、设备、环境和用户的风险会商和发布机制，形成多部门联合的风险管控体系；二要加快推进电网运行指挥系统（IOSS）安全风险管控模块的建设和应用，利用信息化手段强化风险管控措施的落实和刚性执行，实现风险管控工作的时效性。三要建立有效的监督机制，建立风险管控执行情况评价指标体系，确保风险管控措施落地，实现和安全生产过程管控工作有效对接。

突出应急管理。在完善公司值班体系的基础上，进一步完善公司及各二级单位应急指挥中心功能定位，推进应急指挥工作专业化、规范化管理。以建立科学、高效、务实、领先的首都电网应急工作体系为主线，全面推动公司“762”应急专项提升工作，不断增强公司广大员工的应急意识和风险意识，不断完备公司实施应急保障的装备和手段，不断提升公司应对突发事件的协同保障和应急工作水平。一是着力夯实7项基础工作。构建好应急组织体系，规划好应急发展策略，规范好应急管理标准、编制好应急保障预案，组建好应急保障队伍、配置好应急物资装备、打造好应急支撑体系。二是着力提升6种工作能力。努力提升监测预警能力、资源调配能力、应急联动能力、应急通行能力、综合保障能力、舆情控制能力等6个方面的工作能力。三是努力实现两个转变。实现应急工作由形式化管理向实战化管理转变；实现应急工作由事后处置向事前预警与事后处置相结合转变。

突出政治供电管理。深入总结公司历次重大政治保电的成功经验，进一步完善政治供电管理体系，提高政治供电管理的信息化水平，全面提升政治供电规范化管理水平和常态化保障能力。实现政治供电由“不断电”向“零闪动”转变。一是强化政治供电规范化管理，进一步完善政治供电保障体系，加强政治供电开展情况的检查，开展政治供电工作后评估，推进政治供电相关措施要求真正落实。二是强化政治供电日常管理，实现“抓重点时段保障”向“重点时段保障与重要客户保障日常化管理”相结合的方式转变，继续加强重要用户外电源日常分析和管理，着力解决设备老旧、电源结构不合理以及保护功能不完善、定值不合理、资料缺失等问题，加大重要客户外电源隐患排查治理力度，加强与地方政府的沟通，积极协调解决安全隐患问题。三是强化政治供电技术支撑，仅仅依靠严防死守、重点看护等以组织措施为主的保电模式已不能满足 保电“零闪动”的要求，迫切需要我们从思想观念上进行转变，从保障体系、电网规划、建设标准，装备水平、技术支持等方面同步开展工作，逐步实现保电方式从单纯依靠组织措施向技术支撑和组织措施并重的转变。四是强化对重要客户的服务，开展重要客户服务既是政治供电日常化的重要内容，也是实现政治供电“零闪动”目标的重要措施，要进一步加强重要客户的系统服务策略研究、促进形成跨专业、跨区域的协同服务机制，搭建公司与客户的定期沟通平台，实现公司与重要客户的无障碍沟通；建立重要客户服务评价体系，深入开展对重要客户内部供电设施评价工作，提升对重要客户的差异化服务能力；树立政治供电高端服务的定位，构建政治供电装备体系，加大对新设备、新技术的研究和应用，研究定制电力技术在保电任务和重要客户日常供电保障工作的运用，满足不同重要客户对供电可靠性和电能质量的个性化需求。

2011年公司安全生产工作的主要目标是：

全面完成国家电网公司下达目标，即：不发生电力生产人身死亡事故；不发生特大电网、设备事故；不发生有人员责任的重大电网、设备事故；不发生恶性误操作、误调度事故；不发生重大及以上交通、消防、信息等安全事故；不发生性质严重或造成较大社会影响的停电事故，在此基础上实现：

政治供电实现“零闪动”；

年度安全生产事故数同比下降20%；

一类障碍同比下降6%；

城市供电可靠率达到99.979%；

城网户均停电时间降低到108分钟以内；

城市核心区户均停电时间降低到20分钟左右；

五环以内抢修到达现场时间不超过40分钟。

具体做好以下六方面工作：

（一）深化安全生产基础管理，筑牢安全“防火墙”

坚持“安全第一、预防为主、综合治理”方针，严格落实“三个百分之百”要求，通过安全管理的标准化，全面提升生产、基建和营销等专业安全管理水平。

安全生产制度管理标准化。按照“精、简、要”的原则，进一步增强针对执行层的安全生产制度的可操作性，避免安全生产管理制度的执行停留在文件上、会议上以及制度表面上的“两张皮”的现象，将行之有效的规章制度固化，形成安全生产管理的标准，开展制度执行情况检查评估，形成制度制定、检查评估、修改完善的良性循环。

反事故措施管理标准化。制定和完善公司反事故措施管理规定，规范事故、障碍分析流程和报告填写，明确反事故措施要点，增强反措的可操作性和可执行性，将反措内容列入安全生产任务，做到整改过程管理到位，督促到位，促进事故回头看、反措执行常态化。

反违章管理标准化。完善公司反违章管理制度，坚持奖惩并重的原则，强化基层单位安全监督部门作为反违章工作的主体地位，鼓励基层单位多发现问题，促进全体职工以更积极的态度对待反违章工作。制定两级安全监督和巡检人员准入标准，明确各级生产管理人员上岗前要有安全管理工作经验，强化各级管理人员“管生产必须管安全”的理念。

基建、营销和信息安全管理同质化。针对基建、营销和信息工作的特点，同步开展危险源辨识、风险评价和风险控制，同步开展工作现场的安全巡视和检查，切实做到与生产安全同样布置、同样要求、同样对待。

（二）深化生产组织模式转变，推进生产管理精益化

进一步优化生产组织模式，以精益化促进更大范围内生产要素的优化配置，以专业化推进生产业务的集中融合，以标准化深化业务流程的统一规范，全面提升专业管理水平。

提升运行管理精益化。一是不断优化变电、输电、配电的运行管理模式，强化运行单位设备管理的主体地位，加强运维队管理，建立操作、检测、维护一体化生产组织体系；二是加大事故隐患和设备缺陷治理力度，制定完善输变电设施投产验收规范，加快现场标准化作业进程；三是全面启动资产全寿命周期管理，坚持以效益为中心，寻求设备生命周期运行、维护成本的最优化，找到安全与效能的最佳结合点。四是进一步规范反外力工作，完善反外力工作管理规定，强化线路保护区环境隐患等级划分及动态管理，创新反外力工作思路，进一步发挥群众护线作用，推动电力设施保护立法和开展电力行政执法工作，推进反外力技防工作，提升反外力技术支撑能力，充分利用社会公众媒体进行电力设施保护宣传，内外结合、多措并举开展电力设施保护工作。

提升设备管理精益化。一是在深入理解国家电网公司“大检修”发展理念的基础上，结合公司专业化管理、集约化发展思路，开展输变电专业运行检修工作分析，研究扩展专业化检修设备范围；二是依托设备评价中心，全面开展供电设施状态评估，科学确定运行维护和检修策略，完善各类设备状态检修管理和技术标准，形成规范高效的标准化生产流程；三是结合智能变电站、配电自动化建设，动态分析二次系统各环节的运行特点和相互关系，拓展二次系统管理范围，加强运行分析和运行维护管理，提升自动化系统和设备的实用化水平。四是加强消防、技防系统运行管理和技术体系建设，加强基础资料和基础数据管理，开展变电站消防、技防设施的评估，明确消防技防报警信号及视频信号上传建设标准，建立和完善消防、技防设施检修、运行管理制度，提升生产辅助设施的管理水平。

提升项目管理精益化。一是按照电网检修运维和

技改项目管理流程，从进度和资金发生两方面，细化关键环节要求和时间进度节点，实行月度统计、季度评价分析；二是定期总结分析项目实施过程中存在的问题，强化项目安全管控，优化过程管控指标，通过指标量化项目进展情况，将关键指标纳入绩效考核；三是动态完善电网检修运维和技改项目储备库，按照电网需求合理安排项目，提高对项目计划的管控水平。

（三）深化配网运行管理，提升城市供电可靠率

北京作为首都和直辖市的特点决定了配电网是公司生产管理的重要内容，长期以来，公司在配网管理方面积累了丰富的经验，形成了许多优秀成果，要巩固和保持公司配网方面在全国的前列地位，满足首都经济社会发展的需要，要求我们必须突出自身特色，在配网管理上下工夫。一是加强配网基础管理。以加强 GIS 系统数据管理为抓手，规范配电基础资料管理，继续深化配网“五统一”技术标准的落实。重点研究进一步优化配网结构，提高配电线路互倒互带能力，切实保障电网迎峰度夏、迎峰度冬、重大活动和重要客户的电力供应。二是规范配网运行维护管理。加大配网运维资金投入，研究公司集体企业参与配网故障抢修和运行维护机制，制定配网运行检修标准，规范检修作业流程，推行配网现场作业标准化，提高检修质量。三是加强带电作业管理。深化带电作业施工技术和安全管理体系建设，实现带电作业集约化管理，建设具有带电作业技术研发、技术管理和技术监督功能的带电作业基地，使不停电检修逐步成为配网主要检修模式。四是加强电缆网运行维护管理。进一步完善电缆网监控平台功能，强化电缆网基础数据管理，继续深化故障定位技术和带电检测技术应用，开展电缆运行状态评价。强化电缆入网检测、安装质量控制和交接试验监督管理，确保电缆设备“零缺陷”投运。落实沟道防火、排水、通风、防外力破坏及防非法侵入等安全防护措施，提高电缆沟道安全生产工作水平。五是提高城市核心区配网自动化水平。总结深化城区配网自动化项目试运行经验，完善核心城区电网运行管理和安全生产管理机制，进一步完善系统功能，加强系统运行维护，强化系统实用化，全面提升城市核心区的供电保障能力和供电可靠性。

（四）深化电网运行管控，推进运行管理水平提升

深入总结调控一体化工作经验，加强电网检修和计划综合管理，加强电网运行方式管理，加强可靠性管理，提升电网运行管理水平，确保电网安全稳定运行。

深化调控一体化管理。一是在调控一体化机制建设的基础上，进一步研究探索符合北京公司和首都电网特点的“大运行”体系。二是加强调控一体化运行工作规范化管理，在公司层面统一调控一体化运行模式，编制调控一体化运行的评价标准和管理机制，实现各供电公司调控一体化的标准化管理。三是稳步推进调控融合，积极开展轮换岗位培训工作，对调度、监控的运行管理、业务流程、职责分工重新进行优化组合，稳步扩大业务融合的范围。

深化电网检修计划管理。一是加强对停电计划的审批管理，最大限度的降低设备停电次数，严格控制计划停电时间。二是加强主配网停电检修计划的综合协调和刚性管理，规范年度、月度停电计划编制、审核、发布管理，严格控制非计划停电工作，做好输变电可靠性指标动态评估，确保输变电可靠性指标稳中有升。三是加强施工方案审核，对基改建工程、市政工程涉及运行设备的停电计划、施工工期进行审核，根据可靠性指标管理，优化施工方案，减少设备重复停电次数，减少设备停电事件。

深化电网运行管理。一是针对 2011 年度夏存在的设备重载和过载问题问题，各单位要加强组织领导，认真研究解决措施，确保度夏相关工程项目按时完成。二是加强电网方式分析及管理，重点加强对区域负荷发展及特性分析。注重电网规划建设与电网方式分析的结合，及早发现未来 2 ～ 3 年电网隐患和薄弱环节，提前落实建设和改造项目。三是加大电网新设备启动前期管理力度，相关部门深度参与基改建工程项目的初设、可研及启动方案的审核环节，严格执行相关技术标准和管理要求，避免相关问题遗留到运行层面。

（五）深化科技信息应用，推进技术成果实用化

以服务坚强智能电网建设和“三集五大”体系为目标，提高科技成果产出效能，注重科技创新的前瞻性，提高信息系统支撑力度，注重信息管理的安全性。

创新科技发展思路。一是探索科技项目产出新机制，调整科技项目管理模式，探索专业公司、供电公司需求驱动，“两院一中心”研究开发、专业公司新技术应用的新模式，紧密依靠试验院、经研院和信息中心技术力量，加强与知名大专院校和科研院所战略合作，加强技术交流，优化整合资源，培育高精尖项目。二是提升科技项目立项水平。落实科技项目来自生产、服务生产的原则，集中优势资源，紧紧围绕公司智能电网等未来科技发展需求，积极思考谋划，有计划、有目标地开展高精尖科技项目的储备和成果提升，实现科技项目规划一批，实施一批，上报一批，建立优秀科技项目培育机制。三是加强科技创新，提高具有自主知识产权项目的研发能力，加速推进科技成果转化和新技术应用进程，提高科技投入产出比，

重点培育具有自主知识产权的项目，着力加强科技人才队伍培养和建设。

大力推进信息化建设。一是扩展信息系统覆盖面，完善ERP业务应用建设，增强业务融合，开展SG-ERP建设工作，改造信息网络，建设信息网络第二汇聚点和容灾中心，建成重要客户服务管理信息系统和电动车运营管理信息系统，完善数据管理平台，深化数据中心、空间信息辅助支持平台的评估和改进工作，为公司信息化提供灵活、安全、可靠的技术支撑平台。二是夯实信息运维主业化、集中化和专业化基础，完善以两级三线为基础的信息服务体系，着重加强运行监控和统一调度建设，提高信息服务水平。三是提高信息系统实用化水平，完善应用指标动态监控分析机制，提升信息系统建设效益，确保公司信息系统全面通过国家电网公司的实用化评价。四是深化建设与智能电网紧密结合的信息安全智能防御体系，加强应用层的安全基础建设，重点增强安全防护技术手段，深化应用信息安全综合工作平台、完善外网安全监测平台、建设统一安全管控系统。

（六）深化安全文化建设，提升员工素质

坚持以人为本，把增强队伍素质作为提高安全生产水平的重要途径。以开展安全技术等级资格认证工作为抓手，强化员工安全技能培训，尤其要针对劳务用工人员加强专业培训，提高其技能水平和业务能力，加强一线工作负责人、工作监护人的安全培训和技能培训，提高一线人员自保、互保能力。大力弘扬“努力超越、追求卓越”的企业精神，加强安全知识宣传，塑造反违章、遵章守纪模范典型，营造良好的安全文化氛围，既要奖惩分明，严格考核，以“三铁”反“三违”，大力提高员工的法制观念和遵章守纪的自觉性，又要关心员工人身安全和身体健康，着力改善劳动环境和工作条件，关心员工的思想和生活，营造相互关心、和谐共进的工作氛围，使员工能够集中精力、全身心地投入工作。

夯实基础　创新发展　开创“十二五”首都电网建设的新局面

——副总经理安建强在北京市电力公司2011年基建工作会议上的报告（摘要）

（2011年2月16日）

一、2010年及“十一五”基建工作回顾

2010年是“十一五”工作的收官之年，基建战线全面贯彻公司一届二次职代会暨2010年工作会议各项部署，认真落实2010年基建工作会议安排，全面完成各项工作任务。

投产25项输变电工程，新建110kV及以上变电容量331.15万kVA，新建110kV及以上线路206.41km。完成了电力设施迁改工程58项，完成了“煤改电”工程，充电站工程纳入基建管理范围并实现4项投产，附属设施建设全力推进，工程设计评审中心建设如期完成。

加强了职能管理工作，出台了一系列规章制度和管理办法；三个项目部建设稳步推进，工程领域专项治理工作顺利开展。基建安全管理态势继续保持平稳，全年未发生安全、质量事故；工程建设质量稳步提高，国家电网公司优质工程创优率取得100%；同业对标工作表现突出，取得了国家电网公司基建专业第六名的历史最好成绩。综合评价工作成绩喜人，获得了国家电网公司2010年度基建综合管理、质量管理、技术管理、造价管理四项先进，罗列等四名同志获得国家电网公司基建管理先进个人的光荣称号。总结全年工作，电网建设各方面工作取得了显著成绩。

一是精心组织，年度任务按计划完成。2010年基建管理范围不断扩大，给工程管理带来了新的挑战。基建部充分发挥组织协调作用，定期召开专项工程调度会，结合不同种类工程的特点，精心组织。经过各建设单位的共同努力，按期完成了220kV八达岭扩建等度夏工程，轨道交通配套的110kV马泉营、义和庄等输变电工程、市重点工程配套的220kV康宁、东坝东输变电工程按期投产，京沪高铁配套外电源工程进展顺利。

二是攻坚克难，重点工程取得重大突破。随着基建系统工作外延的扩展，建设面临的外部环境更加多变和复杂。基建战线的同志们不畏困难，团结一心，重点工程屡获突破。500kV海淀送电工程、220kV菜市口变电站工程的环境影响评价工作，经过统筹安排、多次协调、反复沟通，克服重重困难终于取得突破。同时，基建系统创新思路，在菜市口工程中大胆尝试国内首例消防设计模式，并得到了市消防局、规

划委的肯定。5条新城地铁配套迁改、阜石路二期迁改等多项重点工程按时完成，公司本部大门南侧路改造顺利实施。

三是过程管控，安全质量水平不断提升。各建设单位精心编制策划方案，有序开展全年安全质量管理工作；积极部署专项活动，落实国家电网公司各项要求；开展了不同形式、多种层次的教育培训工作，确保人员素质得到提升；适时召开安全质量分析会，辨识风险，超前预控，深化巡检数据统计分析和应用；出版了百日安全基建专刊，定期发布巡检周报，积极营造安全质量氛围；严格过程管控，完成了13个新建变电站工程投产前质量监督，23项输变电工程达标投产，确保各项工程高质量高水平移交；坚持巡检，全年累计检查70项工程共269次。基建系统上下一盘棋，全员全方位共同推进基建安全质量管理水平。4项220kV工程顺利通过国网优质工程评审，创优率100%，13项输变电工程获得了市政基础设施竣工长城杯奖项，全年安全质量形势平稳。公司基建安全质量专业逐步形成了“五个一”的运行平台（即一个专门机构，一套完整制度，一个常态巡检机制，一个评比平台，一个信息专栏）。

四是稳步推进，工程技术水平进一步提升。积极开展通用设计推广应用工作，500kV城南变电站、220kV地安门变电站和太阳宫电厂接入工程获得国家电网公司优秀设计称号；220kV菜市口变电站获得首都城市规划建筑设计优秀方案奖；220kV通惠和110kV义和庄钢结构变电站建成投产，其中义和庄变电站纳入国家电网公司2011年新技术推广应用实施目录；承担了国家电网公司复合材料杆塔设计规范以及初步设计内容深度规定等新企标的编制工作；组织承办了国家电网公司地下变电站建设管理经验交流活动；首次组织公司110kV输变电工程设计评优工作，明确工程设计导向，引领公司技术水平再上新台阶。加强设计管理，全面实施工程初步设计评审的计划管理，规范各类工程初步设计报审模式和流程，深化初设文件和评审深度，共完成133项工程初步设计评审工作。加大技术培训力度，年内组织各建设单位、运行单位及参建单位召开2期共160人次的设计管理和新技术培训会，进一步增强专业素质，统一专业认识。

五是大胆创新，技经管理工作迈上新台阶。积极创新技经管理手段，构建完成了以“工程量清单招标为基础、现场过程造价控制为模式、工程造价管理系统为手段”的技经工作“三步走”体系，效果显著，入选了国家电网公司2010年典型经验库。承担了国家电网公司电缆专业工程量清单标准规范的编制工作，为国家电网公司系统即将开展的清单招标工作做出贡献。公司创立的现场过程造价控制工作模式，改变了传统的工程结算模式，实现了工程实施过程中的阶段结算，提升了结算合理性、及时性，在国家电网公司2010年度基建工作会上作为典型经验进行宣讲，在国家电网公司范围内推广。公司造价系统是国家电网公司第一个实现技经全业务流程的造价管理系统，固化了诸多先进工作模式和理念，通过信息化手段实现了造价流程化、扁平化管控，为国家电网公司技经信息化工作积累了经验。编制了土建及电气安装工程标准工程量招标清单，实现了消防、技防工程单独招标，规范了专业分包工程的招标管理。

六是纵向推进，基建标准化体系不断深化。公司不断深化基建标准化体系建设，在所有的110kV及以上输变电工程中组建业主、监理、施工项目部。通过组织外出观摩、集中培训、竞赛考试等活动，加强了三个项目部标准化知识的学习和掌握，通过项目部中设置安全、质量、技术、造价、建设协调五大专业人员，加强了对工程的专业管理。积极开展基建管控模块的推广应用，实现了提前一个月上线的目标。作为国家电网公司深化应用五个试点单位之一，公司率先实现了管控现场部分在所有项目中的推广应用，基建信息化建设取得了阶段性成果。

2010年是“十一五”收官之年，也是公司按照“大局、可靠、法治、两效”工作方针，深入推进“两个转变”的重要一年。全年基建各项工作的高效推进，确保了“十一五”基建工作任务的圆满完成。“十一五”以来，公司全面推进“两个转变”，电网发展和公司发展取得重大进展。公司基建战线坚决贯彻落实公司的各项决策和部署，深入推进基建标准化建设，高标准、高质量完成了“十一五”工作目标，为推动电网发展方式转变和公司发展方式转变作出了重要贡献。

一是全面完成公司“十一五”电网建设任务，电网建设快速发展，供电能力大幅提升。

“十一五”期间，北京电网供电能力大幅提升，公司完成投资438.56亿元，是“十五”期间的3倍，新建110kV及以上变电站120座、输电线路1883km，增加变电容量3927万kVA，比“十五”末增加88.14%，为北京电网成功抵御2010年夏季的1666万kW历史最高负荷，奠定了坚实的物质基础，有效地支撑了北京城市建设和经济发展。

“十一五”期间，基建战线团结奋斗，开拓进取，圆满完成了一系列重大工程建设，取得良好成效。多项工程获得国家电网公司和北京市优质工程称号，特别是500kV朝阳工程获得国家优质工程银奖。依托奥运完成电力强网“0811”工程，为北京成功举办第二十九届夏季奥运会，实现“新北京、新奥运”战略构想提供了坚实的能源保障；完成“电网可靠性提升工程”，进一步提高了电网运行的可靠性；完成2座深入市区的500kV变电站建设，5大分区供电格局初步形成，电网抵御风险能力不断加强；完成“煤改电”工程，完善了城市核心区的电网结构，有效地配合了北京市旧城区保护性改造工作的推进，惠及中心城区18万电力客户，改进了空气质量，为北京市节能减排工作作出了贡献；积极配合城市经济和新能源产业发展，推动了电动汽车充电站的建设；完成了市政重点设施配套供电工程建设，大幅提升基础设施承载能力，为北京市轨道交通运营总里程达到336km作出了突出贡献。

二是大力应用“三通一标”等标准化成果，提高了电网建设效率与效益。

“十一五”期间，在国家电网公司的标准化体系建设的引领下，结合北京地区电网工程建设的实际，积极推动“三通一标”、“两型一化”、“两型三新”、“资产全寿命周期管理”、“标准配送式变电站”等一系列标准化建设的研究、试点与成果应用，不仅提高了工程设计、评审、物资采购和建设的效率，更为电网的可靠运行创造了条件。到“十一五”末，全部新建变电站和送电线路均已满足“两型一化”、“两型三新”的要求，新开工建设的地上110kV变电站100%按照“标准配送式变电站”建设，节约20%的土地资源，减少了资源消耗，节约了拆迁费用，降低了建设成本，有效控制了工程投资。

三是构建了基建标准化管理体系，提高了工程建设管理能力与水平。公司认真贯彻执行国家电网公司基建标准化管理体系，初步形成“三横五纵”基建标准化管理体系框架，在基建管理模式、机构设置、管理内容、管理方法、管理流程上实现了标准化。大力开展标准化学习交流，通过外出学习、内部互查，组建标准化业主项目部、监理项目部、施工项目部，广泛应用基建管控系统，加强基建信息化建设，提高建设管理效率。在各建设单位试行综合评价体系，在统筹推进重点工作、促进管理水平提升、缩小管理差距中发挥了积极作用。

四是大力发扬拼搏奉献精神，不断塑造公司基建文化。“十一五”期间，在基建队伍总人数基本不变的情况下，圆满完成了电力强网“0811”工程、可靠性提升工程、60周年国庆基建工程等一系列电网建设任务，确保了各项重点工程顺利投产；在电力强网“0811”工程建设中，基建战线的干部职工发扬艰苦奋斗的优良传统，以无私无畏的精神和永不言败的斗志，为建设一张坚强可靠的首都电网付出了艰辛的努力。广大电力职工排除时间短、任务重、阻挠多等不利因素的影响，又好又快地完成了“0811”工程建设任务，为奥运会提供万无一失的电力保障，铸造出“心系奥运，全力强网，攻坚克难，追求卓越”的“0811”精神。

二、认清形势、正视问题，为“十二五”基建工作开好头、起好步

（一）“十二五”时期，首都电网建设任重道远

一是地区经济发展方式的转变对电网发展提出新要求。在北京市十三届人大第四次会议上，提出“十二五”期间，将积极构建“两城两带、六高四新”的创新产业发展格局，中关村科学城、未来科技城；北部研发服务和高新技术产业发展带、南部高技术制造业和战略性新兴产业发展带；中关村、亦庄、CBD、金融街、奥林匹克中心区、临空经济区等6大高端产业功能区；通州高端商务服务区、丽泽金融商务区、新首钢高端产业综合服务区、怀柔文化科技高端产业4大新区建设。这种聚集式发展方式，高端产业区的构建，将进一步拉动电力需求，对电力供应和供电可靠性提出了更高要求。二是地区能源发展方式的转变对电网发展提出新要求。“十二五”期间，北京将大力发展绿色经济，发展战略性新兴产业，加快构建安全、稳定、经济、清洁的现代能源产业体系，加大纯电动汽车示范应用力度。这种新能源发展格局，将对构建坚强智能电网，发展电网技术水平，加快电动汽车充电站等提出紧迫需求。三是地区基础设施发展规划对电网建设提出新要求。按照健全基础设施保障体系，大幅提升基础设施承载能力和能源资源保障能力的要求，到2015年，全市轨道交通运营总里程将达到660公里，配合京广、京承等国家高速铁路网的建设，以及城市保障住房的建设，势必要求及时、可靠的提供电力供应。四是建设“三个北京”（人文北京、科技北京、绿色北京）发展战略对电网建设提出新要求。按照“以建设世界城市为努力目标，不断提高北京在世界城市体系中的地位和作用”的要求，创新发展与和谐稳定将成为“十二五”期间地区发展的主流，这对更好的适应新的建设形势，提高电网建设能力和水平提出了更高要求。五是世界城市电网发展规划对电网建设提出了更高挑战。北京电网作为典型的受端电网，目前已出现电力平衡缺口，随着用电负荷的增长，预计“十二五”末期，主网分区和结构性问题将日益凸现，为实现供电能力更加充

足，主网更加稳定，配网更加可靠，各级电网协调发展，坚强智能的世界城市电网要求，对电网建设将提出更高的挑战，首都电网建设任重道远。

（二）顺应趋势，超前开展“大建设”体系研究

国家电网公司在基建工作会上提出了力争用三年左右时间，全面建成运作高效的大建设体系，全面提高建设管理效率和效益。今年在江苏、重庆电力公司开展大建设体系试点建设工作。大建设体系建设的核心要求是，推进建设管理的集约化、扁平化、专业化（“三化”），统一管理流程、统一技术规范、统一建设标准（“三统一”）。管理集约化，重点是建立总部、网省公司两级建设集中管理平台，加强工程建设关键环节的集中管控，优化资源配置，提高建设效益。管理扁平化，重点是明确职能管理和项目管理定位，优化管理架构，将建设管理压缩到三级管理模式，构建公司系统建设管理的统一信息平台，提高管理效率。管理专业化，重点是成立专业化建设公司，负责项目的建设过程的专业化管理，统一规范各级机构设置与人员配置，实现专业管理纵向贯通，强化专业管控，提高管理水平。统一管理流程，重点是按照建设项目的客观规律和基本程序，规范各电压等级电网项目的建设管理流程。统一技术规范，重点是加强公司电网建设技术规范体系的框架规划，统一制订公司电网建设技术标准体系。统一建设标准，重点是统一执行设计深度、工艺标准、质量验收等建设标准，规范设计评审、施工验收等工作，将技术规范落实到工程建设中。

目前，我公司的建设管理模式基本符合“大建设”体系的要求，但在项目建设管理深度、管理流程和技术规范上还存在差异，需要我们超前开展研究，为“大建设”体系建设推广做好各项准备。

（三）正视问题，为“十二五”基建工作开好头、起好步

五年来，基建系统团结一心，奋勇拼搏，攻坚克难，取得了显著成绩。但同时也暴露出一些问题，影响了电网建设水平的进一步提高。

一是队伍建设亟待加强。随着基建标准化建设的不断深入，基建管理范围进一步扩大，从输变电工程、改扩建工程，逐步扩展到电动汽车充电站、附属设施、电力设施迁改等新领域，标准化管理理论与要求不断完善；基建系统缺乏安全、质量、技经、技术等各类专家型人才，在国网系统的各种专项活动中，表现不够突出，缺少话语权；技经等专业的人员数量不足，知识结构和年龄老化。种种原因造成基建系统管理人员在理论知识、管理经验、创新能力方面不能适应新形势和新要求，队伍建设亟待加强。

二是项目部建设水平需要提高。标准化项目部的建设，就是要以标准化的管理模式、机构设置、管理内容、管理方法，标准化的管理流程、管理标准和评价机制，不断提高基建管理效率和效果，全面提升基建管理水平。尽管公司明确要求每个项目要成立业主、监理、施工三个项目部，并开展了大规模的项目部知识培训和考试，但是由于部分建设管理单位认识不到位、人员配备不到位，出现了部分项目部形式上建立了，但运转不畅，职责不清，存在着效率不高、协调不力、管理不到位、管理水平不均衡的问题，三个项目部建设水平需要进一步提高，标准化执行力度需要进一步加强。

三是参建单位的管理仍需加强。公司始终重视建设单位的管理，在指标考核、人员培训、技术支持等方面，都有成熟的经验。对于施工、监理等参建单位，长期以来管理力度不强、管理手段不足。合同管理、资信评价工作不到位。对施工队伍缺乏评价机制，没有充分发挥经济杠杆作用，施工队伍的退出渠道不畅，直接影响工程的施工质量。对于参建单位的管理还需要进一步加强。

四是电网建设面临的外部环境依然严峻。随着首都工程建设法治化进程的不断深入，依法开工建设的要求越来越高，工程开工审批的手续越来越复杂，办理周期越来越长；老百姓维权意识逐步增强，对征地、拆迁补偿的诉求无序增长，对电磁环境影响的认知无限夸大，造成对电网建设的抵触和阻挠情况时有发生；电力线路需要穿（跨）越铁路、地铁、河湖、桥梁、高速公路等设施时，经常受到产权单位高收费等苛刻条件的制约；地方经济的快速发展，临时上马的重点工程项目对地区电力的迫切需求，经常打乱电力施工合理的工期安排，加大了施工成本和安全风险。严峻的外部环境，对电网建设管理工作提出了新的挑战。

三、突出工作重点，扎实做好2011年基建工作

公司2011年基建工作的总体要求是：贯彻落实2011年国家电网公司基建工作会及公司“三会”工作部署，坚持“大局、可靠、法治、两效”工作方针，夯实基础、创新发展，完善基建管理制度与标准体系，加强建设关键环节管理；加快推进重点工程建设，强化安全责任落实和新技术研究及应用，加强进度管理、设计管理、造价控制和全过程质量管理，提高工程建设效率和效益，为“十二五”基建工作开好头、起好步。

主要工作目标是：

——不发生基建安全、质量事故。

——不发生廉政问题。

——完成开工变电容量 370.3 万 kVA，送电线路 113.9km。

——完成投产变电容量 299.3 万 kVA，送电线路 193.59km。

——实现 100% 创国家电网公司优质工程。

2011 年公司基建工作依然繁重，500kV 海淀、220kV 菜市口、桃园、110kV 未来科技城等一批输变电工程要全力推进，京沪高铁、轨道交通等重点工程电力配套项目要务期必成，附属设施建设、线路迁改移工程、充电站建设要有序开展，基建安全局面要保持稳定，职能管理要继续加强，外部环境要持续改善。因此，基建系统要认真学习公司“三会”的会议精神，学习京电办〔2011〕1 号文的精神实质，深刻认识贯彻落实“八字方针”及全面加强基础工作的重要性，以“八字方针”为指导，抓基础、抓基层、抓基本功，全力确保加强基础工作各项部署落实到位，重点抓好以下几个方面的工作：

（一）夯实项目管理基础，深化标准化建设

一是完善制度，理顺流程。今年，公司要按照国家电网公司“三集五大”的总体要求，做好“大建设”体系建设的准备工作。完成现行管理制度和标准的梳理，形成统一的建设管理体系，规范建设行为。特别要理顺建设流程，规范各环节工作时间，确保规划、设计、物资、招标与工程实施等工程建设各阶段密切衔接，工期合理，确保重点工程实施各部门协同一致、共同推进，建立切实有效的绿色通道。

二是刚性管理、严格管控。刚性执行分解后的工程建设计划，强化过程管控。按照项目合法开工、有序推进、均衡投产的原则，强化开竣工管理，规范开竣工审批，确保工程依法合规建设；强化关键节点控制，加强节点管理和督办，确保项目顺利推进。细化内外和责权的关系，责任落实到人，做到事事有目标、项项有管控、人人明责任。

三是统筹全局、加强协调。重点关注和推动 500kV 海淀、220kV 菜市口、桃园、110kV 未来科技城输变电工程及京沪高铁、京广高铁、轨道交通等重点工程配套项目，确保 220kV 大兴扩建等迎峰度夏工程如期投产。建立基建月度协调会制度，定期协调工程建设重大问题。加快推进基建管理信息平台的应用，规范开工投产数据统计，通过月度协调会、重点工程专题会、基建工程月报和现场检查等方式，掌控工程进度，加强工程协调，推进建设工作有序开展。

四是建立权责清晰、运作顺畅的工程建设属地化协调机制。整合公司资源，改善电网建设外部环境。加大各单位前期工作力度，争取各级政府支持。总结丰台公司岳各庄项目环评突破的试点经验，探讨如何有效地将地方政府电力建设积极性与加快办理输变电工程规划前期、工程前期相关手续紧密结合起来的工作模式；总结下放京沪高铁工程前期，发挥大兴公司属地协调优势的试点经验，编制、完善输变电工程前期下放管理办法，明确责任，健全考核激励机制，加强审计廉政监督，服从公司大局，发挥属地优势，实现“两效”目标。

五是狠抓项目部建设，建立健全对项目部的考核评价体系，充分发挥三个项目部在工程管理中的作用。按照国家电网公司三个项目部标准化建设标准，开展对业主、施工、监理三个项目部的达标验收工作，落实项目部建设的各项要求，将工程的进度、安全、质量、技术、造价等工作贯穿于整个项目建设过程中，使三个项目部成为工程建设中的中坚力量。

六是继续抓好工程建设领域突出问题专项治理工作。巩固专项治理工作成果，及时总结提炼优秀管理经验和有效治理措施，进一步完善有关规章制度和日常监管手段，形成并持续完善治理工作长效机制。要开展全过程跟踪审计，将基建工程事后审计向事中、事前审计前移；要引入社会资源进行第三方审计，对工程建设全过程进行系统的、全面的、连续的跟踪审计监督，规避、预防、控制工程建设领域中的各类风险，纠正问题，规范工程管理。

（二）夯实安全管理基础，发挥“五个一”作用

基建安全是公司整体安全的一部分，但同时基建又有其特点。基建安全工作要继续坚持“五个一”运行平台机制，做到一个专门机构，责任明确、管理到位；一套完整制度，指导有效、执行有力；一个巡检机制，动态督办、管理闭环；一个流动平台，取长补短、比学赶帮；一个信息专栏，学习交流、资源共享。全面扎实开展“三抓一巩固”（抓制度执行、抓措施落实、抓监护到位，巩固基建安全基础）基建安全主题活动，继续深化“争创无违章工地”、流动红旗等竞赛活动，提升基建安全风险预控管理和应急工作水平。防止发生基建施工责任事故，不发生一般及以上基建人身、电网、设备事故，不发生因基建原因引起的造成重大社会影响的不稳定事件，确保基建安全形势稳定。

一是全面落实基建主体安全管理责任，认真贯彻“安全第一，预防为主，综合治理”的方针，做到“谁主管、谁负责”，周密筹划基建安全管理工作，不留隐患、不漏死角、不出问题。二是全面夯实基建安

全基础，加强基建队伍安全素质建设，提升基建安全文化。以深化基建安全文明施工标准化建设为抓手，以安全管理评价为手段，强化安全风险预控管理，提升基建安全管理整体水平。三是全面深化基建安全管理工作力度。大建设理念的渗透，基建任务的延伸，基建安全管理责任加重，风险加大。各级基建安全管理要适应发展、提升认识，高度重视、投入精力、加大管理力度。要进一步强化沟道、临近带电施工、起重机械使用以及工程分包、触电、高摔等重点风险管控。四是要全面重视应急工作。公司将针对北京地下变电站、隧道等工程施工风险高的特点，开展事故模拟演习，提升基建应急能力，落实各级责任。各建设管理单位要联系实际，全面做好在建项目的应急预案与演练工作。五是要全面加强基建安全通病防治工作。各级管理人员要到岗履责，提高基建安全工作的执行力，对现场安全通病问题的数量、类别、严重程度进行统计分析和通报，要确保年底根除“50项重点通病”目标的实现。

（三）夯实质量管理基础，全力打造精品工程

质量管理工作将在基建安全质量“五个一”运行平台的基础上，强化制度落实，强化规范执行，强化工艺标准，加强质量巡查力度和深度，强化过程控制，全面落实数码照片采集与管理工作要求，推动基建工程质量管理水平再上新台阶。全年不发生由于工程质量原因造成的一般及以上设备事故或电网事故，达标投产率100%，优质工程率100%。

一是组织开展《国家电网公司输变电工程工艺标准库》系列内容学习培训，提高各级工程管理人员对工艺标准的掌握水平，不断提高各参建单位的质量意识、创优意识。二是充分利用公司流动红旗竞赛平台，广泛开展流动红旗竞赛活动，同时扩大流动红旗竞赛活动范围，今年参赛项目范围包括所有110kV及以上电压等级工程项目。通过流动红旗竞赛活动，提升公司整体基建质量管理水平。三是进一步落实输变电工程质量通病防治工作责任，加大工程质量通病防治工作力度，通过奖惩手段对质量管理通病进行重点整治，努力防止施工过程中质量通病的发生。四是完善质量监督体系，适时组建北京电力工程质量监督中心站，规范机构设置，充实监督人员，认真履行北京电力建设工程质量的政府监督职能。五是建立质量追踪评价机制，全面开展工程投产后质量评估活动。对于投产运行后出现的质量问题，分析查找影响工程质量的深层根源，总结经验教训，形成质量管理良性循环机制，进一步从源头防范质量问题的发生，努力实现110kV及以上输变电工程“零缺陷”移交。六是创建质量交流平台，积极打造基建质量管理样板工程，总结工程质量管理典型经验和工艺亮点，组织参建单位观摩交流，充分发挥样板工程引领、典型经验示范的积极作用，促进公司基建质量管理水平的不断提升。

（四）夯实技术管理基础，提升“三项”能力

2011年基建技术管理要通过完善两个平台，提升“三项”能力来全面提高公司基建技术水平。两个平台是指：标准化建设平台和新技术应用平台。依托标准化建设平台，构建具有北京城市电网建设特色的标准化设计体系，规范设计行为和内容，提升工程质量水平；构建新技术应用平台，推进坚强智能电网建设，强化基建“三新”技术应用的集中管理，规范管理流程，提高工程技术水平。三项能力是指：服务建设的能力，服务运行的能力，以及创新发展的能力。突出标准化成果应用、强化工程三维设计，提升服务建设的能力；突出设计评优管理、规范施工图会审制度，提升服务运行的能力；突出新技术推广应用，加强示范工程建设，提升创新发展能力。

一是构建公司标准化设计体系，提高标准化应用水平。依据北京城市电网建设特点，统一建设标准，将“地下变电站”、线路金具等设计方案补充到公司通用设计体系中，建立完整的通用设计体系，确保工程通用设计应用率达到100%；开展工程三维设计，年内完成三维标准化图册，将标准化成果与规程规范应用落到实处，提高工程设计质量和风险预判能力，强化设计指导作用，提高设计服务建设的能力，努力实现工程“零缺陷”移交。要强化设计培训，开展基建标准化成果，新规程规范等有针对性的培训工作，继续做好“三通一标”的宣传动员工作，组织各职能部门、建设管理单位和设计单位，深刻领会“三通一标”内涵和实质，进一步提升基建技术人员素质。

二是依托工程设计评审平台，切实提高设计指导作用。公司工程设计评审平台将于4月全面运行，依托评审平台，今年要进一步加强设计管理，按照新规程要求完善工程设计模板和相关标准，规范设计行为和内容，理顺设计管理流程；进一步完善施工图会审机制，建立设计、施工、监理交流平台，加强设计“常见病”管理，形成质量通报制度，提升工程设计水平；进一步推进设计评优工作，建立基建与生产部门沟通机制，建立各属地公司设计质量互评机制，减小各单位技术管理差距，提升设计质量和服务运行的能力。

三是构建新技术研究应用平台，提高主动应用新技术能力。要研究制定基建新技术推广应用管理办法，建立公司新技术研究应用机制，规范新技术推广

应用工作，强化新技术集中管理；要抓住220kV三营门电缆工程被列为国家电网公司2011年度基建设计竞赛项目的契机，加大设计创优力度；通过依托工程开展OPPC导线及明开预制电力管沟（井）应用研究工作，提高设计创新水平；完成电动汽车充电站、非居民合建地下变电站等技术标准的研究工作；要加大施工技术、施工工艺的研究创新，结合首都电力建设的特点，总结提炼符合北京基建特色的施工工艺、工法，不断实践、创新、提高，推动基建“三新”工作的稳步开展。

四是加快推进坚强智能电网建设，强化技术管理工作。要提前开展工程技术策划工作，确定技术路线，在初步设计阶段，尽早明确工程创优技术要求、新技术应用要求；确定设计亮点、集中管控技术关键节点，及时总结技术应用成果；特别是要大力推进依托国家电网公司220kV菜市口智能变电站试点工程建设，完成220kV智能开关应用研究工作，推进110kV土沟智能变电站EPC总承包试点工程建设，认真执行国家电网公司《2011年新建变电站设计补充规定》，结合工程实际，加快公司智能变电站建设步伐。

（五）夯实技经管理基础，提高管控水平

一是完善造价管理体系，实现全过程造价管控。在基建技经“三步走”体系建设已完成的基础上，严格落实执行概算管理办法及编制规程，最终形成以“执行概算管理为前提、工程量清单招标为基础、现场过程造价控制为模式、激励机制评价为途径、工程造价管理系统为手段”的全过程造价管控体系。二是加强非物资类招标管理力度。按照《国家电网公司输变电工程设计、施工、监理招标集中管理规定》的要求，基建部要牵头组织工程招标工作，切实负起参建队伍招标的管理责任，规范公司基建工程非物资类集中招标工作，规范参建队伍集中招标工作计划制订与执行。加强对参建队伍的管理，切实提高工程建设水平。继续全面实行工程量清单招标，做到“招标时量价分离，结算时量价统一”，与现场过程造价控制相结合，从而为控制工程造价发挥更大的作用。同时，在合同管理方面，实行“双合同”管理，预交廉政保证金，增加签订廉政合同。三是开展结算监督工作。按照《国家电网公司输变电工程结算管理办法》的要求，建立输变电工程结算两级监督管理平台，实行基建工程结算的监督管理，实现工程结算管理规范统一、工作流程统一、编制标准统一、内容深度统一。加强输变电工程结算复核、检查工作，加强结算监督与结算完成率的考核力度，使结算检查制度化。对基建工程结算执行现场过程造价控制的落实情况进行考核，同时通过工程造价管理系统进行资金的刚性控制，提高工程建设效益。四是通过工程造价管理系统加强对各建设单位技经工作的扁平化管控。通过信息化手段最直接地从业务流程上加强职能管理，规范技经管理工作内容，将工程资金拨付直接与现场过程造价控制挂钩，实现资金拨付的刚性管控，转变技经人员的管理理念，提升技经管理工作方式。

（六）夯实队伍建设基础，着力培养两种人才

夯实队伍建设基础。一是要提高职能管理水平。加大各级基建职能管理人员标准化培训与考核力度；二是要提高项目管理水平。加强业主项目部建设，加强对建设过程关键环节的管控和对参建队伍的管控；三是要提高参建队伍的水平。建立考核评价体系，出台设计、施工、监理等参建单位的激励约束考核办法。

着力培养两种人才。一是要培养具有运作和驾驭能力的管理型人才。随着基建工作外延的不断扩展以及外部环境的日益复杂，基建系统特别需要攻坚克难、勇于创新、统筹兼顾的管理型人才；二是要培养具有理论和实践结合能力的专家型人才。要能结合北京基建的特点出亮点，出经验，能在国网公司系统内，成为工程建设某个领域的专业带头人和技术权威，具备足够的话语权。

通过四种手段，加强人才培养。一是开展分层次、强制性培训。按照基建主管领导、基建处长和管理人员三个层次，有针对性的开展管理培训。二是采取请进来、走出去，开展专业培训。将国网系统的专家请到公司来，面对面地开展指导和讲授，零距离地学习专家的技术和经验。选派专业人员外出学习，吸取先进单位的管理经验和专业技术。三是采取过程式培养，为基层单位锻炼人才。从各参建单位挑选不同专业的管理人员，在基建部不同处室锻炼，通过参与过程管理，学习丰富管理经验。四是开展研究式培训。建立基建系统专家培养库，分小组、分课题研究工程建设中各专业面临的难题，集思广益，群策群力，达到解决问题和提高专业人员技术水平的双重目的。

（七）夯实职能管理基础，积极开展“创先争优”活动

一是建立系统的管理制度。对现行基建管理体系进行彻底梳理，修订存在差异的、废止不再适用的，形成完善的北京公司基建制度体系。二是强化职能管理，划清工作界面。按照“大建设”体系要求，将220kV及以上工程的职能管理与项目管理分开，加强对110kV及以下工程的管控，明晰项目管理的责任主体，分清管理责任，将项目管理纳入综合评价考核体系。三是积极打造样板工程、总结典型经验。注重总结工程建设中的技术、工艺亮点，有计划地进行推广应用，使之成为公司基建工程的榜样，起到样板引路、典型示范的作用。积极开展典型经验的总结和提炼，让更多的典型经验入库国家电网公司。四是深入开展综合评价和同业对标工作，“创先争优”取得好成绩。加强基建系统上下联系与横向沟通，及时了解国家电网公司基建各专业的前沿动态，树立“创先”意识，增强“争优”信心，保持基建综合评价领先成绩，争取同业对标工作进入国网标杆行列。

提升职工队伍素质　服务企业发展大局
为建设“一强三优”现代公司努力奋斗

——工会主席李国华在北京市电力公司二届一次职工代表大会上的报告（摘要）

（2011年1月17日）

一、一届职代会工作简要回顾

一届职代会召开六年来，在公司党委的正确领导下，全体职工抓住机遇、迎接挑战、开拓创新、团结奋进，圆满完成了一届职代会确定的各项工作任务：售电量从2004年的436.07亿kWh增加到2010年的715.84亿kWh，主营业务收入从202.13亿元增加到434.39亿元，资产总额从293.51亿元增加到677.74亿元。电网建设投资完成492.24亿元，新建110kV及以上变电站147座，增加变电容量5369万kVA、线路2887km。在全面完成企业改革发展任务的同时，公司认真履行社会责任，圆满完成了奥运保电、国庆保电、抗冰抢险等重大任务，得到北京市委、市政府及社会各界充分肯定，先后荣获“全国五一劳动奖状”、“全国文明单位”、“全国安康杯优胜企业”、“北京奥运会先进集体”、“北京奥运会功勋单位”等荣誉称号，公司的凝聚力、向心力得到空前的增强。

公司一届职代会召开以来，各级职代会和工会组织开展了大量卓有成效的工作，主要有以下几个方面：

（一）突出“维护”职能，保障职工各项权益

在公司党委的坚强领导下，工会组织围绕中心、服务大局，认真贯彻落实国家电网公司“两会”精神，每年组织召开公司两级职工代表大会，民主决策公司发展重大问题。职代会各专门委员会认真履行职责，监督、检查大会各项决议的落实情况，厂务公开领导体制和工作机制在实践中不断深化。

1. 职代会工作规范有序

公司工会以职代会制度为民主管理的基础，维护了公司广大职工的民主权利。一是制度进一步健全。修改制定了《北京市电力公司职工代表大会实施办法》等6项工作制度，进一步健全了制度体系。二是工作程序进一步规范。各单位定期召开职代会，严格履行工作程序，对企业重大事项和涉及职工切身利益的事项通过民主程序决定，充分发挥了职工代表大会的作用，使职工民主权力得到充分行使。三是日常民主管理作用发挥更充分。各级职代会在职代会闭会期间通过开展总经理联络员座谈会、职工代表巡视检查、专委会调查研究等各种民主管理形式，为公司正确决策发挥了积极作用。四是调动了职工群众参与民主管理的积极性。这期间共征集职工代表提案177件，立案33件，提案办结率和职工代表满意率为100%。

2. 厂务公开工作健康发展

厂务公开是民主管理的基础，公司已经建立并完善了“党委统一领导，行政主体到位，纪委监督检查，工会主动配合，职工积极参与”的责任体系。同时，公司通过政务公开，切实保障了广大用电客户的知情权和监督权，树立了诚信、履责的社会形象。公司工会每年开展厂务公开先进单位的申报和评选工作，进一步发挥先进单位的示范作用，拓展了厂务公开民主管理工作的深度和广度。公司相关责任部室从落实厂务公开体制机制建设的高度布置重点工作，将厂务公开与创建先进单位、文明单位、党风廉政建设、绩效考核相结合，取得良好效果。为使广大职工能够及时全面地了解企业各方面的信息，目前公司厂务公开的形式又增加了以网络公开为特点的新形式，有效地扩大了职工群众的知情权和监督权，广大职工参与民主管理的权益得到落实，地位得到尊重，增强了企业的向心力和凝聚力。

3. 集体合同工作稳步推进

各基层单位根据公司的集体合同范本，结合本

单位实际召开专门会议，平等协商合同内容，在一届职代会期间审议通过并签订了集体合同、女职工特殊权益保护等专项合同，之后按照规定进行了修订和续签。公司工会组织督促各单位对贯彻落实《劳动合同法》、《北京市集体合同条例》情况和企业《集体合同》的履行情况的自检自查，并安排了对《集体合同》及专项协议履行情况的检查，注重通过民主渠道和民主程序妥善处理涉及职工切身利益的热点、焦点和难点问题，依法维护了职工合法权益，在公司内部建立起和谐稳定的劳动关系。

4. 日常管理工作扎实到位

公司坚持以职工为本，尽心竭力为职工群众多办事、办好事、办实事。各级工会组织与党政领导每年都走访慰问一线职工和劳动模范，把党的关心、组织的关怀送到了职工心里。建立了特困职工档案和劳动模范档案并实行动态管理，这期间，共发放慰问金353.3 万元。做好劳模和先进职工的专项体检和休养工作，还组织了近 7000 余人次职工参加休养。与英大人寿保险公司合作，量身定制了《北京市电力公司职工医疗互助保险管理办法》，不仅使全民工和集体工受益，也为劳务派遣人员建立起一道互帮互助的保护屏障。成立了劳动争议调解中心，为协调劳动关系提供了制度保障。通过加强协调劳动关系、维护职工权益，促进了企业和谐，维护了职工队伍稳定。

（二）发挥参与职能，促进企业发展

几年来，各级职代会和工会组织通过开展各种形式的职工建功立业劳动竞赛、班组标准化建设、职工创新工作室等职工经济技术创新工程，引导和激发广大职工的聪明才智，为公司科学发展建功立业。

1. 职工建功立业劳动竞赛活动蓬勃开展

从 2006 年开始，为促进同业对标，提升管理水平，公司工会和生产技术部连续四年开展了创建“红旗变电站、开闭站、线路”活动。四年中对全公司申报的 403 座变电站、621 个开闭站、691 条线路进行了基础资料和现场实际的考评，使公司 90% 的站、线都达到了红旗标准。

2005 年以来公司工会牵头和营销部一起组织开展了三次“规范化服务供电营业窗口”考评活动和三届“供电服务之星”劳动竞赛活动。对 16 个供电公司所有的 192 个“规范化服务供电营业窗口”进行了考评，合格率达 100%，形成了全市统一的供电营业窗口品牌服务标准和管理规范。在“供电服务之星”劳动竞赛中共产生了 6 名国家电网公司级“服务之星”，40 名公司级“服务之星”，通过活动的开展，增强了职工的服务意识，提高了服务水平，展现了公司良好的形象。

在奥运保电和国庆 60 周年保电的过程中，公司工会根据保电工作特点开展了一系列劳动竞赛活动，更多的奖项和荣誉授予了在这段光辉历史中涌现出来的优秀团队和先进模范人物。保电的成功经验和保电精神，是公司最珍贵的财富，对公司今后的发展具有极其重要的意义。

“安康杯”竞赛活动是由国家设立的安全生产领域最高荣誉奖项，是职工广泛参与的“安全”与“健康”劳动竞赛，也是职工劳动安全教育的重要活动。公司工会充分利用这一载体，持续开展了增强职工安全意识、安全生产技能的培训和竞赛活动。同时充分发挥三级劳动保护监督作用，连续三年在“全国安全生产月”期间，组织对所有生产单位开展了以“查隐患、保安全”为主题的劳动保护监督考评工作。

结合公司开展的“新北京、新奥运、新电力”优质服务工程，连续五年开展了创建“巾帼文明岗”、争当“巾帼岗位能手”活动，鼓励女职工参与劳动竞赛，彰显巾帼风采。

一届职代会以来，职工建功立业活动取得了优异成绩，一批先进单位和优秀人才受到表彰：公司首次荣获“全国五一劳动奖状”和“首都劳动奖状”，3 人获得“全国劳动模范”、18 人获得省部级劳动模范荣誉称号，1 个集体荣获全国首批“工人先锋号”，2 个二级单位荣获中央企业先进集体，公司连续 3 年荣获“全国安康杯优胜企业”，2 个班组荣获北京市首批“工人先锋号”称号，特别是在今年五年一次的劳模评选年中，公司共有 6 人榜上有名，是公司历年劳模评选中收获最多的一次。这期间，共提出合理化建议 3 万多项，通过对其中优秀建议采纳、实施，获得了可观的经济效益。

2. 班组标准化建设工作初见成效

根据国家电网公司班组建设的要求，公司从 2010 年开始在二十二个生产单位近千个班组中广泛开展了班组标准化建设工作，目前进展态势良好，其总体目标是在 2013 年前使公司所有班组达到标准化要求。为此公司开展了班组标准化建设竞赛活动，建立了《北京市电力公司班组建设管理标准》，以丰台供电公司、怀柔供电公司为试点单位，以年中召开的推进会为载体，2010 年进行了生产、营销专业的班组建设推广工作。从标准化班组到“红旗班组”实行动态考评和管理，建立完善的“考、问、查、评”制度，建立奖励与处罚机制。截至目前，公司系统顺利实现了阶段性工作目标：317 个班组达到标准化要求，并从中评选出 28 个红旗班组，在国资委开展的中央企业红旗班组和先进职工的评选中，丰台公司青塔操作队、怀柔公司输变电工区集控站、昌平公司王月鹏榜上有名。

3. 职工创新工作室工作效果显著

职工创新工作室是以有一定理论水平、工作经验和创新能力的知名劳模、技术技能领军人物命名，围绕本单位生产经营活动、技能人才培养和工作中的重点、难点问题开展工作。特别是2010年，公司各单位围绕创新成果应用体系，开展了职工创新工作室创建活动。公司工会已对22个单位申报的25个创新工作室进行了验收，确定了10个公司级示范化工作室，共产生成果152项，同时有3项成果分别获得了全国和北京市级的科技成果奖，并在人民大会堂展示。此项工作得到了市总工会领导的肯定，市总工会领导多次到变电公司、工程公司指导工作，并推荐为市级示范创新工作室。职工创新工作室工作对于攻克技术难题，推广普及先进的创新理念，带动广大一线职工专业技术技能水平的提高发挥了重要的作用。

（三）加强教育职能，提高职工整体素质

职工队伍的整体素质是公司建设和谐企业、增强核心竞争力的关键。公司工会加强教育职能，与人力资源部密切配合，围绕职工素质提升工程，采取多种措施，为公司实现“国内一流、国际水准”发展目标提供有力的智力支持和人才保证。逐步建立和完善了以职工素质教育体系、技能人才培养体系、创新成果应用体系为基本框架的公司职工素质提升机制。

以文体活动为载体，提升职工的综合素质。为丰富职工文化生活，充分发挥工会组织的教育职能，举办了一系列特色鲜明的主题教育活动：利用爱心基金和万名职工汶川抗震救灾捐款，建成了甘肃文县北京电力横丹爱心学校，并已成为公司职工热心公益，奉献爱心教育基地，举办了多次企业文化主题作品展，每年通过不同形式的演讲活动、大讲堂授课、书法、绘画、摄影、安全知识竞赛等形式开展职工教育，举办了弘扬劳动模范精神的专场演出和颁奖大会、春节团拜会、国际环境日等丰富多彩的文化活动。这些职工喜闻乐见、易于接受的活动，使“努力超越、追求卓越”的企业精神成为广大职工无私奉献、勇挑重担、为公司改革发展建功立业的行动准则。同时每年组织职工参加国家电网公司、中电联、市总工会等上级举办的足球、羽毛球等比赛，取得了近百项第一。这期间，共组织大型文艺活动10项，单项体育比赛20次，基本上形成了单项体育赛事两年举办一次的模式。公司荣获了“全国群众体育先进单位”、“全国迎奥运健身活动先进单位”等荣誉称号。

（四）围绕建设职能，深化工会自身建设

在企业民主管理不断深化的过程中，各级工会组织自身建设取得显著成绩。

为了使职工与公司共同成长、共同发展，不断提升自身素质，保证劳动安全，实现事业发展目标，公司工会制定并推广了《职工健康管理手册》、《职工劳动安全手册》、《职工事业发展手册》，三本手册的内容充分体现了公司发展以人为本、善待职工、惠及职工的责任准则，蕴含了公司的爱心文化、平安文化和健康文化。

公司工会作为职工代表大会闭会期间的工作机构，一届职代会以来，坚持党的领导，紧密围绕公司中心工作，认真履行工会四项职能，团结动员公司广大职工圆满完成奥运会和国庆电力保障等重点任务，展现了一支勇攀高峰、不畏艰苦、甘于奉献的职工队伍的风采，充分发挥了工人阶级的主力军作用，为公司的跨越式发展作出了积极的贡献。

亲历实践，使我们深深体会到：要做好新时期企业民主管理工作，一是必须坚持党对工会工作的领导；二是必须坚持融入中心，服务大局；三是必须坚持以人为本、依法科学维权；四是必须坚持解放思想、改革创新。这些经验和体会，是多年来全体工会干部实践探索的宝贵经验，我们应当倍加珍惜，并在今后的工作实践中不断发扬光大、创新发展。

二、二届一次职代会的筹备情况和主要任务

根据国家和地方政府有关法律法规、《北京市电力公司职工代表大会实施办法》的规定，截止到2010年，公司第一届职代会届期以满，应当换届改选。2010年年底，经公司党委研究，决定成立公司职代会换届筹备工作领导小组，在2011年1月完成职代会换届工作，与2011年工作会、政工会合并召开第一次全体会议。

这次会议对于全面总结第一届职代会的工作，研究部署第二届职代会的工作任务，团结和动员全体职工，努力完成公司在这一时期改革、发展和稳定的各项任务，具有十分重要的意义。因此，公司党委对职代会的换届工作十分重视，多次召开专题会议研究换届的主要议题、文件和职代会的组织机构等重大问题，并且要求各单位和公司机关有关部门统一步调、通力协作、认真负责、善始善终地做好职代会各项筹备工作。

为确保开好本次会议，公司和各基层单位主要做了四个方面的工作：一是按照筹备领导小组的统一部署，各单位严格履行民主程序，选举产生了参会职

工代表。公司工会对职代会专委会等组织机构进行了调整。二是各有关部门根据会议要求，加班加点，克服困难，按时完成了会议文件的起草工作和会务筹备工作。三是各单位组织职工代表学习有关职代会业务知识，认真讨论本次会议的主要文件，提高了新一届职工代表的参政意识和议政能力。四是结合公司改革发展的实际，发动广大职工代表，广泛征集职工代表提案。在筹备工作中，公司各基层单位和机关有关部门充分贯彻落实“大局、可靠、法治、两效”工作方针，以一丝不苟、严肃认真的工作态度和紧张有序、优质高效的工作作风，为筹备工作的顺利进行创造了条件，也为会议的顺利召开奠定了坚实的基础。

2011 年工作的总体思路是：以科学发展观为指导，贯彻落实党的“十七大”和中国工会“十五大”精神，在“大局、可靠、法治、两效”工作方针指导下，全面强化民主管理，认真履行维护职能，协调稳定劳动关系，推进职工素质提升工程，团结动员广大职工为加快建设“一强三优”现代公司而努力奋斗！

（一）围绕中心，服务大局

工会作为职工信赖的群众组织，在企业发展中具有独特优势和不可替代的作用。各级工会组织要进一步勇挑重担，自我加压，提高公司交办重大任务和重大活动的研究分析、组织协调、贯彻落实能力，提升管理水平和工作水平，建设创新型、开拓型工会。

要激发职工干事创业的热情，紧密围绕安全生产、经营管理、优质服务、电网建设等中心工作，以班组标准化建设创建，争当“工人先锋号”为载体，广泛深入开展建功立业劳动竞赛活动。劳动竞赛要进一步完善目标体系，向生产、基建、营销、农电所有班组延伸，将全部基层单位纳入竞赛范围。今年将继续和北京市总工会一起组织专业知识技能比赛，在开展多种形式的技能比赛、技术比武的基础上，提升职工队伍技术业务素质，建立一支过硬的技能专家队伍。

班组标准化建设和职工创新工作室工作是公司提升职工素质的有效手段，为此要继续按照国家电网公司班组建设管理标准，扎实推进创建工作，争创国家电网公司先进班组，同时要继续完善、创新职工创新工作室工作，组织劳动模范和技术领军人物开展项目攻关、技术交流，实施“名师带徒”、“双师型”培养计划。

工会组织要紧紧抓住那些党政所需、企业所求、职工所盼、工会所能的事情，坚持为职工群众办实事，做实事，充分发挥党联系职工群众的桥梁和纽带作用。

（二）民主管理，依法维权

进一步抓好各级职代会的规范化建设，严格履行工作程序，对企业重大事项和涉及职工切身利益的事项实行表决制，确保职代会各项职权得到全面落实，保证职工群众参政议政的权利。要提高职工代表的素质，定期开展职工代表培训、调查研究、巡视检查等活动，提高职工代表参政议政的能力。强化各级职代会专委会的作用，根据企业中心任务和职工群众关心的热点难点问题反映表达职工的意愿和诉求，为领导正确决策提供真实依据。切实加强对总经理联络员的管理，发挥总经理联络员的作用，进一步拓宽民主管理渠道。高度重视职工代表提案工作，确保每届职代会都能征集到质量高，对全公司改革发展有重要实施价值的提案。

巩固厂务公开已有成果，不断丰富厂务公开工作内容。在企业改革发展中充分发挥厂务公开的作用，使职工群众充分享有知情权，切实保障职工群众的权利。

今年各二级单位要在本单位职代会上完成新一轮集体合同签订工作，公司将通过职代会专委会调研活动等形式加大对集体合同履行情况的监督检查。同时，根据社会发展和企业的实际情况，及时反映职工群众关心的热点问题，并通过平等协商对集体合同条款进行修订完善，切实维护职工群众的合法权益。

（三）提升素质，促进发展

2011 年国家电网公司党组下发 1 号文件，部署了加强员工队伍建设不断提高企业素质的工作。同时 2011 年还是公司实施“职工素质提升工程”三年规划中关键的第二年，公司工会将按照国家电网公司的统一要求，整合两项工作，从而全面提高职工队伍思想道德、科学文化素质和技术技能水平。具体的形式为：一要依托职工素质教育体系，开展各种形式的大讲堂活动，创造全员学习的氛围；二要依托技能人才培养体系，建设一支复合技能型人才队伍；三要依托创新成果应用体系，广泛开展技术创新活动，推出一批在公司人人皆知备受尊重和赞扬的技能专家和首席职工。

在创建工作中，要充分发挥劳动模范引领作用，要力争推出像吕清森那样有影响力、知名度高的劳动模范。榜样的力量是无穷的，劳模精神是公司的宝贵财富，为此要充分发挥劳模在实际工作中的引领作用，把职工的积极性和创造性引导到促进企业发展上来，形成比、学、赶、超的生动局面。

（四）以人为本，关爱职工

开展关爱工程建设，从组织文化、人文关怀、职工健康和心理咨询等多角度建立关爱体系工程。在公司内部大力推广“关爱通”网络系统，开展以人为本的身心健康指导。

组织职工开展专业知识培训和多种形式的再教

育，是各级工会组织当前发挥维护职能的具体体现，为此要结合职工职业生涯设计，广泛深入开展“创建学习型组织、争做知识型职工”和“巾帼建功”劳动竞赛活动，激发广大职工学知识、练技能、强素质的积极性。同时还要积极开展丰富多彩的职工宣传教育和文化体育活动，以丰富的业余文化生活，陶冶职工情操。

面对越来越多在生产一线发挥骨干作用的劳务派遣员工，工会组织要从“关注工作、关怀生活、关心发展”角度出发，科学实施人文关怀，依靠工会组织这一桥梁纽带把企业行政和党委对劳务派遣员工的关心、爱护惠及到为公司发展作出贡献的每一位劳动者，努力实现企业和谐发展与员工和谐发展同步。

围绕中心　融入管理　扎实构建惩防体系
全面推进公司党风廉政建设工作

——纪委书记柏磊在北京市电力公司2011年党风廉政建设暨纪检监察工作会议上的报告（摘要）

（2011年2月24日）

一、2010年主要工作情况

2010年，公司党风廉政建设工作在公司党委的正确领导下，紧密围绕公司发展目标，深入贯彻“八字方针”，以有效落实“三严一常”为根本，以全面构建“三化三有”惩防体系为统领，以建立健全“四项工作机制”为导向，以深入开展“三个重点管控项目”为抓手，以扎实推进“五项专业工作”为基础，融入管理，服务大局，用心工作，务实进取，为确保公司健康和谐发展作出了积极贡献。

（一）建立健全“四项工作机制”，惩防体系建设迈出坚实步伐

1. 建立健全系统宣教机制，做到“两个确保”

一是注重品牌效应，确保宣教工作连续性。公司坚持打造“红线制度”宣教品牌，连续三年编发《反腐倡廉“红线”制度》，教育广大干部员工识红线、明界限、筑防线，取得较好效果。二是注重整体策划，确保宣教工作实效性。坚持每年有计划地开展主题教育实践活动，整合各专业宣教资源，巩固拓展廉洁文化“三级阵地”、“四个课堂”，形成全方位、多角度宣教格局，实现廉洁教育常规化，“干事、干净”理念更加深入人心。

2. 建立健全责任落实机制，做到“两个有力”

一是健全分级负责的领导机制，做到保障有力。公司细化惩防体系建设责任分工、企业负责人业绩考核等制度办法，完善领导体制和工作机制，强化各级对惩防体系建设的责任意识。二是健全各司其职的工作机制，做到执行有力。将“一岗双责”的责任主体逐步由党员领导干部向全体员工拓展，把惩防体系建设要求列入员工守则和岗位规范，融入专业流程和制度标准，并配套完善考核办法，促进干部员工生产经营行为更加规范。

3. 建立健全内控监督机制，做到“两个到位”

一是健全风险研究机制，做到风险辨识到位。针对公司重要部署推进和开展“小金库”等专项治理工作中暴露出的深层次问题，公司纪委多次组织召开专题研讨会，剖析问题，制定对策，为有效治理和防范廉洁风险提供决策支撑。二是健全内控联席会议机制，做到风险监控到位。公司纪委每季度召开内控联席会议，及时汇总、分析和协调处理党风廉政建设相关问题；并专门出台了纪委书记定期报告等制度，及时把握公司党风廉政建设动态，形成上下联动的整体监控合力。

4. 建立健全协同预防机制，发挥“两个作用”

一是健全“反违章”机制，发挥长效治本作用。在固化反腐倡廉“反违章”组织体系的基础上，不断加强“动态完善廉洁风险事件库、推进研究落实防控措施、深化运用防控经验成果”等工作，构建“反违章”工作常态机制。二是健全沟通协作机制，发挥外部监督作用。通过强化“先期联控处置机制”和行风纠建工作，加强与地方执纪执法部门、社会行风监督员的沟通交流，深化明察暗访及民主评议基层站所等工作，进一步提高监督的针对性和广泛性。

（二）抓好“三个重点管控项目”，反腐倡廉工作主动融入业务

1. 全面清理整治“小金库”，突出“四个环节”

一是高度重视，做到“五个”强化。即强化组织领导，强化宣传发动，强化政策研究，强化承诺公示，强化举报监督。二是深入排查，抓好“三全”工作。公司各层面、各专业排查梳理出6大领域23项

潜在风险，做到风险全梳理；落实“五查五看”，对特殊资金使用情况进行摸底，做到内容全覆盖；按照“全面整改、疏堵结合”原则逐一剖析整改问题，做到问题全落实。二是督导检查，突出“四类”重点。即以问题“零申报”单位、工作不认真不扎实单位、接到群众信访举报单位、发生过“小金库”问题单位为重点开展督导检查，对基层单位督查覆盖率达到93%。四是整改落实，强化“两个”抓手。以签署专项治理工作“承诺书”为抓手，层层落实责任，清理现存“小金库”，杜绝新增“小金库”；以党风廉政责任制考核为抓手，严格责任追究，加强过程监控。公司对发现的各类“小金库”问题及相关责任人进行了整改处理，并积极构建了“小金库”风险防范长效机制。公司“小金库”专项治理效能监察工作荣获了国家电网公司2010年度自选立项效能监察项目优秀成果一等奖。

2. 深入治理工程建设领域突出问题，把好“四个关口”

一是把好组织领导关。公司两级专项治理工作领导机构细化任务，落实责任，并成立督查组指导基层工作，确保专项治理整体有序推进。二是把好宣传发动关。公司两级深入宣贯专项治理工作精神和部署要求，充分利用各类宣传媒体，动态反映工作中的典型做法和创新举措，营造浓厚工作氛围。三是把好问题排查关。突出重点，围绕项目决策、物资采购、合同管理、信息公开等关键点，开展了全面深入排查；拓展范围，从重点项目延伸至各类工程项目，共排查项目2460个，涉及金额617亿元，发现问题194个。四是把好整改落实关。建立协调机制，定期召开协调会，结合实际研究难点问题。目前重点问题已基本完成整改，其余一般性问题的整改工作正按照上级相关要求积极协调并有序推进；加强过程管理，细化了“七类检查范本”和“三个报告模板”，加强对“新增”问题和“已整改”问题的追踪；强化治本功能，把纠偏整改、完善制度有机结合，制定完善了一系列规章制度，促进了公司工程管理更加规范。

3. 强化“反违章”长效机制建设，遵循“四个坚持”

一是坚持系统策划，整体推进。公司以提升廉洁风险防控能力为目标，以查改“违章点”和“风险源”为重点，制订了“三步走”实施计划，健全组织保障体系，形成常态机制。二是坚持拓展载体，持续改进。全面开展“识风险、抓防控、促精品、保安全”活动，继续深入查找“违章点”和“风险源”，形成廉洁风险事件库动态更新机制。三是坚持研究策略，重点突破。通过系统评估公司5大领域110余项廉洁风险点，围绕“人财物”管理等核心领域及工程建设、招标采购、营销服务等重点环节，深入剖析管理漏洞，综合运用多种方式，系统研究防控措施，提高“反违章”工作的实效性。四是坚持强化治本，源头预防。继续引导创建“精品制度”，通过强化制度建设把好决策部署、过程管控等重要关口；进一步落实防控责任，结合机构优化调整，重新梳理员工岗位职责和工作标准，推动“反违章”工作与岗位职责相融合，使风险防控更加贴近源头。

（三）着力夯实“五项基础工作”，不断提升反腐倡廉工作成效

1. 以“学制度、促廉洁、保发展”主题宣教活动为载体，推动公司反腐倡廉制度建设

一是突出领导抓宣教。将廉洁从政若干准则、廉洁从业若干规定等列入党委中心组学习内容，两级中心组共学习158次，领导干部讲党课廉课34次，中层干部受教育面100%。二是突出制度抓宣教。编发《“红线制度”选编（三）》6000余册，发放案例选编《镜鉴》700余本；基层开展廉政培训240次，直接受教育达4000余人次。三是突出文化抓宣教。开展廉洁文化作品创作、廉洁文化进家庭活动，引导干部员工牢固树立正确的世界观、人生观、价值观，自觉践行“干事、干净”核心理念。

2. 以深入开展效能监察和招标监督工作为途径，有效履行监督管理职责

一是强化效能监察作用。公司将治理“小金库”和工程建设领域突出问题作为统一立项，同时引导基层围绕成本控制、制度建设等内容自选立项，两级共开展效能监察项目52个，提出监察建议248条，完善规章制度185项，实现经济效益1.85亿元。二是强化招标监督工作。认真执行国家电网公司招标采购监督管理办法，加强公司招投标监督领域诚信建设；及时有效地处理涉及招投标工作的来信来访，不断完善相关管理和监督制度；开展招标监督调研，有效推进招标采购活动全过程监督和现场监督的实质化。全年公司组织参与招投标等各类监督活动达420人次。

3. 以坚持纠建并举为方针，推进公司行风纠建和优质服务水平不断提升

一是强化内部管理。公司监察、营销、客服、生技等相关部门密切配合，统筹协调，形成合力，全力推进行风纠建工作；制定了行风纠建工作指导意见，重点梳理电费收缴、客户报装、事故抢修等业务中存在的服务问题，完善相关制度标准，加强对业扩报装、停送电等服务工作的常态监督检查。二是拓展监督渠道。积极开展民主评议基层站所工作，并通过政风行风热线“一

把手走进直播间”等活动，广泛宣传公司服务举措，树立良好社会形象。三是提升服务品质。通过大力实施“塑文化、强队伍、铸品质”供电服务提升工程十项活动，公司服务工作质量和整体水平得到有效提高。

4. 以“宽严相济，恰当处置”为原则，认真开展信访案件查办工作

一是落实信访职责。公司修订了信访举报工作实施细则，对各工作环节进行规范。二是加大查办力度。着力在动作及时、质量过硬、处理到位上下工夫，特别是针对重要信访和实名举报，强化领导督办和基层核查，确保完成信访工作的“四率”指标。三是强化联动机制。严格落实内控联席会议、纪委书记定期报告、特殊情况实时上报等制度，加强与地方执纪执法部门的沟通联系，力争实现超前防控。四是增强治本功能。严格执行信访案件线索定期分析制度和“一案两报告”制度，进一步健全了案件预警机制。

5. 以适应公司反腐倡廉建设工作需要为目标，加强纪检监察队伍建设

一是健全监督体系，提升保障能力。公司加强基层纪检监察力量配备，有 11 个基层单位新配备了专职纪委书记；同时，公司二级单位的审计部门和审计人员也已着手配备，随着相关机构建立健全，公司系统的监督内控机制将进一步强化和完善。二是加强素质建设，提高履责能力。举办纪检监察干部培训班，对年度重点工作进行系统培训，并结合“本部建设年”活动，对机关全体干部员工进行廉政教育。三是强化作风建设，提高执行能力。着力在调查研究、创新发展、自律教育上下工夫，并结合创先争优、公开承诺等活动，引导广大纪检监察干部求真务实、廉洁从业。

回顾 2010 年，公司党风廉政建设和纪检监察工作取得了一定成绩和荣誉：公司再次蝉联了北京市政风行风民意测评公共服务行业第一名，《中国纪检监察报》对公司行风纠建工作进行了专题报道；公司两级有 5 个效能监察项目分别荣获国家电网公司年度优秀成果一、二等奖和管理效益单项奖；有 2 项廉洁文化作品获得国家电网公司专项评选一等奖。此外，2010 年有 11 个基层单位被评为公司年度党风廉政建设工作优秀单位；21 名基层党政主要负责人被评为公司年度党风廉政建设工作优秀领导干部；37 名基层同志被评为公司年度优秀纪检监察干部；15 个效能监察项目被评为公司年度效能监察优秀成果。

近年来，公司上下共同努力打下的比较良好的反腐倡廉工作基础，以及广大干部员工对反腐倡廉工作的日益关注和积极参与，都更加坚定了我们深化反腐倡廉工作的信心和决心；但工作中存在的诸多问题和不足，也让我们深刻认识到反腐倡廉工作的长期性、艰巨性和复杂性。2010 年，公司系统有 2 名处级干部被司法机关批捕，目前尚未结案，产生了较大影响；同时基层单位也陆续发生了几件涉及职务犯罪的案件，给我们敲响了警钟。这些大大小小案件的发生，暴露出我们在资金、物资、工程等方面的管理基础依然薄弱，漏洞较多，教训十分深刻。此外，公司在开展“小金库”、“三指定”和工程建设领域突出问题等各类专项治理工作中，也暴露出许多带有一定普遍性的不规范问题。尤其是一些规章制度长期执行不到位，使某些违规操作行为已经变得司空见惯甚至成为“潜规则”，给公司经营管理和廉洁安全埋下了较大隐患。这些案件和问题的发生，有着较为深刻复杂的历史和现实原因，需要我们全面深入反思，认真吸取教训；需要公司上下真正为之警醒，真正引起重视，举一反三，亡羊补牢，统筹采取措施，有效加以解决。

新的一年，我们面临的反腐败工作形势依然比较严峻，信访案件高发频发的可能性依然较大。公司广大干部员工对新形势下深化反腐倡廉工作重要性的认识需要进一步提高，责任意识、风险意识、忧患意识还有待加强；公司纪检监察工作与业务工作的融合度需要进一步深化，监督工作的手段、方法、力度以及针对性和实效性还有待加强；公司纪检监察干部队伍的综合素质需要进一步提升，履责能力还有待加强。2011 年是公司实施“十二五”发展规划的开局之年，面对改革发展的新形势和反腐倡廉工作的新要求，公司纪委将以“反思教训、完善监控”为主题开展一系列廉洁教育实践活动，希望大家结合实际，用心推进，努力取得实效。同时也希望公司上下坚定信心，携起手来，用深入、扎实、有效的工作，共同开创公司党风廉政建设工作新局面，促进公司更加健康有序、又好又快发展。

二、2011 年主要工作任务

（一）总体思路

2011 年公司党风廉政建设和纪检监察工作的总体思路是：深入贯彻党的十七大、十七届中央纪委六次全会反腐倡廉建设重要精神，认真落实国家电网公司党风廉政建设和反腐败工作决策部署，坚持以“三严一常”为根本，以“八字方针”为指导，以“有效预防职务犯罪和重大行风责任事件”为主线，以“反思教训、完善监控”为主题，健全完善“四项工作机制”，深入实施“三个重点管控项目”，认真落实“五项基础工作”，加快构建“三化三有”特色惩防体系，努力开创党风廉政建设工作新局面，促进国家电网公司

党组和公司领导班子重大决策部署在公司系统的贯彻落实，为圆满完成公司全年各项任务提供坚强政治保障。

（二）主要目标

（1）按照国家电网公司2011年纪检监察工作部署和公司《建立健全惩治和预防腐败工作体系2008～2012年实施意见》精神，进一步健全完善惩防体系建设、党风廉政建设工作领导体制机制和工作格局，以深化党风廉政建设责任制为抓手，以强化源头治理为目标，扎实推进惩防体系建设，圆满完成上级工作部署及公司2011年党风廉政建设和纪检监察工作各项指标任务。

（2）严格执纪，严肃处理违规违纪问题，促进广大干部员工廉洁从业；确保公司处级以上领导干部和机关本部干部员工不发生违纪违法案件；不发生瞒案不报、压案不查或责任追究不到位的问题；不发生影响和损害公司形象的重大行风责任事件。

（3）健全完善“责任落实、系统宣教、内控监督、协同预防”四项工作机制，着力推进业务部门落实党风廉政建设“一岗双责”，深入实施“‘反思教训、完善监控’主题教育实践活动、‘三重一大’制度深化规范执行、工程建设领域突出问题专项治理”三个重点管控项目，扎实推进纪检监察五项基础工作。

（三）重点工作

1. 加快构建“三化三有”特色惩防体系

公司两级要按照国家电网公司2011年惩治和预防腐败体系建设工作要求，不断健全完善四项工作机制，突出业务部门风险防控重点，全面推进全系统各专业、各岗位认真落实“一岗双责”，加快构建特色惩防体系。

一是要进一步健全完善“责任落实”机制。坚持以深化责任制落实为抓手，不断健全完善领导体制机制和工作格局；在认真梳理分解年度惩防体系建设指标任务，层层落实党风廉政建设工作，进一步加强责任考核及责任追究的基础上，突出各级业务部门，尤其是人、财、物、工程以及营销服务等管理部门所承担的惩防体系建设和党风廉政建设职责，明确责任主体，细化防控任务，强化落实，完善考核，切实推动各业务部门成为源头防控风险、预防腐败的主体力量，在分管业务范围内主动抓好廉洁风险防控工作，全面提高履行党风廉政建设“一岗双责”的意识和能力。在此基础上，要从宣教、制度、考核等方面加大工作力度，强化公司廉洁风险防控全员责任意识，并逐步实现实质化的责任落实和考核，全面推进全系统各专业、各岗位认真落实反腐倡廉“一岗双责”。

二是要进一步健全完善“系统宣教”机制。坚持以“红线制度”为品牌，以有计划、连贯性地开展主题教育实践活动为载体，有效整合宣教资源，固化反腐倡廉教育和廉洁文化建设常态机制，完善“大宣教”工作格局；在进一步加强廉洁文化阵地建设和制度建设的基础上，以公司系统发生的案例及相应风险剖析为主要内容，充分发挥业务部门作用，将宣教对象和宣传主体有机统一起来，将宣教内容与业务工作密切联系起来，不断创新载体和手段，切实提升廉政宣教工作的实效性，加强各业务领域廉洁风险防控工作的指导性和推动力。

三是要进一步健全完善“内控监督”机制。坚持以强化权力运行监督为导向，整合监督资源，健全监督网络，围绕“三集五大”等经营管理模式的转变，探索建立联合监督工作机制，巩固日常监督、深化专项监督、推进联合监督，构建“大监督”格局；在进一步落实“内控联席会议”制度，共享信息，形成合力，把握重点，提升实效的基础上，促进业务部门提升监督意识和管控能力，针对所辖业务领域涉及的公司重大决策部署、重要管理措施及相关制度规定的执行情况，加强日常监督管理，并逐步构建对决策权、执行权有效监督的体系模式和运行机制。

四是要进一步健全完善“协同预防”机制。坚持以廉洁风险动态管理及防控成果有效运用为主旨，推进“协同预防”工作格局；在进一步完善预防职务犯罪“先期联控机制”和行风纠建工作机制，强化内外部监督网络建设的基础上，不断深化“反违章”长效机制建设，建立廉洁风险防控课题库及相应管理考核模式，引导业务部门积极参与防控课题研究，并着力在机制、制度层面创建防控成果，提升预防工作的针对性和实效性，推进惩防体系建设与企业改革发展战略的协调统一，与生产经营管理体系的有机融合，与深入反腐倡廉建设的同步发展。

2. 深入实施三个重点管控项目

（1）深入开展“反思教训、完善监控”主题教育实践活动，全面系统反思，夯实防控基础。

公司剖析近年来发生的违法违纪案例，编发《“红线制度”选编（四）》；并以此为载体，组织开展学习研讨、分析宣讲等警示教育活动，充分运用身边案例，密切联系潜在风险，引导广大干部员工共同参与，反思教训，分析问题，研究防控措施，全面提升廉洁从业意识和能力。一是要开展“五个反思”。要结合本单位廉洁风险防控工作实际，引导干部员工从典型案例类似风险是否存在、廉洁风险事件库是否健全、廉洁风险防控工作是否实质性开展、业务部门履行“一岗双责”是否到位、惩防体系内容是否健全等五个方面进行深入反思，查找漏洞，完善监控。二是要强化“五个必须”。即对新提任领导干部必须进行任前廉洁教育；对新到重点岗位工作人员必须进行上岗前廉洁教育；对新入企员工必须进行入企廉洁教育；对干部员工廉洁从业方面的新情况、新反映必须加以区别地进行相应提醒谈话教育；对新发生的违纪违法案件必须以适当方式进行案例警示教育。“五个必须”作为深化廉洁教育、有效防控风险的具体措施，目前已经形成工作制度，下一步将列入公司纪检监察日常工作检查与考核的内容。希望各单位从实际出发，创造性地有效加以落实。三是要做到“四个坚持”。要坚持以打造“红线制度”品牌为抓手，努力增强廉洁教育的系统性、计划性、针对性和有效性；坚持以廉洁风险事件库完善应用为抓手，强化业务部门落实廉政监督工作；坚持以“反违章”长效机制建设为抓手，有效促进反腐倡廉工作融入日常生产经营管理业务；坚持以“先期联控处置机制”建设为抓手，形成内外联动，超前防控的工作局面。

（2）深入开展“三重一大”制度规范与执行工作，全面细化标准，强化监督管理。

公司两级要按照中央《关于进一步推进国有企业贯彻落实“三重一大”决策制度的意见》和国家电网公司相关要求，深化“三重一大”制度的规范与执行，全面细化标准，强化监督管理。一是要细化制度标准。要以规范细化标准和提升可操作性为目标，结合生产经营管理实际，进一步健全完善“三重一大”决策制度体系，加强基本制度及配套制度建设。通过进一步细化纳入集体决策范畴的内容及标准，细化实施集体决策过程的程序及标准，全面提升“三重一大”决策制度的规范性和可操作性。二是要强化执行监督。公司各级纪检监察部门要在党委的统一领导下，进一步加强对所属单位“三重一大”决策制度健全完善和执行落实情况的监督检查，针对问题提出相应监察建议并督促整改落实；要进一步研究细化违反“三重一大”决策制度行为的惩处规定，对故意规避制度或恶意违反制度的行为，要严肃考核处理，严格追究责任；要进一步探索研究能够有效推进党委、纪委及时参与公司重大生产经营管理事项决策、有效履行日常监督检查职责的方式和载体，并力求以制度形式加以固化和规范。

（3）深入开展工程建设领域突出问题专项治理，落实整改提高，巩固治理成果。

按照国家电网公司整体部署，2011年是集中开展工程建设领域突出问题专项治理工作的收官之年。公司两级要按照既定方案继续抓好推进落实，确保专项治理工作圆满完成。一是要进一步深化问题排查及整改。要抓紧落实对已发现问题的整改，按照“谁主管、谁负责”的原则，逐项明确职责分工、完成标准和时限要求，制定关门计划，明确整改措施，注重整体推进，提高效率质量；对受内外部客观因素制约确实无法完成整改的问题，要充分说明并上报公司相关业务部门审核同意。二是要进一步加强制度建设及执行。要将问题整改与制度建设有机结合，针对重点环节和共性问题加强分析研究，提出整改措施，完善规章制度，强化源头治理，并及时将有效做法和经验转化为规章制度。今年公司纪委将以工程前期拆迁赔偿、大额资金支付使用等环节为重点，推动相关业务部门健全完善制度，强化内控监督。同时要加大力度，督促业务部门加强对工程建设相关制度及管理措施执行情况的监督检查，有效提升制度的执行力。三是要进一步履行监督及检查职责。公司两级专项治理办公室成员部门要认真履行监督及检查职责，有效推动基层深化落实工作；同时要不断完善规划设计、生产基建、财务管理、招标采购等各个领域的工作标准体系，推进公司全面提升工程建设及管理效率，全面夯实各类工程管理基础，全面巩固专项治理成果。

3. 扎实推进纪检监察五项基础工作

（1）从夯实党风廉政建设工作基础的高度出发，深化反腐倡廉制度建设。

公司各级要不断深化反腐倡廉制度建设，提升制度执行力和实效性，依托制度建设筑牢内控防线。一是要加强制度建设管理。要进一步健全完善制度建设组织管理机构，有效履行对制度制订的审核监督职责；要树立“集约化”理念，加强对相关监督管理制度的有效整合及成果运用，充分发挥监察、审计、人事等部门在执行干部廉政管理、经济责任审计、领导责任追究等相关制度方面的综合效用和互补功能。二是要增强制度的执行力。要督促各层级特别是各业务部门，对所辖范围或专业领域内涉及的公司重大决策部署、重要管理措施及相关制度规定的执行落实情况，履行好应尽的监督检查职责；并要逐步将其列为考量业务部门履行党风廉政建设“一岗双责”的重要内容，通过强化职责、强化监管，提升“公转”意识，杜绝违规“自转”，切实增强制度的执行力。三是要增强制度的实效性。要针对廉洁风险事件库、信访案件查处以及“小金库”、工程建设领域等专项治理工作中暴露出的普遍性、深层次问题，进一步建立健全廉政宣传教育、廉洁从业承诺、廉情监督报告等方面的刚性约束制度；同时要建立廉洁风险防控课题库及相应的管理考核模式，组织相关业务部门共同参与重点课题研究，积极创建廉洁风险防控成果，健全完善相应制度流程，依靠制度创新，不断增强反腐倡廉制度的实效性。从去年底开始，公司监察、审计等相关部门已经有针对性、有计划地开展了制度梳理和制定、修订、完善工作，并将逐步颁发实施。希望各单位认真组织学习、研究和宣贯，立足本单位实际，制定落实措施。

（2）从有效保障干部员工廉洁安全的高度出发，深化权力运行监督管理。

公司各级要以规范权力运行、保障干部员工廉洁安全为出发点，不断深化对权力运行的监督管理。一是要强化日常监管。要严格执行并不断完善领导干部述廉、个人重要事项报告、廉政谈话、廉政档案等基本监督制度，督促广大党员领导干部严格遵守廉洁从政若干准则、廉洁从业若干规定等制度规定，并结合各类专项治理工作，加强对干部员工遵章守纪、规范用权情况的监督检查。二是要深化效能监察。要以提升“两效”和促进规范用权为目标，继续围绕供电服务管理、设备物资全寿命周期管理、重大事项决策管理等重点领域，针对业扩报装“三指定”问题治理、物资管理制度体系和“三重一大”决策制度体系的健全完善及执行落实情况等重点内容，深入开展效能监察；要提高监督技术含量，落实监察整改建议，突出对经济效益、管理效益、社会效益及反腐倡廉成效的考量，推动效能监察工作向纠偏纠错和提升“两效”并重的方向转变。三是要强化招标监管。要严格执行国家电网公司《招标采购监督管理办法》和公司实施细则；督促业务部门加强履责，强化对计划报批、标准制订、资格审查、合同履约等重点环节的监管；进一步推进诚信体系建设，强化评标专家和供应商监管；加强监督队伍培养，有效提升监督质量，逐步实现招标全过程监督。四是要深化融入业务。要以落实内控联席会议、纪委书记定期报告等制度为抓手，推动各级纪检监察部门有针对性地开展日常监控、调研摸底和监督检查工作，今年要重点加强对农村供电所业务及资金管理状况、主多分离和职工退股等敏感工作进程的关注，促进监督工作更加融入生产经营管理业务、更加贴近权力运作实际发挥作用。

（3）从树立公司良好社会责任形象的高度出发，不断提升行风纠建水平。

公司各级要认真贯彻《国家电网公司纠风和行风建设工作导则》要求，继续深化落实“质疑、危机、责任”的纠风工作理念和“第一时间”观念，健全完善行风建设监督体系和保证体系，提升工作质量，强化监督检查，加强考核管理，形成长效机制。一是要提高投诉处理质量。要在继续巩固完善行风纠建协调机制、自查自纠常态机制、服务窗口明察暗访机制及投诉举报管理监督机制的基础上，进一步梳理改进流程，加强过程管控，强化考核管理，解决共性问题，重点提升对投诉举报，特别是上级监督监管部门转办件的处理及回复质量。二是要强化对“问题”整改的监督检查。要重点加强对“三指定”治理工作发现问题、电监会供电监管报告披露问题整改落实情况的监督检查；加强对公司系统规范收入后干部员工遵守“三个十条”规定情况的监督检查。要坚决纠正严重损害客户利益的不正之风问题和严重损害公司利益形象的错误行为；要对引发行风责任事件的违规违纪问题及处理不当的单位和个人严肃追究责任。三是要拓展强化社会监督。要继续加强与政府监督监管部门、社会行风监督员、第三方调查机构以及新闻媒体的沟通、交流与合作，积极参与地方政府组织的“政风行风热线”及基层站所民主评议活动，在推进公司行风纠建和优质服务水平不断提升的同时，及时总结提炼典型经验和特色成果，广泛进行宣传推广，树立“国家电网”品牌和公司良好的社会责任形象。

（4）从切实维护公司整体利益形象的高度出发，认真开展信访案件工作。

公司各级要密切关注改革发展中的关键环节和可能引发矛盾的焦点问题，保持高度政治敏感性，提升大局意识和危机意识，从切实维护公司整体利益形象的高度出发，认真开展信访案件查办工作，严肃查处违规违纪行为。一是要落实责任要求。要认真贯彻公司信访案件查处工作实施细则要求，落实责任，履行程序，规范操作，确保质量；并保障信息畅通，严格执行公司关于重要情况、异常情况第一时间上报的规定。二是要提高查办质量。要抓好线索定期排查、情况定期分析、案卷定期整理等基础工作；认真执行“一案两报告制度”，发挥查办信访案件在教育警示、完善制度、强化监督方面的作用。公司将加强对信访工作“四率”、查处回复质量，以及重复越级信访处理情况的监督考核，促进信访案件查办质量的整体提高；要鼓励支持自查自办案件，努力将相关问题解决在基层，解决在内部，并通过自查自办案件，锻炼纪检监察干部。三是要强化企地联控。要结合当前形势进一步加大投入，提升企地联控工作成效，重点加强与地方检察院反贪部门的直接沟通、与地方纪检机关信访案件部门和电力监督监管部门的协作配合，拓宽信访案件信息渠道，在原则允许前提下，力求实现先期处置、把握主动、掌控舆情等目的。四是要强化责任追究。要对重大决策失误、重大行风责任、设立或隐瞒“小金库”，以及落实责任制不力造成严重后果等事件加大责任追究力度；重点查处工程建设、物资采购、资产处置、资金使用、营销服务等领域的违纪行为，筑牢“有责必究、违纪必处”的纪律惩处防线；要结合信访案件工作，努力化解公司内部矛盾，促进队伍团结与稳定。

（5）从适应公司反腐倡廉工作需要的高度出发，加强纪检监察队伍建设。

公司两级要根据反腐倡廉建设工作实际需要，进一步健全纪检监察组织机构，全面加强队伍建设。一是要健全组织机构。要落实国家电网公司《关于加强和改进公司系统纪检监察组织建设的意见》精神和公司相关部署，结合机构改革和干部调整工作，进一步健全完善纪检监察组织机构，确保纪检监察干部在数量和质量上配备到位。二是要提高思想认识。要按照《国家电网公司纪检监察干部守则》要求，结合实际不断强化纪检监察队伍的思想政治建设和干部作风建设，不断提升大局意识、责任意识、危机意识和服务意识，始终保持严谨务实的工作作风和争先创优的精神状态。三是要提升专业水平。要落实《国家电网公司2010～2013年纪检监察干部教育培训工作规划》要求，根据公司改革发展形势变化和纪检监察机构、业务、人员调整变化的需要，加强相关业务知识技能培训；围绕年度重点工作，加强内外部调研学习和培训交流，开拓思路，促进提高，着力提升纪检监察队伍的专业水平和综合素质。四是要强化基础管理。坚持以信息化为手段，着力在新建立的纪检监察管理业务信息平台建设和应用上下工夫，运用科技手段强化基础管理和日常管控，在促进业务工作规范化、精细化、高效化的同时，推动公司纪检监察队伍建设和整体工作水平再上新台阶。

重　要　文　件

上级单位重要文件索引（摘要）

发　文　单　位	文　　号	文　件　标　题
中国电力企业联合会	中电联鉴教〔2010〕98号	关于印发《电力行业技术能手评选办法（试行）》的通知
中国电力企业联合会	中电联统计〔2010〕204号	关于印发《电力行业统计报表制度》的通知
中国电力企业联合会	中电联文化〔2010〕130号	关于印发《全国电力行业文化与企业文化优秀成果评审办法》的通知
北京市财政局	京财采购〔2010〕362号	关于印发《北京市市级协议供货和定点服务政府采购管理暂行办法》的通知
北京市财政局	京财采购〔2010〕366号	关于印发《北京市市级协议供货和定点服务供应商监督考核暂行办法》的通知
北京市档案局	京档发〔2010〕7号	关于印发《北京市数码照片归档与管理办法》的通知
北京市档案局	京档发〔2010〕16号	关于印发《北京市档案馆接收纸质文书档案的整理办法》的通知
北京市发展和改革委员会	京发改〔2010〕294号	关于印发《北京市行政机关依申请提供政府公开信息收费办法（试行）》的通知
北京市发展和改革委员会	京发改〔2010〕651号	关于印发《北京市律师诉讼代理服务收费政府指导价标准（试行）》、《北京市律师服务收费管理实施办法（试行）》的通知
国家电网公司	办文档〔2010〕71号	关于印发《国家电网公司协同办公系统实用化评价实施细则》的通知
国家电网公司	办文档〔2010〕72号	关于印发《〈国家电网公司电网建设项目档案管理办法（试行）〉释义》的通知
国家电网公司	办信息〔2010〕5号	关于印发《国家电网公司信息报送工作考核评价办法（试行）》的通知
国家电网公司	办值〔2010〕28号	关于北京市电力公司错时上下班的批复
国家电网公司	财会〔2010〕210号	转发《财政部关于印发〈公益事业捐赠票据使用管理暂行办法〉的通知
国家电网公司	财预〔2010〕50号	转发财政部关于印发《中央部门财政拨款结转和结余资金管理办法》的通知
国家电网公司	财预〔2010〕162号	关于印发《国家电网公司月度现金流量预算管理实施办法》（试行）的通知

续表

发文单位	文号	文件标题
国家电网公司	国家电网办〔2010〕225号	关于印发《国家电网公司招标采购活动监督管理办法》的通知
国家电网公司	国家电网办〔2010〕250号	关于印发《国家电网公司电网建设项目档案管理办法（试行）》的通知
国家电网公司	国家电网办〔2010〕578号	关于印发《国家电网公司输变电工程设计、施工、监理招标集中管理规定（试行）》的通知
国家电网公司	国家电网办〔2010〕699号	关于印发《国家电网公司督察督办工作指导意见》和《国家电网公司总部督察督办工作管理办法》的通知
国家电网公司	国家电网办〔2010〕1268号	关于印发《国家电网公司值班重大事项请示报告制度》的通知
国家电网公司	国家电网财〔2010〕108号	关于印发《国家电网公司工程财务管理办法（试行）》的通知
国家电网公司	国家电网财〔2010〕120号	关于印发《国家电网公司股权投资管理办法》的通知
国家电网公司	国家电网财〔2010〕121号	关于印发《国家电网公司无形资产管理暂行办法》的通知
国家电网公司	国家电网财〔2010〕122号	关于印发《国家电网公司产权划转管理办法》的通知
国家电网公司	国家电网财〔2010〕123号	关于印发《国家电网公司固定资产管理办法》的通知
国家电网公司	国家电网财〔2010〕200号	转发财政部、国家发展改革委、水利部《关于印发〈国家重大水利工程建设基金征收使用管理暂行办法〉的通知》
国家电网公司	国家电网财〔2010〕276号	关于印发《国家电网公司财务集约化管理重点工作任务考核评价办法》的通知
国家电网公司	国家电网财〔2010〕785号	关于印发《国家电网公司预算管理办法》的通知
国家电网公司	国家电网财〔2010〕786号	关于印发《国家电网公司成本管理办法》的通知
国家电网公司	国家电网财〔2010〕787号	关于印发《国家电网公司对外捐赠管理办法》的通知
国家电网公司	国家电网财〔2010〕788号	关于印发《国家电网公司研究开发费财务管理办法》的通知
国家电网公司	国家电网财〔2010〕842号	关于印发《国家电网公司资金管理办法》及相关配套实施办法的通知
国家电网公司	国家电网财〔2010〕1686号	关于印发《国家电网公司差旅费管理办法》的通知
国家电网公司	国家电网党〔2010〕14号	关于印发《国家电网公司“电网先锋党支部”创建工作管理办法（试行）》的通知
国家电网公司	国家电网党〔2010〕28号	关于印发《中共国家电网公司党组关于领导干部的管理办法》等七项制度的通知
国家电网公司	国家电网电定〔2010〕30号	关于印发《国家电网公司电力建设定额站定额工作经费管理办法（试行）》的通知
国家电网公司	国家电网电定〔2010〕31号	关于印发《国家电网公司电力建设定额站合同管理办法》的通知
国家电网公司	国家电网发展〔2010〕751号	关于印发《国家电网公司同业对标工作管理办法》的通知
国家电网公司	国家电网发展〔2010〕936号	关于印发《国家电网公司电网发展项目管理规定》和《国家电网公司电网基建储备项目评价标准细则》的通知
国家电网公司	国家电网基建〔2010〕165号	关于印发《国家电网公司输变电工程典型施工方法管理规定》的通知
国家电网公司	国家电网基建〔2010〕166号	关于印发《国家电网公司电力建设工程施工质量监理管理办法》的通知
国家电网公司	国家电网基建〔2010〕167号	关于印发《国家电网公司输变电工程安全质量管理流动红旗竞赛实施办法》的通知
国家电网公司	国家电网基建〔2010〕168号	关于印发《国家电网公司初步设计评审管理办法》的通知
国家电网公司	国家电网基建〔2010〕169号	关于印发《国家电网公司输变电工程优秀设计评选办法》的通知
国家电网公司	国家电网基建〔2010〕170号	关于印发《国家电网公司电网建设进度计划管理办法》的通知
国家电网公司	国家电网基建〔2010〕172号	关于印发《国家电网公司输变电工程设计施工监理激励办法》的通知
国家电网公司	国家电网基建〔2010〕173号	关于印发《国家电网公司输变电工程结算管理办法》的通知
国家电网公司	国家电网基建〔2010〕174号	关于印发《国家电网公司建设工程施工分包安全管理规定》的通知

续表

发文单位	文号	文件标题
国家电网公司	国家电网基建〔2010〕184号	关于印发《国家电网公司新建线路杆塔作业防坠落装置通用技术规定》的通知
国家电网公司	国家电网基建〔2010〕613号	关于印发《国家电网公司输变电工程试运行工作有关规定》的通知
国家电网公司	国家电网基建〔2010〕1020号	关于印发《国家电网公司基建安全管理规定》的通知
国家电网公司	国家电网基建〔2010〕1021号	关于印发《国家电网公司基建技经管理规定》的通知
国家电网公司	国家电网基建〔2010〕1025号	关于印发《国家电网公司输变电工程设计管理规定》的通知
国家电网公司	国家电网交易〔2010〕833号	关于印发《国家电网公司跨区跨省短时电力支援交易管理办法（试行）》的通知
国家电网公司	国家电网交易〔2010〕851号	关于印发《国家电网公司电力交易运营市场信息管理办法》的通知
国家电网公司	国家电网交易〔2010〕852号	关于印发《特高压交流试验示范工程输电年度交易管理规定》和《特高压交流试验示范工程输电月度交易管理规定》的通知
国家电网公司	国家电网交易〔2010〕854号	关于印发《特高压交流试验示范工程输电交易管理暂行办法》的通知
国家电网公司	国家电网交易〔2010〕855号	关于印发《国家电网公司配电变压器提前更换CDM项目管理暂行办法》的通知
国家电网公司	国家电网交易〔2010〕856号	关于印发《国家电网公司“三公”调度交易工作分析评价制度（试行）》的通知
国家电网公司	国家电网科〔2010〕354号	关于印发《国家电网公司输变电工程造价分析内容深度规定》的通知
国家电网公司	国家电网农〔2010〕1243号	关于印发《国家电网公司农电工优秀人才评选管理办法》的通知
国家电网公司	国家电网农〔2010〕1467号	关于转发国家发展改革委《农村电网改造升级项目管理办法》的通知
国家电网公司	国家电网人资〔2010〕43号	关于印发《国家电网公司企业负责人年度业绩考核管理暂行办法》的通知
国家电网公司	国家电网人资〔2010〕340号	关于印发《国家电网公司工资总额预算管理试行办法》的通知
国家电网公司	国家电网人资〔2010〕1547号	关于印发《国家电网公司供电企业劳动定员管理办法》和《国家电网公司供电企业劳动定员工作评价办法（试行）》的通知
国家电网公司	国家电网审〔2010〕1565号	关于印发《国家电网公司审计工作计划管理办法》等四项审计制度的通知
国家电网公司	国家电网外事〔2010〕1298号	转发商务部等七部委局会关于印发《境外中资企业机构和人员安全管理规定》的通知
国家电网公司	国家电网外事〔2010〕1334号	关于转发国家监察部和人力资源社会保障部《用公款出国（境）旅游及相关违纪行为处分规定》的通知
国家电网公司	国家电网物资〔2010〕847号	转发国家发展改革委《关于印发招标师职业水平证书登记服务管理办法（试行）》的通知
国家电网公司	国家电网信息〔2010〕24号	关于印发《国家电网公司计算机软件著作权管理与保护办法》的通知
国家电网公司	国家电网信息〔2010〕1120号	关于印发《国家电网公司信息系统实用化评价办法（试行）》的通知
国家电网公司	国家电网信息〔2010〕1150号	关于印发《国家电网公司信息化建设管理办法》的通知
国家电网公司	国家电网营销〔2010〕153号	关于印发《电力用户用电信息采集系统主站软件标准化设计》和《电力用户用电信息采集系统主站软件建设管控办法》的通知
国家电网公司	国家电网营销〔2010〕315号	关于转发国家电监会《供电企业信息公开实施办法（试行）》的通知
国家电网公司	国家电网营销〔2010〕656号	关于印发《国家电网公司营销投入项目管理办法》的通知
国家电网公司	国家电网营销〔2010〕894号	关于印发《电力用户用电信息采集系统建设管理办法（试行）》、《电力用户用电信息采集系统运行管理办法（试行）》的通知
国家电网公司	国家电网营销〔2010〕1112号	关于印发《电动汽车充电设施建设管理规定（试行）》、《电动汽车充电设施运行管理规定（试行）》的通知

续表

发文单位	文号	文件标题
国家电网公司	国家电网营销〔2010〕1426 号	关于印发《省地两级营销稽查监控业务运作管理规范（试行）》、《省地两级营销稽查监控大厅环境建设规范（试行）》的通知
国家电网公司	国家电网营销〔2010〕1766 号	关于印发《国家电网公司智能电能表质量监督管理办法（试行）》的通知
国家电网公司	国家电网政工〔2010〕8 号	关于命名表彰国家电网公司 2007 ～ 2008 年度文明单位（标兵）的决定
国家电网公司	基建技术〔2010〕31 号	关于印发《国家电网公司输变电工程量计算与编制规范（试行）》等三项规定的通知
国家电网公司	基建综〔2010〕43 号	关于印发《基建管理综合评价办法》的通知
国家电网公司	纪检监察〔2010〕12 号	关于转发《设立“小金库”和使用“小金库”款项违法违纪行为政纪处分暂行规定》的通知
国家电网公司	纪检监察〔2010〕23 号	转发中华人民共和国监察部　人力资源社会保障部令《违反规定插手干预工程建设领域行为处分规定》的通知
国家电网公司	纪检监察〔2010〕25 号	关于印发《国家电网公司纪检监察部门案件管理工作规定》的通知
国家电网公司	建设计划〔2010〕32 号	关于印发《国家电网公司跨区电网建设项目设计管理办法（试行）》的通知
国家电网公司	人干〔2010〕1 号	关于印发《国家电网公司管理干部档案查借阅制度》的通知
国家电网公司	人资薪〔2010〕6 号	关于转发人力资源社会保障部　财政部《城镇企业职工基本养老保险关系转移接续暂行办法》的通知
国家电网公司	人资薪〔2010〕67 号	关于印发《国家电网公司企业年金基金管理机构绩效评估管理暂行办法》的通知
国家电网公司	调计〔2010〕33 号	关于印发《互联电网联络线有功功率控制技术规范（试行）》和《电网短期负荷预测技术规范（试行）》的通知
国家电网公司	调计〔2010〕125 号	关于印发《调度系统电力电量平衡数据报送规范（试行）》的通知
国家电网公司	调技〔2010〕159 号	关于印发《国家电网公司网省调度工作评价考核办法》（试行）的通知
国家电网公司	调技〔2010〕283 号	关于印发《国家电网公司网省调度工作评价考核办法补充规定》的通知
国家电网公司	调运〔2010〕92 号	关于印发《特高压互联电网稳定及无功电压调度运行规定》的通知
国家电网公司	调运〔2010〕177 号	关于印发《特高压交流互联电网稳定及无功电压调度运行规定》的通知
国家电网公司	团〔2010〕18 号	关于印发《国家电网公司共青团和青年工作课题调研管理办法（试行）》的通知
国家电网公司	外联联络〔2010〕22 号	关于印发《国家电网公司品牌标识标准化验收办法》的通知
国家电网公司	网工发〔2010〕4 号	关于印发《国家电网公司职工代表大会闭会期间职工代表参与民主管理实施办法》的通知
国家电网公司	信息计划〔2010〕104 号	关于印发《国家电网公司 ERP 流程和配置管理工具推广实施费用预算编制办法（试行）》的通知
国家电网公司	信息技术〔2010〕279 号	关于印发《国家电网公司电力用户用电信息采集系统主站硬件配置方案（试行）》的通知
国家电网公司	信息技术〔2010〕307 号	关于印发《国家电网公司信息化标准管理细则（试行）》的通知
国家电网公司	信息建设〔2010〕242 号	关于印发《国家电网公司信息化项目建设实施评优管理办法（试行）》、《国家电网公司信息化项目建设厂商评优管理办法（试行）》的通知
国家电网公司	信息运安〔2010〕36 号	关于印发《国家电网公司信息安全技术督查工作管理规定》的通知
国家电网公司	信息运安〔2010〕147 号	关于印发《国家电网公司信息系统客户服务标准用语管理规范（试行）》的通知
国家电网公司	信息运安〔2010〕234 号	关于印发《国家电网公司信息外网邮件系统管理办法》的通知
国家电网公司	信息运安〔2010〕445 号	关于印发《国家电网公司信息系统事故调查及统计规定（试行）》的通知

续表

发文单位	文号	文件标题
国家电网公司	营销客户〔2010〕49号	关于印发《国家电网公司省级95598供电服务中心建设管理规定（试行）》的通知
国家电网公司	营销营业〔2010〕7号	关于印发《国家电网公司营销信息化系统实用化评价工作规范（试行）》的通知
国家电网公司	智能综〔2010〕65号	关于印发《国家电网公司坚强智能电网试点工程评价管理办法（试行）》的通知
华北电网有限公司	华北电网人资〔2010〕49号	关于转发《城镇企业职工基本养老保险关系转移接续业务经办规程（试行）》的通知
华北电网有限公司	华北电网人资〔2010〕51号	关于转发《基本养老保险个人账户补填管理办法（试行）》的通知
华北电网有限公司	华北电网人资〔2010〕67号	关于转发《北京市领取社会保险（障）长期待遇人员资格认证管理暂行办法》的通知
华北电网有限公司	华北电网人资〔2010〕73号	转发《关于基本养老保险补缴有关问题的业务操作办法》的通知
华北电网有限公司	网调继〔2010〕9号	关于印发《华北电网发电厂继电保护基建验收规范》的通知
华北电网有限公司	网调调〔2010〕22号	关于印发《华北电网事故信息及报送规范管理规定（试行）》的通知

公司重要文件索引（摘要）

文号	文件标题
办值〔2010〕1号	关于进一步加强人员集体外出活动管理的通知
京电安〔2010〕12号	关于修订印发《北京市电力公司安全生产工作奖惩规定》的通知
京电安〔2010〕15号	关于印发《北京市电力公司事故隐患排查治理工作评价考核细则（试行）》的通知
京电安〔2010〕27号	关于印发《北京市电力公司安全生产工作任务管理规定（试行）》的通知
京电安〔2010〕36号	关于印发《北京市电力公司安全管理过程评价办法（试行）》的通知
京电安〔2010〕37号	关于印发《北京市电力公司安全监督审计管理办法（试行）》的通知
京电办〔2010〕44号	关于印发《北京市电力公司网络保密检查工作实施方案》的通知
京电办〔2010〕46号	关于印发《北京市电力公司印章介绍信使用管理办法》的通知
京电办〔2010〕47号	关于印发《北京市电力公司公文处理办法》的通知
京电办〔2010〕53号	关于印发《北京市电力公司重大事项请示报告规定》的通知
京电办〔2010〕57号	关于印发《北京市电力公司突发事件处置细则（试行）》的通知
京电办〔2010〕60号	关于印发《北京市电力公司信访工作规定（试行）》的通知
京电保〔2010〕15号	关于加强对输电线路保护区内供电工程施工管理的通知
京电保〔2010〕18号	关于印发《电气设备火情现场扑救管理规定》的通知
京电保〔2010〕24号	关于印发《在线路迁改工程中防止外力破坏加强电力设施保护的规定》的通知
京电保〔2010〕25号	关于印发《北京市电力公司室内消火栓系统电伴热装置运行管理规定（试行）》的通知
京电财〔2010〕10号	关于印发《北京市电力公司预算管理办法》的通知
京电财〔2010〕13号	关于印发《北京市电力公司所属单位企业负责人业绩考核财务指标考核办法》的通知
京电财〔2010〕14号	关于印发《北京市电力公司现金收支审批管理规定》的通知
京电财〔2010〕16号	关于印发《北京市电力公司会计核算办法》的通知
京电财〔2010〕23号	关于印发《北京市电力公司财产保险管理暂行办法》的通知
京电财〔2010〕26号	关于印发《北京市电力公司股权投资管理暂行办法》的通知
京电财〔2010〕37号	关于印发《北京市电力公司固定资产管理办法》的通知

续表

文　　号	文 件 标 题
京电财〔2010〕38 号	关于印发《北京市电力公司无形资产管理暂行办法》的通知
京电财〔2010〕40 号	关于印发《北京市电力公司成本管理办法（试行）》的通知
京电财〔2010〕41 号	关于印发《北京市电力公司财务内部控制操作细则》及开展内部控制评价工作的通知
京电财〔2010〕42 号	关于印发《北京市电力公司资金管理办法》的通知
京电财〔2010〕44 号	关于印发《北京市电力公司资金集中支付管理办法》的通知
京电财〔2010〕48 号	关于印发《北京市电力公司工程财务管理办法（试行）》的通知
京电财〔2010〕4 号	关于印发《北京市电力公司资金安全管理实施办法》的通知
京电财〔2010〕6 号	关于印发《北京市电力公司 2010 年财务工作要点》的通知
京电产业〔2010〕6 号	关于印发《北京市电力公司集体企业财务管理办法（试行）》的通知
京电产业〔2010〕7 号	关于印发《北京市电力公司集体资产监督管理办法（试行）》的通知
京电党〔2010〕24 号	关于印发《北京市电力公司党风廉政建设责任制暨惩治和预防腐败体系建设工作考核办法》的通知
京电党〔2010〕27 号	关于转发《国家电网公司“电网先锋党支部”创建工作管理办法（试行）》的通知
京电党〔2010〕31 号	关于印发《北京市电力公司新闻宣传工作管理办法》的通知
京电党〔2010〕61 号	关于印发《北京市电力公司思想政治工作体系同业对标指标体系（第四版）》的通知
京电发展〔2010〕13 号	关于印发《北京市电力公司统计报表制度》（2010 修订版）的通知
京电发展〔2010〕282 号	关于印发北京市电力公司《消火栓系统防冻技术标准》的通知
京电发展〔2010〕397 号	关于印发《北京市电力公司统计报表制度》（2011 版）的通知
京电发展〔2010〕402 号	关于印发《北京市电力公司同业对标工作管理办法》的通知
京电发展〔2010〕403 号	关于印发《北京市电力公司标准化工作管理办法》的通知
京电工〔2010〕28 号	关于印发《北京市电力公司职工代表大会实施办法》等文件的通知
京电工〔2010〕30 号	关于印发北京市电力公司厂务公开工作实施细则及相关考核制度和标准等文件的通知
京电行管〔2010〕27 号	关于印发《北京市电力公司房屋管理办法（试行）》的通知
京电行管〔2010〕28 号	关于印发《北京市电力公司土地管理办法（试行）》的通知
京电行管〔2010〕31 号	关于印发《北京市电力公司土地管理办法（试行）实施细则》的通知
京电行管〔2010〕32 号	关于印发《北京市电力公司房屋管理办法（试行）实施细则》的通知
京电行管〔2010〕38 号	关于规范主多互占房屋及出租房屋管理等相关工作的通知
京电行管〔2010〕40 号	关于印发《北京市电力公司车辆管理办法》的通知
京电机关〔2010〕2 号	关于印发《北京市电力公司本部企业管理创新成果管理办法》的通知
京电基〔2010〕186 号	关于印发北京市电力公司 2010 年基建安全管理策划调整方案的通知
京电基〔2010〕191 号	关于印发《公司基建工程现场过程造价控制工作咨询服务费计算指导意见》的通知
京电基〔2010〕214 号	转发国家电网公司关于基建安全管理规定的通知
京电基〔2010〕243 号	关于转发国家电网公司标准化建设成果（通用设计、通用设备）应用目录（第一次增补）的通知
京电基〔2010〕269 号	转发国家电网公司依托工程开展 110（66）～ 500kV 输电线路通用设计修订取费标准的通知
京电基〔2010〕283 号	关于转发国家电网公司下达开展 110（66）～ 500kV 变电站通用设计修订依托工程及取费标准的通知
京电基〔2010〕327 号	关于印发《北京市电力公司基建工程执行概算管理办法（试行）》和《北京市电力公司基建工程执行概算编制规程（试行）》的通知
京电基〔2010〕63 号	关于印发执行《北京市电力公司基建工程专业分包工程招标实施细则（试行）》的通知
京电基〔2010〕69 号	关于印发《北京市电力公司基建专业工程分包管理办法（试行）》的通知
京电纪〔2010〕9 号	关于实行纪委书记定期报告工作的规定
京电监〔2010〕10 号	转发国家电网公司关于印发《国家电网公司纪检监察信访举报办理程序》的通知

续表

文　号	文件标题
京电监〔2010〕13号	关于印发《北京市电力公司招标采购活动监督管理实施细则》的通知
京电监〔2010〕14号	关于转发《违反规定插手干预工程建设领域行为处分规定》的通知
京电监〔2010〕6号	关于转发《设立“小金库”和使用“小金库”款项违法违纪行为政纪处分暂行规定》的通知
京电交易〔2010〕1号	关于印发《电力市场交易部门联席会议制度》的通知
京电交易〔2010〕23号	关于印发《北京电网电力市场交易运营系统使用办法》的通知
京电交易〔2010〕24号	关于印发《北京市电力公司电力市场交易信息发布管理实施细则》的通知
京电交易〔2010〕26号	关于印发《北京电网电能交易计划管理办法（试行）》的通知
京电科信〔2010〕13号	关于印发《北京市电力公司所属单位及其企业负责人科技信息工作业绩考核实施细则（修订）》的通知
京电科信〔2010〕36号	关于印发《北京市电力公司信息资产实物管理办法》的通知
京电科信〔2010〕39号	关于印发《北京市电力公司信息安全技术督查工作管理办法（试行）》的通知
京电科信〔2010〕4号	关于对2009年度公司科技成果进行表彰的通知
京电科信〔2010〕59号	关于印发《电网建设项目水土保持管理办法（试行）》的通知
京电科信〔2010〕5号	关于对2009年度公司优秀科技论文进行表彰的通知
京电科信〔2010〕76号	关于印发《北京市电力公司信息系统上下线管理办法（试行）》的通知
京电科信〔2010〕7号	关于对2009年度公司群众性技术创新成果进行表彰的通知
京电科信〔2010〕80号	关于印发《北京市电力公司信息系统运行维护管理办法（修订）》的通知
京电科信〔2010〕83号	关于印发《北京市电力公司信息化建设管理办法（试行）》的通知
京电客服〔2010〕10号	关于印发《北京市电力公司35kV及以上客户报装工程管理办法（试行）》的通知
京电客服〔2010〕1号	关于印发《北京市电力公司10kV客户报装工程授权管理规定》的通知
京电离退休〔2010〕4号	关于印发《北京市电力公司离退休工作管理办法（试行）》的通知
京电人〔2010〕12号	关于印发《北京市电力公司本部员工绩效考核管理办法（试行）》的通知
京电人〔2010〕31号	关于印发《北京市电力公司本部岗位聘任实施办法》的通知
京电人〔2010〕34号	关于印发《北京市电力公司本部职员职级序列管理办法》的通知
京电人〔2010〕42号	关于印发《北京市电力公司关于对领导干部实施离任后“回头看”考评的办法（试行）》的通知
京电人〔2010〕43号	关于印发《北京市电力公司关于领导干部离任交接的管理办法》的通知
京电人〔2010〕44号	关于印发《北京市电力公司关于领导干部报告个人有关事项的管理规定（试行）》的通知
京电人〔2010〕45号	关于印发《北京市电力公司关于二线领导干部的管理办法（试行）》的通知
京电人〔2010〕58号	关于修订《北京市电力公司所属单位及其企业负责人业绩考核办法》的通知
京电人〔2010〕59号	关于印发《北京市电力公司所属单位负责人薪酬管理办法》的通知
京电人〔2010〕64号	关于将北京华商伟业资产管理有限公司作为公司集体资产经营平台的通知
京电人〔2010〕65号	关于印发《北京市电力公司人员借用管理办法（暂行）》的通知
京电人〔2010〕69号	关于印发《北京市电力公司表彰奖励管理办法》的通知
京电人〔2010〕6号	关于印发《北京市电力公司职工带薪年休假实施细则（试行）》的通知
京电人〔2010〕72号	关于印发《北京市电力公司工资总额预算管理办法》的通知
京电人〔2010〕78号	关于印发《北京市电力公司新入企员工薪酬管理暂行规定》的通知
京电人〔2010〕8号	关于印发《北京市电力公司所属单位及其企业负责人业绩考核办法》的通知
京电生〔2010〕100号	关于印发《北京市电力公司电网检修运维项目管理办法》的通知
京电生〔2010〕111号	关于印发《北京市电力公司电压合格率统计规定》的通知
京电生〔2010〕118号	关于印发《北京市电力公司智能电网工作管理办法》的通知
京电生〔2010〕123号	关于印发《北京市电力公司电力设备缺陷管理办法》的通知

续表

文　　号	文 件 标 题
京电生〔2010〕124 号	关于印发《北京市电力公司生产管理系统管理办法》的通知
京电生〔2010〕125 号	关于印发《北京市电力公司生产工作计划管理办法》的通知
京电生〔2010〕148 号	关于印发北京市电力公司《变电站防误装置运行管理办法》的通知
京电生〔2010〕149 号	关于印发《北京市电力公司输变电设备信息收集管理办法》的通知
京电生〔2010〕151 号	关于印发《北京市电力公司变电站管理工作规定》的通知
京电生〔2010〕152 号	关于印发《北京市电力公司架空输电线路管理规定》的通知
京电生〔2010〕24 号	关于印发《北京市电力公司生产工作计划管理办法》的通知
京电生〔2010〕30 号	关于发布《北京市电力公司创一流同业对标指标体系（2010 版）》的通知
京电生〔2010〕38 号	关于印发《北京市电力公司所属单位及其企业负责人生产指标业绩考核办法》的通知
京电生〔2010〕48 号	关于印发《北京市电力公司 800 兆数字集群终端管理规定》的通知
京电生〔2010〕59 号	关于印发《北京市电力公司变电站高压电气设备防误装置管理制度》的通知
京电生〔2010〕67 号	关于印发《北京市电力公司配网运行分析工作管理办法（试行）》的通知
京电调〔2010〕12 号	关于印发《北京电网发电厂燃料预警管理规定（试行）》的通知
京电调〔2010〕17 号	关于下发《北京市电力公司配电自动化运行管理规定（试行）》的通知
京电调〔2010〕18 号	关于印发《北京电网停电计划管理规定（修订）》的通知
京电调〔2010〕20 号	关于印发《北京市电力公司调度管理综合指标实施细则（修订）》的通知
京电调〔2010〕22 号	关于印发《北京市电力公司安全风险管理规定（试行）》的通知
京电调〔2010〕26 号	关于印发《北京电网重要客户外电源运行安全管理办法（试行）》的通知
京电调〔2010〕29 号	关于印发《35kV 及以上电缆线路故障跳闸试发补充规定》的通知
京电调〔2010〕32 号	关于印发《北京电网调度系统重大事件汇报规定（2010 年修订版）》的通知
京电调〔2010〕37 号	关于印发《北京市电力公司调度数据网运行管理办法（修订）》的通知
京电调〔2010〕39 号	关于印发《北京市电力公司变电自动化现场作业保安规定》的通知
京电调〔2010〕40 号	关于印发《北京市电力公司二次回路状态评估管理办法（试行）》的通知
京电调〔2010〕44 号	关于下发《北京市电力公司安全风险管控工作补充规定》的通知
京电调〔2010〕46 号	关于印发《地理信息系统与配电自动化系统图形导出规范》的通知
京电调〔2010〕47 号	关于印发《北京电网调度系统反违章指南（试行）》的通知
京电调〔2010〕48 号	关于印发《北京市电力公司通信现场工作保安规定（试行）》的通知
京电调〔2010〕53 号	关于下发《北京电网调控一体化运行管理规定》的通知
京电调〔2010〕54 号	关于印发《北京市电力公司变电自动化运行管理规定（试行）》的通知
京电调〔2010〕56 号	关于印发《北京市电力公司通信业务管理规定》的通知
京电调〔2010〕8 号	关于印发《北京市电力公司继电保护全过程管理办法》的通知
京电外联〔2010〕2 号	关于印发《北京市电力公司本部新闻宣传工作规则》的通知
京电物资〔2010〕102 号	关于印发《北京市电力公司物资管理办法》的通知
京电物资〔2010〕110 号	关于印发《北京市电力公司废旧物资管理办法》的通知
京电物资〔2010〕131 号	关于印发《北京市电力公司物资计划管理办法》的通知
京电物资〔2010〕171 号	关于印发《北京市电力公司监造管理办法》的通知
京电新闻〔2010〕7 号	关于印发《北京市电力公司新闻宣传相关工作制度》的通知
京电新闻〔2010〕8 号	关于印发公司《新闻应急绩效考核实施细则》的通知
京电营〔2010〕1 号	关于印发《北京市电力公司电费违约金收取管理办法》的通知
京电营〔2010〕21 号	关于明确收取用电客户银行承兑汇票结算电费相关业务规定的通知

续表

文　　号	文 件 标 题
京电营〔2010〕23 号	关于印发《北京市电力公司客户供电方案编制标准（试行）》的通知
京电营〔2010〕27 号	关于印发《北京市电力公司 10kV 及以下客户工程图纸审核标准（试行）》的通知
京电营〔2010〕29 号	关于印发《北京市电力公司 10kV 及以下客户工程竣工验收标准（试行）》的通知
京电营〔2010〕34 号	关于印发《北京市电力公司欠费客户停限电管理办法（试行）》的通知
京电营〔2010〕35 号	关于印发《北京市电力公司查处窃电工作管理办法》的通知
京电营〔2010〕37 号	关于印发《北京市电力公司重要电力用户定级工作管理规定》的通知
京电营〔2010〕40 号	关于印发《北京市电力公司客户供电方案管理办法（试行）》的通知
京电营〔2010〕41 号	关于印发《北京市电力公司“SG186”营销业务应用项目实施方案》的通知
京电营〔2010〕43 号	关于报送《北京市电力公司营销业务应用实施方案》的报告
京电营〔2010〕44 号	关于印发《北京市电力公司客户工程设计图纸审核管理办法（试行）》的通知
京电营〔2010〕45 号	关于印发《北京市电力公司客户用电报装受理管理办法（试行）》的通知
京电营〔2010〕46 号	关于印发《北京市电力公司客户报装服务保障协调管理办法（试行）》的通知
京电营〔2010〕49 号	关于印发《北京市电力公司客户工程招标投标管理办法》的通知
京电营〔2010〕50 号	关于印发《北京市电力公司 10kV 客户工程物资招标管理办法》的通知
京电营〔2010〕51 号	关于印发《北京市电力公司客户经理（代表）制实施办法（试行）》的通知
京电营〔2010〕52 号	关于印发《北京市电力公司客户工程竣工验收管理办法（试行）》的通知
京电营〔2010〕53 号	关于印发《北京市电力公司电能计量技术标准管理办法（试行）》的通知
京电营〔2010〕56 号	关于印发北京市电力公司电能计量用低压互感器技术条件的通知
京电营〔2010〕65 号	关于印发《北京市电力公司“老旧小区”配电设施改造工程管理办法》的通知
京电营〔2010〕72 号	关于印发用电信息采集相关技术标准和作业指导书（试行）的通知
京电招标〔2010〕54 号	关于印发《北京市电力公司招标采购活动管理办法（试行）》的通知
京电招标〔2010〕61 号	关于印发《北京市电力公司供应商不当行为处理实施细则》的通知
京电招标〔2010〕71 号	关于印发《北京市电力公司招标方案核准工作管理办法（试行）》的通知
京电招标〔2010〕72 号	关于印发《北京市电力公司物资非招标采购管理办法（试行）》的通知
京电招标〔2010〕93 号	关于印发《北京市电力公司物资集中采购合同承办实施细则（试行）》的通知
京电政法〔2010〕10 号	关于印发《北京市电力公司统一合同文本（第二批）》的通知
京电政法〔2010〕4 号	关于印发《北京市电力公司规章制度管理办法》的通知
京电政法〔2010〕6 号	关于印发《北京市电力公司政策研究工作管理办法》的通知
京电政法〔2010〕8 号	关于印发《北京市电力公司诉讼业务管理办法》的通知
京电政法〔2010〕9 号	关于印发《北京市电力公司资质性证照管理办法》的通知
京电政供办〔2010〕3 号	关于印发《北京市电力公司政治供电管理办法》的通知
京电综产〔2010〕10 号	关于印发加强集体企业管理、主多分开及规范职工持股工作检查验收标准的通知
京电综产〔2010〕11 号	关于印发《北京市电力公司电力施工多经企业规范整合工作检查验收标准》的通知
京电综产〔2010〕4 号	关于印发《北京市电力公司多种经营企业季度例会制度》的通知
京电综产〔2010〕9 号	关于印发《北京市电力公司多经企业保密管理办法》的通知
人资〔2010〕184 号	关于印发《北京市电力公司人力资源管理先进单位及先进个人评选办法》的通知
思政部〔2010〕30 号	关于印发《北京市电力公司思想政治工作体系同业对标指标体系评价细则（第四版）》的通知
思政部〔2010〕4 号	关于进一步加强领导干部因私事出国（境）管理的通知
营部〔2010〕118 号	关于印发《北京市电力公司用电信息密钥管理办法》的通知

统 计 资 料

TONG JI ZI LIAO

公司主要指标月度完成情况表（一）

项目 月别	全社会用电量（万kWh）	售电量（万kWh）	500kV及以下线损率（%）	500kV及以下供电量（万kWh）	外购电量（万kWh）
1月	752 816	665 181	11.22	749 232	8776
2月	634 984	594 037	–7.78	551 168	18 160
3月	688 403	610 439	5.88	648 602	20 314
一季	2 076 203	1 869 657	4.07	1 949 002	47 250
4月	571 871	570 697	–4.77	544 738	16 086
5月	576 156	480 108	12.24	547 039	9326
6月	636 314	531 784	12.08	604 873	7240
二季	1 784 341	1 582 589	6.72	1 696 650	32 652
7月	817 738	652 862	16.43	781 196	15 198
8月	740 220	671 317	4.77	704 915	15 287
9月	609 175	639 606	–10.76	577 461	9 868
三季	2 167 133	1 963 785	4.84	2 063 572	40 353
10月	576 563	512 842	6.42	548 048	9922
11月	693 151	594 388	13.58	653 078	17 185
12月	801 635	665 133	12.57	760 778	22 685
四季	2 071 349	1 742 363	11.19	1 961 904	49 792
全年	8 099 026	7 158 394	6.68	7 671 128	170 047

公司主要指标月度完成情况表（二）

项目 月别	负荷率（%）	最大负荷（万kW）	电费回收率（累计完成）（%）	平均售电单价（目录口径）（累计含税）（元/MWh）	电力销售收入（目录口径）（累计含税）（亿元）
1月	83.74	1340	100.00	690.63	45.55
2月	84.44	1129	100.00	698.68	41.38
3月	82.61	1165	100.00	682.99	41.13
一季	—	1340	100.00	—	128.06
4月	80.65	1041	100.00	696.59	39.49
5月	80.85	1032	100.00	718.90	34.21
6月	80.85	1257	100.00	722.74	38.03

续表

月别＼项目	负荷率（%）	最大负荷（万 kW）	电费回收率（累计完成）（%）	平均售电单价（目录口径）（累计含税）（元 /MWh）	电力销售收入（目录口径）（累计含税）（亿元）
二季	—	1257	100.00	—	111.73
7 月	80.73	1643	100.00	707.32	45.42
8 月	80.40	1377	100.00	735.93	49.12
9 月	80.70	1216	100.00	727.43	46.38
三季	—	1643	100.00	—	140.92
10 月	78.98	1114	100.00	744.86	38.12
11 月	81.65	1230	100.00	701.56	39.28
12 月	82.60	1347	100.00	698.32	46.16
四季	—	1347	100.00	—	123.56
全年	81.52	1643	100.00	709.95	504.27

公司主要指标月度完成情况表（三）

月别＼项目	资产总额（合并口径）（亿元）	全公司月末固定职工人数（人）	综合电压合格率（%）	供电可靠率（%）
1 月	648.48	9022	99.880	99.994
2 月	643.42	8996	99.890	99.995
3 月	640.96	8975	99.890	99.988
一季	640.96	18975	—	—
4 月	643.50	8959	99.910	99.968
5 月	639.94	8943	99.890	99.975
6 月	649.82	8923	99.890	99.980
二季	649.82	8923	—	—
7 月	643.10	8905	99.870	99.984
8 月	640.17	8890	99.900	99.987
9 月	649.82	8866	99.890	99.983
三季	649.82	8866	—	—
10 月	644.79	8846	99.890	99.967
11 月	639.27	8986	99.890	99.951
12 月	677.74	8955	99.890	99.969
四季	677.74	8955	—	—
全年	677.74	8955	99.890	99.978

公 司 行 业

行　业	用户个数	用户装接容量	1月	2月	3月	一季	4月	5月
全社会用电总计	6 572 473	84 627 886	752 816	634 984	688 403	2 076 203	571 871	576 156
A. 全行业用电合计	400 748	56 243 645	612 482	514 501	542 192	1 669 175	456 147	499 701
第一产业	50 880	1 757 337	15 824	14 609	12 410	4 2843	13 904	14 908
第二产业	88 519	16 943 551	297 441	220 715	260 354	778 510	196 987	275 630
第三产业	261 349	37542 757	299 217	279 177	269 428	847 822	245 256	209 163
B. 城乡居民生活用电合计	6 171 725	28 384 241	140 334	120 483	146 211	407 028	115 724	76 455
城镇居民	4 935 688	23 259 372	10 521	187 712	109 411	302 334	86 882	57 275
乡村居民	1 236 037	5 124 869	35 123	32 771	36 800	104 694	28 842	19 180
全行业用电分类	400 748	56 243 649	612 482	514 504	542 191	1 669 177	456 148	499 701
一、农、林、牧、渔业	50 880	1 757 337	15 824	14 608	12 409	42 841	13 904	14 908
1. 农业	17 940	483 756	4064	3762	3263	11 089	3366	3250
2. 林业	1172	39 405	244	231	215	690	213	180
3. 畜牧业	10 069	201 932	1881	1753	1604	5238	1675	1620
4. 渔业	1333	34 911	275	273	224	772	235	257
5. 农、林、牧、渔服务业	20 366	997 333	9360	8589	7103	25 052	8415	9601
其中：排灌	17 120	880 577	8063	7404	6096	21563	7481	8850
二、工业	74 843	14 229 015	274 376	201 641	245 313	721 330	180 215	261 927
轻工业	37 601	3 227 069	42 326	37 136	35 380	114 842	39 511	36 840
重工业	35 539	21 347 846	119 467	113 746	121 355	354 568	119 781	112 276
（一）采矿业	1643	288 347	5928	4949	5761	16 638	5757	5665
1. 煤炭开采和洗选业	456	110 749	2445	2561	2217	7223	2431	2116
2. 石油和天然气开采业	18	31 358	618	386	692	1696	506	717
3. 黑色金属矿采选业	103	64 453	2092	1504	2382	5978	2113	2074
4. 有色金属矿采选业	34	1856	13	12	9	34	10	7
5. 非金属矿采选业	1006	75 676	733	468	451	1652	670	702
6. 其他采矿业	26	4255	27	18	10	55	27	49
（二）制造业	64 675	11 128 505	170 686	150 240	148 466	469 392	169 002	155 059
1. 食品、饮料和烟草制造业	14 947	836 298	12 225	11 091	10 912	34 228	11 894	11 549
其中：农副食品加工业	12 718	365 776	4875	4400	3954	13 229	4592	4379
2. 纺织业	1083	164 681	1730	1391	1355	4476	1736	1593
3. 服装鞋帽、皮革羽绒及其制品业	3132	223 579	2961	2513	1872	7346	2293	2002
4. 木材加工及制品和家具制品业	4047	324 010	4537	3977	2715	11 229	4072	3537
其中：轻工业	2609	204 344	2848	2449	1638	6935	2436	2112

售电情况

单位：万 kWh

6月	二季	7月	8月	9月	三季	10月	11月	12月	四季	全年
636 314	1 784 341	817 738	740 220	609 175	2 167 133	576 563	693 151	801 635	2 071 349	8 099 026
547 132	1 502 980	665 137	625 031	478 057	1 768 225	507 074	570 186	688 041	1 765 301	6 705 681
14 968	43 780	13 455	15 965	14 367	43 787	11 466	11 139	15 975	38 580	168 990
293 329	765 946	365 207	278 471	163 608	807 286	244 321	322 683	359 934	926 938	3 278 680
238 835	693 254	286 475	330 595	300 082	917 152	251 287	236 364	312 132	799 783	3 258 011
89 182	281 361	152 601	115 189	131 118	398 908	69 489	122 965	113 594	306 048	1 393 345
67 085	211 242	117 576	88 517	98 212	304 305	30 795	40 136	62 999	133 930	951 811
22 097	70 119	35 025	26 672	32 906	94 603	38 694	82 829	50 595	172 118	441 534
547 131	1 502 980	665 136	625 031	478 061	1 768 228	507 074	570 185	688 041	1 765 300	6 705 685
14 969	43 781	13 455	15 965	14 367	43 787	11 467	11 139	15 975	38 581	168 990
3284	9900	3477	4506	4164	12 147	3323	3253	4470	11 046	44 182
175	568	199	247	202	648	187	191	281	659	2565
1436	4731	1570	1876	1702	5148	1455	1509	2050	5014	20 131
378	870	449	517	511	1477	505	351	323	1179	4298
9696	27 712	7760	8819	7788	24 367	5997	5835	8851	20 683	97 814
8976	25 307	7010	7816	6921	21 747	5262	5046	7711	18 019	86 636
280 780	722 922	351 755	261 680	148 710	762 145	231 379	306 280	337 304	874 963	3 081 360
39 677	116 028	44 411	48 335	45 038	137 784	39 766	39 356	45 180	124 302	492 956
241 103	606 894	307 344	213 345	103 672	624 361	191 613	266 924	292 124	750 661	2 588 404
5355	16 777	5353	5501	5355	16 209	5640	5939	6917	18 496	68 120
1945	6492	1834	1893	1632	5359	1747	2145	2891	6783	25 857
596	1819	678	621	869	2168	1024	809	791	2624	8307
2094	6281	2097	2231	2175	6503	2170	2236	2350	6756	25 518
6	23	8	9	8	25	9	13	16	38	120
669	2041	691	700	630	2021	648	691	828	2167	7881
45	121	45	47	41	133	42	45	41	128	437
163 629	487 690	170 248	186 962	173 198	530 408	160 306	165 694	169 534	495 534	1 983 024
12 722	36 165	14 456	15 807	14 655	44 918	12 539	11 292	12 763	36 594	151 905
4418	13 389	4957	5531	5187	15 675	4915	4692	5134	14 741	57 034
1683	5012	1875	2005	1870	5750	1667	1767	1712	5146	20 384
1973	6268	2361	2656	2528	7545	2140	2319	2896	7355	28 514
3385	10 994	3816	4164	3907	11 887	3672	4082	4937	12 691	46 801
2013	6561	2250	2532	2370	7152	2244	2506	3128	7878	28 526

公 司 行 业

行　　业	用户个数	用户装接容量	1 月	2 月	3 月	一季	4 月	5 月
5. 造纸及纸制品业	1056	130 084	1981	1737	1629	5347	1908	1810
6. 印刷业和记录媒介的复制	2072	334 586	4553	4008	3508	12 069	3859	3585
7. 文体用品制造业	362	34 748	466	424	371	1261	395	329
8. 石油加工、炼焦及核燃料加工业	285	1 087 078	22 648	23 844	23 035	69 527	25 973	21 976
9. 化学原料及化学制品制造业	2028	298 612	5241	3821	4504	13 566	5002	5004
其中：轻工业	880	79 230	758	666	590	2014	733	641
其中：氯碱	0	0	0	0	0	0	0	0
电石	0	0	0	0	0	0	0	0
黄磷	0	0	0	0	0	0	0	0
其中：肥料制造	154	19 236	377	262	336	975	322	296
10. 医药制造业	876	283 935	2717	2378	2579	7674	2564	2436
11. 化学纤维制造业	80	9736	139	111	101	351	147	121
12. 橡胶和塑料制品业	2249	354 201	5536	4586	4345	14 467	5867	5350
其中：轻工业	930	150 802	2362	2015	1986	6363	2493	2281
13. 非金属矿物制品业	7592	1 249 191	20 110	14 994	14 153	49 257	21 035	20 872
其中：水泥制造	199	26 020	474	348	351	1173	414	394
其中：轻工业	271	308 032	8640	6486	6031	21 157	9273	9391
14. 黑色金属冶炼及压延加工业	158	1 312 079	27 339	26 135	23 364	76 838	26 215	23 944
其中：铁合金冶炼	2	16	0	0	0	0	0	0
15. 有色金属冶炼及压延加工业	572	114 568	1333	892	913	3138	1404	1448
其中：铝冶炼	0	0	0	0	0	0	0	0
16. 金属制品业	7494	862 316	9757	8436	7701	25 894	9310	8388
其中：轻工业	316	36 826	399	307	349	1055	424	384
17. 通用及专用设备制造业	7654	1 396 316	17 880	15 631	16 195	49 706	16 932	15 037
其中：轻工业	161	36 151	335	280	299	914	298	250
18. 交通运输、电气、电子设备制造业	4664	1 865 922	27 281	22 181	27 470	76 932	26 264	24 232
其中：轻工业	652	140 957	1937	1597	1816	5350	1883	1785
其中：交通运输设备制造业	1849	648 662	11 259	9494	10 616	31 369	10 645	9268
19. 工艺品及其他制造业	4089	216 062	1916	1790	1450	5156	1720	1411
20. 废弃资源和废旧材料回收加工业	235	30 503	336	300	294	930	412	435
（三）电力、燃气及水的生产和供应业	8525	2 812 163	97 762	46 452	91 086	235 300	5456	101 203
1. 电力、热力的生产和供应业	3587	2 301 857	89 795	39 330	82 896	212 021	–2248	93 887
其中：电厂生产全部耗用电量	0	0	34 458	31 037	31 448	96 943	18 391	19 927

售 电 情 况（续一）

单位：万 kWh

6月	二季	7月	8月	9月	三季	10月	11月	12月	四季	全年
1854	5572	1934	2104	1977	6015	1874	1867	2018	5759	22 693
4173	11 617	4677	5230	4617	14 524	3795	3721	4558	12 074	50 284
321	1045	372	371	360	1103	287	367	480	1134	4543
25 229	73 178	24 884	27 929	24 078	76 891	23 668	24 540	21 063	69 271	288 867
5017	15 023	5073	5111	4835	15 019	5164	5268	5691	16 123	59 731
605	1979	672	766	738	2176	653	724	1028	2405	8574
0	0	0	0	0	0	0	0	0	0	0
0	0	0	0	0	0	0	0	0	0	0
0	0	0	0	0	0	0	0	0	0	0
280	898	286	270	299	855	308	299	342	949	3677
3103	8103	3586	3541	3327	10 454	2851	2805	2981	8637	34 868
130	398	136	144	121	401	118	120	135	373	1523
5297	16 514	5479	5701	5927	17 107	5690	5692	6087	17 469	65 557
2213	6987	2359	2576	2597	7532	2413	2499	2644	7556	28 438
21 130	63 037	20 848	22 002	21 347	64 197	21 601	22 835	21 294	65 730	242 221
380	1188	370	357	348	1075	376	353	413	1142	4578
9746	28 410	9126	9450	9453	28 029	9576	10 053	7405	27 034	104 630
23 810	73 969	23 533	27 948	26 074	77 555	21 973	22 139	16 138	60 250	288 612
0	0	0	0	0	0	0	0	0	0	0
1439	4291	1492	1491	1462	4445	1433	1562	1677	4672	16 546
0	0	0	0	0	0	0	0	0	0	0
8168	25 866	8749	9641	8967	27 357	8313	9088	10 952	28 353	107 470
365	1173	387	399	383	1169	340	376	409	1125	4522
16 171	48 140	17 350	19 012	17 340	53 702	15 469	17 282	21 244	53 995	205 543
281	829	334	371	316	1021	275	297	350	922	3686
26 128	76 624	27 475	29 709	27 477	84 661	25 977	26 603	30 192	82 772	320 989
1867	5535	2010	2310	2078	6398	1864	1817	2076	5757	23 040
9934	29 847	10 119	10 783	10 744	31 646	9671	10 857	12 260	32 788	125 650
1499	4630	1759	1993	1935	5687	1657	1940	2293	5890	21 363
397	1244	393	403	394	1190	418	405	423	1246	4610
111 796	218 455	17 6154	69 217	–298 43	215 528	65 433	134 647	150 853	360 933	1 030 216
103 934	195 573	167 865	60 628	–37 852	190 641	57 267	126 688	151 714	335 669	933 904
20 580	58 898	26 789	23 482	20 056	70 327	18 292	27 514	35 737	81 543	307 711

公 司 行 业

行　业	用户个数	用户装接容量	1月	2月	3月	一季	4月	5月
线路损失电量	0	0	37 520	–4507	32 189	65 202	–30 008	67 660
抽水蓄能抽水耗用电量	4	872 012	5679	1779	8204	15 662	3868	4283
2. 燃气生产和供应业	438	52 167	471	402	421	1294	325	254
3. 水的生产和供应业	4500	458 139	7496	6720	7769	21 985	7379	7062
其中：轻工业	4157	319 031	4525	4031	4572	13 128	4313	4156
三、建筑业	13 676	2 714 540	23 064	19 077	15 040	57 181	16 773	13 702
四、交通运输、仓储和邮政业	6001	2 859 447	27 904	25 558	24 956	78 418	23 361	21 583
1. 交通运输业	3510	2 468 734	24 022	22 002	21 653	67 677	20 148	18 914
其中：城市公共交通	1066	999 535	6094	5730	5837	17 661	5690	5672
管道运输业	32	12 777	184	160	154	498	154	132
电气化铁路	37	720 550	7609	7747	6660	22 016	6955	7039
2. 仓储业	1837	308 415	3066	2792	2541	8399	2508	2061
3. 邮政业	654	82 298	816	764	762	2342	705	608
五、信息传输、计算机服务和软件业	16 084	1 284 277	11 575	10 800	11 772	34 147	11 060	11 001
1. 电信和其他信息传输服务业	15 569	1 088 102	9984	9368	10 266	29 618	9637	9593
2. 计算机服务和软件业	515	196 175	1591	1432	1506	4529	1423	1408
六、商业、住宿和餐饮业	82 618	6 605 111	64 444	60 914	56 493	181 851	53 120	46 975
1. 批发和零售业	64 837	4 164 850	40 464	37 873	35 216	113 553	33 067	29 797
2. 住宿和餐饮业	17 781	2 440 261	23 980	23 041	21 277	68 298	20 053	17 178
七、金融、房地产、商务及居民服务业	91 498	16 031 703	99 734	94 463	91 997	286 194	80 145	66 829
1. 金融业	2128	592 237	5019	4739	4612	14 370	4315	3869
2. 房地产业	61 997	13 196 062	75 759	71 968	70 847	218 574	60 678	50 401
3. 租赁和商务服务业、居民服务和其他服务业	27 373	2 243 404	18 956	17 756	16 538	53 250	15 152	12 559
八、公共事业及管理组织	65 148	10 762 219	95 561	87 443	84 211	267 215	77 570	62 776
1. 科学研究、技术服务和地质勘察业	3107	1 669 273	13 980	13 160	12 885	40 025	11 931	10 263
其中：地质勘察业	74	907	186	91	74	251	65	50
2. 水利、环境和公共设施管理业	24 405	1 176 950	7887	8396	7103	23 386	7105	5453
其中：水利管理业	1593	158 014	1495	1429	1403	4327	1417	1229
其中：公共照明业	9426	494 771	2729	2573	2412	7714	2905	2086
3. 教育、文化、体育和娱乐业	11 698	3 845 160	35 753	29 021	29 912	94 686	27 189	22 137
其中：教育	7010	2 509 801	25 707	19 618	21 179	66 504	19 446	15 802
4. 卫生、社会保障和社会福利业	3894	1 023 872	10 674	10 162	9528	30 364	8891	7123
5. 公共管理和社会组织、国际组织	22 044	3 046 964	27 267	26 704	24 783	78 754	22 454	17 800

售电情况（续二）

单位：万 kWh

6月	二季	7月	8月	9月	三季	10月	11月	12月	四季	全年
75 106	112 758	127 240	30 145	–63 843	93 542	35 303	90 246	99 699	225 248	496 750
5633	13 784	10 768	3891	2043	16 702	1076	4485	4056	9617	55 765
249	828	268	294	261	823	328	355	547	1230	4175
7613	22 054	8021	8295	7748	24 064	7838	7604	8592	24 034	92 137
4495	12 964	4873	5172	4819	14 864	4675	4586	5296	14 557	55 513
12 548	3023	13 451	16 790	14 901	5142	12 941	16 403	22 629	51 973	197 319
23 444	68 388	26 484	30 532	28 502	85 518	25 150	24 588	27 859	77 597	309 921
20 500	59 562	22 840	26 114	24 508	73 462	21 984	21 520	23 999	67 503	268 204
6077	17 439	7099	8256	7943	23 298	7519	6770	7078	21 367	79 765
132	418	140	136	131	407	136	147	153	436	1759
7239	21 233	7283	7534	7378	22 195	3495	11 368	7901	22 764	88 208
2283	6852	2673	3293	2938	8904	2400	2402	3079	7881	32 036
661	1974	971	1125	1056	3152	766	666	781	2213	9681
12 248	34 309	13 548	15 055	14 072	42 675	13 212	12 421	13 431	39 064	150 195
10 389	29 619	11 404	12 602	11 901	35 907	11 331	10 832	11 446	33 609	128 753
1859	4690	2144	2453	2171	6768	1881	1589	1985	5455	21 442
56 190	156 285	67 381	79 257	71 519	218 157	58 048	51 264	61 501	170 813	727 106
35 381	98 245	41 868	48 540	44 219	134 627	36 829	32 331	39 125	108 285	454 710
20 809	58 040	25 513	30 717	27 300	83 530	21 219	18 933	22 376	62 528	272 396
79 291	226 265	94 053	109 598	98 990	302 641	81 648	74 377	105 524	261 549	1 076 649
4503	12 687	5596	6631	6246	18 473	5012	4381	5508	14 901	60 431
60 257	171 336	70 951	82 619	74 113	227 683	61785	55 564	74 911	192 260	809 853
14 531	42 242	17 506	20 348	18 631	56 485	14 851	14 432	25 105	54 388	206 365
67 661	208 007	85 009	961 54	87 000	268 163	73 229	73 713	103 818	250 760	994 145
11 445	33 639	14 215	16 197	14 722	45 134	11 707	11 669	18 718	42 094	160 892
42	157	60	76	66	202	51	58	75	184	794
5154	17 712	5141	6121	5796	17 058	5776	6585	8505	20 866	79 022
1233	3879	1184	1276	1222	3682	1168	1121	1411	3700	15 588
1782	6773	1621	2225	1991	5837	76	2970	3383	6429	26 753
24 465	73 791	30 232	31 413	28 747	90 392	25 817	26 708	39 633	92 158	351 027
17 227	52 475	21 098	20 340	19 052	60 490	17 694	18 980	29 771	664 45	245 914
7904	23 918	11 595	13 495	11 634	36 724	8547	8631	10 316	27 494	118 500
18 693	58 947	23 826	28 928	26 101	78 855	21 382	20 120	26 646	68 148	284 704

公司行业

行　业	用户个数	用户装接容量	1月	2月	3月	一季	4月	5月
全社会用电总计	6 572 464	84 212 885	665 181	594 037	610 439	1 869 657	570 697	480 108
A. 全行业用电合计	400 739	55 828 645	524 847	473 553	464 228	1 462 628	454 972	403 653
第一产业	50 880	1 757 337	15 824	14 609	12 410	42 843	13 904	14 908
第二产业	88 512	16 531 551	209 882	179 833	182 465	572 180	195 812	179 581
第三产业	261 347	37 539 757	299 141	279 112	269 353	847 606	245 256	209 163
B. 城乡居民生活用电合计	6 171 725	28 384 240	140 334	120 484	146 211	407 029	115 725	76 455
城镇居民	4 935 688	23 259 372	105 211	87 712	109 411	302 334	86 882	57 275
乡村居民	1 236 037	5 124 869	35 123	32 771	36 800	104 694	28 842	19 180
全行业用电分类	400 739	55 828 645	524 847	473 553	464 228	1 462 628	454 972	403 653
一、农、林、牧、渔业	50 880	1 757 337	15 824	14 609	12 410	42 843	13 904	14 908
1. 农业	17 940	483 756	4064	3762	3263	11 089	3366	3250
2. 林业	1172	39 405	244	231	215	690	213	180
3. 畜牧业	10 069	201 932	1881	1753	1604	5238	1675	1620
4. 渔业	1333	34 911	275	273	224	772	235	257
5. 农、林、牧、渔服务业	20 366	997 333	9360	8589	7103	25 052	8415	9601
其中：排灌	17 120	880 577	8063	7404	6096	21 563	7481	8850
二、工业	74 836	13 817 011	186 818	160 756	167 425	514 999	179 039	165 879
轻工业	37 601	3 227 069	42 326	37 136	35 380	114 842	39 511	36 840
重工业	37 235	10 589 942	144 491	123 620	132 045	400 156	139 528	129 040
（一）采矿业	1643	288 346	5928	4947	5761	16 636	5757	5666
1. 煤炭开采和洗选业	456	110 749	2445	2561	2217	7223	2431	2116
2. 石油和天然气开采业	18	31 358	618	386	692	1696	506	717
3. 黑色金属矿采选业	103	64 453	2092	1504	2382	5978	2113	2074
4. 有色金属矿采选业	34	1856	13	12	9	34	10	7
5. 非金属矿采选业	1006	75 676	733	468	451	1652	670	702
6. 其他采矿业	26	4255	27	18	10	55	27	49
（二）制造业	64 669	10 727 503	155 614	136 279	134 587	426 480	156 209	146 598
1. 食品、饮料和烟草制造业	14 947	836 298	12 225	11 091	10 912	34 228	11 894	11 549
其中：农副食品加工业	12 718	365 776	4875	4400	3954	13 229	4592	4379
2. 纺织业	1083	164 681	1730	1391	1355	4476	1736	1593
3. 服装鞋帽、皮革羽绒及其制品业	3132	223 579	2961	2513	1872	7346	2293	2002
4. 木材加工及制品和家具制品业	4047	324 010	4537	3977	2715	11 229	4072	3537
其中：轻工业	2609	204 344	2848	2449	1638	6935	2436	2112

用 电 情 况

单位：万 kWh

6月	二季	7月	8月	9月	三季	10月	11月	12月	四季	全年
531 784	1 582 589	652 862	671 317	639 606	1 963 785	512 842	564 388	665 133	1 742 363	7 158 394
442 603	1 301 228	500 261	556 128	508 487	1 564 876	443 353	441 422	551 539	1 436 314	5 765 046
14 968	43 780	13 455	15 965	14 367	43 787	11 466	11 139	15 975	38 580	168 990
188 799	564 192	200 331	209 568	194 039	603 938	180 600	193 947	223 445	597 992	2 338 302
238 835	693 254	286 475	330 595	300 082	917 152	251 287	236 336	312 119	799 742	3 257 754
89 181	281 361	152 601	115 189	131 118	398 908	69 489	122 965	113 594	306 048	1 393 346
67 085	211 242	117 576	88 517	98 212	304 305	30 795	40 136	62 999	133 930	951 811
22 097	70 119	35 025	26 672	32 906	94 603	38 694	82 829	50 595	172 118	441 534
442 603	1 301 228	500 261	556 128	508 487	1 564 876	443 353	441 422	551 539	1 436 314	5 765 046
14 968	43 780	13 455	15 965	14 367	43 787	11 466	11 139	15 975	38 580	168 990
3284	9900	3477	4506	4164	12 147	3323	32 534	470	11 046	44 182
175	568	199	247	202	648	187	191	281	659	2565
1436	4731	1570	1876	1702	5148	1455	1509	2050	5014	20 131
378	870	449	517	511	1477	505	351	323	1179	4298
9696	27 712	7760	8819	7788	24 367	5997	5835	8851	20 683	97 814
8976	25 307	7010	7816	6921	21 747	5262	5046	7711	18 019	86 636
176 251	521 169	186 880	192 779	179 138	558 797	167 659	177 544	200 816	546 019	2 140 984
39 677	116 028	44 411	48 335	45 038	137 784	39 766	39 356	45 180	124 302	492 956
136 573	405 141	142 469	144 444	134 100	421 013	127 894	138 188	155 636	421 718	1 648 028
5356	16 779	5354	5503	5354	16 211	5640	5940	6917	18 497	68 123
1945	6492	1834	1893	1632	5359	1747	2145	2891	6783	25 857
596	1819	678	621	869	2168	1024	809	791	2624	8307
2094	6281	2097	2231	2175	6503	2170	2236	2350	6756	25 518
6	23	8	9	8	25	9	13	16	38	120
669	2041	691	700	630	2021	648	691	828	2167	7881
45	121	45	47	41	133	42	45	41	128	437
154 786	457 593	159 401	171 686	159 840	490 927	150 181	154 801	168 589	473 571	1 848 571
12 722	36 165	14 456	15 807	14 655	44 918	12 539	11 292	12 763	36 594	151 905
4418	13 389	4957	5531	5187	15 675	4915	4692	5134	14 741	57 034
1683	5012	1875	2005	1870	5750	1667	1767	1712	5146	20 384
1973	6268	2361	2656	2528	7545	2140	2319	2896	7355	28 514
3385	10 994	3816	4164	3907	11 887	3672	4082	4937	12 691	46 801
2013	6561	2250	2532	2370	7152	2244	2506	3128	7878	28 526

公司行业

行　业	用户个数	用户装接容量	1月	2月	3月	一季	4月	5月
5. 造纸及纸制品业	1056	130 084	1981	1737	1629	5347	1908	1810
6. 印刷业和记录媒介的复制	2072	334 586	4553	4008	3508	12 069	3859	3585
7. 文体用品制造业	362	34 748	466	424	371	1261	395	329
8. 石油加工、炼焦及核燃料加工业	282	909 678	18 503	19 612	18 621	56 736	22 335	20 657
9. 化学原料及化学制品制造业	2028	298 612	5241	3821	4504	13 566	5002	5004
其中：轻工业	880	79 230	758	666	590	2014	733	641
其中：氢碱	0	0	0	0	0	0	0	0
电石	0	0	0	0	0	0	0	0
黄磷	0	0	0	0	0	0	0	0
其中：肥料制造	154	19 236	377	262	336	975	322	296
10. 医药制造业	876	283 935	2717	2378	2579	7674	2564	2436
11. 化学纤维制造业	80	9736	139	111	101	351	147	121
12. 橡胶和塑料制品业	2249	354 201	5536	4586	4345	14 467	5867	5350
其中：轻工业	930	150 802	2362	2015	1986	6363	2493	2281
13. 非金属矿物制品业	7590	1 229 691	19 526	14 272	13 339	47 137	20 132	20 022
其中：水泥制造	269	288 532	8057	5764	5217	19 038	8370	8540
其中：轻工业	199	26 020	474	348	351	1173	414	394
14. 黑色金属冶炼及压延加工业	157	1 107 979	16 995	17 128	14 711	48 834	17 964	17 652
其中：铁合金冶炼	2	16	0	0	0	0	0	0
15. 有色金属冶炼及压延加工业	572	114 568	1333	892	913	3138	1404	1448
其中：铝冶炼	0	0	0	0	0	0	0	0
16. 金属制品业	7494	862 316	9757	8436	7701	25 894	9310	8388
其中：轻工业	316	36 826	399	307	349	1055	424	384
17. 通用及专用设备制造业	7654	1 396 316	17 880	15 631	16 195	49 706	16 932	15 037
其中：轻工业	161	36 151	335	280	299	914	298	250
18. 交通运输、电气、电子设备制造业	4664	1 865 922	27 281	22 181	27 470	76 932	26 264	24 232
其中：轻工业	652	140 957	1937	1597	1816	5350	1883	1785
其中：交通运输设备制造业	1849	648 662	11 259	9494	10 616	31 369	10 645	9268
19. 工艺品及其他制造业	4089	216 062	1916	1790	1450	5156	1720	1411
20. 废弃资源和废旧材料回收加工业	235	30 503	336	300	294	930	412	435
（三）电力、燃气及水的生产和供应业	8524	2 801 162	25 276	19 529	27 077	71 882	17 072	13 616
1. 电力、热力的生产和供应业	3586	2 290 857	17 309	12 407	18 886	48 602	9369	6300
其中：电厂生产全部耗用电量	2	1600	0	0	0	0	0	0

用 电 情 况（续一）

单位：万 kWh

6 月	二季	7 月	8 月	9 月	三季	10 月	11 月	12 月	四季	全年
1854	5572	1934	2104	1977	6015	1874	1867	2018	5759	22 693
4173	11 617	4677	5230	4617	14 524	3795	3721	4558	12 074	50 284
321	1045	372	371	360	1103	287	367	480	1134	4543
23 845	66 837	23 376	25 133	21 971	70 480	21 585	22 343	20 247	64 175	258 228
5017	15 023	5073	5111	4835	15 019	5164	5268	5691	16 123	59 731
605	1979	672	766	738	2176	653	724	1028	2405	8574
0	0	0	0	0	0	0	0	0	0	0
0	0	0	0	0	0	0	0	0	0	0
0	0	0	0	0	0	0	0	0	0	0
280	898	286	270	299	855	308	299	342	949	3677
3103	8103	3586	3541	3327	10 454	2851	2805	2981	8637	34 868
130	398	136	144	121	401	118	120	135	373	1523
5297	16 514	5479	5701	5927	17 107	5690	5692	6087	17 469	65 557
2213	6987	2359	2576	2597	7532	2413	2499	2644	7556	28 438
20 262	60 416	20 067	20 950	20 447	61 464	21 090	22 123	21 164	64 377	233 394
8877	25 787	8345	8399	8553	25 297	9065	9341	7275	25 681	95 803
380	1188	370	357	348	1075	376	353	413	1142	4578
17 218	52 834	14 976	16 519	15 724	47 219	14 442	14 155	16 138	44 735	193 622
0	0	0	0	0	0	0	0	0	0	0
1439	4291	1492	1491	1462	4445	1433	1562	1677	4672	16 546
0	0	0	0	0	0	0	0	0	0	0
8168	25 866	8749	9641	8967	27 357	8313	9088	10 952	28 353	107 470
365	1173	387	399	383	1169	340	376	409	1125	4522
16 171	48 140	17 350	19 012	17 340	53 702	15 469	17 282	21 244	53 995	205 543
281	829	334	371	316	1021	275	297	350	922	3686
26 128	76 624	27 475	29 709	27 477	84 661	25 977	26 603	30 192	82 772	320 989
1867	5535	2010	2310	2078	6398	1864	1817	2076	5757	23 040
9934	29 847	10 119	10 783	10 744	31 646	9671	10 857	12 260	32 788	125 650
1499	4630	1759	1993	1935	5687	1657	1940	2293	5890	21 363
397	1244	393	403	394	1190	418	405	423	1246	4610
16 109	46 797	22 125	15 590	13 944	51 659	11 838	16 803	25 311	53 952	224 290
8248	23 917	13 836	7001	5935	26 772	3672	8844	16 172	28 688	127 979
0	0	0	0	0	0	0	0	109	109	109

公 司 行 业

行　业	用户个数	用户装接容量	1 月	2 月	3 月	一季	4 月	5 月
线路损失电量	0	0	0	0	0	0	0	0
抽水蓄能抽水耗用电量	4	872 012	5679	1779	8204	15 662	3868	4283
2. 燃气生产和供应业	438	52 167	471	402	421	1294	325	254
3. 水的生产和供应业	4500	458 139	7496	6720	7769	21 985	7379	7062
其中：轻工业	4157	319 031	4525	4031	4572	13 128	4313	4156
三、建筑业	13 676	2 714 540	23 064	19 077	15 040	57 181	16 773	13 702
四、交通运输、仓储和邮政业	6001	2 859 447	27 904	25 557	24 956	78 417	23 361	21 582
1. 交通运输业	3510	2 468 734	24 022	22 002	21 653	67 677	20 148	18 914
其中：城市公共交通	1066	999 535	6094	5730	5837	17 661	5690	5672
管道运输业	32	12 777	184	160	154	498	154	132
电气化铁路	37	720 550	7609	7747	6660	22 016	6955	7039
2. 仓储业	1837	308 415	3066	2792	2541	8399	2508	2061
3. 邮政业	654	82 298	816	764	762	2342	705	608
五、信息传输、计算机服务和软件业	16 084	1 284 277	11 575	10 799	11 772	34 146	11 060	11 001
1. 电信和其他信息传输服务业	15 569	1 088 102	9984	9368	10 266	29 618	9637	9593
2. 计算机服务和软件业	515	196 175	1591	1432	1506	4529	1423	1408
六、商业、住宿和餐饮业	82 618	6 605 111	64 444	60 914	56 493	181 851	53 119	46 975
1. 批发和零售业	64 837	4 164 850	40 464	37 873	35 216	113 553	33 067	29 797
2. 住宿和餐饮业	17 781	2 440 261	23 980	23 041	21 277	68 298	20 053	17 178
七、金融、房地产、商务及居民服务业	91 498	16 031 702	99 733	94 463	91 997	286 193	80 145	66 830
1. 金融业	2128	592 237	5019	4739	4612	14 370	4315	3869
2. 房地产业	61 997	13 196 062	75 759	71 968	70 847	218 574	60 678	50 401
3. 租赁和商务服务业、居民服务和其他服务业	27 373	2 243 404	18 956	17 756	16 538	53 250	15 152	12 559
八、公共事业及管理组织	65 146	10 759 219	95 485	87 378	84 137	26 7000	77 570	62 776
1. 科学研究、技术服务和地质勘察业	3106	1 667 773	13 904	13 095	12 811	39 810	11 931	10 263
其中：地质勘察业	74	9071	86	91	74	251	65	50
2. 水利、环境和公共设施管理业	24 405	1 176 950	7887	8396	7103	23 386	7105	5453
其中：水利管理业	1593	158 014	1495	1429	1403	4327	1417	1229
其中：公共照明业	9426	494 771	2729	2573	2412	7714	2905	2086
3. 教育、文化、体育和娱乐业	11 697	3 843 660	35 753	29 021	29 912	94 686	27 189	22 137
其中：教育	7009	2 508 301	25 707	19 618	21 179	66 504	19 446	15 802
4. 卫生、社会保障和社会福利业	3894	1 023 872	10 674	10 162	9528	30 364	8891	7123
5. 公共管理和社会组织、国际组织	22 044	3 046 964	27 267	26 704	24 783	78 754	22 454	17 800

用 电 情 况（续二）

单位：万 kWh

6月	二季	7月	8月	9月	三季	10月	11月	12月	四季	全年
0	0	0	0	0	0	0	0	0	0	0
5633	13 784	10 768	3891	2043	16 702	1076	4485	4056	9617	55 765
249	828	268	294	261	823	328	355	547	1230	4175
7613	22 054	8021	8295	7748	24 064	7838	7604	8592	24 034	92 137
4495	12 964	4873	5172	4819	14 864	4675	4586	5296	14 557	55 513
12 548	43 023	13 451	16 790	14 901	45 142	12 941	16 403	22 629	51 973	197 319
23 445	68 388	26 484	30 531	28 502	85 517	25 150	24 588	27 859	77 597	309 919
20 500	59 562	22 840	26 114	24 508	73 462	21 984	21 520	23 999	67 503	268 204
6077	17 439	7099	8256	7943	23 298	7519	6770	7078	21 367	79 765
132	418	140	136	131	407	136	147	153	436	1759
7239	21 233	7283	7534	7378	22 195	3495	11 368	7901	22 764	88 208
2283	6852	2673	3293	2938	8904	2400	2402	3079	7881	32 036
661	1974	971	1125	1056	3152	766	666	781	2213	9681
12 249	34 310	13 548	15 054	14 072	42 674	13 211	12 421	13 431	39 063	150 193
10 389	29 619	11 404	12 602	11 901	35 907	11 331	10 832	11 446	33 609	128 753
1859	4690	2144	2453	2171	6768	1881	1589	1985	5455	21 442
56 191	156 285	67 381	79 257	71 519	218 157	58 048	51 264	61 501	170 813	727 106
35 381	98 245	41 868	48 540	44 219	134 627	36 829	32 331	39 125	108 285	454 710
20 809	58 040	25 513	30 717	27 300	83 530	21 219	18 933	22 376	62 528	272 396
79 291	226 266	94 052	109 598	98 990	302 640	81 648	74 376	105 524	261 548	1 076 647
4503	12 687	5596	6631	6246	18 473	5012	4381	5508	14 901	60 431
60 257	171 336	70 951	82 619	74 113	227 683	61 785	55 564	74 911	192 260	809 853
14 531	42 242	17 506	20 348	18 631	56 485	14 851	14 432	25 105	54 388	206 365
67 660	208 006	85 009	96 154	86 999	268 162	73 229	73 687	103 804	250 720	993 888
11 445	33 639	14 215	16 197	14 722	45 134	11 707	11 642	18 704	42 053	160 636
42	157	60	76	66	202	51	58	75	184	794
5154	17 712	5141	6121	5796	17 058	5776	6585	8505	20 866	79 022
1233	3879	1184	1276	1222	3682	1168	1121	1411	3700	15 588
1782	6773	1621	2225	1991	5837	76	2970	3383	6429	26 753
24 465	73 791	30 232	31 413	28 747	90 392	25 817	26 708	39 633	92 158	351 027
17 227	52 475	21 098	20 340	19 052	60 490	17 694	18 980	29 771	66 445	245 914
7904	23 918	11 595	13 495	11 634	36 724	8547	8631	10 316	27 494	118 500
18 693	58 947	23 826	28 928	26 101	78 855	21 382	20 120	26 646	68 148	284 704

北京市电网销售电价表

单位：元 /kWh

用电分类	电度电价						基本电价	
	不满 1kV	1 ~ 10kV	20kV	35kV	110kV	220kV 及以上	最大需量 元 /（kW·月）	变压器容量 元 /（kVA·月）
一、居民生活用电	0.4883	0.4783	0.4783	0.4783	0.4783	0.4783		
二、一般工商业及其他用电	0.781	0.766	0.759	0.751	0.736	0.721		
三、大工业用电		0.637	0.627	0.617	0.597	0.577	39	26
其中：1. 电石、电解烧碱、电炉黄磷生产用电		0.627	0.617	0.607	0.587	0.567	39	26
2. 中、小化肥生产用电		0.357	0.350	0.342	0.327	0.312	25	17
四、农业生产用电	0.554	0.539	0.532	0.524				

北京市电网中、小化肥用电电价表

单位：元 /kWh

用电分类	电压等级	电度电价			基本电价	
		高峰	平段	低谷	最大需量 元 /（kW·月）	变压器容量 元 /（kVA·月）
单一制电价	不满 1kV	0.719	0.479	0.252		
	1 ～ 10kV	0.706	0.464	0.236		
	20kV	0.698	0.457	0.229		
	35kV 及以上	0.690	0.449	0.222		
两部制电价	1 ～ 10kV	0.484	0.357	0.240	25	17
	20kV	0.476	0.350	0.233	25	17
	35kV	0.468	0.342	0.226	25	17
	110kV	0.452	0.327	0.211	25	17
	220kV	0.435	0.312	0.201	25	17
合成氨生产用电	1 ～ 10kV	0.470	0.351	0.240	25	17
	20kV	0.462	0.344	0.233	25	17
	35kV	0.454	0.336	0.226	25	17
	110kV	0.438	0.320	0.211	25	17
	220kV	0.428	0.310	0.201	25	17

北京市电网峰谷分时销售电价表（非夏季）

单位：元 /kWh

用电分类		电压等级	电度电价			基本电价	
			高峰	平段	低谷	最大需量 元 /（kW·月）	变压器容量 元 /（kVA·月）
大工业用电	非优待	1 ～ 10kV	0.869	0.637	0.419	39	26
		20kV	0.858	0.627	0.411	39	26
		35kV	0.846	0.617	0.403	39	26
		110kV	0.825	0.597	0.383	39	26
		220kV 及以上	0.802	0.577	0.365	39	26
	优待	1 ～ 10kV	0.848	0.627	0.419	39	26
		20kV	0.837	0.617	0.411	39	26
		35kV	0.825	0.607	0.403	39	26
		110kV	0.804	0.587	0.383	39	26
		220kV 及以上	0.781	0.567	0.365	39	26
一般工商业及其他用电		不满 1kV	1.194	0.781	0.391		
		1 ～ 10kV	1.177	0.766	0.377		
		20kV	1.169	0.759	0.370		
		35kV	1.161	0.751	0.362		
		110kV	1.146	0.736	0.347		
		220kV 及以上	1.131	0.721	0.332		
农业生产用电		不满 1kV	0.804	0.554	0.320		
		1 ～ 10kV	0.789	0.539	0.304		
		20kV	0.781	0.532	0.298		
		35kV 及以上	0.773	0.524	0.291		

北京市电网峰谷分时销售电价表（夏季）

单位：元 /kWh

用电分类		电压等级	电度电价			基本电价	
			高峰	平段	低谷	最大需量 元 /（kW·月）	变压器容量 元 /（kVA·月）
大工业用电	非优待	1 ～ 10kV	0.869	0.687	0.365	39	26
		20kV	0.858	0.676	0.358	39	26
		35kV	0.846	0.665	0.351	39	26
		110kV	0.825	0.644	0.333	39	26
		220kV 及以上	0.802	0.623	0.316	39	26

续表

用电分类		电压等级	电度电价			基本电价	
			高峰	平段	低谷	最大需量	变压器容量
						元/(kW·月)	元/(kVA·月)
大工业用电	优待	1～10kV	0.848	0.676	0.365	39	26
		20kV	0.837	0.665	0.358	39	26
		35kV	0.825	0.654	0.351	39	26
		110kV	0.804	0.633	0.333	39	26
		220kV 及以上	0.781	0.612	0.316	39	26
一般工商业及其他用电		不满 1kV	1.194	0.816	0.336		
		1～10kV	1.177	0.801	0.324		
		20kV	1.169	0.794	0.317		
		35kV	1.161	0.786	0.309		
		110kV	1.146	0.771	0.294		
		220kV 及以上	1.131	0.756	0.279		
农业生产用电		不满 1kV	0.804	0.554	0.320		
		1～10kV	0.789	0.539	0.304		
		20kV	0.781	0.532	0.298		
		35kV 及以上	0.773	0.524	0.291		

北京市电网峰谷分时结构调整后销售电价表

单位：元/kWh

用电分类		电压等级	电度电价				基本电价	
			尖峰	高峰	平段	低谷	最大需量	变压器容量
							元/(kW·月)	元/(kVA·月)
大工业用电	非优待	1～10kV	0.995	0.914	0.637	0.369	39	26
		20kV	0.980	0.900	0.627	0.363	39	26
		35kV	0.964	0.886	0.617	0.357	39	26
		110kV	0.937	0.861	0.597	0.342	39	26
		220kV 及以上	0.914	0.838	0.577	0.324	39	26
	优待	1～10kV	0.978	0.899	0.627	0.364	39	26
		20kV	0.963	0.885	0.617	0.358	39	26
		35kV	0.947	0.871	0.607	0.352	39	26
		110kV	0.921	0.846	0.587	0.337	39	26
		220kV 及以上	0.897	0.823	0.567	0.319	39	26

续表

用电分类	电压等级	电度电价				基本电价	
		尖峰	高峰	平段	低谷	最大需量	变压器容量
						元/(kW·月)	元/(kVA·月)
一般工商业及其他用电	不满 1kV	1.368	1.253	0.781	0.335		
	1～10kV	1.345	1.231	0.766	0.326		
	20kV	1.338	1.224	0.759	0.319		
	35kV	1.330	1.216	0.751	0.311		
	110kV	1.315	1.201	0.736	0.296		
	220kV 及以上	1.300	1.186	0.721	0.281		
农业生产用电	不满 1kV		0.804	0.554	0.320		
	1～10kV		0.789	0.539	0.304		
	20kV		0.781	0.532	0.298		
	35kV 及以上		0.773	0.524	0.291		

北京市亦庄经济开发区电价表

单位：元/kWh

用电分类		电压等级	两部制电价					单一制电价
			电度电价				基本电价 元/(kVA·月)	电度电价
			尖峰	高峰	平段	低谷		
工业	100kW 及以上	1～10kV	0.879	0.810	0.575	0.347	35	
		20kV	0.866	0.798	0.566	0.341	35	
		110kV	0.816	0.750	0.525	0.307	35	
	100kW 以下	1～10kV	1.137	1.044	0.728	0.422	25	
		20kV	1.120	1.028	0.717	0.415	25	
一般工商业及其他用电		不满 1kV	0.876	0.808	0.572	0.344	35	0.969
		1～10kV	0.856	0.789	0.557	0.333	35	0.954
		20kV	0.852	0.785	0.552	0.327	35	0.946
		110kV	0.826	0.759	0.527	0.303	35	0.924
居民生活用电		不满 1kV						0.4883
		1～10kV						0.4783
		20kV						0.4783

注 1. 本年鉴中北京市电价表所列价格，均含三峡工程建设基金 0.7 分钱；除农业生产用电外，均含大中型水库移民后期扶持资金 0.83 分钱；除居民生活和农业生产用电外，其他用电均含可再生能源附加 0.4 分钱。

2. 本年鉴中北京市电价表所列价格，除一般工商业用电外均含城市公用事业附加费。一般工商业用户在表中列示的价格上按照如下标准加收城市公用事业附加费：普通工业 1.8 分钱（其中：中小化肥用电为 0.8 分钱），非居民照明和商业用电为 4 分钱。亦庄经济开发区电价表中所列价格，已含城市公用事业附加费。

3. 对核工业铀扩散厂和堆化工厂生产用电，按表所列的分类电价降低 1.7 分钱（农网还贷资金）执行；农业排灌用电，抗灾救灾用电，原化工部发放生产许可证的氮肥、磷肥、钾肥、复合肥生产企业用电，按表所列分类电价降低 2 分钱（农网还贷资金）执行。

4. 对采用离子膜法工艺的氯碱生产用电和年产能 10 万 t 以上的电解铝生产用电，按表所列的分类电价降低 1.98 分钱执行。

5. 对于执行峰谷分时电价的用电客户，未更换新四费率峰谷表之前执行北京市电网峰谷分时销售电价表所列相应分类电价，更换新四费率峰谷表后执行北京市电网峰谷分时结构调整后销售电价表所列相应分类电价。

电力用户报装情况

	上年结转		本年本月止用户报装申请		本年本月止用户报装完成		本年本月止结存	
	户数(个)	容量(kVA)	户数(个)	容量(kVA)	户数(个)	容量(kVA)	户数(个)	容量(kVA)
合计	45 193	1 500 406	341 966	18 584 225	265 165	6 558 430	65 860	10 754 334
一、大工业	78	177 880	1044	2 166 100	490	503 223	495	1 466 002
二、非普工业	919	286 476	11 507	3 845 675	8691	1 615 240	2298	2 069 788
三、商业	723	307 049	5743	3 887 327	4083	1 035 783	1502	2 695 244
四、居民	42 052	254 949	309 252	2 736 250	241 387	1 712 968	58 065	608 053
五、非居民	600	154 689	6346	1 835 113	4589	553 746	1620	1 144 435
六、农业	89	10 613	2158	164 049	1678	79 186	378	75 568
七、趸售	723	307 049	5743	3 887 327	4083	1 035 783	1502	2 695 244
八、其他	9	1701	173	62 384	164	22 501	0	0

新增生产能力情况

序号	名称	计算单位	数量	生产能力
1	一、新投变电站	座	14	
14	220kV 变电站	座	5	
15	110kV 变电站	座	9	
2	二、新增主变压器	台	42	3 821 800kVA
24	220kV 变压器	台	13	2 340 000kVA
25	110kV 变压器（含增容）	台	27	1 465 500kVA
	35kV 变压器	台	2	16 300kVA
3	三、新增输电线路	条	25	302.806km
34	220kV 输电线路	条	8	21.176km
35	110kV 输电线路	条	9	120.176km
36	35kV 输电线路	条	8	161.514km
4	四、新增电缆线路	条	49	145.714km
44	220kV 电缆线路	条	4	37.959km
45	110kV 电缆线路	条	29	100.215km
46	35kV 电缆线路	条	6	7.540km

分地区变电设备情况

地　区	变电站（座）					变压器（kVA）				
	合计	500 kV	220kV	110kV	35kV	合计	500kV	220kV	110kV	35kV
北京地区	421	3	59	265	94	67 730 750	7 200 000	27 870 000	30 750 500	1 910 250
城四区（东、西、崇、宣）	31	0	2	28	1	5 942 000	0	1 500 000	4 402 000	40 000
朝阳地区	60	2	15	40	3	17 755 800	4 800 000	7 220 000	5 609 500	126 300
海淀地区	39	0	9	29	1	9 653 000	0	4 910 000	4 703 000	40 000
丰台地区	31	0	8	22	1	6 493 000	0	3 740 000	2 713 000	40 000
石景山地区	6	0	0	6	0	630 000	0	0	630 000	0
亦庄地区	10	0	2	8	0	2 136 000	0	1 080 000	1 056 000	0
通州地区	35	0	5	21	9	4 214 300	0	2 160 000	1 846 500	207 800
昌平地区	34	0	4	22	8	3 892 500	0	1 500 000	2 157 500	235 000
门头沟地区	11	0	0	4	7	484 700	0	0	363 000	121 700
房山地区	34	0	2	21	11	3 119 200	0	900 000	2 043 000	176 200
大兴地区	28	1	4	17	6	5 497 900	2 400 000	1 440 000	1 558 000	99 900
平谷地区	15	0	1	8	6	1 058 000	0	360 000	558 000	140 000
怀柔地区	15	0	1	7	7	1 208 700	0	540 000	552 000	116 700
密云地区	23	0	1	8	14	1 138 500	0	360 000	520 500	258 000
顺义地区	34	0	4	19	11	3 522 300	0	1 620 000	1 686 500	215 800
延庆地区	15	0	1	5	9	984 850	0	540 000	352 000	92 850

分地区输电设备情况

地　区	架空线路（km）					电缆线路（km）			
	合计	500kV	220kV	110kV	35kV	合计	220kV	110kV	35kV
北京地区	8101.173	223.060	2552.340	3339.508	1986.265	1324.922	286.617	909.581	128.724
城四区（东、西、崇、宣）	0.091	0.000	0.000	0.000	0.091	263.432	50.137	213.295	0.000
朝阳地区	669.234	21.191	374.990	218.390	54.663	372.643	100.594	250.930	21.119
海淀地区	426.685	0.000	189.285	183.937	53.463	273.903	77.045	150.640	46.218
丰台地区	371.050	0.000	142.296	188.452	40.302	186.210	47.417	120.102	18.691
石景山地区	105.888	0.000	49.796	43.755	12.337	8.928	0.000	5.379	3.549
亦庄地区	34.393	0.000	16.343	18.050	0.000	0.000	0.000	0.000	0.000
通州地区	933.586	46.575	370.599	360.607	155.805	32.368	11.313	15.289	5.766
昌平地区	958.647	33.961	328.965	376.390	219.331	70.204	0.000	46.152	24.052
门头沟地区	466.934	0.000	204.356	93.621	168.957	5.609	0.000	0.666	4.943
房山地区	725.969	16.768	141.785	317.429	249.987	2.195	0.000	1.195	1.000
大兴地区	798.717	62.893	264.430	336.801	134.593	81.841	0.111	81.315	0.415
平谷地区	271.934	0.000	24.352	159.640	87.942	0.000	0.000	0.000	0.000
怀柔地区	269.929	0.507	19.190	117.236	132.996	0.281	0.000	0.000	0.281
密云地区	522.980	0.000	10.872	256.152	255.956	0.808	0.000	0.000	0.808
顺义地区	1040.937	41.165	368.305	424.803	206.664	26.500	0.600	24.618	1.882
延庆地区	504.199	0.000	46.776	244.245	213.178	0.000	0.000	0.000	0.000

10kV配电设备情况

名　称	配电站（座）	箱变（台）	开闭所（站）	环网柜（台）	公用配电变压器		线路长度（km）	
					台数	容量（万kVA）	小计	其中：电缆
公司合计	4491	5389	832	31 173	61 294	18 022 411	42 516.630	17 772.271
城区供电公司	608	1399	123	1003	5833	3 029 495	3072.000	2674.710
朝阳供电公司	1489	461	205	11 613	8633	4 237 484	5250.534	3627.600
海淀供电司	577	347	82	9968	4280	1 889 864	4179.600	3164.600
丰台供电公司	600	417	112	5764	3881	1 152 621	2842.390	1885.149
石景山供电公司	125	180	27	386	444	297 845	463.000	393.000
亦庄供电公司	36	1	19	74	52	47 900	798.077	710.877
通州供电公司	115	852	43	525	5486	1 496 525	3050.981	963.862
昌平供电公司	544	226	107	452	6858	1 969 565	4803.000	1714.000
门头沟供电公司	49	352	7	391	4135	783 195	3231.187	330.840
房山供电公司	83	155	9	218	3663	578 425	2025.000	231.156
大兴供电公司	158	158	23		5361	742 170	2496.338	275.014
平谷供电公司	4	18	5	10	2010	306 435	638.855	72.605
怀柔供电公司	37	202	6	20	2357	339 925	2703.640	485.167
密云供电公司	40	282	8	87	3204	459 285	1802.698	202.852
顺义供电公司	16	96	49	553	3565	520 442	3447.030	846.839
延庆供电公司	10	243	7	109	1532	171 235	1712.300	194.000

职　工　概　况

项　目		人　数	项　目		人　数
按性别分	全公司总人数	8955	按政治面貌分	全公司总人	8955
	其中：男职工	6899		其中：共产党员	4542
	女职工	2056		民进会员	1
按职称分	全公司总人数	8955		九三学社	3
	其中：高级职称	648		民建会员	2
	中级职称	1379		民革会员	6
	初级职称	3029		民盟会员	6
	无职称	3899		共青团员	829
				致公党	1
				群众	3209
按文化程度分	全公司总人数	8955	按年龄分	全公司总人数	8955
	其中：研究生	730		其中：55岁及以上	1054
	大学本科	2996		50～54岁	1458
	大学专科	2505		45～49岁	1494
	中等职业教育	1677		40～44岁	1388
	高中	403		35～39岁	1359
	初中及以下	644		30～34岁	1116
				29岁以下	1086

全公司各单位人员情况

单　位	人数（人）	单　位	人数（人）
公司领导（含调研员）	10	通州供电公司	332
副总师	8	昌平供电公司	340
办公室	28	门头沟供电公司	154
发展策划部	23	房山供电公司	281
人力资源部	18	大兴供电公司	299
财务资产部	24	平谷供电公司	214
安全监督部	8	怀柔供电公司	235
生产技术部（政治供电办公室）	23	密云供电公司	244
基建部	23	顺义供电公司	305
营销部	24	延庆供电公司	179
科技信息部	6	输电公司	293
物资部（招投标管理中心）	9	变电公司	820
审计部	11	通信自动化公司	230
监察部	8	北京电力试验研究院	146
思想政治工作部（公司团委）	13	电缆公司	136
离退休工作部	6	电能计量中心	91
北京电力调度通信中心	60	客户服务中心	128
北京电网电力交易中心	6	信息中心	26
政策研究及法律事务部	5	培训中心	285
对外联络部	4	重要客户服务中心	4
机关工作部（机关党委）	9	物流服务中心	189
电力公安保卫部	6	北京电力经济技术研究院	135
公司工会	12	北京电力工程公司	546
产业管理部	2	华商电动车动力科技有限公司	9
二级机构	86	实业开发总公司	41
城区供电公司	628	物业管理公司	115
朝阳供电公司	556	路灯管理中心	202
海淀供电公司	511	国家电网公司企业管理协会北京分会	28
丰台供电公司	480	业务发展中心（公司层面集体企业）	35
石景山供电公司	192	以上全民职工合计	8955
亦庄供电公司	114	集体职工	1126
		全公司总人数	10 081

县供电企业基本情况

单　　位	供电人口（万人）		耕地面积（千公顷）	县供电企业职工人数（人）						供电所人数（人）			供电所个数（个）
	合计	其中：农业人口		年平均人数	年末人数	管理层人员		专业技术人员	大专以上学历人员	年末人数	农电工		
						总数	其中领导班子人数				总数	高中以上学历人员	
北京市电力公司	590.90	236.80	330.85	2612	2583	692	65	136	1944	2740	2740	2293	120
通州供电公司	90.00	33.60	43.10	334	332	62	7	12	228	363	363	305	10
昌平供电公司	83.30	21.10	20.10	345	340	82	7	19	261	268	268	233	14
门头沟供电公司	24.50	6.00	5.70	156	154	58	7	12	116	126	126	89	7
房山供电公司	86.00	36.40	36.10	281	281	74	8	12	244	402	402	397	13
大兴供电公司	91.30	30.90	44.70	304	299	91	8	19	215	329	329	275	14
平谷供电公司	39.80	20.70	33.70	216	214	55	5	10	153	197	197	172	9
怀柔供电公司	33.80	15.00	12.64	239	235	80	6	15	180	232	232	215	13
密云供电公司	43.10	26.00	38.03	246	244	66	4	14	178	308	308	174	14
顺义供电公司	71.00	30.50	42.98	308	305	68	8	15	222	308	308	252	19
延庆供电公司	28.10	16.60	53.80	183	179	56	5	8	147	207	207	181	7

县供电企业售电量情况

单　　位	总售电量（万 kWh）	分类售电量（万 kWh）							
		农业生产	农业排灌	大工业	非、普工业	居民生活		非居照明	商业
						小计	农村		
北京市电力公司	2 705 353	57 450	71 445	1 131 231	459 362	512 502	258 498	210 285	263 078
通州供电公司	402 492	9947	12 841	147 426	76 353	91 931	54 146	26 839	37 156
昌平供电公司	448 178	7622	7239	125 034	77 958	126 175	42 830	34 834	69 316
门头沟供电公司	86 171	1418	351	36 795	13 501	19 676	7112	7166	7263
房山供电公司	502 910	6200	14 402	340 288	48 392	52 770	33 791	21 382	19 475
大兴供电公司	368 113	10 223	12 874	107 438	92 570	71 784	38 198	37 155	36 068
平谷供电公司	112 910	5479	3512	53 997	14 095	19 870	13 817	7604	8354
怀柔供电公司	134 089	3446	1658	61 382	18 366	20 387	13 215	11 617	17 232
密云供电公司	119 813	3064	2065	47 056	19 345	24 521	12 921	9975	13 787
顺义供电公司	461 269	8584	14 139	188 063	86 063	71 049	33 396	48 889	44 482
延庆供电公司	69 407	1467	2364	23 752	12 718	14 338	9072	4824	9945

北京市电力公司供电营业窗口地址明细表

序号	供电公司	服务窗口名称	具体地址	联系电话	是否为24小时营业网点
1	城区供电公司	客户服务中心	西城区西直门内南小街174号	63660077	是
2		东城供电所（原东四所）	东城区朝内大街198号盈地大厦一层	65133031	是
3		黄寺供电所	西城区黄寺大街阳光丽景小区北门	62026127	否
4		西城供电所金融街本部（原金融街所）	西城区民康胡同甲30号	66012677	否
5		宣武供电所（原陶然亭所）	宣武区南横东街四平园1号楼	63541867	是
6		莲花河分所（属于陶然亭所）	丰台区南峰窝路5号	63123219	否
7		崇文供电所（原天坛所）	崇文区珠市口东大街4号楼4-19	67071804	是
8	朝阳供电公司	客户服务中心	朝阳区团结湖路15号	85963167	否
9		安华营业所	朝阳区安贞西里三区七号楼	64435032	是
10		小庄营业所	朝阳区延静西里八号楼	65005068	是
11		华威营业所	朝阳区华威西里甲18号	87717289	是
12		望京营业所	朝阳区望京广顺南大街眉州东坡酒楼南	64740901	是
13		十里居营业所（原东风所）	朝阳区酒仙桥南十里居东风家园42号	84569273	否
14		奥运村营业所（原洼里所）	朝阳区北辰东路国家体育场东门	63661308	否
15		翠城营业所（原小红门所）	朝阳区翠城馨园甲405号	67299380	否
16	海淀供电公司	客户服务中心	海淀区双榆树南里二区八号	62150385	否
17		双榆树供电所	海淀区双榆树南里二区八号（成都小吃北侧）	63129796	是
18		常青园供电所	海淀区四季青镇东冉北街常青园一区	88473143	是
19		航天桥供电所	海淀区阜成路28号	68475408	是
20		成府供电所	海淀区中关村东路（中科院台湾研究所旁）	88263381	是
21		上地供电所	海淀区上地五街方正大厦西侧	62963497	是
22		永泰供电所	海淀区清河永泰东里9号楼	62992415	是
23		四季青供电所	海淀区四季青乡闵庄路85号	62594883	是
24		海淀供电所	海淀区树村万树园小区	82794971	是
25		西北旺供电所	海淀区西北旺镇永丰皇后店村西	62473639	是
26		上庄供电所	海淀区上庄镇上庄水库南	62471344	是
27		苏家坨西区供电所	海淀区苏家坨镇北安河路31号	62454761	是
28		温泉供电所	海淀区温泉镇杨家庄南山	62458830	否
29		玉海园供电所	海淀区玉海园一里14号楼旁	88266336	是
30		苏家坨东区供电所	海淀区苏家坨镇西小营路东500米	62404463	否
31	丰台供电公司	客户服务中心	丰台区丰北路117号	63813160	否
32		云岗供电所（原崔村所）	丰台区云岗液化气站西侧	83319742	否
33		方庄供电所	丰台区方庄环岛北面芳古园二区	63120004	是
34		和义供电所	丰台区三营门南苑北里小区三区6号楼西侧	63120009	否
35		花乡供电所	丰台区南四环西路甲109号	63715701	否
36		科技园供电所	丰台区富锦家园2号楼	83624425	是
37		六里桥供电所	丰台区莲怡园二区	63120007	是
38		马家堡供电所	丰台区北甲地路2号院4号楼东	63120002	是
39		右安门供电所	丰台区右外大街开阳里六区5号楼	63544731	否

续表

序号	供电公司	服务窗口名称	具体地址	联系电话	是否为24小时营业网点
40	石景山供电公司	客户服务中心	石景山区鲁谷路59号	63664054	是
41		古城供电所	石景山区老古城前街140号	63664332	是
42	亦庄供电公司	客户服务中心	北京经济技术开发区北环东路11号	63665633	是
43	通州供电公司	客户服务中心	通州区通州火车站北	63666139	否
44		城区供电所	通州区四员厅街36号院底商	69547385	是
45		宋庄供电所	通州区京榆旧路路南宋庄变电站旁	69598788	是
46		梨园供电所	通州区梨园地区曹园村西	58019999	是
47		永顺供电所	通州区永顺镇焦王庄村南	89597011	否
48		马驹桥供电所	通州区马驹桥镇政府东侧	60592005/60598697	是
49		台湖供电所	通州区台湖镇台湖大街1号	61532598	否
50		台湖供电所次渠营业厅	通州区台湖镇次渠大街次渠中学东侧	69501731	是
51		潞城供电所	通州区潞城镇运河东大街甲1号	89589359	是
52		西集供电所	通州区西集镇环岛南100米	61579000	是
53		张家湾供电所	通州区张家湾镇光华路西侧邮局南10米	69573227	是
54		漷县供电所	通州区漷县霍兴二街长陵营变电站旁	80586250	是
55		永乐店供电所	通州区于家务渠头加油站北侧100米	80521054	是
56	昌平供电公司	客户服务中心	昌平区永安路33号	63667178	是
57		天通苑供电所	昌平区天通苑太平庄中一街(方佳物业西侧)	63667807	否
58		文化区供电所	昌平区回龙观风雅园三区内9号楼东侧	81717124	否
59		流村供电所	昌平区流村镇商业街镇政府西	89771016转803	否
60		十三陵供电所	昌平区长陵镇定陵路口西200米	60761874	否
61		南邵供电所	昌平区南邵镇镇政府西500米	60732144转8101	否
62		阳坊供电所	昌平区阳坊镇镇北	69760519	否
63		崔村供电所	昌平区崔村镇政府南	60721395	否
64		百善供电所	昌平区百善镇百善村西北	61739297	否
65		马池口供电所	昌平区马池口镇水南路	60700030	否
66		南口供电所	昌平区南口镇马坊村南	80191220	否
67		沙河供电所	昌平区沙河镇松兰堡村西	69731903	否
68		小汤山供电所	昌平区小汤山镇小汤山市场街	61785374	否
69		北七家供电所	昌平区北七家镇燕丹村东	81752266-11	否
70		东小口供电所	昌平区东小口镇中滩村北	84816897	否
71		兴寿供电所	昌平区兴寿镇兴寿村北	61726146	否
72		回龙观供电所	昌平区东小口镇霍家营村闸房北	69791352	否
73	门头沟供电公司	客户服务中心	门头沟区滨河路66号	63668599	是
74		龙泉供电所	门头沟区新桥南大街梨园配电室	69844656	否
75		永定供电所	门头沟区永定镇石门营环岛东路1号	69804934	否
76		潭柘寺供电所	门头沟区鲁家滩村东108国道旁	60861466	否
77		妙峰山供电所	门头沟区陇家庄村西坟上妙峰山供电所	61881412	否
78		清水供电所	门头沟区清水镇上清水村西清水供电所	60855075	否

续表

序号	供电公司	服务窗口名称	具体地址	联系电话	是否为24小时营业网点
79	门头沟供电公司	斋堂供电所	门头沟区斋堂镇东斋堂	69819754	否
80		雁翅供电所	门头沟区雁翅镇芹峪口下马岭村1号	61830371	否
81	房山供电公司	客服中心营业厅	房山区良乡松林路	63669566	是
82		窦店供电所营业厅	房山区窦店镇政府向北200米	69392805	否
83		长阳供电所营业厅	房山区北广城村西	80356551	否
84		周口店供电所营业厅	房山区周口店东大街1号	69303918	否
85		长沟供电所营业厅	房山区长沟镇西长沟村北	61363384	否
86		张坊供电所张坊营业厅	房山区张坊镇张坊村	61339774	否
87		佛子庄供电所营业厅	房山区西班各庄村	60360026	否
88		霞云岭供电所营业厅	房山区霞云岭乡霞云岭村凉水泉	60367011	否
89		良乡供电所营业厅	房山区月华小区东侧	60382528	否
90		房山供电所营业厅	房山青年南路12号	69311919	否
91		闫村供电所营业厅	房山区阎村镇紫园路108号	89313809	否
92		琉璃河供电所窑上营业厅	房山区琉璃河镇房窑路窑上村西	80321046	否
93		琉璃河供电所琉璃河营业厅	房山区琉璃河红绿灯东150米路南（农村商业银行东边）	89381006	否
94		张坊供电所十渡营业厅	房山区十渡镇十渡大街3号	61340037	否
95		城关供电所营业厅	房山区城关街道饶乐府村南	69314277	否
96		石楼供电所营业厅	房山区石楼镇石楼大街39号	89300083	否
97		青龙湖供电所营业厅	房山区豆各庄村	60321668	否
98	大兴供电公司	客户服务中心	大兴区兴政街1号	63670046	是
99		黄村供电所	大兴区孙村跨六环桥往东200米路南	61268100	否
100		北臧村供电所	大兴区北臧村镇伟四路红绿灯	60276146-806	否
101		庞各庄供电所	大兴区庞各庄镇开发区	89289989	否
102		榆垡供电所	大兴区榆垡村（村东1500米）榆平路	89220027-82	否
103		魏善庄供电所	大兴区魏善庄镇半壁店工业街路北	89231365-808	否
104		青云店供电所	大兴区青云店镇大东园小区内（大东园营业网点）	80281202	否
105		礼贤供电所	大兴区礼贤镇青礼路3号	89275865	否
106		采育供电所	大兴区采育镇119消防站向东500米	80276542	否
107		长子营供电所	大兴区长子营镇政府大街路北	80265747	否
108		西红门供电所	大兴区西红门镇兴业桥西、南五环辅路北	60298883-810	否
109		瀛海供电所	大兴区瀛海镇法院东侧	69272318	否
110		旧宫供电所	大兴区旧宫镇小红门路幻星家园北门	87972218-8101	否
111		新城北区营业厅	大兴区黄村镇康庄路与兴旺路交界处，北京市印刷学院康庄校区西门对面	63670568/569	否
112		安定供电所	大兴区安定镇政府西150米兴安大街17号	13911593299	否
113		芦城供电所	大兴区黄村镇西芦村西路北	61239569	否
114	平谷供电公司	客户服务中心	平谷区新平南路239号	69984348	否
115		城区供电所	平谷区府前街27号	69961476	是

续表

序号	供电公司	服务窗口名称	具 体 地 址	联系电话	是否为24小时营业网点
116	平谷供电公司	金海湖供电所	平谷区金海湖镇胡庄东环路8号	69992199	否
117		大华山供电所	平谷区大华山镇大华山村西	61947921	否
118		东高村供电所	平谷区东高村镇大旺务村西	69900933	否
119		峪口供电所	平谷区峪口镇政府西	61906049	否
120		马昌营供电所	平谷区马昌营镇海子村东	61981024	否
121		山东庄供电所	平谷区山东庄镇小北关东环路4号	60937604	否
122		王辛庄供电所	平谷区谷丰东路2号	61921427	否
123		马坊供电所	马坊镇二条街村南（马坊变电站西侧）	60996380	否
124		夏各庄供电所	平谷区夏各庄镇政府路口北260米路东	60913534	否
125	怀柔供电公司	客户服务中心	怀柔区湖光小区36号	69653642	是
126		城区供电所	怀柔区怀柔镇	61638555	否
127		庙城供电所	怀柔区庙城镇政府前院	60695329	否
128		渤海供电所	怀柔区渤海电信局对面	61632759	否
129		怀北供电所	怀柔区怀北中学旁	69661037	否
130		九渡河供电所	怀柔区黄花城村北	61651332	否
131		杨宋供电所	怀柔区杨宋开发区	61678416	否
132		桥梓供电所	怀柔区桥梓镇政府旁	60671504	否
133		北房供电所	怀柔区北房开发区	61684543	否
134		雁栖供电所	怀柔区雁栖开发区	61641757	否
135		喇叭沟门供电所	怀柔区喇叭沟门镇	60623502	否
136		宝山寺供电所	怀柔区宝山寺镇	60625674	否
137		琉璃庙供电所	怀柔区琉璃庙变电站内	61618041	否
138		汤河口供电所	怀柔区汤河口镇	89671041	否
139		长哨营供电所	怀柔区长哨营村外	60621066	否
140	密云供电公司	客户服务中心	密云县新中街3号	69056571	否
141		城区供电所	密云县长安小区西区1号楼5号门面	69059223	否
142		城关供电所	密云县久润东区17号楼（东侧门面房）	63673338	否
143		十里堡供电所	密云县十里堡镇王各庄村北（101国道北）	89021551	否
144		河南寨供电所	密云县河南寨镇套里村北（河南寨中学南侧）	61086123	否
145		穆家峪供电所	密云县穆家峪镇荆稍坟村南	61053989	否
146		西田各庄供电所	密云县西田各庄镇西田各庄村西北（西统路田各庄段路北）	61015689	否
147		溪翁庄供电所	密云县溪翁庄镇溪翁庄村（镇政府西侧100米）	69011315	否
148		巨各庄供电所	密云县巨各庄镇前焦家务村（镇政府东侧）	63673569	否
149		太师屯供电所	密云县太师屯镇葡萄园村（正阳街1号）	69032674-809	否
150		石城供电所	密云县石城镇石城村南		否
151		冯家峪供电所	密云县冯家峪镇冯家峪村	81060094	否
152		东邵渠供电所	密云县东邵渠镇太保庄村	61061995	否
153		大城子供电所	密云县大城子镇高庄子村西（加油站东50米）	61071180	否

续表

序号	供电公司	服务窗口名称	具体地址	联系电话	是否为24小时营业网点
154	密云供电公司	北庄供电所	密云县北庄镇下北庄村西	81001026	否
155		高岭供电所	密云县高岭镇高岭村西（镇政府西边）	81081384	否
156		不老屯供电所	密云县不老屯镇不老屯村北（镇政府北150米）	81090891	否
157		新城子供电所	密云县新城子镇小口村		否
158		古北口供电所	密云县古北口镇河西村桥头西侧	57188680	否
159	顺义供电公司	客户服务中心	顺义区站前北街4号	63674995	是
160		马坡供电所	顺义区马坡镇马坡幼儿园东侧	63674861	否
161		牛栏山供电所	顺义区牛栏山镇先进村北	69411072	否
162		南彩供电所	顺义区南彩镇河北村村南	63674881	否
163		赵全营供电所	顺义区赵全营镇政府西侧	63674979	否
164		南法信供电所	顺义区南法信镇刘家河村北	63674903	否
165		张镇供电所	顺义区张镇派出所南侧200米	63674862	否
166		龙湾屯供电所	顺义区龙湾屯镇龙湾屯村南	63674947	否
167		后沙峪供电所	顺义区后沙峪镇龙腾世纪广场南200米	80496397	否
168		仁和供电所	顺义区仁和镇米各庄村北	89406398	是
169		李桥中心供电所	顺义区李桥镇沿河村西	63674946	是
170		木林供电所	顺义区木林镇木林教师楼北	63674984	否
171		高丽营供电所	顺义区高丽营镇政府东侧	69491422	是
172		北小营供电所	顺义区北小营镇西乌鸡村南	63674963	否
173		北石槽供电所	顺义区北石槽镇府前西街13号	63674983	否
174		天竺供电所	顺义区天竺镇小王辛庄南路6号	63674871	否
175		杨镇供电所	顺义区杨镇工业区内	61458931	否
176		大孙各庄供电所	顺义区大孙各庄镇府前东街17号	63674962	否
177	延庆供电公司	客户服务中心	延庆县庆元街53号	69187024	否
178		城区供电所	延庆县东外大街41号	63675064	是
179		千家店供电所	延庆县千家店镇政府路南	60188112	否
180		四海供电所	延庆县四海北街西三区72号	60187110	否
181		永宁供电所	延庆县西关村北	60191555	否
182		旧县供电所	延庆县旧县镇商业街西	61151874	否
183		张山营供电所（原延西所）	延庆县医孟路温泉馨苑小区北延西供电所	69147931	否
184		大榆树供电所	延庆县大榆树镇刘家堡村南	61182473	否
185		八达岭供电所（原康庄所）	延庆县康庄镇政府西	69131327	否
186		大庄科供电所（属于永宁所）	延庆县大庄科乡政府东	60189915	否
187		刘斌堡供电所（属于永宁所）	延庆县刘斌堡乡政府东	60181794	否
188		香营供电所（属于旧县所）	延庆县香营乡政府西	60162177	否
189		沈家营供电所（属于旧县所）	延庆县八里店村东	69103142	否
190		张山营营业所（属于张山营供电所）	延庆县张山营镇政府东	69112532	否
191		八达岭营业所（属于八达岭供电所）	延庆县西拨子玉鼎山庄院内	69129439	否

出 版 人 员 名 单

责任编辑：姜丽敏　刘丽平　易　攀　赵　鹏　袁　娟　鲁　爽

美术编辑：杨晓东

正文设计：张秋雁

责任校对：罗凤贤　太兴华　郝军燕

出版印制：甄　茁